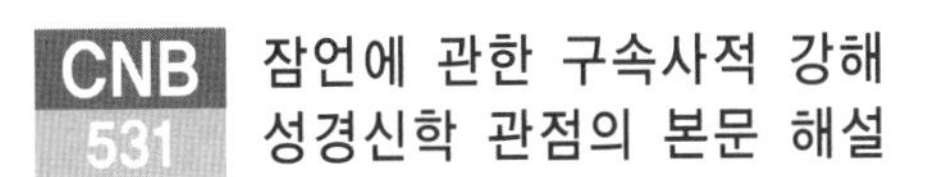

잠 언

이 광 호

2017년

교회와성경

지은이 | 이광호

영남대학교와 경북대학교대학원에서 법학과 서양사학을 공부했으며, 고려신학대학원(M.Div.)과 ACTS(Th.M.)에서 신학일반 및 조직신학을 공부한 후 대구 가톨릭대학교(Ph.D.)에서 선교학을 위한 비교종교학을 연구하였다. '홍은개혁신학연구원' 에서 성경신학 담당교수를 비롯해 고신대학교, 고려신학대학원, 영남신학대학교, 브니엘신학교, 대구가톨릭대학교, 숭실대학교 등에서 학생들을 가르쳤으며, 이슬람 전문선교단체인 국제 WIN선교회 한국대표를 지냈다. 현재는 실로암교회에서 담임목회를 하면서 한국개혁장로회신학교 교장을 맡고 있으며 부경신학연구원에서 강의하고 있다.

저서

- 성경에 나타난 성도의 사회참여(1990)
- 갈라디아서 강해(1990)
- 더불어 나누는 즐거움(1995)
- 기독교관점에서 본 세계문화사(1998)
- 세계 선교의 새로운 과제들(1998)
- 이슬람과 한국의 민간신앙(1998)
- 아빠, 교회 그만하고 슈퍼하자요(1995)
- 교회와 신앙(2002)
- 한국교회 무엇을 개혁할 것인가(2004)
- 한의 학제적 연구(공저)(2004)
- 세상속의 교회(2005)
- 한국교회의 문제점과 극복방안(공저)(2005)
- 교회, 변화인가 변질인가(2015)
- CNB 501 에세이 산상수훈(2005)
- CNB 502 예수님 생애 마지막 7일(2006)
- CNB 503 구약신학의 구속사적 이해(2006)
- CNB 504 신약신학의 구속사적 이해(2006)
- CNB 505 창세기(2007)
- CNB 506 바울의 생애와 바울서신(2007)
- CNB 507 손에 잡히는 신앙생활(2007)
- CNB 508 아름다운 신앙생활(2007)
- CNB 509 열매 맺는 신앙생활(2007)
- CNB 510 웨스트민스터 신앙고백(2008)
- CNB 511 사무엘서(2010)
- CNB 512 요한복음(2009)
- CNB 513 요한계시록(2009)
- CNB 514 로마서(2010)
- CNB 515 야고보서(2010)
- CNB 516 다니엘서(2011)
- CNB 517 열왕기상하(2011)
- CNB 518 고린도전후서(2012)
- CNB 519 개혁조직신학(2012)
- CNB 520 마태복음(2013)
- CNB 521 히브리서(2013)
- CNB 522 출애굽기(2013)
- CNB 523 목회서신(2014)
- CNB 524 사사기, 룻기(2014)
- CNB 525 옥중서신(2014)
- CNB 526 요한 1, 2, 3서, 유다서(2014)
- CNB 527 레위기(2015)
- CNB 528 스코틀랜드 신앙고백서(2015)
- CNB 529 이사야(2016)
- CNB 530 갈라디아서(2016)

역서

- 모슬렘 세계에 예수 그리스도를 심자(Charles R. Marsh, 1985년, CLC)
- 예수님의 수제자들(F. F. Bruce, 1988년, CLC)
- 치유함을 받으라(Colin Urquhart, 1988년, CLC)

홈페이지 http://siloam-church.org

잠 언

CNB 531

잠 언

A Study on the Book of Proverbs
by Kwangho Lee

Published by the Church & Bible Publishing House

초판 인쇄 | 2017년 1월 25일
초판 발행 | 2017년 1월 30일

발행처 | 교회와성경
주소 | 평택시 특구로 43번길 90 (서정동)
전화 | 031-662-4742
등록번호 | 제2012-03호
등록일자 | 2012년 7월 12일

발행인 | 문민규
지은이 | 이광호
편집주간 | 송영찬
편집 | 신명기
디자인 | 조혜진

총판 | (주) 비전북출판유통
주소 | 경기도 고양시 일산구 장항동 568-17호 (우) 411-834
전화 | 031-907-3927(대) 팩스 031-905-3927

값은 표지에 있습니다.
파손된 책은 구입처나 출판사에서 교환해 드립니다.
ISBN 978-89-98322-19-9 93230

Printed in Seoul of Korea

CNB 시리즈
서 문

CNB The Church and The Bible 시리즈는 개혁신앙의 교회관과 성경신학적 구속사 해석에 근거한 신 · 구약 성경 연구 시리즈이다.

이 시리즈는 보다 정확한 성경 본문 해석을 바탕으로 역사적 개혁 교회의 면모를 조명하고 우리 시대의 교회가 마땅히 추구해야 할 방향을 제시함으로써 교회의 삶과 문화를 창달하는 것을 그 목적으로 하고 있다.

따라서 이 시리즈는 진지하게 성경을 연구하며 본문이 제시하는 메시지에 충실하고 있다. 그렇다고 이 시리즈가 다분히 학문적이거나 또는 적용이라는 의미에 국한되지 않는다. 학구적인 자세는 변함 없지만 궁극적으로 하나님의 나라를 지향함에 있어 개혁주의 교회관을 분명히 하기 위해 보다 더 관심을 가진다는 의미이다.

본 시리즈의 집필자들은 이미 신 · 구약 계시로써 말씀하셨던 하나님께서 지금도 말씀하고 계시며, 몸된 교회의 머리이자 영원한 왕이신 그리스도께서 지금도 통치하시며, 태초부터 모든 성도들을 부르시어 복음으로 성장하게 하시는 성령께서 지금도 구원 사역을 성취하심으로써 창세로부터 종말에 이르기까지 거룩한 나라로서 교회가 여전히 존재하고 있음을 그 무엇보다도 중요하게 여기고 있다.

아무쪼록 이 시리즈를 통해 계시에 근거한 바른 교회관과 성경관을 가지고 이 땅에 진정한 그리스도인의 삶과 문화가 확장되기를 바라는 바이다.

시리즈 편집인

김영철 목사, 미문(美聞)교회 목사, Th.M.
송영찬 목사, 기독교개혁신보 편집국장, M.Div.
오광만 목사, 대한신학대학원대학교 교수, Ph.D.
이광호 목사, 실로암교회 목사, Ph.D.

잠 언

A Study on the Book of Proverbs

2017년

교회와성경

머리말

세상의 많은 민족과 국가 가운데는 지역에 따라 다양한 격언과 속담들이 존재한다. 그것들은 개인이 의도적으로 만들어 낸 것이라기보다 민중 가운데서 자연스럽게 생겨난 경우가 많다. 물론 유명한 작가나 시인들의 글귀가 격언으로 남아 사람들의 입술에 회자(膾炙)되기도 한다. 중요한 사실은 그 모든 내용들이 땅위에 살아가는 인간들의 삶 가운데 상당한 영향력을 끼치고 있다는 점이다.

하지만 성경의 잠언은 그 성격이 전혀 다르다. 그것은 하나님께서 특별히 선택하신 자들을 통해 언약의 백성들에게 계시하신 말씀이기 때문이다. 따라서 성경에 기록된 잠언은 천상의 나라로부터 계시된 진리로서 구속사적인 목적을 지니고 있으므로 세상에서 생성된 격언들과 그 의미가 동일할 수 없다.

또한 잠언은 교인들의 윤리적인 삶을 위한 보조적인 역할을 하는 것이 아니다. 즉 잠언을 성경에 기록된 훌륭한 격언으로 보아 성도들의 삶속에 적용하여 드러내면 큰 유익이 된다는 식으로 이해해서는 안 된다. 중요한 사실은, 잠언은 다른 성경과 마찬가지로 그것을 지키지 않으면 죄가 드러나게 된다는 점이다. 즉 잠언의 말씀에 순종하지 않으면 하나님께 저항하는 악한 행위가 되는 것이다.

성경의 잠언(Proverbs)은 전체적으로 다윗의 뒤를 이은 솔로몬 왕(BC 970-

931)과 히스기야 왕의 재위기간(BC 728-697)에 허락되고 정리 기록되었다. 대부분의 잠언은 솔로몬 왕을 통해 계시된 내용들이지만 상당한 부분은 히스기야 왕 시대의 공인된 제사장들과 서기관들에 의해 모아지기도 했다(25장-29장). 또한 그 가운데는 아굴(30장)과 르무엘의 어머니(31장)를 통해 계시된 내용들도 있다.

물론 그것은 자유주의 신학자들이 흔히 말하는 '편집설'에 연관된 주장과는 무관하다. 잠언의 모든 말씀은, 이스라엘 민족의 공적인 지위와 더불어 계시적 권위를 지닌 제사장들과 서기관들의 회합에서, 성령의 감동에 의해 정리된 것이 분명하기 때문이다. 이는 잠언이 인간들의 자의적 판단과 편의에 의해 편집된 것이 아니라 하나님의 구속사 가운데 진행되었다는 사실을 말해주고 있다.

우리가 여기서 반드시 기억해야 할 바는 성경의 잠언이 일반적인 유익을 위한 교훈이 아니라 언약의 백성들에게 허락된 특별한 지혜를 담고 있는 하나님의 계시라는 사실이다. 하나님께서 예루살렘 성전을 건립한 솔로몬 왕을 통해 그 지혜를 계시하신 사실은 매우 중요한 의미를 지니고 있다. 이 말은 잠언이 이 세상에 살아가는 모든 인간들이 공히 받아들여야 할 일반적인 교훈이 아니라는 점을 의미한다.

잠언 가운데는 표현상 일반적인 내용들이 많이 나타나는 듯이 보이지만 그것은 세상의 것들과 뚜렷이 구별되는 의미를 지니고 있다. 즉 성경의 잠언은 단순한 윤리적 삶을 확립하고자 제시된 교훈이 아니다. 잠언에 기록된 내용들 가운데 고대 근동지역의 지혜문학과 유사한 부분이 있다고 하더라도 그것은 본질상 직접적인 연관성이 없다. 성경의 잠언은 하나님의 절대적인 계시로 주어진 것이기 때문이다.

잠언은 지상에 존재하는 언약 공동체인 이스라엘 민족 가운데 지속적으로 적용되어야 했다. 그리고 그로부터 제시된 언어와 삶의 실천이 신약 시대의 교회 가운데 관계적인 측면에서 실제로 살아 생동해야만 한다. 이는 마치 예배당 공간에 다양한 물질로 구성된 공기가 가득 차 있듯이, 언약 공동체에 속한 성도들의 상호 관계성 가운데 잠언의 내용들이 가득 차 있어야만 하는 것이다.

우리는 잠언의 내용을 역사적인 시간을 초월한 공간언어로 이해해야 한다. 그 모든 가르침은 세상의 모든 인간들을 위한 상황적 보편언어로 받아들여져서는 안 된다. 비록 세상 사람들과 동일한 용어로 표현되어 사용될지라도, 잠언은 구속사적인 총체적 관점과 더불어 언약 가운데 존재해야 할 특수한 언어들이다.

또한 우리가 결코 잊지 말아야 할 점은 잠언에는 메시아에 연관된 예언적 교훈이 분명하게 드러나고 있다는 사실이다. 그 메시아의 존재를 통하지 않고는 성경의 잠언에 연관된 언약 백성으로서의 삶을 살아갈 수 없다. 이는 잠언이 일반 윤리적인 막연한 의미가 아니라 역사 가운데 발생한 그리스도의 실제적 사역에 밀접하게 연결되어 있음을 말해 준다. 잠언의 모든 내용은 현재적 상황의 보존과 장차 이루어지게 될 상속에 밀접하게 연관되어 있다.

그러므로 잠언에 기록된 모든 말씀은 전체적으로 메시아와 연결되어 있다는 사실을 기억함과 동시에, 하나님의 아들이신 메시아에 속한 백성에게 적용되어야 한다. 잠언서의 내용 가운데는 여러 교훈들이 되풀이하여 기록되어 있으나 그것은 단순 반복을 넘어 반드시 순종해야 할 영적으로 강화된 의미를 담고 있다. 따라서 성경에 기록된 잠언의 내용들은 단순한 윤리적인 요구사항으로 보아서는 안 된다.

잠언에서 동일한 언어와 유사한 문장이 되풀이 되는 까닭은, 메시아에 속한 성도들에게 요구되는 삶의 의미가 더욱 강화되고 있음을 보여준다. 이는 마치 부모와 선생이 자식과 제자들을 온전한 길로 인도하기 위하여 했던 말을 지속적으로 되풀이하는 것과 유사하다. 우리는 하나님의 계시로서의 잠언을 묵상하고 그 계시적 의미를 드러내는 가운데 이점을 항상 염두에 두고 있어야만 한다.

우리가 또한 특별히 기억해야 할 바는, 잠언에 기록된 모든 내용이 이스라엘 민족 가운데 상시적으로 존재했다는 사실이다. 그 내용은 성경이 인쇄된 책으로 기록되어 모든 성도들의 손에 들려지기 전, 언약의 백성들의 입술 가운데 시적인 형태로 읊조려졌을 것이다. 우리 시대에도 이 잠언의 모든 내용은 항상 지상 교회 가운데 살아 생동해야만 한다.

이 책이 한국 교회와 여러 성도들에게 실제적인 도움이 되기를 바란다. 그리고 잠언의 말씀이 지상 교회와 성도들의 삶 가운데 깊숙이 자리잡아 그 의미가 풍성하게 드러나기를 원한다. 영적으로 점차 메말라 가고, 하나님의 몸된 교회 가운데서 잠언이 점차 자취를 감추어가는 안타까운 시대에 하나님의 구속사역을 기억하며 잠언을 읊조리는 성도들이 많아지기를 바라는 마음 간절하다.

책을 마무리하면서 감사의 마음을 전해야 할 많은 분들의 얼굴이 떠오른다. 우선 오랜 기간 기독교개혁신보(합신) 편집국장직을 감당하다가 곧 퇴임하게 될 친구 송영찬 목사님께 격려의 말씀을 전한다. 그리고 실로암교회 성도님들과 국내외의 신실한 여러 이웃에게 감사한 마음을 전한다. 또한 가까이서 위로와 충고를 아끼지 않는 사랑하는 아내와 가족에게 동일한 감사의 마음을 표한다.

2017년 1월
실로암교회 서재에서
이 광 호 목사

차 례

잠 언

잠 언

제1장

잠언 계시의 의미와 기록 목적

(잠1:1-7)

1. '다윗의 아들 이스라엘 왕 솔로몬의 잠언' (잠1:1)

성경의 '잠언' (Proverbs)은 시작되는 처음부터 '다윗의 아들' 이자 '이스라엘 왕' 인 '솔로몬의 잠언' 이라는 선언을 하고 있다. 본문의 맨 앞부분에서 다윗의 아들로서 솔로몬이 언급된 것은 잠언이 하나님의 언약에 밀접하게 연관되어 있음을 밝히는 의미를 지닌다. 즉 잠언은 이 세상 사람들의 일반적인 윤리와 연관된 것이 아니라는 사실을 말해 준다.

다윗은 하나님께서 언약의 왕국을 건립하실 때 특별히 불러 세우신 믿음의 조상이다. 그는 하나님의 섭리에 따라, 장차 임하게 될 메시아 왕국의 그림자로서 구속사 가운데 세워진 이스라엘 왕국의 기틀을 놓았다. 따라서 구약시대의 다윗은 장차 세상에 임하게 될 '하나님 나라' 를 통치하실 예수 그리스도의 모형이 된다.

잠언의 앞부분에서 이스라엘 왕으로서 솔로몬을 언급한 것은 그의 특별한 사역과 직접 연관되는 것으로 이해할 수 있다. 즉 그는 하나님께서 시내광야에서 모세를 통해 허락하신 성막을 가나안 땅을 정복한 후 예루살렘 성전으로 정착시킨 믿음의 조상이다. 솔로몬은 아브라함이 이삭을 제물로 바쳤던 모리아 산 바로 그 자리에 예수 그리스도께서 '하나님의 어린양' 으로 바쳐지게 될 돌로 된 성전을 건립했던 것이다.

이 모든 정황들을 주의 깊게 살펴볼 때, 솔로몬의 잠언은 이 세상 모든 사람들의 윤리적인 삶을 위한 교훈이 아님이 분명하다. 그 잠언은 하나님의 언약과 밀접하게 연관되어 있으며, 예루살렘과 그 안에 세워진 성전을 배경으로 하고 있다. 이는 성경의 잠언이 장차 오실 메시아와 연관되어 있으며, 하나님의 자녀들의 무리인 언약공동체 안에서 적용되어야 할 진리의 말씀이라는 사실을 말해준다.

그러므로 오늘날 우리 역시 성경의 잠언을 읽을 때 그와 동일한 관점에서 이해하고 적용해야 한다. 즉 구약 성경에 기록된 잠언은 하나님께서 약속하신 메시아 곧 장차 오실 예수 그리스도와 연관되어 있다. 그 내용은 세상의 모든 인간들이 아니라 하나님의 자녀들을 위하여 특별히 주어졌으며, 구약시대의 언약공동체인 이스라엘 민족과 신약시대의 교회공동체에 허락된 말씀이다.

따라서 구약의 잠언은 교회 내부에서 신령한 교훈으로 자리매김하여 그 의미가 풍성하게 드러나 적용되어야 한다. 교회에 속한 성도들은 성경의 전체적인 내용과 더불어 잠언을 이해하고 받아들여야 하는 것이다. 즉 잠언의 모든 내용은 구약시대부터 구속사 가운데서 그 의미가 드러나고 있었으며, 현실적으로 성도들의 삶에 적용되는 것이 중요하다.

2. 잠언의 기록 목적(잠1:2,3)

잠언은 언약의 자녀들에게 진리에 연관된 특별한 교훈과 더불어 계시적 훈계를 주는 것이 주된 목적이다. 그것은 타락한 세상에서 형성된 인간의 일반적인 이성과 경험으로부터 나온 것이 아니라 천상에 계시는 여호와 하나님으로로 말미암은 것이다. 이는 잠언에 기록된 계시가 절대적인 의미를 지니고 있다는 사실을 말해준다.

성경 본문에는 성도들로 하여금 잠언을 통해 지혜와 훈계를 알게 하며 명철의 말씀을 깨닫게 하고자 한다는 사실이 명기되어 있다. 참된 지혜와 사리에 맞는 판단은 오직 여호와 하나님께 근거할 따름이다. 배도에 빠져 타락한 인간들에게는 그와 같은 참된 것들이 아예 존재하지 않는다. 전적으로 부패하고 무능한 인간들에게서는 진정한 지혜와 명철이 발생하지 않는 것이다.

그러므로 성도들은 하나님으로부터 계시된 잠언을 통해 참된 지혜와 훈계를 알아가고 명철의 말씀을 더욱 더 깊이 깨달아가야 한다. 이는 하나님과 상관없는 상태에서 인간의 이성과 경험에 의해 설정된 모든 지혜와 판단기준을 버려야 한다는 사실을 말해주고 있다. 그것을 포기하지 않은 상태에서는 진정한 지혜와 명철을 소유할 수 없는 것이다.

그럼에도 불구하고 하나님의 자녀들은 언약 가운데 살아가고 있으면서도 타락한 세상에서 익힌 잘못된 지혜와 명철을 의지하며 그에 가까이 하기를 좋아한다. 그것은 결국 하나님께서 허락하신 참된 지혜와 명철에 세상의 왜곡된 지혜와 값어치를 뒤섞고자 하는 속성을 지니고 있음을 말해준다. 이는 하나님으로부터 온 진리와 타락한 세상에서 발생한 현상들을 서로 혼합시키려는 심각한 오류에 빠지게 한다. 그와 같은 위태로운 상황을 피하기 위한 유일한 방법은 기록된 하나님의 계시에 온전히 의존하는 수밖에 없다.

또한 잠언서 맨 앞부분에는 언약의 백성으로 하여금 지혜롭게, 의롭게, 공평하게, 그리고 정직하게 '행할 일에 대하여' 훈계하고자 한다는 말을 언급하고 있다. 이는 하나님의 자녀들이 소유해야 할 삶의 근본에 연관되어 있는 말씀이다. 본문에 기록된 지혜, 의, 공평, 정직은 보통 인간들의 정신적이며 지적인 노력에 의해 발생하지 않는다. 그것들은 오직 하나님의 자녀들에게만 존재하는 것이며, 부패한 세상에는 아예 존재하지 않는 것으로 이해해야 한다.

이 말은 인간들의 일상적인 언어 가운데 나타나는 의미, 곧 하나님을 알지 못하는 사람들이 일반적으로 이해하는 그에 연관된 사실과는 본질적으로 다르다는 점을 말해주고 있다. 영원한 진리에 무지한 자들은 결코 성경에 기록된 잠언의 진정한 의미에 대하여 깨달을 수 없다. 그들은 인간의 이성과 경험에 근거한 그에 연관된 판단과 유사한 행동을 할 수 있을지 모르지만 하나님께서 말씀하신 그 의미에 도달하지 못한다.

다시 말해, 잠언서 본문에 언급된 교훈들과 의미는 오직 예수 그리스도를 통해서만 이해와 적용이 가능하다. 따라서 우리는 잠언에 기록된 말씀을 세상에서 형성된 성향들과 혼합하려고 해서는 안 된다. 하나님의 교회에 속한 성도들은 잠언의 계시를 읽으면서 그 교훈을 자신의 삶에 적용할 때 항상 이를 기억하고 있어야만 한다.

3. '어리석은 자'와 '지혜로운 자'를 위해 허락된 교훈(잠1:4,5)

사람들은 나름대로의 기준에 따라 어리석은 자와 지혜로운 자를 구분하고 있다. 그럼에도 불구하고 우리는 일반적인 관점에서 이루어지는 그런 평가에 참여하지 않는다. 물론 타락한 세상 가운데는 항상 정반대의 성격을 지닌 서로 다른 두 부류의 사람들이 어우러져 살아가고 있음이 분명하다. 그렇지만 우리는 잠언 본문에 언급된 내용이 일반적인 경우에 연관된 것이 아니라는 사실을 깨달아야 한다.

잠언에 기록된 말씀은 모든 성도들에게 적용되어야 하며 성숙한 교인들뿐 아니라 신앙이 어린 미숙한 교인들도 순전히 받아들이지 않으면 안 된다. 그 내용은 언약공동체에 속한 교인들이 예외 없이 진정한 교훈으로 삼아야 한다. 즉 성경의 잠언은 교회 가운데서 신앙생활을 하고 있지만 세상을 완전히 떠나지 못한 자들을 위한 말씀이기도 하며 하나님을 전적으로 의지하는 지혜로운 자들을 위한 것이기도 하다.

우리가 여기서 주의 깊게 깨달아야 할 바는, 잠언에 기록된 동일한 교훈이 성도들의 형편에 따라 달리 적용될 수 있다는 사실이다. 이는 그 본질적인 의미가 다르다는 것이 아니라 동일한 의미가 각 성도들에게 적합한 교훈으로 주어진다는 사실을 말해 준다. 다시 말해 어리석은 자들은 그 말씀을 자신의 어리석음에 비추어 하나님께서 허락하시는 특별한 교훈을 받아들여야 하며, 지혜롭고 명철한 자들은 그것을 통해 더욱 심오한 지식을 얻고 삶의 올바른 방법을 터득해 가야 하는 것이다.

그러므로 언약의 울타리인 교회 내부에 살아가고 있으면서도 어리석은 삶을 살아가는 자들은 잠언의 교훈을 받아들여 점차 슬기로운 성도로 자라가지 않으면 안 된다. 또한 젊은 청년들은 그 말씀을 통해 확고한 참된 지식을 소유할 수 있어야만 한다. 또한 자기 자신의 부족한 면을 세밀히 살펴보아 하나님과 성도들 가운데서 근신하는 자세를 유지해야 한다.

신앙이 성숙하고 지혜로운 성도들은 잠언에 기록된 모든 말씀을 자신의 삶에 적극적으로 적용할 뿐 아니라 아직 신앙이 어린 사람들을 말씀을 통해 올바르게 인도하며 양육해야 할 의무를 가지게 된다. 결국 그것을 바탕으로 지상에 존재하는 언약의 백성들이 온전히 세워져 간다. 이는 구약시대의 이스라엘 민족뿐 아니라 신약시대의 교회공동체와 그에 속한 모든 성도들에게 그대로 적용되어야 할 내용이다.

4. 언약의 자손들에게 베풀어진 은혜의 말씀(잠1:6)

하나님의 자녀들은 잠언에 기록된 모든 내용과 그에 연관된 비유와 지혜로운 자의 교훈과 그 오묘한 말을 순전히 깨달아야 한다. 이 말은 하나님의 섭리와 연관되어 있으며, 잠언에 기록된 말씀을 세상에서 형성된 일반적인 의미로 해석하려 해서는 안 된다는 의미를 내포하고 있다. 즉 잠언은 영원한 구원에 참여하게 되는 하나님의 자녀들에게 허락된 특별한 계시의 말씀이기 때문에 언약공동체와 지상교회를 세우기 위한 진리의 교훈이 되는 것이다.

그러므로 하나님의 백성들은 잠언에 기록된 모든 말씀들을 통해 참된 지혜를 배워갈 수 있어야 한다. 이는 궁극적으로는 메시아와 연관되어 있는 것으로서 타락한 인간들의 이성과 경험에서 발생하는 세속적인 교훈과는 그 의미가 전혀 다른 성격을 지니고 있음을 말해준다. 외형상 세상의 일반적인 교훈과 상당한 부분 일치하는 듯이 보일지라도 그 본질은 전혀 다르기 때문이다.

여호와 하나님과 예수 그리스도를 믿는 성도들은 이에 대한 분명한 깨달음을 가져야만 한다. 잠언에 기록된 모든 말씀은 마치 교회를 온전히 세워가기 위한 영적이며 정신적인 윤활유 같은 역할을 하지 않으면 안 된다. 그것이 지상교회 가운데 올바르게 적용되어 나타나지 않는다면 하나님께서 원하시는 성숙한 참된 교회로 성장할 수 없다.

5. 여호와를 경외하는 것과 참된 지식(잠1:7)

인간들은 자신의 이성에 근거한 나름대로의 지식을 추구한다. 그들은 점차 더욱 풍부한 지식을 소유하기를 원하며 그것을 향해 부단히 나아간다. 세상살이에 익숙한 자들은 그렇게 하는 것이 개인의 인생을 위하여 유리한 고지를 차지하는 것인 양 착각하고 있다.

하지만 그런 지식은 외형상 아무리 풍부해 보일지라도 진정한 지식이라 말할 수 없다. 참된 지식은 오직 여호와 하나님을 경외하는 데서 시작되며 계시된 말씀을 통해 얻게 된다. 즉 여호와를 경외하는 것이 지식의 근본이 되는 것이다. 따라서 하나님으로 말미암지 않은 지식은 온전한 지식이 되지 못한다. 이는 모든 참된 지식은 여호와 하나님과 이땅에 오신 메시아와 연관되어 있음을 말해준다.

우리가 여기서 분명히 기억해야 할 바는, 여호와를 경외하지 않은 상태에서 획득된 지식은 세상의 과정적인 현상에 지나지 않는다는 사실이다. 따라서 그 참된 지식을 얻기 위하여 성도들은 하나님을 경외하며 그로부터 계시된 말씀을 주의 깊게 살펴 그 음성을 들어야만 한다. 그것이 하나님의 자녀들에게 허락되는 복의 근원이 되기 때문이다.

그렇지만 인간의 경험에 의존하여 하나님을 알지 못하는 미련한 자들은 참된 지혜와 훈계를 멸시한다. 그들은 여호와를 경외하지 않기 때문에 당연히 그의 말씀도 멸시하여 받아들이지 않는다. 나아가 그로부터 보내심을 받은 메시아에 대해서도 아무런 관심이 없다. 그런 자들은 메시아가 없는 상태에서 세상의 헛된 지식을 획득하기 위해 온갖 노력을 기울일 따름이다. 주의 몸된 교회에 속한 성도들은 이에 대한 분명한 깨달음을 소유해야만 한다.

제2장

하나님의 율법을 통한 상속과 악한 자들에 대한 경고

(잠1:8-33)

1. 부모를 통한 자녀의 율법 상속(잠1:8,9)

솔로몬 왕은 자기 아들에게 아버지의 훈계와 어머니의 법을 떠나지 말라는 간곡한 당부를 하고 있다. 이는 비록 솔로몬의 개인 집안에 관련되어 있을지라도 모든 언약의 자손들이 귀담아 들어야 할 내용이다. 잠언에서 자녀들로 하여금 아버지의 훈계와 어머니의 법을 지키라고 요구한 것은 우리 모두에게 매우 중요한 의미를 담고 있다.

물론 여기서 말하는 훈계와 법의 기준은 부모의 주관적인 판단에 근거하지 않는다. 그것은 하나님으로부터 계시된 말씀과 연관되어 있다. 이는 자녀들에게 단순한 일반 윤리적인 행동을 강요하는 의미와 다르다. 그것은 도리어 하나님의 진리를 보존하고 상속하는 일에 밀접하게 관련되어 있다.

따라서 이 잠언의 말씀을 모든 자녀들이 부모의 말을 무조건 들어 순종해야 한다는 의미로 해석해서는 안 된다. 하나님의 말씀을 벗어나거나 부모의 그릇된 요구라면 당연히 그 말을 듣는 대신 거부해야 한다. 잘못된 훈계와 요구라 할지라도 저항하지 말고 그에 순종하라는 요구를 한다는 것은 말이 되지 않는다.

우리가 이에 관한 잠언서 본문을 통해 깨닫게 되는 것은, 하나님을 경외하는 자녀들은 어려서부터 자기 마음대로 이 세상을 살아가려 해서는 안 된다는 사실이다. 그대신 하나님의 말씀과 율법에 따라 사고하며 살아가는 방법을 배워 익혀야 한다. 그것이 하나님 앞에서 나약한 인간의 모습을 올바르게 직시할 수 있는 소중한 방편이 된다.

그러므로 본문에 기록된 잠언에서 요구하고 있는 바는 일반적인 의미가 아니라 영원한 진리의 상속에 연관된 교훈임이 분명하다. 언약을 소유한 부모들은 하나님께서 허락하신 언약의 자녀들에게 참된 진리를 상속해 가도록 애써야 한다. 그것을 위해서는 자녀들이 당연히 언약의 부모로부터 하나님의 말씀을 듣고 그에 순종해야만 한다.

언약을 소유한 성도들이 그렇게 할 때 그것은 신실한 자녀들의 머리에 아름다운 관이 된다. 그리고 저들의 목에 둘러 걸치는 금 목걸이가 된다. 본문에 언급된 머리에 쓴 아름다운 관과 목걸이는 두 가지 의미를 동시에 지니고 있다. 그것들은 하나님께서 저들에게 주신 영예를 드러내 보여주게 된다. 또한 그것을 통해 영원한 진리를 소유한 자로서 많은 사람들에게 자신을 선포하는 의미를 지닌다.

이에 대해서는 오늘날 우리 역시 그와 동일한 입장에 놓여 있다. 언약의 부모로부터 성경에 기록된 참된 훈계를 들어 율법을 깨닫는 자로서 올바른 신앙을 상속하는 것은 세상에서 가지는 최상의 영예가 된다. 또한 그것은 만방에 진리를 선포하는 근거를 갖추는 의미를 지니고 있다. 그 모든 과정을 통해 타락한 세상 가운데 살아가는 언약의 자녀들이 소유한 정체성이 명확히 드러나게 되는 것이다.

2. 욕망을 추구하는 자들을 피해야 할 언약의 자녀들(잠1:10-19)

솔로몬은 자기 아들에게 악한 자가 접근해 유혹하여 꾈지라도 그에 넘어가지 말라는 당부를 하고 있다. 선한 백성을 유혹하는 자들은 자기의 욕망을 추구하는 과정에서 온갖 감언이설(甘言利說)들을 쏟아낸다. 그렇게 되면 그 말을 듣는 자는 자기 마음 가운데 존재하는 욕망으로 인해 그에 넘어가기 십상이다. 따라서 모든 하나님의 자녀들은 정신을 바짝 차려 그에 대하여 유념하지 않으면 안 된다.

잠언에는 솔로몬이 말한 그에 연관된 구체적인 내용이 기록되어 있다. 악한 자들이 순진한 언약의 자녀를 유혹하여, 길목에 매복하여 가만히 숨어 있다가 아무런 이유 없이 무죄한 자를 해치자고 하리라는 것이었다. 그들은 마치 음부가 사람들을 집어 삼키듯이 산 채로 언약의 자손들을 패망에 이르게 한다. 이는 사악한 자들이 산 사람을 통째로 무덤 안으로 끌어들이는 것과 같다. 그렇게 하여 함께 욕망을 채우자고 선전하며 어리석은 자들을 대상으로 유혹하게 된다.

그렇게 하여 그 행악하는 자들은 언약의 자손들이 소유한 모든 값진 보화들을 빼앗고 그것으로써 저들을 위한 화려한 집을 짓자고 한다. 그러면서 그 악한 자들은 유혹의 말을 끊임없이 내뱉게 된다. 그들은 어리석은 자들을 향해 강탈한 모든 물건들을 제비뽑아 공평하게 나누고 돈 주머니는 하나만 두고 함께 잘 살아 보자면서 달콤한 거짓말을 하며 속일 것이다. 그러나 저들의 속내는 전혀 그렇지 않으며 순진한 자를 자기를 위한 욕망의 도구로 이용하고자 할 따름이다.

이 말은 실제적인 사실에 연관되어 있지만 상징적인 의미로 받아들여야 한다. 즉 실제로 다른 사람들에게 신체적인 위해를 가하자는 제안을 넘어 자신의 욕망을 도모하기 위해서라면 무슨 방법이라도 사용하자는 말로 받아들여야 한다. 그런 행동을 하며 그에 따르는 자들은 겉보기와는 달리 멸망을 향해 나아가는 것과 마찬가지다.

하나님의 자녀들의 근처에는 항상 그와 같은 사악한 자들이 맴돌고 있다. 악한 자들은 언약의 백성들을 미혹하기 위해 몸을 숨긴 채 두 눈을 두리번거리고 있는 것이다. 우리는 항상 이 사실을 염두에 두고 살아가야만 한다. 시편기자는 그에 관한 사실을 토로하며 노래 부르고 있다.

> "그의 입에는 저주와 거짓과 포악이 충만하며 그의 혀 밑에는 잔해와 죄악이 있나이다 그가 마을 구석진 곳에 앉으며 그 은밀한 곳에서 무죄한 자를 죽이며 그의 눈은 가련한 자를 엿보나이다" (시10:7,8)

이처럼 사탄에게 속한 세력은 하나님의 자녀들을 해치기 위해 혈안이 되어 있다. 그러므로 솔로몬은 자기의 아들에게 그와 같은 자들과 함께 길을 걷거나 어울려 다니지 말라는 당부를 하고 있다. 나아가 그런 자들과 친하게 지내거나 접촉하는 일을 금지했다. 그 행악자들이 나아가는 길은 악한 곳을 향하고 있다. 나아가 그들은 자신의 욕망을 위해서 무죄한 사람들의 피를 흘리며 해롭게 하는 일을 주저하지 않을 만큼 사악한 자들이다.

솔로몬은 그것을 설명하기 위하여, 공중에 날아다니는 새가 보고 있는 앞에서 그물을 치면 아무런 효과가 없다는 사실을 예를 들어 언급했다. 이는 악한 일을 도모하는 자들의 행위가 실상은 그와 같은 헛된 일에 지나지 않는다는 사실을 의미한다. 그런 자들은 길가에 가만히 숨어 있으면서 다른 사람들을 노리지만 결국은 스스로 자기 피를 흘리며 자신의 생명을 해롭게 한다. 하나님의 진리를 떠나 부당한 이익을 탐하는 모든 행악자들의 결과는 그렇게 될 수밖에 없으며 그들은 자신의 생명을 잃는 처지에 놓이게 될 뿐이다.

잠언에 기록된 이와 같은 일은 구약시대뿐 아니라 우리 시대에도 그대로 발생하고 있다. 우리가 유념해야 할 바는 이 말이 단순히 일반 윤리적인 삶에 국한되는 것이 아니라는 사실이다. 이는 참된 진리를 소유한 주의 몸된 교회에 속한 언약의 자녀들의 신앙과 밀접하게 연관되어 있다는 점을 말해준다.

하나님을 알지 못하는 악한 자들은 세상의 논리와 방책을 사용하여 교회에 속한 어린 성도들을 끊임없이 미혹하며 타락한 세상 속으로 끌어당기려 한다. 그런 위태로운 처지 가운데 살아가는 하나님의 자녀들은 저들과 접촉하거나 가까이 지내는 일을 피하기 위해 깊은 주의를 기울이지 않으면 안 된다. 자칫 잘못하면 세상의 현란한 논리에 빠져 악한 세상에서 허우적거릴 우려가 있기 때문이다.

3. 악한 자들에 대한 공개적인 책망(잠1:20-22)

잠언 본문에는 지혜(Wisdom)에 관한 특별한 언급을 하고 있다. 그것은 인간들이 생각하는 일반적인 지혜와는 본질상 그 성격이 다르다. 그것은 타락한 인간들에게는 아예 존재하지 않는 것이며 오직 여호와 하나님으로 말미암는 특성을 지니고 있다. 즉 본문에 기록된 지혜는 단순한 정신적 현상이 아니라 구체적인 심판과 구원의 근거가 된다.

잠언은 바로 그 지혜가 길거리에서 외치며, 사람들이 모인 광장에서 크게 부르짖는다는 사실을 기록하고 있다. 또한 그 지혜가 사람들이 북적거리며 시끌벅적한 길목에서 큰 소리를 지르고 성문 어귀와 성중에서도 그 소리를 발한다는 사실을 언급하고 있다. 이는 하나님의 지혜가 만방에 선포된다는 사실을 말해준다.

본문에 언급되고 있는 지역은, 하나님의 성전이 존재하며 솔로몬이 살고 있는 거룩한 성 예루살렘이다. 그 가운데서 살아가는 언약의 자손들이 하나님의 진리를 멀리하고 인본적인 논리를 앞세워 하나님의 성을 더러운 욕망의 도성으로 바꾸어버렸다. 그것은 하나님을 욕되게 하는 행위의 결과였다. 하나님께서는 배도에 빠진 그 백성을 향하여 그에 관한 책망을 하셨던 것이다.

그 도성에서 선포된 말씀의 내용은 어리석은 자들을 책망하는 소리이다. 거룩한 하나님을 떠나 세상의 논리에 빠진 배도자들은 어리석음을 통해 얻게 되는 것들을 더 좋아하게 된다. 그런 자들은 하나님 앞에서 겸손하게 되는 것이 아니라 도리어 거만한 자세를 취한다. 또한 미련한 자들은 하나님으로 말미암은 참된 지식을 미워하고 인간들에게서 생성된 이성과 경험을 더욱 중시하게 된다.

예루살렘 성 안에서 영원한 언약 가운데 살아가야 할 백성들이 하나님의 뜻을 저버린다는 것은 곧 패망의 길에 서게 됨을 의미하고 있다. 그럼에도 불구하고 어리석은 자들은 하나님의 말씀에 귀를 기울이지 않고 거부하는 생활을 지속한다. 하나님께서는 그런 자들을 향해 언제까지 그런 미련한 삶을 지속하겠느냐며 강하게 책망하셨다.

이와 같은 종교적인 위기의 형편은 오늘날 우리 시대에도 그대로 나타나고 있다. 현대에는 하나님의 몸된 교회에 속한 교인이라고 주장하면서 실상은 세상의 타락한 논리에 빠져 살아가는 자들이 많이 있다. 뿐만 아니라 이방인들의 종교사상을 끌어들여 참된 복음을 훼손하는 자들이 부지기수다.

그런 사람들은 여호와 하나님으로부터 계시된 말씀을 통하여 얻게 된 참된 지식을 버리고 세상의 오염된 것들을 취하기를 좋아한다. 그리하여 자신이 세상에서 익힌 빈약한 주장을 내세우며 전능하신 하나님 앞에서 감히 거만한 태도를 취하는 것을 대수롭지 않게 여긴다. 성경 본문에 언급된 잠언은 오늘날에도 그와 같은 자들을 향해 과거와 다르지 않은 동일한 말씀을 전하며 책망하고 있다.

4. 하나님의 재앙과 말씀을 통한 보호와 사랑(잠1:23-33)

잠언 본문에 언급된 '나'는 하나님으로 이해하는 것이 자연스럽다. 하나님께서는 언약의 자녀들에게 자신의 거룩한 책망을 듣고 악한 것으로부터 돌이키라는 요구를 하고 계신다. 그 책망은 자녀에 대한 징계 곧 교육(discipline)에 연관되어 있다. 신약성경 히브리서에는 자기 자녀를 징계하시는 하나님에 관한 내용이 기록되어 있다. 징계는 자기 자녀들을 올바른 길로 인도하시기 위한 하나님의 사랑의 표현이라는 것이다.

> "주께서 그 사랑하시는 자를 징계하시고 그의 받으시는 아들마다 채찍질하심이니라 하였으니 너희가 참음은 징계를 받기 위함이라 하나님이 아들과 같이 너희를 대우하시나니 어찌 아비가 징계하지 않는 아들이 있으리요 징계는 다 받는 것이거늘 너희에게 없으면 사생자요 참 아들이 아니니라" (히12:6-8)

히브리서 기자가 언급한 것과 마찬가지로 잠언 본문에 기록된 책망은 하나님의 특별한 사랑의 표현이다. 그것은 자기 자녀들을 위해 주시는 관심어린 책망이기 때문이다. 따라서 하나님께서는 그와 더불어 저들에게 자신의 '신'(spirit)을 부어주실 준비를 갖추고 있다는 사실을 말씀하셨다. 여기서 언급된 '신'은 성령을 의미하고 있다.

또한 하나님께서는 자신의 말씀을 저들에게 보여 특별한 지침을 주시리라는 사실을 언급하셨다. 본문 가운데 기록된 말씀은 하나님의 계시와 밀접하게 연관되어 있다. 그것이 성도들의 삶을 온전한 길로 인도하게 되리라는 것이었다.

그러나 어리석음에 빠진 인간들은 하나님의 진정한 사랑에도 불구하고 세상의 것들로 인해 그의 음성을 듣기를 거부했다. 그들은 성경에 계시된 하나님의 음성을 듣기를 싫어했으며, 하나님께서 도와주시고자 하는 사랑의 손길에 관심을 기울이지 않았다. 그 사람들은 하나님의 은총을 멀리함으로써 패망의 길로 걸어가기를 지속했다. 하나님을 떠난 자들은 그의 교훈을 멸시하며 그의 책망을 받아들이기를 거부했던 것이다.

그 결과는 인간들의 상상을 초월하는 무서운 재앙을 몰고 오게 된다. 배도자들이 재앙을 만날 때 하나님께서는 저들을 지켜주시지 않고 내버려두시게 되며, 그들이 심한 두려운 지경에 빠질 때 저들을 비웃으신다. 그러나 어리석은 자들은 그 끔찍한 일이 눈앞에 펼쳐지기 전에는 그와 같은 상황이 벌어질 것을 예견하지 못한다. 현실적인 욕망으로 인해 눈이 어두워진 그들은 세상의 것들로 인해 스스로 만족스러워 하고 있기 때문이다.

그렇지만 배도에 빠진 인간들 앞에는 무서운 일이 기다리고 있었다. 또한 그 두려움이 저들을 향해 거센 광풍처럼 휘몰아칠 것이며, 참혹한 재앙이 폭풍 같이 이르러 저들을 휩쓸어가게 된다. 그와 같은 심각한 상황은 저들에게 깊은 근심과 슬픔이 되어 도저히 헤쳐 나올 수 없는 심한 고통에 빠뜨린다.

어리석은 백성들은 그때가 이르러서야 비로소 여호와 하나님을 찾아 그의 이름을 부르게 된다. 하지만 하나님께서는 저들에게 응답하시지 않는다. 어려움에 빠진 그들은 부지런히 하나님을 찾고자 하겠지만 결코 그를 만나지 못한다. 그들이 배도에 빠져 오랫동안 하나님을 외면하고 멸시했으므로 하나님의 무서운 진노가 저들 위에 임하게 되었기 때문이다.

그런 자들은 하나님과 그에 연관된 참된 지식을 경멸한 채 인간의 이성과 경험에 따라 자의적으로 하나님을 섬기며 세상의 즐거움을 누리고자 했다. 그들은 하나님으로 말미암은 진정한 지식을 배척하고 세상에서 배워 익힌 지식을 앞세우기를 좋아했다. 어리석음에 빠진 인간들은 여호와 하나님을 진정으로 경외하는 마음을 버렸으며 그의 뜻을 기뻐하지 않았기 때문이다. 그들은 도리어 하나님의 교훈을 멀리하고 그로부터 임한 모든 책망을 업신여기는 것을 예사로 생각하고 있었다.

그러므로 그들은 스스로 자신의 사악한 행위의 열매를 먹을 수밖에 없게 되며, 자기의 꾀에 만족하여 그로 말미암아 헛배가 부르게 된다. 어리석은 자들의 그와 같은 타락은 스스로 자신을 영원한 죽음에 이르게 하는 역할을 한다. 또한 미련한 자들의 안일한 신앙 태도는 스스로 멸망의 길에 이르도록 한다.

영원한 생명을 보존하기 위해서는 오직 여호와 하나님의 말씀을 듣고 그에 온전히 순종하는 길밖에 없다. 하나님의 말씀을 듣고 순종하는 자들은 세상에서 결코 누릴 수 없는 진정한 평강을 누리게 된다. 따라서 무서운 재앙이 감히 저들을 엄습하지 못한다. 그로 말미암아 언약의 자녀들은 세상에서의 두려움 없이 천상의 나라를 바라보며 안전한 삶을 누릴 수 있게 되는 것이다.

제3장

참된 지혜가 성도들에게 허락한 유익

(잠2:1-22)

1. 하나님의 언약 상속(잠2:1-5)

인간에게 있어서 가장 복된 것은 여호와 하나님을 알고 그를 경외하는 마음을 소유하는 것이다. 하나님을 경외한다는 것은 단순히 그를 두려움이나 공포의 대상으로 여긴다는 의미가 아니다. 하나님을 올바르게 깨달아 아는 성도여야만 진정으로 하나님을 경외하는 자세를 가질 수 있다.

잠언은 솔로몬을 통해 그것을 상속받아 소유하기 위한 인간의 자세와 외형상의 조건을 제시하고 있다. 그 모든 일을 위해 가장 중요한 것은 자신의 입술로 전해지는 말씀과 계명을 마음속에 간직하는 것이라 말한다. 이는 조상으로부터 상속되어 온 진리가 없이는 하나님을 알 수도 경외할 수도 없다는 사실을 말해 준다.

솔로몬은 그와 같은 삶을 살아가야 할 자신의 아들에게 지혜에 귀를 기울이고 명철에 마음을 두라는 권면을 했다. 참된 지식과 명철을 얻기 위하여 간절히 구할 때 그것이 가능하다는 것이었다. 그에 관련된 모든 것들은 사람들이 일반적으로 생각하고 있는 것들과 동일하지 않다. 언약의 자손들이 수용해야 할 그 모든 요구들은 하나님을 알아가기 위한 절대로 필요한 요건이 된다.

잠언은 아무런 생각 없이 가만히 앉아 있는 인간들에게 그것들이 저절로 주어지는 것이 아니란 사실을 강조하고 있다. 그것을 얻기 위해서는 하나님의 말씀에 순종하는 적극성을 띠지 않으면 안 된다는 것이었다. 따라서 마치 일반 사람들이 은을 구하고 보배를 찾기 위해 모든 노력을 기울이듯이 최선의 힘을 기울여 그것들을 구해야만 한다. 예수님께서는 천국을 소유하기 위해서 자신의 모든 것을 바쳐 보화를 얻게 된 사실에 관한 비유를 말씀하셨다.

> "천국은 마치 밭에 감추인 보화와 같으니 사람이 이를 발견한 후 숨겨 두고 기뻐하여 돌아가서 자기의 소유를 다 팔아 그 밭을 샀느니라"(마 13:44)

이 비유의 말씀은 가장 소중한 보화를 얻고자 하는 사람이 갖추어야 할 기본적인 자세를 말해주고 있다. 어떤 사람이 타인의 밭에 보화가 묻혀 있는 것을 알게 되었다. 그것은 밭의 땅 속 깊이 감추어져 있었으므로 주변 다른 사람들은 물론 밭주인조차도 그에 대한 사실을 전혀 알지 못하고 있었다.

그러므로 그것을 알게 된 사람은 그 보화를 얻기 위해 자신의 모든 소유를 다 팔아 그 밭을 구입했다. 그렇게 하여 그가 그 보화를 소유할 수 있게 되었다. 복음서에 기록된 위의 내용은 천국에 연관된 비유의 말씀이다. 즉 천국을 소유하기 위해서는 이 세상의 모든 것을 포기해야 한다는 의미와 연관되어 있다.

이처럼 하나님을 알고 그를 경외하는 자들은 자신의 온 마음을 다해 진리를 추구해야 한다. 이 세상에서 그보다 더 의미 있고 중요한 것은 존재하지 않는다. 이런 신앙 정신은 모든 성숙한 성도들뿐 아니라 다음 세대의 자녀들도 그것을 잘 상속받을 수 있도록 양육되어야 한다. 그것은 지상교회가 감당해야 할 소중한 책무이다.

우리가 여기서 반드시 기억해야 할 바는 언약의 자녀들에게 지식과 명철을 소유하도록 요구하는 것이 일반적인 세상살이를 위한 것이 아니란 사실이다. 세상에서 통용되는 성질의 속성이라면 성경이 말하고 있는 내용과 동일하지 않다. 잠언은 하나님의 언약의 자손들이 지혜롭게 되어야 하는 이유가 하나님을 올바르게 알고 경외하기 위한 소중한 방편이 된다는 사실을 말해 주고 있다.

2. 방패가 되시는 여호와 하나님(잠2:6-8)

잠언 본문은 참된 지혜와 지식과 명철은 하나님의 입에서 나온다는 사실을 기록하고 있다. 타락한 세상에서는 그와 같은 것들이 존재하거나 발생하지 않는다는 것이었다. 일반 사람들이 사용하는 용어상 그와 연관된 개념은 일종의 희미한 그림자 역할을 하게 될 뿐이다. 즉 세상에서 언급되는 그것들은 진정한 지혜와 지식과 명철이 아니지만 그에 연관된 영원한 의미를 어느 정도 추론하여 알 수 있다는 것이다.

잠언은 하나님께서는 정직한 자들을 기뻐하신다는 사실을 기록하고 있다.[1] 물론 여기서 말하는 바는 일반적인 관점에서 정직한 사람들을 의미하지 않는다. 세상의 일반 윤리에 비추어 보아 정직한 자는 하나님을 알지 못하는 불신자들 가운데도 얼마든지 많이 있을 수 있다. 그러나 하나님께

1) 본문에 언급된, '정직한 자들' 이란 '의로운 자들' (the righteous)을 지칭하고 있다(KJV, 참조).

서는, 복음의 진리에 뿌리를 내리지 않은 채 그런 식으로 정직한 인간들을 기쁨의 대상으로 여기시지 않는다.

그러므로 성경 본문에 언급된 정직한 자란 하나님 앞에서 정직한 사람을 의미한다. 즉 자기가 얼마나 사악한 죄인인지 깨달음으로써 하나님의 은혜가 없이는 돌이킬 수 없는 처참한 존재에 지나지 않는다는 사실을 알고 있는 자가 잠언에서 말하는 정직한 사람이다. 그들은 예수 그리스도로 말미암아 하나님 앞에서 의롭게 된 자들이다.

하나님께서는 그 정직한 자들을 위하여 완전한 지혜를 예비하신다. 그것은 세상의 모든 사람들에게 허락되는 것이 아니라 오직 하나님 앞에서 정직한 성도들에게만 주어지는 선물이다. 그들은 타락한 세상의 왜곡된 가치와 논리에 따라 살아가는 것이 아니라 하나님의 지혜를 받아들여 살아가게 된다.

그와 같은 특별한 은혜를 입은 성도들은 하나님의 도우심을 받게 되는 특권을 누린다. 하나님께서 친히 자기 앞에서 정직하고 행실이 온전한 자들을 위한 방패가 되어 주시기 때문이다. 만일 하나님을 안다고 주장하면서 그로부터 벗어나게 되면 악한 자들의 먹잇감이 될 우려가 따른다. 우리는 자기 백성들을 위해 공평한 길을 제시하며 성도들의 길을 지켜주시는 하나님을 떠나서는 안 된다.

타락한 세상은 항상 굽은 길을 제시하고 있으며 어리석음에 빠진 인간들은 그 길을 즐기며 걸어간다. 나아가 언약의 자손임을 내세우지만 배도에 빠진 자들은 하나님을 떠나 악한 자들과 더불어 그 길을 걸어가며 세상의 즐거움을 누리고자 한다. 악한 자들은 순진한 언약의 자손들을 미혹하여 자기와 함께 그 더러운 길을 가며 인생을 즐기도록 유도한다. 그러므로 하나님의 자녀들은 하나님께서 허락하시는 참된 지혜와 지식을 통해 그에 대한 분별력을 가짐으로써 자신의 정체성을 보존할 수 있어야만 한다.

3. 영혼의 즐거움(잠2:9-12)

언약의 자손은 하나님의 특별한 은혜와 도우심으로 공의와 공평과 정직 곧 모든 선한 것들의 속성을 깨닫게 된다. 그로 말미암아 신앙의 길을 걸어갈 수 있다. 하지만 죄에 빠진 인간들에게는 결코 스스로 하나님의 선한 길을 알아갈 수 있는 능력이 존재하지 않는다. 오직 하나님의 은혜에 의해서만 그것이 가능하다.

하나님의 특별한 사역으로 말미암아 참된 지혜가 성도들의 마음속에 들어갈 수 있게 되며 참된 지식이 그 백성에게 영혼의 즐거움을 허락하게 된다. 그것은 인간들이 일반적으로 경험하는 것과는 그 성질이 전혀 다르다. 타락한 세상에서 사람들이 얻게 되는 기쁨과 즐거움은 일시적인 현상에 지나지 않으며 언제까지 유지될지 아무런 보장성이 없다. 오늘 엄청나게 큰 기쁨을 얻는다고 해도 내일 그 이상의 어떤 엄청난 좌절에 빠지게 될지 아무도 예측할 수 없기 때문이다.

그러므로 신앙이 성숙한 하나님의 자녀들은 항상 하나님의 말씀에 비추어 신중한 자세로 자신을 살피며 근신하는 가운데 살아가야 한다. 타락한 아담의 후손으로서 자신의 죄성과 그 가운데서 솟구치는 욕망을 다스리며 하나님 앞에서 자신의 부족한 모습을 직시하지 않으면 안 된다. 그것이 성도들로 하여금 겸손한 삶을 살도록 인도하게 된다.

또한 하나님의 도우심으로 말미암아 얻게 되는 명철한 깨달음이 이땅에 살아가는 성도들을 보호하는 역할을 한다. 이는 계시된 하나님의 말씀을 통한 올바른 분별력에 밀접하게 연관되어 있다. 아담의 범죄행위로 말미암아 타락한 인간들은 참된 진리와 거짓을 분별할 수 있는 안목을 전혀 소유할 수 없다. 그에 반해 하나님의 자녀들은 완전히 다른 차원의 분별력을 가지게 된다.

그렇다고 해서 지상교회에 속한 성도들이 신앙적인 개별 감정과 종교

경험을 통해 올바른 분별력을 가지는 것은 아니다. 그것은 도리어 참된 진리를 훼손하는 오판의 근거가 될 우려가 있다. 참된 분별은 오직 계시된 하나님의 말씀을 통해 가능하며 그 말씀을 깨닫게 해주시는 성령 하나님의 도우심에 의해서만 가능하다.

그런 온전한 분별력을 소유하게 되면 설령 세상의 악한 자들이 미혹하는 말에 잠시 귀를 솔깃해 하다가도 즉시 되돌아 설 수 있다. 말씀을 통한 지혜를 가짐으로써 세상의 악한 자들이 제시하는 길과 패역한 방법을 동원하는 자들로부터 벗어날 수 있는 것이다. 물론 그것은 하나님의 도우심에 의해 온전한 회복이 이루어지게 된다.

4. 악한 무리의 패역(잠2:13-15)

거룩한 하나님의 반대편에 선 악한 자들은 항상 무리를 이루어 힘을 과시하고자 하는 속성을 지니고 있다. 즉 집단적 악행을 통해 서로간 세력을 형성하고자 한다. 따라서 그들은 여호와 하나님을 경외함으로써 정직한 길을 걸어가는 자들을 싫어한다. 그대신 어두운 길로 행하기를 좋아하며 자기의 욕망을 채우는 일에 급급하게 된다.

그런 자들은 다른 사람들을 기만하거나 해치면서 얻게 되는 부당한 이익으로 인해 스스로 기뻐하며 만족스러워 한다. 그들은 선량한 이웃에게 폭력을 행사하며 자신의 힘을 자랑하는 가운데 뿌듯해하는 어리석음을 범하게 된다. 또한 저들로부터 탈취한 것들을 자신의 소유로 만들어감으로써 인생을 즐기고자 한다.

하지만 그와 같은 것들은 일시적인 현상에 지나지 않는다. 즉 남으로부터 탈취한 것들은 결코 궁극적인 기쁨이나 즐거움을 제공하지 못한다. 그들이 걸어가는 구부러진 길은 저들의 염원과 달리 자신을 망가뜨리는 역할을 하게 될 따름이다. 또한 그 악한 행위는 질서를 파괴하여 점점 더 어두운 영역으로 인도해가게 된다.

하나님의 언약 가운데 있으면서도 신앙이 어린 자들은 저들의 외형적인 모습을 부러운 눈으로 바라보기도 한다. 그러나 우리는 그 모든 것들이 불쌍하고 안타까운 현상일 뿐 결코 부러워할 만한 대상이 되지 못한다는 사실을 기억해야 한다. 지상에 존재하는 하나님의 교회와 성숙한 성도들은 항상 그에 대한 분명한 경계심을 가지지 않으면 안 된다.

5. 음녀로부터 구원하는 지혜(잠2:16-19)

영적이며 정신적인 측면에서 볼 때 타락한 세상은 그 자체로 참된 빛이 전혀 없는 암흑천지이다. 그 가운데서는 분별력을 가질 수 없으며 아무런 참된 진리를 찾아낼 수 없다. 타락한 세상의 편에 선 자들은 항상 세상에서 형성된 이성과 경험으로써 자신의 정체성을 확립하고 언약의 자녀들을 미혹하기 위해 온갖 노력을 다 기울인다.

그러므로 잠언은, 하나님으로부터 허락된 참된 지혜가 성도들로 하여금 악한 세상으로 인해 당하는 고통과 미혹하는 음녀로부터 구원받게 해주리라는 사실을 언급하고 있다. 이는 그에 빠진 인간들 스스로는 거기서 탈출하기 어렵다는 사실을 말해준다. 순진한 백성들을 미혹하는 자들은 그 얼굴에 더러운 추파를 머금고 있는 더러운 음녀와 정절을 중시하지 않는 이방 여성과도 같다.

언약의 자손들 가운데 배도에 빠진 어리석은 자들은 원래 자신의 지위와 하나님의 언약을 버린 채 인간적인 욕망대로 살아가기를 지속한다. 신앙이 어린 자들은 그 실상을 전혀 인식하지 못한다. 하지만 그런 방식으로 인생을 즐기며 살아가는 자들은 잠시 잠간의 쾌락을 누리게 될지언정 저들의 결과는 끔찍한 사망에 이를 수밖에 없다.

순진한 백성들은 악한 자들이 미사여구(美辭麗句)를 섞어 내뱉는 유혹하는 말에 넘어가기 쉽다. 외형적인 모습과 상관없이 저들의 삶은 결코 안전하지 않다. 그들이 걸어가는 길은 결국 영원한 멸망의 길로 나아가게 될 따름이다. 따라서 모든 성도들은 그에 대해 정신을 바짝 차리지 않으면 안 된다. 누구든지 그들을 추종하는 자들은 더러운 세상에 물들게 되어 되돌아오기 쉽지 않다. 그렇게 되면 참되고 영원한 생명의 길을 얻지 못하게 된다.

하나님의 자녀들은 항상 이에 대하여 매우 민감한 자세를 취하고 있어야 한다. 그렇게 함으로써 눈앞에 보이는 그럴듯한 것에 대한 분별력 있는 안목을 가지게 된다. 사악한 자들이 아무리 좋은 것이라 선전하며 속일지라도 절대로 그에 미혹되지 말아야 한다. 또한 신앙이 성숙한 어른들은 어린 자녀들에게 그에 대한 교육과 더불어 말씀을 통한 분명한 교훈을 남기지 않으면 안 된다.

6. 의인의 길을 지키는 지혜(잠2:20-22)

여호와 하나님의 은혜로 말미암아 허락된 참된 지혜가 언약의 자녀들을 선한 길로 행하도록 인도한다. 그리고 그 지혜가 의인의 길을 유지하도록 도와주고 지켜준다. 설령 언약의 백성이라고 할지라도 만일 하나님의 지혜를 멀리한다면 악한 세상으로부터 오는 유혹의 손길에 넘어가기 쉽다.

그러므로 하나님 보시기에 의롭고 정직한 자들이 계시된 말씀에 순종할 때 이땅에 안전하게 거할 수 있게 된다. 하나님 앞에서 완전한 자들(the perfect)은 세상에서 패망하지 않고 굳건히 살아남게 되는 것이다. 이는 인간적인 노력의 결과가 아니라 전적인 하나님의 은혜로 말미암는다. 이 사실은 또한 언약의 자녀들이 부모로부터 신앙을 상속받는 일과 밀접하게 연관되어 있다. 땅에 연관된 이 의미는 모세 언약에서부터 명확하게 드러나고 있었다.

> "네 부모를 공경하라 그리하면 너의 하나님 나 여호와가 네게 준 땅에서 네 생명이 길리라"(출20:12); "너는 너의 하나님 여호와의 명한대로 네 부모를 공경하라 그리하면 너의 하나님 여호와가 네게 준 땅에서 네가 생명이 길고 복을 누리리라"(신5:16)

구약의 율법에 기록된 이 말씀은 단순히 부모를 공경하는 자가 사람들이 일반적으로 생각하는 대로 이 세상의 복락을 누리게 될 것을 말하는 것이 아니다. 이 말씀은 부모로부터 언약을 상속받은 자녀들에게 주어진 신령한 약속이다. 그것은 사탄이 통치하는 이 세상에서 거두게 될 영적인 승리를 말해주고 있다. 물론 그것은 오직 하나님과 그리스도의 사역을 통해서 이루어진다.

이와 달리 사악한 인간들은 겉보기에 아무리 화려하게 보일지라도 결국은 이땅에서조차 끊어진다. 이는 세상의 무의미함에 대한 교훈으로서 악한 자들이 배도함으로써 하나님의 언약에서 떨어져 나가게 된다는 사실을 말해주고 있다. 결국 진실하지 못하여 간사한 삶을 살아가는 자들은 땅에서 뽑혀 버림을 당하게 된다. 그런 자들은 하나님과 세상 사이에 어정쩡하게 서 있으면서 자신의 욕망을 추구하지만 멸망에 직면한 상태에 놓여 있다.

제4장

하나님을 향한 성도의 자세와 참된 지혜자의 복
(잠3:1-26)

1. 부모가 전하는 율법에 대한 순종(잠3:1-4)

솔로몬은 사랑하는 아들에게 자신이 전하는 율법의 가르침을 잊어버리지 말고 자신의 입술을 통해 내려지는 명령을 지키라고 요구했다. 그렇게 함으로써 세상에서 오래 동안 참 생명을 누리며 평안을 얻을 수 있다는 것이었다. 이는 그런 삶을 사는 것이 가장 원만한 인생이라는 사실을 말해주고 있다.

또한 솔로몬은 그것을 위해 '인자와 진리' (mercy and truth)를 항상 가까이 두고 떠나지 말아야 한다는 사실을 언급했다. 그리고 그 내용을 목판(木板) 같은 곳에 기록하여 목에 걸고 다니며 마음 판에 새기도록 요구했다. 하나님의 말씀에 순종하는 성도라면 그 말씀이 교훈하는 바를 잊어서는 안 된다는 것이었다. 또한 그것이 자신의 정체성과 더불어 외부를 향한 선언적인 의미를 지니고 있기 때문이다.

이에 연관하여서는 구약성경의 신명기에도 기록되어 있다. 모세는 가나안 땅에 들어가게 될 언약의 백성들을 향해 그와 유사한 교훈을 주었다. 출애굽하여 시내광야에서의 사십 년간의 특별한 삶을 마친 이스라엘 자손은 가나안 땅에 들어가서 하나님의 말씀을 가시적이며 실질적인 차원에서 삶의 중심에 두지 않으면 안 된다는 것이었다.

> "오늘날 내가 네게 명하는 이 말씀을 너는 마음에 새기고 네 자녀에게 부지런히 가르치며 집에 앉았을 때에든지 길에 행할 때에든지 누웠을 때에든지 일어날 때에든지 이 말씀을 강론할 것이며 너는 또 그것을 네 손목에 매어 기호를 삼으며 네 미간에 붙여 표를 삼고 또 네 집 문설주와 바깥문에 기록할찌니라" (신6:6-9)

우리가 여기서 특별히 관심을 가져야 할 바는 신명기에 기록된 이 말씀이 잠언서의 교훈과 마찬가지로 언약의 '상속' 에 밀접하게 연관되어 있다는 사실이다. 부모는 자녀에게 진리로써 부지런히 교훈해야 하며, 언약공동체의 교사는 하나님의 백성에게 그 모든 내용을 가르쳐 지키도록 해야 한다. 하나님을 경외하는 언약의 자손들은 부모와 교사로부터 계시된 말씀을 배워 그에 순종함으로써 하나님의 은총과 더불어 존귀함을 얻게 된다. 나아가 다른 사람들에 의해 신앙인으로서 인정받는 삶을 살아갈 수 있다.

그것을 위해서는 겉으로 드러나는 외적인 형식이 아니라 내적인 본질이 더욱 소중하다. 즉 단순히 남에게 보이기 위한 것이 아니라 그 내용을 마음 판에 새기는 것이 중요한 것이다. 예수님 당시 배도에 빠진 유대인들은 이마나 팔에 성구가 담긴 통을 크게 만들어 매달고 다니면서 자기의 신앙을 드러내기를 즐겨했다. 하지만 그들은 그 말씀을 마음 판에 새기기를 좋아하지 않았다(마23:5, 참조).

지상에 존재하는 교회는 원칙적으로 언약의 가정들이 모여 하나의 공동체를 형성하게 된다. 우리는 각 가정에서 자녀들보다 부모의 역할이 더 크고 중요하다는 사실을 기억해야 한다. 부모는 하나님의 언약과 더불어 그에 연관된 신앙을 자녀들에게 성실하게 전수해야 할 의무를 지니고 있다. 만일 부모에게 굳건한 신앙이 결여된 상태라면 그 자녀들을 올바른 신앙으로 지도할 수 없다.

그러므로 부모가 먼저 자녀를 위한 신앙의 준비를 갖추고 있어야 한다. 부모로부터 언약의 자식에게 전달되어야 할 중심적인 내용은 '하나님의 인자와 진리' 이다. 부모가 자녀에게 성경에 계시된 율법을 잘 전달하지 않고 말씀에 따른 올바른 명령을 내리지 않은 채 세상에서 익힌 욕망을 강조한다면 심각한 문제가 발생할 수밖에 없다.

오늘날 우리 시대의 성도들 역시 하나님의 진리를 마음 판 깊이 새겨두고 있어야만 한다. 그것을 기억하기 위하여 하나님의 말씀을 목에 걸고 다님으로써 다른 사람들에게 자신의 정체성을 드러내 보여야 하는 것이다. 우리 시대에는 이 말씀이 상징적인 의미를 지니며 자신의 신앙을 가시적으로 이웃에게 드러냄으로써 하나님의 말씀이 지속적으로 선포되어야 한다는 사실을 말해주고 있다.

하나님의 자녀들은 그에 따라 온전히 순종하는 삶을 살 때 하나님과 사람들 앞에서 놀라운 은총과 신망을 얻게 된다. 그리고 이땅에 사는 동안 존귀한 자로 인정받으면서 살아간다. 즉 그에 관한 올바른 교훈을 깨달아 계시된 말씀에 순종할 때 하나님의 백성으로서 가장 값진 삶을 살 수 있게 되는 것이다.

2. '두 종류' 의 지혜와 명철(잠3:5-8)

사람들은 누구나 지혜와 명철을 소유하기를 원한다. 냉철하게 생각해 보면, 그것을 원하는 까닭은 자기가 남보다 더 나아지고자 하는 이기적인 욕망에 연관되어 있다. 지혜롭지 못하고 명철하지 않다는 소리를 듣는 것보다 다른 사람들로부터 인정받고 잘 사는 것이 낫다고 여기기 때문이다.

그렇지만 인간들의 지혜와 명철은, 세상에 살아가는 과정에서 인간들의 통합적인 사고와 세상의 다양한 환경에 의해 발생한다. 즉 타고난 각자의 품성과 종합적인 환경과 경험에 의해 그것이 생겨나게 되는 것이다. 하지만 그것이 일시적으로 좋아 보이는 것은 사실이나 진정한 값어치를 생성해 내지는 못한다.

그러므로 솔로몬 왕은 자기 아들에게, 죄에 빠진 인간들이 내세우며 타락한 세상이 인정하는 지혜와 명철을 의지하지 말라는 교훈을 하고 있다. 대다수 사람들은 그에 의존하는 것이 삶을 위한 최선의 방책이라 여기지만 실상은 그렇지 않다는 것이다. 따라서 하나님을 알고 믿는 성도들은 마음을 다해 여호와 하나님을 의지하는 것이 최상의 삶의 자세라는 사실을 알아야만 한다.

하나님께 속한 성도들은 모든 일에 있어서 하나님을 믿고 그를 전적으로 신뢰하지 않으면 안 된다. 타락한 인간으로서는 지극히 제한적인 지혜와 명철을 소유할 수밖에 없다. 그에 대한 올바른 이해를 하고 온전히 순종하는 자세를 유지할 때 하나님께서 저들의 길을 순적하게 인도해 주신다.

우리가 여기서 깨달아야 할 중요한 사실은, 범죄한 인간으로서 자신을 지혜로운 자로 여기지 말아야 한다는 점이다. 이는 단순히 사람들 앞에서 겸손한 태도를 취하라는 요구가 아니다. 그것은 도리어 피조물이자 타락한 인간들에게서는 결코 참된 지혜가 생겨날 수 없다는 사실을 말해주고 있다.

그런 상황에서 자기를 지혜롭다고 여긴다면 하나님의 참 지혜를 알지 못하는 어리석음에 대한 반증이 될 따름이다. 잠언은 그것을 악한 것이라 규정짓고 있다. 따라서 신앙이 성숙한 성도들은 그와 같은 악으로부터 떠나야 한다.

그래야만 하나님으로 말미암은 진정한 지혜를 알 수 있게 된다. 성경은 진리와 더불어 하나님의 영원한 뜻을 깨닫는 자들에게는 그것이 좋은 양약이 되어 저들의 몸과 골수를 윤택하게 해준다고 말한다. 이는 성숙한 성도들의 몸과 마음이 강건하게 된다는 의미와 더불어 영적인 교훈을 주고 있는 것으로 이해하는 것이 바람직하다.

우리는 여기서 하나님으로부터 오는 참된 지혜와 명철로써 타락한 세상에서 발생하는 지혜와 명철을 해석해야 한다는 사실을 기억해야만 한다. 그렇게 할 때 하나님의 말씀을 온전히 받아들일 수 있게 된다. 그와 같은 신앙 자세가 확립될 때 비로소 성도의 삶이 온전한 길로 나아가게 되는 것이다.

3. 재물과 소산물의 첫 열매로 하나님을 섬길 것에 대한 요구(잠3:9,10)

세상에 살아가는 하나님의 자녀들은 자신의 생명이 오직 하나님으로부터 허락되고 유지된다는 사실을 잘 알고 있다. 음식을 먹고 살아가기 위하여 육체적인 노동을 할 수 있는 건강은 하나님께서 주신 것이다. 또한 각자가 소유한 재능과 일할 수 있는 기회를 허락하신 분도 하나님이시다.

성숙한 성도라면 누구든지 자신의 건강과 재능과 노동의 기회가 하나님께서 자기 자녀들에게 주신 선물에 해당된다는 사실을 잘 알고 있다. 그것을 통해 이 세상에서 살아가기 위하여 필요한 모든 것들을 얻게 된다. 따라서 유무형의 모든 재물의 근원적인 주인은 인간이 아니라 하나님이 되시는 것이다.

그러므로 성도들은 자신이 소유하게 된 재물과 소산물의 처음 익은 열매를 여호와 하나님께 바쳐드려야 한다. 그것은 선택적인 사항이거나 종교적으로 좋은 행동이 아니라 마땅히 그렇게 해야만 한다. 하나님께서는, 자신의 재물이 하나님으로부터 허락된 사실을 알고 그에 감사함으로 드리는 자들의 삶을 지켜 돌봐 주신다. 잠언은 이를 설명하기 위해 하나님의 뜻에 온전히 순종하면 창고가 가득히 차고 포도주통에 새 포도주가 넘치게 되리라는 사실을 언급하고 있다.

성숙한 성도들은 하나님 앞에서 교회를 위해 내어놓는 연보에 대한 의미를 분명히 깨달아야 한다. 그에 순종하는 자세를 버리고 실천하지 않으면 하나님의 은혜를 모르는 악한 자리에 앉게 된다. 따라서 신약성경에서는 고린도교회에 보내는 사도 바울의 두 번째 서신에서 그에 관한 사실을 기록하고 있다.

> "이러므로 내가 이 형제들로 먼저 너희에게 가서 너희의 전에 약속한 연보를 미리 준비케 하도록 권면하는 것이 필요한 줄 생각하였노니 이렇게 준비하여야 참 연보답고 억지가 아니니라 이것이 곧 적게 심는 자는 적게 거두고 많이 심는 자는 많이 거둔다 하는 말이로다 각각 그 마음에 정한대로 할 것이요 인색함으로나 억지로 하지 말지니 하나님은 즐겨 내는 자를 사랑하시느니라" (고후9:5-7)

바울은 성도들에게, 전에 약속한 연보를 미리 준비하도록 권면하는 의미의 중요성에 대한 언급을 하고 있다. 그래야만 즉흥적이거나 억지로 하는 것이 아니라 기쁨으로 하는 연보가 된다는 것이었다. 이는 억지로 연보하는 것과 다른 사람을 의식해서 그에 참여하는 것은 바람직하지 않다는 사실을 말해준다.

또한 사도 바울은 위의 본문에서 적게 심는 자는 적게 거두고 많이 심는 자는 많이 거둔다는 사실을 기록하고 있다. 이 말은 연보를 많이 하는 자는 이 세상에서 더욱 부유하게 된다는 의미를 담고 있지 않다. 이는 각 성도들은 자신의 형편에 따라, 인색하거나 억지가 아닌 기쁜 마음으로 연보를 해야 한다는 의미를 지니고 있다.

우리가 반드시 기억해야 할 바는 신약 교회에서 행하는 연보는 성도의 삶에 대한 고백적인 의미를 지닌다는 사실이다. 즉 그것은 하나님께 바쳐드리는 희생제물과 같은 성격을 지닌 헌금과 다르며, 특별한 목적을 위해 돈을 내는 기부행위와도 다르다. 그것은 하나님께서 허락하신 은혜의 삶에 대한 고백적 표현으로 이해해야 한다. 따라서 공예배 시간을 통해 연보에 참여함으로써 자신의 모든 것을 주님 앞에 드러내놓고 생명에 대하여 감사하는 마음을 가지게 되는 것이다.

4. 하나님의 사랑과 징계(잠3:11,12)

하나님은 예수 그리스도를 통해 구원의 은혜를 입은 모든 성도들의 아버지가 되신다. 성부 하나님의 아들이신 성자 하나님께서 행하신 십자가 사역을 통해 그의 백성들이 자녀의 지위를 회복하게 된 것이다. 이 세상을 살아가는 성도들에게 있어서 하나님을 향해 '아버지' 라 부를 수 있는 자격을 회복한 것은 최상의 영예가 된다.

성도가 하나님의 아들이 된 것은 부자관계가 회복되었다는 사실을 의미하고 있다. 아버지가 되시는 하나님께서는 항상 자기 자녀들을 올바른 길로 인도하시며 그렇게 살아가기를 바라고 계신다. 따라서 하나님의 자녀들은, 일반적인 자식이 육신의 부모에게 순종하듯이 아버지이신 하나님의 말씀에 온전히 순종해야 한다.

그렇지만 하나님께서는 자신의 자녀가 된 자들이 불순종할 경우 결코 그냥 좌시하지 않으신다. 그 아들을 엄히 징계함으로써 원래의 자리로 돌아오도록 하시는 것이다. 따라서 타락한 세상에 살아가는 성도들은 자신이 겪는 고통가운데 하나님의 징계가 포함될 수 있음을 염두에 두어야 한다. 하나님께서는 신명기에서 가나안 땅에 들어가는 이스라엘 백성들에게 그점을 말씀하셨다.

> "너는 사람이 그 아들을 징계함 같이 네 하나님 여호와께서 너를 징계하시는 줄 마음에 생각하고 네 하나님 여호와의 명령을 지켜 그 도를 행하며 그를 경외할찌니라" (신8:5,6)

하나님을 경외하는 모든 성도들은 그의 말씀을 순종하여 그 도를 지켜야만 한다. 하나님을 믿는 언약의 백성이라면 그런 삶을 살지 않으면 안 된다. 하나님의 준엄한 명령과 요구에 불순종한다는 것은 그를 두려워하지 않고 그의 거룩한 뜻을 경홀히 여기는 오만한 태도에 지나지 않기 때문이다.

우리는 여기서, 하나님은 자기 아들의 잘못을 간과하시지 않는다는 사실을 기억해야만 한다. 사랑하는 자녀가 사악한 길로 빠져드는 것을 보며 모르는 채 방관하지 않는 것은 지극히 당연한 일이다. 따라서 성도들이 겪는 모든 징계는 하나님의 사랑에 밀접하게 연관되어 있다. 즉 하나님께서는 자기 자녀들을 더러운 죄악으로부터 돌이키고자 원하시기 때문에 엄격한 징계를 하시는 것이다.

그러므로 신앙이 성숙한 성도들은 자기에게 임하는 징계를 깨달을 수 있어야 하며 결코 그것을 가볍게 여겨서는 안 된다. 그 고통의 과정에서 자신이 저지른 악행을 버리고 그 의미를 마음속 깊이 새겨야만 한다. 그 징계가 자기 자녀들을 위한 하나님의 진정한 사랑의 표현이라는 점을 잊어서는 안 되기 때문이다. 히브리서 기자는 그에 대한 의미를 더욱 분명하게 설명하고 있다.

> "또 아들들에게 권하는것 같이 너희에게 권면하신 말씀을 잊었도다 일렀

으되 내 아들아 주의 징계하심을 경히 여기지 말며 그에게 꾸지람을 받을 때에 낙심하지 말라 ... 또 우리 육체의 아버지가 우리를 징계하여도 공경하였거든 하물며 모든 영의 아버지께 더욱 복종하여 살려 하지 않겠느냐 저희는 잠시 자기의 뜻대로 우리를 징계하였거니와 오직 하나님은 우리의 유익을 위하여 그의 거룩하심에 참예케 하시느니라"(히 12:5,9,10)

하나님의 자녀가 되었다고 해서 세상적인 관점에서 보아 항상 평온하게 살아가는 것은 아니다. 복음을 알게 된 후에도 남겨진 죄성으로 인해 악을 자행함으로써 하나님으로부터 무서운 징계를 받을 수 있다. 성숙한 성도들은 그와 같은 힘든 환경에 직면하게 될 때, 자신의 불순종과 그 징계의 원인에 대한 생각을 해 보아야 한다. 히브리서 기자는 징계를 당하는 자들이 그 의미를 올바르게 파악해야 하는 동시에 그로 인해 낙심하지 말아야 한다는 사실을 교훈하고 있다.

육신의 아버지가 자기 자녀의 악행을 보고 엄하게 징계하는 것은 지극히 당연한 일이다. 모든 자식들은 그에 대한 인식을 선명하게 하고 있다. 이와 같이 하나님의 징계를 받는 성도들은 그것이 자신에게 유익을 베풀기 위한 하나님의 사랑의 표현이란 사실을 기억해야만 한다. 히브리서 기자는 이와 더불어 하나님께서 성도들에게 징계를 가하시는 이유가 자신의 거룩함에 참여시키기 위한 소중한 방편이 되기 때문이라는 사실을 언급하고 있다.

5. 참된 지혜와 명철을 소유한 자의 복과 하나님의 보호(잠3:13-26)

하나님으로부터 허락된 참된 지혜와 명철을 얻게 되는 성도들은 복 있는 자들이다. 그것은 타락한 이 세상에서 얻을 수 없는 것들이며 결코 인간의 이성과 경험에 의존하지 않는다. 따라서 세상에서 일반적으로 일컫는 지혜와 명철을 소유하고 있다고 할지라도 거기서는 궁극적인 효과가 발생하지 않는다.

솔로몬 왕은 참된 지혜를 소유하는 것이 은을 얻는 것보다 낫고 정금을 얻는 것보다 더 큰 이익이라고 말했다. 그리고 그 지혜는 값비싼 보석보다도 훨씬 더 귀한 것으로서 그 오른편에는 오랜 수명을 누릴 수 있는 여건이 존재하며 그 왼편에는 부귀영화(riches and honour)가 놓여 있다. 이는 하나님으로 말미암는 지혜가 모든 참된 것들의 기초가 된다는 사실을 말해주고 있다.

참 지혜를 소유한 사람들은 어렵고 힘든 세상의 형편 가운데서도 항상 즐겁고 평안한 삶을 살아가게 된다(살전5:16, 참조). 이는 세상에서 얻게 되는 물질적인 상태를 넘어 천상의 나라에 직접 연관되어 있다. 따라서 그 지혜는 성도들에게 허락하신 생명나무와 같아서 영원한 생명의 근원이 되며 그것을 소유한 자들이 진정으로 복된 자들인 것이다.

성경은 우주에 존재하는 모든 것들이 오로지 하나님의 지혜에 근거한다는 사실을 보여준다. 이와 같이 잠언은 여호와 하나님께서 자신의 지혜로써 땅을 세우시고 명철로써 하늘을 펼치셨음을 말해주고 있다. 또한 그의 고유한 절대적인 지식으로써 바다가 갈라지게 하셨으며, 하늘로부터 아침 이슬이 내리도록 하셨음을 기록하고 있다.

그러므로 하나님의 자녀들은 항상 천상으로부터 제공된 완전한 지혜를 기억해야 하며 하나님 앞에서 근신하는 삶의 자세를 유지해야 한다. 나아가 계시된 말씀을 통한 올바른 분별력을 가져야 한다. 따라서 지혜를 기초로 하여 세워진 성도들은, 자신의 삶의 자세가 그것들로부터 멀리 떨어져 흐트러지도록 해서는 안 된다. 하나님께서 허락하신 그 지혜가 성도들을 위한 영혼의 생명이 되며 저들의 목에 드리워진 아름다운 장식이 되기 때문이다.

이는 하나님의 자녀들이 소유한 참된 영예와 삶의 정체성을 보여주고 있다. 언약의 자손들은 그 모든 것을 통해 자기의 길을 안전하게 걸어갈 수 있게 되며, 잘못된 것에 걸려 넘어지는 것을 피할 수 있어야 한다. 그리하여 그들이 잠자리에 들 때 두려워하지 않고 단잠을 잘 수 있게 된다. 이는 하나님을 믿는 성도들이 세상에서 위태로운 상황에 놓여 있다는 사실을 반증해 주고 있다.

배도에 빠진 악한 자들은 하나님의 백성을 끊임없이 위협한다. 잠언은 그와 같은 환경에 처한 성도들에게 두려워하지 말라는 교훈을 하고 있다. 설령 두려움이 갑자기 들이닥치고 악한 자들이 멸망당하는 것을 볼지라도 두려워하지 말라고 했다. 이 말은 하나님께서 배도자들에게 무서운 심판을 행하실 때 하나님을 믿는 성도들도 그 가운데서 함께 고통을 당하게 될 것에 연관되어 있다.

그와 같은 상황 가운데서도 전능하신 하나님께서 자기 자녀들을 안전하게 보호하신다. 따라서 성숙한 성도들은 모든 것이 여호와 하나님께 달려 있다는 사실을 기억하고 있어야만 한다. 따라서 오직 하나님만 믿고 의존하는 것이 성도들의 참된 지혜가 된다. 그가 끝까지 자기 백성들을 지켜 보호하신다는 사실을 깨달아 아는 것이, 성도들로 하여금 타락한 세상에서 평온하고 기쁜 마음으로 살아갈 수 있도록 하는 소중한 근거가 된다.

제5장

이웃을 위한 삶을 살아야 할 성도들

(잠3:27-35)

1. 이웃을 위한 성도의 삶(잠3:27-30)

하나님의 자녀들은 타락한 세상에 살면서 자신의 욕망을 위해 살아가려고 하지 않는다. 그들은 오히려 어려운 이웃을 기억하는 가운데 저들을 위해 선을 베풀고자 애쓴다. 이는 선택의 문제가 아니라 마땅히 그렇게 해야만 할 의무에 해당된다. 성도들에게 그럴 만한 능력이 있다면 어려운 이웃을 위해 아낌없이 베풀 수 있어야 한다.

잠언은 어떤 사람이 힘든 형편을 견디기 어려워 무언가 꾸러 자기에게 올 때 그것을 거절하지 말라는 교훈을 주고 있다. 오늘은 곤란하니 내일 다시 오라는 말을 해서 안 된다고 했다. 급박한 사정으로 인해 고통중에 있는 그 사람을 외면하거나 모른척하며 내치는 것은 바람직하지 않다는 것이었다. 이는 어려운 이웃에 대하여 인색한 태도를 취해서는 안 된다는 사실을 말해주고 있다.

하나님께서는 사십 년 동안의 시내광야 생활을 마친 이스라엘 자손이 가나안 땅에 들어가기 전 모세를 통해 그에 대한 교훈을 주셨다. 가난한 형제들에 대하여 강퍅한 마음을 먹지 말고 저들이 요구하는 대로 넉넉히 꾸어주라는 것이었다. 신명기에는 그에 관한 말씀이 구체적으로 기록되어 있다.

> "네 하나님 여호와께서 네게 주신 땅 어느 성읍에서든지 가난한 형제가 너와 함께 거하거든 그 가난한 형제에게 네 마음을 강퍅히 하지 말며 네 손을 움켜쥐지 말고 반드시 네 손을 그에게 펴서 그 요구하는 대로 쓸 것을 넉넉히 꾸어주라" (신15:7,8)

하나님을 진정으로 경외하는 성도라면 항상 어려운 환경에 처한 주변의 이웃을 기억해야만 한다. 세상에서의 신분이나 지위 혹은 빈부격차에 따른 조건으로 인해 다른 사람을 멸시하는 것은 성도들이 취할 자세가 아니다. 하나님께서 어떤 성도들에게 넘치는 재물을 허락하셨다면, 그것은 그 사람 자신을 위한 것에 그치지 않고 주변의 이웃을 위해 허락하신 특별한 은총으로 받아들여야 한다.

예수님께서도 제자들에게 하나님의 진리를 선포하시면서 힘든 형편에 처한 이웃을 도와주어야 할 성도의 자세에 관한 교훈을 주셨다. 경제적인 형편이 어려워 무언가 꾸고자 하는 자의 요청을 거절해서는 안 된다는 것이었다. 복음서에 기록된 예수님의 산상수훈 가운데도 그에 관한 내용이 기록되어 있다.

> "네게 구하는 자에게 주며 네게 꾸고자 하는 자에게 거절하지 말라" (마5:42)

지상교회에 속한 성도들은 예외 없이 누구나 이와 같은 정신을 소유해야만 한다. 이는 결국 하나님의 자녀로서 다른 어려운 이웃을 염두에 두고 살아가야 한다는 사실을 말해주고 있다. 하나님을 진정으로 경외하며 영원한 천상의 나라에 소망을 두고 살아가는 성도들이라면 이점을 명심하지 않으면 안 된다.

잠언은 또한, 하나님의 자녀들은 일상적인 삶의 영역에서 이웃과 더불어 화평을 도모하는 삶의 자세를 유지해야 한다는 사실을 언급하고 있다. 하나님을 경외하는 자들은 잘난체하며 악한 마음으로 다른 사람들을 대해서는 안 된다. 오히려 항상 겸손하고 선한 자세로 이웃을 대하며 선한 일을 도모할 수 있어야 한다. 사도 바울은 로마에 있는 교회에 편지하면서 그에 관한 기록을 남기고 있다.

> "서로 마음을 같이 하며 높은데 마음을 두지 말고 도리어 낮은데 처하며 스스로 지혜 있는체 말라 아무에게도 악으로 악을 갚지 말고 모든 사람 앞에서 선한 일을 도모하라 할 수 있거든 너희로서는 모든 사람으로 더불어 평화하라" (롬12:16-18)

그러므로 생활에 여유가 있는 성도들은 어렵고 힘들게 살아가는 주변의 이웃을 기억해야 한다. 따라서 사람들 앞에서 교만한 태도를 보이며 저들을 부끄럽게 해서는 안 된다. 이는 저들의 좋은 이웃이 되어 줌으로써, 자연스런 삶을 살아가는 자들에게 해를 끼치지 않아야 한다는 사실을 말해주고 있다. 하나님의 자녀들은 일상적인 생활에 있어서 모든 사람과 화평을 도모하며 살아가야 한다는 사실을 항상 기억하고 있어야 한다.

그렇지만 이 말이 모든 사람들과 무조건 좋게 지내야 한다는 의미로 받아들여서는 안 된다. 만일 이웃에 살고 있는 자가 사악한 일을 도모할 경우에는 사정이 달라진다. 이는 일반적인 악행을 포함하고 있지만 근원적으로는 하나님에 대하여 사악한 태도를 지니고 있는 자들을 지칭하고 있다.

잠언에서 교훈하고 있는 내용 가운데는, 악한 자들과는 화평한 가운데 살아갈 것이 아니라 도리어 경계의 대상으로 간주하여 대처해야 한다는 의미를 내포하고 있다. 본문에서 '까닭 없이' (without cause, 잠3:30)라고 기록된 단서는 평화롭게 지내지 말아야 할 경우가 있음을 말해준다. 즉 거기에는 하나님을 욕되게 하는 악한 자들에게는 엄격한 자세를 취해야 한다는 사실이 내포되어 있다.

그러므로 신약성경은 그에 관한 분명한 교훈을 주고 있다. 성도들은 주변의 이웃과 평화를 유지해야 할 경우가 있는가 하면 강하게 책망해야 할 경우가 있다. 스스로 기독교인이라 주장하면서 악한 논리를 펼치는 자들을 경계해야 하며, 이단 사상을 가진 자들과는 교제를 단절해야 한다. 그런 자들과는 좋은 이웃이 될 수 없는 것이다.

사도 바울은 에베소 교회와 고린도 교회에 보내는 편지에서 그에 연관된 사실을 언급하고 있다. 나아가 사도 요한은 거짓 교훈을 퍼뜨리는 자들과는 아예 상종도 하지 말 것을 당부했다. 그런 자들은 집 안에 들이지도 말고 인사도 나누지 못하도록 했던 것이다.

> "너희는 열매 없는 어둠의 일에 참여하지 말고 도리어 책망하라" (엡5:11); "이제 내가 너희에게 쓴 것은 만일 어떤 형제라 일컫는 자가 음행하거나 탐람하거나 우상 숭배를 하거나 후욕하거나 술 취하거나 토색하거든 사귀지도 말고 그런 자와는 함께 먹지도 말라 함이라 외인들을 판단하는데 내게 무슨 상관이 있으리요마는 교중 사람들이야 너희가 판단치 아니하랴" (고전5:11,12); "누구든지 이 교훈을 가지지 않고 너희에게 나아가거든 그를 집에 들이지도 말고 인사도 말라 그에게 인사하는 자는 그 악한 일에 참예하는 자임이니라" (요이1:10,11)

교회 가운데 전한 바울의 교훈은 좋은 인간관계와 평화로운 상태를 경시하기 때문에 한 말이 아니라 도리어 교회 곧 성도들의 참된 평화를 유지하기 위해서였다. 사도 요한 역시 교회에 속한 성도들 사이의 참된 교제를 위해 이단 사상을 가진 자들과 교제하는 것은 악한 일에 참여하는 것이라는 사실을 분명히 말했다.

이와 같이 누구에게든지 죄를 지적하면서 책망하거나 경계하면 인간관계가 파괴될 우려가 따르게 된다. 그렇다고 해서 하나님을 아는 성숙한 성도들은 이웃의 악행이나 이단 사상을 모르는 척 방치해서는 안 된다. 신앙이 성숙한 성도들은 일반적인 상황에서 모든 이웃과 화평한 관계를 유지하기 위해 애쓰되 하나님의 말씀에 저항하는 자들에 대해서는 단호한 자세를 취해야 한다.

우리가 두 눈을 부릅뜨고 배도에 빠진 자들을 경계해야 하는 까닭은 지상교회를 보호해야 할 의무가 있기 때문이다. 만일 그와 같은 자들에게 관용하거나 관대한 자세를 보여 도움을 베풀거나 교제하게 되면 신앙이 어린 성도들은 그 광경을 보고 혼란에 빠지게 될 수밖에 없다. 즉 악한 자들과 더불어 형성하게 되는 외적인 우호관계로 인해 교회공동체가 본질을 잠식당할 위험이 따르는 것이다.

2. 의로운 자와 불의한 자의 구별(잠3:31-35)

하나님의 자녀들은 더러운 죄악으로 가득 찬 이 세상에 살면서 영원한 천상의 나라를 바라보며 살아간다. 따라서 세상에서 권세와 능력을 갖추어 부자가 되어 여유롭게 살아가는 자들을 부러워하거나 하나님을 알지 못하는 자들의 형통한 삶을 보고 자기도 그렇게 되기를 원하는 태도를 버리게 된다. 그것은 잠시잠간 지나가는 이 세상의 일시적인 현상일 뿐 그 이상의 것이 아니기 때문이다.

그러므로 잠언은 그런 자들을 난폭한 자 곧 포악한 인간으로 묘사하며,

저들을 부러워하지 말고 저들의 어떤 행동이라 할지라도 좇지 말라는 교훈을 주고 있다. 이는 신앙이 어린 자들이 저들의 삶의 행태를 따라하면 세상에서 잘 살게 되리라는 생각을 하지 못하도록 하는 의미를 지니고 있다. 따라서 성도들은 온갖 세력을 동원하여 이룩한 저들의 풍요로운 인생을 부러움의 대상으로 여기지 말아야 한다.

우리는 잠언에서 저들을 하나님 보시기에 패역한 자라고 지칭하고 있는 사실은 눈여겨보아야 한다(잠3:32). 그와 같은 사람들은 하나님 앞에서 오만한 자들로서 하나님의 미워하는 대상이 되어 장차 무서운 저주를 받게 된다. 따라서 그들이 이 세상에서 잠시 누리는 즐거움은 아무런 의미가 없다. 저들이 쟁취하여 누리는 세상에서의 모든 쾌락은 도리어 욕이 되어 자신에게 돌아갈 수밖에 없을 것이기 때문이다.

이에 반해 여호와 하나님 앞에서 성실하고 정직한 자들은 하나님과 지속적인 교제를 이어가게 된다. 그들은 의인으로서 저들의 집에는 하나님으로 말미암은 참된 복이 넘쳐난다. 그것은 타락한 세상에서 평가되는 것과는 전혀 다른 성격을 지니고 있다. 하나님께서는 자신을 경외하는 겸손한 자들에게 놀라운 은혜를 베풀어주시며, 그 지혜로운 자들은 하나님으로부터 영원한 영광을 상속받게 된다.

그럼에도 불구하고 하나님을 알지 못하는 악한 자들은 이 세상에서 형통한 데 반해 하나님의 자녀들은 도리어 어려운 지경에 빠지게 되는 일이 흔히 발생하게 된다. 그렇게 되면 성도들이 악한 자로 말미암아 실족하여 넘어지며 큰 고통을 당한다. 그와 같은 현실은 성도들의 마음을 나약하게 만든다.

시편기자는 그에 관한 전반적인 형편에 관련된 노래를 부르고 있다. 그것은 의로운 자와 불의한 자들의 존재와 저들 사이에서 발생하는 불합리한 관계에 관한 노래이다. 선한 자들이 고통스러운 인생을 살아가는 터에 악한 자들이 형통하게 살아간다는 것은 이해하기 어렵다. 하지만 성경은 눈에 보이는 이 세상의 것들이 전부가 아니라 장차 상황이 완전히 뒤바뀌게 되리라는 사실을 말하고 있다. 이는 악한 자들로 인해 세상에서 신음하며 살아가는 성도들에게 커다란 위로의 메시지가 된다.

> "나는 거의 실족할뻔 하였고 내 걸음이 미끄러질뻔 하였으니 이는 내가 악인의 형통함을 보고 오만한 자를 질시하였음이로다 ... 볼지어다 이들은 악인이라 항상 평안하고 재물은 더 하도다 ... 나는 종일 재앙을 당하며 아침마다 징책을 보았도다 ... 내 육체와 마음은 쇠잔하나 하나님은 내 마음의 반석이시요 영원한 분깃이시라 대저 주를 멀리하는 자는 망하리니 음녀같이 주를 떠난 자를 주께서 다 멸하셨나이다 하나님께 가까이 함이 내게 복이라 내가 주 여호와를 나의 피난처로 삼아 주의 모든 행사를 전파하리이다" (시73:2,3,12,14,26-28)

불신자들이 타락한 세상에서 형통한 삶을 살고 하나님을 믿는 성도들이 그렇지 못하다고 해도 그것은 전혀 이상한 일이 아니다. 그러나 신앙이 어린 사람들은 그와 같은 상황을 받아들이기 쉽지 않다. 악인이 형통하고, 선한 자들이 재앙을 당하며 날마다 징계와 책망을 받는 심각한 형편이 지속된다면 납득하기 어려운 것이 사실이다.

그런 가운데서도 성숙한 성도들은, 여호와 하나님을 자신의 신뢰할 수 있는 반석과 영원한 분깃으로 알고 그를 의지하는 가운데 영원한 천상의 나라를 바라보며 살아간다. 그에 대한 온전한 깨달음을 가지게 되면 겉보기에 형통한 자들이 패망을 앞두고 있다는 사실을 알게 된다. 마지막 때가 이르면 하나님께서 저들을 의인으로부터 분리하여 궁극적인 심판을 행하실 것이 작정되어 있기 때문이다.

그것을 깨달은 성도들은 하나님을 가까이 하며 살아가는 것이 진정한 복이라는 사실을 알고 받아들인다. 그리하여 그를 유일한 피난처로 알고 그에게 모든 것을 맡기고 피신하게 된다. 그런 자들은 여호와 하나님과 그의 모든 행사를 만방에 전파하게 된다. 그와 같은 신앙을 소유하게 될 때, 악한 자들이 형통한 것을 목격하고도 질시하지 않으며 영원한 천상의 나라를 소망할 수 있게 되는 것이다.

그와 같은 일은 모든 시대 모든 믿음의 선배들에게 발생한 일이었다. 선지자 예레미야 또한 그에 관한 문제로 인해 심각한 고민에 빠져 하나님께 질의를 한 적이 있다. 그는 하나님의 뜻에 온전히 순종하며 살아가고 있음에도 불구하고 이루 형언할 수 없는 고통가운데서 어려움을 견뎌내야만 했다. 배도에 빠진 악한 자들로부터 가해지는 환난과 핍박이 그치지 않았기 때문이다.

그렇지만 하나님께 저항하며 사악한 행동을 하는 다수의 인간들은 그런 중에서 권세를 누리며 형통한 삶을 살아갔다. 그 사람들은 언약의 백성들 위에 군림하여 폭력적인 지도자 행세를 하며 기득권을 누렸다. 그들은 마치 엄청난 축복을 받은 듯이 주장하며 안락한 삶을 이어갔던 것이다. 그런 상황에서 예레미야는 하나님께 그에 관한 질문을 했으며 하나님의 답변을 들을 수 있었다.

> "여호와여 내가 주와 쟁변할 때에는 주는 의로우시니이다 그러나 내가 주께 질문하옵나니 악한 자의 길이 형통하며 패역한 자가 다 안락함은 무슨 연고니이까 ... 나 여호와가 이같이 말하노라 보라 내가 그들을 그 땅에서 뽑아버리겠고 유다 집은 그들 중에서 뽑아내리라 ... 내가 반드시 그 나라를 뽑으리라 뽑아 멸하리라 여호와의 말이니라" (렘12:1,14,17)

선지자 예레미야는 의로운 자들이 고통을 당하고 악한 자들이 형통하게 살아가는 것을 쉽게 받아들이기 어려웠다. 나아가 악행을 저지르는 자들은 풍요로운 삶을 살고 선을 행하는 성도들이 힘들게 사는 것을 이해할 수 없었다. 하나님을 욕되게 하는 악한 자들이 도리어 안락한 삶을 누리는 것은 합당하지 않다고 여겼기 때문이다.

그러나 배도에 빠진 악한 자들의 삶은 겉보기에 그럴듯해 보이지만 실상은 하나님의 무서운 심판을 피하지 못한다. 하나님께서는 선지자에게 그점을 명확히 말씀해 주셨다. 장차 악한 자들의 뿌리를 완전히 뽑아 버리겠노라는 것이었다. 이는 앞으로 저들에게 임할 궁극적인 심판에 연관되어 있다. 또한 이 가운데는 고통당하는 하나님의 자녀들에게 임하게 될 영원한 안식에 대한 약속이 포함되어 있다.

여호와 하나님을 믿는 모든 성도들은 잠언에 기록된 이 교훈을 통해 이 세상을 올바르게 직시하고 해석하는 가운데 살아가야 한다. 타락의 극치를 이루고 있는 우리 시대에는 이에 대하여 더욱 민감한 자세를 유지하지 않으면 안 된다. 우리는 영원한 천상에 소망을 둔 하나님의 자녀로서 세상에서는 '구별된 자'로 살아가는 것이 가장 복된 삶이란 사실을 항상 기억하고 있어야만 하는 것이다.

제6장

아버지의 훈계와 생명의 근거
(잠4:1-27)

1. 언약과 복음의 상속(잠4:1-4)

언약의 부모는 그 책무를 다해야 하며 그 자녀도 그 도리를 다해야 한다. 아버지는 자녀를 위하여 올바른 훈계를 하지 않으면 안 된다. 또한 그 자녀도 아버지의 훈계를 들음으로써 명철을 얻도록 해야 한다. 그것을 위해서는 아버지의 입에서 나오는 모든 말을 귀담아 들어야만 한다.

그러므로 솔로몬은 이스라엘 민족을 향해 언약의 자녀들이라면 마땅히 그 부모의 훈계를 듣고 명철을 얻어야 한다는 사실을 강조했다. 그것을 통해 하나님의 언약이 지속적으로 상속되어 가기 때문이다. 이는 가정에서 부모와 자식 사이의 관계가 얼마나 중요한가 하는 점을 말해주고 있다.

따라서 솔로몬 왕은 사랑하는 아들에게 자기가 전한 '선한 도리'를 받아들여 그 법을 떠나지 말라고 요구했다. 솔로몬은 여기서 자기도 아버지 다윗의 소중한 아들이었다는 점을 언급하고 있다. 이는 자기가 아버지 다윗 왕으로부터 하나님의 언약을 상속받았다는 사실에 관한 의미를 내포하고 있다.

또한 솔로몬은 자신의 연약함에 대한 고백을 하고 있다. 그는 어머니 보기에 지극히 유약한 존재에 지나지 않았다는 것이다. 이는 자기 스스로는 직면한 어려움을 헤치고 나아갈 만한 능력을 소유하고 있지 못했음을 말해주고 있다. 가장 높은 자리인 왕좌(王座)에 앉은 솔로몬이었지만 원래부터 대단한 인물이었던 것이 아니다.

우리가 여기서 관심을 가지고 보아야 할 점은 솔로몬이 자신을 외아들로 묘사하고 있다는 사실이다. 물론 본문에서는 자기 어머니의 외아들이었던 사실을 강조했다. 이미 모든 사람이 알고 있듯이 다윗 왕에게는 솔로몬 이외에 여러 명의 자식들이 있었다.

솔로몬의 부모인 다윗과 밧세바는 원래 정상적인 부부관계가 아니었다. 다윗은 자신의 권력을 이용해 충신이었던 우리아를 살해하고 그의 아내 밧세바를 빼앗게 되었다. 그럼에도 불구하고 밧세바는 구속사 가운데서 메시아의 계보를 잇는 중요한 지위를 차지하고 있었다(마1:6, 참조). 우리는 솔로몬이 잠언 본문에서 부지중 그에 관한 의미를 드러내 보여주는 것으로 이해할 수 있다.

다윗 왕은 그와 같이 평범하지 않은 형편에서 출생한 솔로몬에게 하나님의 참된 교훈을 베풀었다. 아버지는 아들에게 자신이 전하는 모든 교훈과 명령을 마음에 두고 지키도록 당부했다. 그것이 참된 생명을 얻어가는 근원이 되었다. 아버지가 아들에게 하나님의 율법에 근거한 훈계와 교훈을 베풀었던 이유는 거기에 영원한 생명이 달려있었기 때문이다.

2. 기억하고 지켜야 할 교훈(잠4:5-9)

솔로몬 왕은 자기 아들에게 지혜와 명철을 얻으라고 당부했다. 이 말 가운데는 죄로 말미암아 부패한 인간들에게는 스스로 그것들을 창출해 낼만 한 능력이 없다는 사실이 내포되어 있다. 즉 참된 지혜와 명철은 타락한 세상에서 자발적으로 생성되지 않는다. 그것들은 결국 전적으로 하나님으로 말미암아 허락될 수 있다.

그리고 솔로몬은 자기가 입술로 말하는 모든 내용을 잊지 말고 기억하며 그것을 어기지 말라고 요구했다. 또한 지혜를 버리지 말고 이웃을 사랑하라는 당부를 했다. 그 지혜가 저를 지켜 보호하리라는 것이었다. 이는 하나님으로부터 허락된 바로 그 지혜가 가장 중요하며 그것이 모든 것을 판단하는 기초가 된다는 사실을 말해준다.

그러므로 하나님의 자녀들은 그 지혜를 소중히 여겨 존귀하게 여기며 마음속 깊이 품고 있어야 한다. 그렇게 하면 그 참된 지혜가 저들을 높이고 영화로운 자리에 앉히게 된다. 하나님께서는 그 지혜를 통해 저들의 머리에 아름답고 영화로운 면류관을 씌워주신다. 이는 인간들이 자신의 노력에 의해 스스로 높여 영예를 쟁취하는 것과 대조적이다. 하나님께서 그 지혜를 통해 자기 자녀들을 영화로운 자리에 높이 앉히실 때 그것이 영원히 명예로운 의미를 지니게 되는 것이다.

3. 생명의 근거가 되는 아버지의 교훈(잠4:10-13)

진정한 생명은 죄에 빠진 인간이 아니라 오직 여호와 하나님께 달려 있다. 타락한 인간들은 결코 죽음을 면할 수 없다. 스스로 자신의 건강을 지키려고 애를 쓰지만 그것이 생명을 보장하지는 못한다. 나아가 아무리 성실하게 살아가며 자신이 처한 환경을 주의 깊게 관리한다고 할지라도 질병이 닥치면 그것을 이겨낼 수 없으며 사고가 난다면 방어해 내기가 어렵다.

따라서 사람이 이 세상에 살아가면서 진리와 연관된 온전한 생명을 누리기 위해서는 상속받은 하나님의 말씀을 받아들여 지켜야 한다. 하나님의 자녀들은 자연인으로서 다른 모든 사람들과 외관상 동일한 형태의 삶을 살아가지만 본질에 있어서는 차이가 난다. 즉 성도들은 세상에서도 거듭난 삶을 살게 되는 것이다.

솔로몬은 자기 아들로 하여금 생명을 보장받는 지혜로운 길로 나아가도록 권고하며 정직한 빠른 길로 인도해 왔음을 말하고 있다. 그 생명은 사람들이 이 세상에서 누리는 일반적인 것과는 전혀 다르다. 따라서 세상 가운데서 설령 불이익을 당하게 된다고 할지라도 참 생명으로 인해 담대하게 걸어가라고 했다. 즉 세상의 오염된 논리와 타협하지 말라는 것이었다. 하나님으로 말미암은 참된 지혜가 함께 하면 결코 실족하지 않을 것이기 때문이었다.

그러나 그에 관한 모든 것은 개인의 판단과 능력에 기인하지 않는다. 따라서 언약의 자식들은 믿음을 소유한 부모로부터 받은 훈계를 놓치지 말고 마음속에 담아두고 지켜야 한다. 그것은 신앙의 상속을 의미하고 있으며 그에 순종하는 것이 참된 인생을 살아가는 방편이자 진정한 생명을 얻는 방편이 된다.

4. 경계해야 할 '악인의 길' (잠4:14-17)

하나님을 진정으로 경외하는 성도들은 사악한 자들의 길을 살펴 극히 조심해야만 한다. 악한 사람들이 어리석고 연약한 백성들을 미혹하여 잘못된 길로 유인하지 못하도록 주의를 기울여야만 하는 것이다. 그 길은 겉보기에 넓고 좋아 보이지만 실상은 패망을 향한 길목에 지나지 않기 때문이다.

그럼에도 불구하고 어리석은 인간들은 많은 사람들이 몰려다니는 넓은 길로 가기를 좋아한다. 그것은 죄에 빠진 인간의 불안 심리와 악한 욕구가 어우러져 그렇게 된다. 따라서 하나님의 자녀들은 이에 대하여 민감한 자세를 유지해야 한다. 예수님께서는 제자들에게 좁은 문과 좁은 길로 가라는 말씀을 하셨다.

> "좁은 문으로 들어가라 멸망으로 인도하는 문은 크고 그 길이 넓어 그리로 들어가는 자가 많고 생명으로 인도하는 문은 좁고 길이 협착하여 찾는 이가 적음이니라"(마7:13,14)

넓은 문과 넓게 펼쳐진 길은 모든 사람들의 눈에 띈다. 거기에는 항상 많은 사람들이 분주하게 오가기를 되풀이 한다. 그에 반해 좁은 문과 좁은 길은 사람들의 눈에 잘 띄지 않는다. 그리고 그 길은 좁기 때문에 그리로 다니려 하는 사람들이 많지 않다. 물론 좁은 문과 좁은 길의 본질적인 의미 가운데는 예수 그리스도와 그의 십자가를 통한 길과 밀접하게 연관되어 있다. 그 길은 보통 사람들의 이성과 경험에 의존하지 않는 매우 특별한 길이다.

그러나 하나님의 참된 진리를 알지 못하는 자들은, 수많은 사람들과 함께 어울려 큰길로 걸어가는 것을 더 안전하고 좋은 것인 양 착각한다. 그 길을 가는 동안 여러 가지 쾌락과 즐거움을 누릴 수 있기 때문이다. 하지만 그 길은 생명이 아니라 영원한 죽음을 향한 패망의 길에 지나지 않는다.

따라서 솔로몬은 자기 아들에게 그 길을 피하고 그곳을 지나가지도 말며 돌이켜 떠나가라는 당부를 하고 있다. 죄에 물든 악한 인간들이 저지르는 악은 개인의 습관일 뿐 아니라 집단적 관행이 된다. 그에 물들게 되면 그것을 자연스럽게 받아들일 수밖에 없다. 그렇게 될 경우 죄에 익숙한 자들은 악행을 저지르며 자신의 욕망을 채우기 위해 다른 사람들을 넘어뜨리지 않으면 잠을 자지 못한다. 그와 같은 삶이 자신의 몸에 익숙한 습관이 되어 있기 때문이다.

문제는 악한 일을 행하는 자들 가운데 다수는 자신의 행동을 악한 것이라 생각하지 않는다는 사실이다. 그런 사고를 하는 사람들은 그것이 마치 자기가 소유한 능력인 양 여기며 그런 식으로 살아가는 것을 자랑스럽게 생각할지 모른다. 이기적인 자들은 그것이 마치 자기의 인생을 위한 중요한 방편이 되는 듯이 생각하게 되는 것이다.

그러므로 그들은 악행을 저지르면서도 항상 즐거운 마음으로 불의의 떡을 먹으며 강포의 술을 마신다. 이는 자기가 저지른 부당한 행동의 결과물로써 자신의 삶을 위한 즐거움으로 삼는다는 의미를 지니고 있다. 더러운 죄악과 어우러진 이기적인 삶의 행태가 저들의 기쁨과 위안이 되고 있는 것이다.

5. 악인의 길과 의인의 길(잠4:18-19)

타락한 세상에서의 일반적인 삶에 있어서는 하나님의 자녀들과 불신자들 사이에 아무런 차이가 나지 않는다. 즉 예수를 믿는 사람들이라고 해서 더 건강하고 부유한 삶을 사는 것이 아니다. 따라서 교회에 속한 성도들이라 해서 일반적인 성공과 더불어 행복감을 더 누리며 살아간다고 말할 수 없다.

그렇지만 모든 인간들은 여호와 하나님께 속해있든지 그렇지 않든지 둘 중 하나이다. 양쪽 어느 편에도 속하지 않는 사람이란 존재할 수 없는 것이다. 즉 하나님의 자녀냐 아니냐 하는 것이 인간에게 있어서 가장 근본적인 분류 기준이 된다.

그럼에도 불구하고 대다수 사람들은 그에 대하여 그다지 깊은 관심을 기울이지 않는다. 하나님의 자녀라 할지라도 이 세상에서 특별히 두드러지게 잘 되는 것이 드러나지 않기 때문이다. 오히려 그들은 세상에서는 약자로서 상당한 환난과 고통을 당하게 된다.

하지만 하나님께 순종하는 자들은 사악한 자들의 위협에도 불구하고 하나님의 보호를 받아 그의 심판을 면하게 된다. 성경은 우리에게 의인과 악인의 현재적 형편과 미래의 상황을 명확하게 보여준다. 시편기자는 그에 관한 노래를 하고 있다.

> "의인의 입은 지혜를 말하고 그 혀는 공의를 이르며 그 마음에는 하나님의 법이 있으니 그 걸음에 실족함이 없으리로다 악인이 의인을 엿보아 살해할 기회를 찾으나 여호와는 저를 그 손에 버려두지 아니하시고 재판 때에도 정죄치 아니하시리로다" (시37:30-33)

시편은 여호와 하나님을 경외하는 의로운 자들이 처음에는 나약해 보이지만 나중에는 강한 모습을 띠게 된다는 사실을 노래하고 있다. 성도들이 세상에서 겪는 모든 어려움은 잠시 지나가는 현상에 지나지 않는다. 그러나 사악하고 어리석은 인간들은 세상에서 누리는 저들의 권세와 부가 마치 영원히 지속될 것처럼 여기고 있다. 저들에게는 사리를 제대로 분별할 수 있는 눈이 없기 때문이다.

그러므로 악한 자들은 자신의 이성과 경험을 동원하여 어리석은 자들을 유인하기를 지속한다. 그들은 세상에서 획득한 것들을 두고 그것이 마치 자신의 성공담인양 늘어놓으며 자랑하기를 게을리 하지 않는다. 어리석은 자들은 저들의 말을 듣고 그것을 부러워하며 그에 뒤따라가기를 좋아한다. 그러나 그런 것들은 결코 영원하지 않으며 패망을 향해 가고 있을 따름이다. 예수님께서는 제자들에게 그에 연관된 교훈을 주셨다.

> "또 비유로 말씀하시되 소경이 소경을 인도할 수 있느냐 둘이 다 구덩이에 빠지지 아니하겠느냐" (눅6:39;마15:14)

앞을 전혀 보지 못하는 소경은 다른 소경을 올바른 길로 인도할 수 없다. 어두움 속에서 익힌 자신의 경험을 배경으로 하여 다른 사람들을 인도하고자 해도 그것은 위험할 수밖에 없다. 하지만 보다 심각한 문제는 소경을 뒤따라가는 자들은 앞서 인도하는 자가 소경이라는 사실을 전혀 모르고 있다는 사실이다.

뒤따라가는 소경은 앞선 사람이 눈을 뜬 정상적인 상태인지 아니면 앞을 전혀 보지 못하는 소경인지 확인할 방법이 없다. 소경인 상태에서 큰소리치며 앞서 나아가면 뒤에서 따라가는 소경은 그것이 마치 안전한 길인양 여기는 것이다. 아마도 소경의 뒤를 따르는 소경들은 앞선 자에 대한 막연한 신뢰감으로 인해 마음이 편안할 것이다. 실상은 이처럼 어리석은 일이 없다.

인간들의 종교적인 신앙 역시 그와 유사한 형편에 놓여 있다. 지상교회에 속한 하나님의 자녀들은 계시된 성경 말씀과 예수 그리스도를 통해 진리의 빛을 소유해야만 한다. 그래야만 악한 자들에 의해 속지 않고 그리스도와 함께 온전한 신앙생활을 할 수 있다.

우리는 참된 빛을 소유하지 못한 상태에서는 올바른 분별력을 가질 수 없다는 사실을 기억해야 한다. 그런 자들은 말씀을 통한 신앙이 아니라 종교적인 경험을 배경으로 한 자들의 가르침과 주장을 추종하게 된다. 빛이 없는 상태에서 영적 소경인 거짓 교사들이 인도하는 길을 뒤따라가는 것은 죽음의 길을 향해 나아가는 것과 동일하다.

6. 생명의 근원이 되는 말씀(잠4:20-27)

솔로몬 왕은 아들에게 자신의 말에 주의를 기울여 자기가 요구하는 바에 귀를 기울이라는 당부를 하고 있다. 저의 눈앞에서 그 교훈이 떠나지 말도록 해야 하며 그것을 마음속 깊이 새겨 지켜야만 한다. 그것이 곧 참된 생명을 공급받아 유지하는 수단이 되기 때문이다. 나아가 그것이 이 세상에서 강건한 삶을 살아가도록 해준다.

그러므로 솔로몬은 무엇보다 '마음을 지키는 것' 이 중요하다는 사실을 말했다. 그것이 곧 영원한 생명의 근원이 되기 때문이다. 그와 같은 삶의 자세는 자손 대대로 상속되어 가야 한다. 이스라엘 백성이 시내광야에서 가나안 땅에 들어가기 전, 모세는 신명기를 통해 그에 관한 교훈을 남기고 있다.

> "오직 너는 스스로 삼가며 네 마음을 힘써 지키라 두렵건대 네가 그 목도한 일을 잊어버릴까 하노라 두렵건대 네 생존하는 날 동안에 그 일들이 네 마음에서 떠날까 하노라 너는 그 일들을 네 아들들과 네 손자들에게 알게 하라" (신4:9)

인간의 마음은 마치 배의 키와도 같은 역할을 한다. 타락한 심성은 이기적인 욕망과 연결되어 있으며 그것이 사람의 특정한 행동을 유발하거나 제어하게 된다. 따라서 하나님의 자녀들은 남을 속이는 행동을 하지 말아야 하며, 입술에서 왜곡되고 굽은 말을 멀리해야 한다. 그것을 위해서는 무엇보다 하나님의 율법을 통해 자신의 마음을 지켜야만 한다. 사람의 마음이 저의 입술을 지배하고 모든 행동을 유도하기 때문이다.

또한 하나님을 경외하는 성도들은 항상 자신의 앞을 예의주시하지 않으면 안 된다. 나아가 발걸음을 앞으로 내디딜 때 마땅히 가야할 길을 평탄케 하고 모든 길을 안전하게 유지해야 한다. 그렇게 함으로써 악을 떠나, 좌우 어느 편으로도 치우치지 않고 온전하게 걸어갈 수 있게 된다.

여기서 좌우로 치우침이 없어야 한다는 말은 일반 유리적인 것이 아니라 하나님의 말씀을 기준으로 해야 한다는 사실을 의미한다. 모세는 시내광야 생활을 마감하고 가나안 땅으로 들어가는 이스라엘 자손을 향해 그에 관한 교훈을 남기고 있다. 그리고 그 백성을 가나안 땅으로 인도한 여호수아도 그와 동일한 명령을 했다. 그것이 이스라엘 자손의 매우 중요한 삶의 원리가 되어야 했기 때문이다.

> "그런즉 너희 하나님 여호와께서 너희에게 명령하신대로 너희는 삼가 행하여 좌로나 우로나 치우치지 말고 너희 하나님 여호와께서 너희에게 명하신 모든 도를 행하라 그리하면 너희가 삶을 얻고 복을 얻어서 너희의 얻은 땅에서 너희의 날이 장구하리라"(신5:32,33); "그러므로 너희는 크게 힘써 모세의 율법 책에 기록된 것을 다 지켜 행하라 그것을 떠나 좌로나 우로나 치우치지 말라"(수23:6)

언약의 자손들의 삶의 원리는 분명하다. 인간의 이성과 경험에 의한 판단이 아니라 기록된 하나님의 말씀이 온전한 삶을 위한 기준이 되어야 한다. 그에서 벗어나게 되면 엄청난 고통을 동반할 수밖에 없다. 그러나 어리석은 자들은 자신의 욕망으로 인해 좌로나 우로 치우치기를 되풀이 했다.

타락한 인간은 본능적으로 자신의 욕망을 추구할 목적으로 좌우로 치우치는 경향성을 지니고 있다. 하지만 그것은 저에게 유익이 되는 것이 아니라 도리어 위험한 역할을 하게 될 따름이다. 하나님께서 자기 백성들에게 좌우로 치우치지 말도록 요구하신 것은 그런 삶이 가장 안전한 길이 되기 때문이다.

이는 오늘날 우리 시대에도, 동일하게 적용되어야 할 성도들의 삶의 기본 원리가 되어야 한다. 교회와 그에 속한 성도들은 자신의 종교적인 이성과 경험이 아니라 오직 하나님의 말씀에 온전히 순종하지 않으면 안 된다. 이성주의와 경험주의가 팽배한 현대에 살아가는 모든 성도들은 이를 위해 정신을 바짝 차려야만 한다.

제7장

신앙의 정절과 후대를 위해 준비하는 성도의 지혜

(잠5:1-23)

1. 음녀에 대한 경계(잠5:1-8)

솔로몬 왕은 아들에게 자신이 전달한 하나님으로 말미암은 지혜와 명철에 주의하여 귀를 기울일 것을 요구했다. 그리고 올바른 분별력으로 신중하게 판단하고 행동하며 참된 지식을 소유한 자로서 입술을 굳게 지켜야 한다는 사실을 말해주고 있다. 성숙한 신앙인으로서 그렇게 하지 않으면 안 된다는 것이었다.

여호와 하나님을 진정으로 경외하는 성도들은 항상 조심해서 사고하고 말하는 습성을 길러야 한다. 특히 정제된 입술로서 하나님의 진리를 보존하며 만방에 선포할 수 있어야 한다. 사람의 입술은 사용 여부에 따라 다른 사람들을 해치기도 하며, 자신과 이웃을 평탄한 길로 인도하기도 하는 양면의 성격을 지니고 있다. 어리석고 조급한 사람들은 성급하게 말을 내뱉고 나서는 얼마가지 못해 후회하기를 되풀이 하게 된다.

성경은 성도들을 향해 그에 연관된 준엄한 메시지를 주고 있다. 하나님을 진정으로 경외하는 자라면 자신의 입술을 극히 조심하지 않으면 안 된다는 것이었다. 사람의 입술에서는 타인을 해치고 죽이는 사악한 요소와 무서운 독이 발산될 수 있기 때문이다. 신약성경 야고보서에는 그에 관한 중요한 내용이 기록되어 있다.

> "혀는 능히 길들일 사람이 없나니 쉬지 아니하는 악이요 죽이는 독이 가득한 것이라 이것으로 우리가 주 아버지를 찬송하고 또 이것으로 하나님의 형상대로 지음을 받은 사람을 저주하나니 한 입으로 찬송과 저주가 나는도다 내 형제들아 이것이 마땅치 아니하니라" (약3:8-10)

계시된 말씀과 성령의 사역에 의해 거듭난 성도들은 마음에서 우러난 고백을 입술로 드러내며 찬송해야 한다. 그것은 지극히 당연하고 자연스런 일이다. 그럼에도 불구하고 아직 세상의 탐욕과 이기심을 버리지 못한 어린 교인들은 동일한 입술로 좋은 노래를 부르다가도 하나님의 형상을 입은 성도들을 저주하는 자리에 앉기도 한다.

우리는 결코 그와 같은 어리석은 행위를 해서는 안 된다. 하나님께 속한 백성으로서 하나님의 형상대로 창조된 다른 성도들을 저주한다는 것은 결코 있을 수 없는 일이다. 거듭난 성도의 입술이 하나님을 향하여 찬송을 부르면서 그의 거룩한 자녀들을 저주하는 일이 동시에 발생할 수 없는 것이다.

하나님께 속한 성도들이 모인 교회공동체 주변에는 항상 신앙이 어린 자들을 미혹하는 자들이 배회하고 있다. 그들은 마치 음행을 일삼는 나쁜 여성이 순진한 남자를 유혹하듯이 접근한다. 배도에 빠진 악한 자의 입술로부터 나오는 말은 달콤한 꿀을 떨어뜨리며 겉보기에 기름처럼 매끄럽고 세련되어 보인다. 어리석은 자들은 그 말을 듣고 유혹을 받아 부정한 만족을 누리고자 한다.

하지만 음녀를 따라가는 자의 기대치와 달리 그 결과는 견디기 어려운 고통을 동반하게 된다. 처음의 달콤한 말의 실체가 드러나게 되면 그것들이 쑥같이 쓴 맛을 낼 뿐 아니라 양날가진 날카로운 칼처럼 위협을 가한다. 그렇게 되면 그에 미혹된 자의 발은 죽음의 자리로 나아가게 되며 지옥을 향해 달음질친다. 그런 자들은 점차 생명의 길로부터 멀어져갈 수밖에 없다. 그럼에도 불구하고 어리석은 자는 악한 자들이 내미는 미혹하는 것에 눈이 어두워져 자기가 처한 위험한 상태를 인식하지 못하게 된다.

그러므로 솔로몬은 자기 아들에게 자신의 말을 듣고 하나님으로부터 허락된 교훈을 버려서는 안 된다는 사실을 강조했다. 그것을 위해서는 음녀의 입술에서 흘러나오는 달콤한 말을 냉철하게 분별할 수 있는 지혜를 소유해야만 한다. 자신을 온전히 지키기 위해서는 처음부터 그런 악한 자들과는 거리를 두어야 한다. 하나님을 욕되게 하는 배도자들을 가까이 하지 말아야 하며 그런 자들의 집에는 문 가까이 나아가서도 안 된다. 모든 언약의 백성들은 항상 그점을 마음속 깊이 새겨 두고 있어야만 한다.

2. 진지한 삶을 살아야 할 성도의 삶(잠5:9-14)

솔로몬은 자기 아들이 소유한 소중한 영예에 관한 언급을 하고 있다. 왕의 아들로서 누리는 특별한 영예는 평범한 것이 아니며, 대단한 것이라 말하지 않을 수 없다. 이는 만왕의 왕이신 하나님의 자녀가 된 모든 성도들에게도 확장되는 의미를 지니고 있다. 하지만 그것이 이 세상에서 안전한 상황을 제공하는 것은 아니다. 즉 그 영예가 변함없이 보존되는 것이 아니라 언제든지 공격당할 우려가 따르기 때문이다.

그러므로 솔로몬은 아들에게 그 영예를 잃어버리지 말아야 한다는 사실을 말하면서, 그 동안의 아까운 세월을 거쳐 얻게 된 모든 결과들을 포악한 자들에게 빼앗기지 않도록 조심하라고 말했다. 언약의 자손들의 주변을 맴도는 사악한 자들은 그 소유물을 약탈하여 자기의 것으로 만들고자 한다. 따라서 그들이 수고하여 얻은 재산이 다른 사람의 집으로 옮겨질지 모르니 항상 정신을 차려 주의하라는 것이었다.

악한 자들이 세상에 살아가는 과정에서 설령 남 보기에 그럴듯한 모습을 보인다고 할지라도, 종국에 가서 그 몸과 육신에 속한 모든 것들이 쇠약하게 됨으로써 실의에 빠져 한탄할 수밖에 없다. 미련한 자들은 그때가 이르러서야 비로소 자신이 처한 위태로운 사태를 파악하게 된다. 하지만 그것은 때를 놓치고 난후에 오는 의미 없는 후회에 지나지 않는다.

어리석은 자식들은 자신의 모든 것을 상실하고 나서야 아버지의 훈계와 꾸중을 싫어하여 가볍게 여긴 사실을 뉘우친다. 그들은 참된 진리를 전한 교사의 교훈을 성실하게 따르지 않고 그 가르침을 멀리한 것을 후회하지만 돌이키기에는 너무 늦다. 따라서 잠언은 참된 지혜를 가진 자라면 악의 구렁텅이에 빠진 채 많은 사람들 앞에서 수치를 당하게 될지 모르는 그 상황을 미리 알고 대비한다는 것이었다.

3. 혼인과 가정의 소중함에 대한 교훈(잠5:15-20)

성경은 다음 세대를 이어가야 할 언약의 자녀들에 대한 올바른 훈계와 교훈이 얼마나 중요한가 하는 점을 강조하고 있다. 언약의 부모는 타락한 세상에 살아가는 자녀들이 잘못된 가치관에 물들지 않도록 해야 한다. 어른들이 다음 세대를 위하여 최선의 힘을 기울여 지도하지 않으면 세속사상에 물들기 십상이다.

그러므로 솔로몬은 자기 아들에게, 분별력 없이 아무 물이나 마셔서는 안 된다는 사실을 말했다. 이는 주변에 존재하는 다른 샘에서 솟아나는 물을 탐하지 말라는 의미를 담고 있다. 그와 동시에 남의 우물에서 나는 물을 마시지 말아야 한다는 뜻을 내포하고 있다. 진리를 통한 올바른 정화의 과정을 거치지 않은 외부의 물은 건강을 심각하게 해칠 수 있으며 위태로운 역할을 하게 될 따름이다.

잠언은 또한 언약의 백성들은 자기가 마셔야 할 고유한 우물을 소유하고 있다는 사실을 밝히고 있다. 따라서 모든 성도들은 항상 그 물을 마셔야 한다. 그 물을 통해 목마른 갈증을 해소해야 하며, 아무리 목이 말라도 아무것이나 마셔서는 안 된다. 성도들에게 허락된 그 우물이 타락한 세상을 살아가는 성도들에게 유일한 생명줄 역할을 하기 때문이다.

솔로몬은 또한 자기 아들에게 그 우물에서 솟아나는 물을 헤프게 낭비하지 말라는 당부를 했다. 그 물이 외부로 넘쳐 나가지 않도록 각별한 주의를 기울이라는 것이었다. 그리고 그 물이 바깥 거리로 흘러나가는 것을 방지하라고 요구했다. 이는 여기서 언급된 내용이 영적인 의미를 지니고 있음을 보여주고 있다.

잠언에 기록된 말씀은 언약의 자손들을 위한 하나님의 구원과 지상에 존재하는 그의 몸된 교회와 연관되는 것으로 이해하는 것이 자연스럽다. 즉 그 물은 성도들에게 참된 생명을 공급하는 유일한 구원의 생수와 같은 것이다. 선지자 이사야는 '구원의 우물' 에 연관된 계시를 받아 기록으로 남기고 있다.

> "보라 하나님은 나의 구원이시라 내가 의뢰하고 두려움이 없으리니 주 여호와는 나의 힘이시며 나의 노래시며 나의 구원이심이라 그러므로 너희가 기쁨으로 구원의 우물들에서 물을 길으리로다" (사12:2,3)

성경은 하나님으로 말미암은 구원의 물이 성도들에게 참된 생명과 더불어 믿음의 삶을 공급하게 된다는 사실을 말해주고 있다. 잠언에서는 또한 우물에 연관된 이 말씀에 뒤이어 부부관계에 연관된 교훈을 제시하고 있다(잠5:18). 즉 남편이 젊어서 취한 아내와 연관지어 설명하고 있는 것이다. 이는 물론 하나님께서 허락하신 구원의 의미와 함께 언약의 가정이 취해야 할 삶을 비유적으로 일컫는 것으로 이해해야 한다.

솔로몬은 또한 자식을 향해 저에게 허락된 고유한 샘을 언급하며 젊어서 얻은 아내를 복된 것으로 알고 그를 유일한 기쁨의 대상으로 알고 즐거워하라는 말을 하고 있다. 그 아내는 마치 사랑스러운 암사슴 같고 아름다운 암노루와 같으니 저의 품을 만족스럽게 여기며 그 사랑을 항상 연모하라는 것이었다. 이는 부부를 기초로 한 가정을 중심으로 하나님의 언약이 상속되어 가야 할 사실을 드러내 보여주고 있다.

그리고 잠언은 남편이 자기의 아내 이외에 다른 여인을 탐해서는 절대로 안 된다는 사실을 강조해 말하고 있다. 자신이 누리게 되는 기쁨과 즐거움을 외부의 엉뚱한 곳에서 찾지 말라는 것이었다. 그와 같은 행동은 결국 배우자인 아내에 대한 배신일 뿐 아니라 하나님을 욕되게 하는 악행이 된다.

우리가 여기서 깊은 주의를 기울여 생각해 보아야 할 점은, 잠언에 기록된 이 말씀을 언약의 백성에게 주어진 공적이며 집단적인 의미로 받아들여야 한다는 사실이다. 왜냐하면 이 말씀이 결혼을 하여 아내가 건강하게 살아있는 경우의 남편들에게만 주어진 것으로 볼 수 없기 때문이다. 나아가 이는 혼인하지 않은 남녀 성도들과 나이가 어린 언약의 백성들에게도 공히 허락된 말씀으로 이해해야 한다. 부부관계에 관련된 이와 같은 말씀은 솔로몬이 기록한 아가서에도 기록되어 나타난다.

> "나의 누이, 나의 신부는 잠근 동산이요 덮은 우물이요 봉한 샘이로구나 네게서 나는 것은 석류나무와 각종 아름다운 과수와 고벨화와 나도초와 나도와 번홍화와 창포와 계수와 각종 유향목과 몰약과 침향과 모든 귀한

향품이요 너는 동산의 샘이요 생수의 우물이요 레바논에서부터 흐르는 시내로구나" (아4:12-15)

아가서에 기록된 이 말씀은 아내를 향한 남편의 고백적인 사랑의 노래이다. 이는 우선 신랑을 위한 아내가 된 신부에게 적용되어야 할 내용이다. 아가서 기자는 아내가 남편이 아닌 다른 자들에게 허용될 수 없는 소중한 샘이라는 사실을 시사하고 있다. 솔로몬은 그것을 노래하며 신부로부터 얻게 되는 각종 아름다운 과실수와 더불어 다양한 식물에서 나는 향품에 견주어 말하고 있다.

이 말씀 가운데는 남편에게 허락된 그 아내의 아름다움과 더불어 남편은 그녀 이외의 다른 여인을 탐하거나 가까이 하지 말아야 한다는 의미가 내포되어 있다. 이것은 언약의 가정 내부와 불신사회인 외부 사이에 존재하는 분명한 경계를 보여준다. 자기의 아내가 지닌 아름다움을 안다면 다른 여인에게 한눈을 팔 수 없다.

아가서의 말씀은 잠언에 언급된 말씀처럼 전체 언약의 백성들을 위한 상징적인 의미를 지니고 있다. 즉 이는 혼인을 한 부부에게만 해당되는 교훈이 아니라 모든 언약의 백성들에게 공히 적용되어야 한다. 따라서 혼인하지 않은 자와 남편이나 아내와 사별한 경우에 처한 성도들도 동일하게 받아들여야 한다. 나아가 이 교훈은 나이가 어린 언약의 자녀들에게도 똑같이 주어진 말씀이다.

결국 이 교훈은 신랑이신 예수 그리스도와 그의 신부인 교회에 연관된 말씀으로 이해해야 한다. 구약시대의 관점에서 볼 때, 장차 그리스도가 오시게 되면 자신의 교회를 사랑하게 될 것이며 신부인 교회는 그에게 온전히 순종해야 한다. 이로써 예수 그리스도와 그에게 속한 참된 교회는 서로 사랑하는 특별한 관계에 놓이게 된다.

그러나 타락한 세상에는 항상 그 아름다운 관계를 방해하는 악한 세력이 존재한다. 더러운 음녀와 이방의 계집들이 어리석은 자들을 향해 유혹의 눈길을 보내며 달콤한 말들을 쏟아낸다. 따라서 지상교회와 그에 속한 성도들은 정신을 바짝 차려야만 한다. 이는 물론 상징적인 의미를 지니고 있으며 그 어떤 것이라 할지라도 신랑과 신부 곧 그리스도와 교회를 갈라놓거나 그 사랑을 깨뜨릴 수 없음을 말해주고 있다.

오늘날 우리 시대의 교회 가운데서도 이 말씀의 의미가 그대로 적용되어야 한다. 즉 예수 그리스도와 그의 몸된 교회 사이의 특별한 사랑이 항상 확인되어야 하며 그것을 방해하는 악한 자들의 미혹하는 말에 넘어가서는 안 된다. 타락한 세상에 존재하는 교회에 속해 살아가는 모든 언약의 자손들은 항상 이에 대한 분명한 태도를 유지해야만 한다.

4. 여호와 하나님의 불꽃같은 눈(잠5:21-23)

타락한 세상에 살아가는 성도들은 악한 자들에 의해 환난과 핍박을 당하게 된다(요16:33, 참조). 그러나 하나님께서는 자기 자녀들이 견디기 힘든 난관에 빠지게 되더라도 끝까지 지켜 보호하신다. 나쁜 인간들이 아무리 교묘한 미혹의 손길을 펼친다고 할지라도 하나님은 자기 자녀들의 손을 꼭 잡고 놓지 않으신다. 신앙이 어린 자들이 때로 그 사실을 전혀 인식하지 못하는 경우가 있지만 하나님께서는 항상 저들과 함께 계신다.

죄에 빠진 인간들은 자기의 육안으로 살아계신 하나님의 존재를 확인할 수 없기 때문에 그를 전혀 의식하지 못한다. 그런 자들은 감히 여호와 하나님을 무시하며 멸시하기를 되풀이 하게 된다. 인간들이 자신의 사악한 태도를 모르는 채 무모할 만큼 용감한 것은 그 실상을 전혀 깨닫지 못하기 때문에 발생하는 문제다.

우리가 분명히 알고 있는 바는 인간들의 인식 여부와 상관없이 하나님께서는 항상 모든 인간들을 감찰하고 계신다는 사실이다. 나아가 하나님께서는 자기 자녀들과 항상 함께 계시며 저들을 눈동자같이 보살피신다. 그는 언제나 깨어 있어서 졸지도 주무시지도 않는 분이기 때문이다. 시편 기자는 그에 관한 노래를 하고 있다.

> "여호와께서 너로 실족지 않게 하시며 너를 지키시는 자가 졸지 아니하시리로다 이스라엘을 지키시는 자는 졸지도 아니하고 주무시지도 아니하시리로다" (시121:3,4)

여호와 하나님을 알지 못하는 인간들은 그의 눈길 자체를 무시하고 있다. 전능하신 하나님께서 저들의 모든 생각과 행동을 실시간으로 보고 계신다는 사실을 전혀 인식하지 못하는 것이다. 나아가 배도에 빠진 인간들과 신앙이 어린 자들은 마치 하나님의 눈을 피할 수 있을 것처럼 여긴다. 그런 자들은 자기의 악한 꾀에 스스로 넘어가게 되어 결국 무서운 죄의 사슬에 걸려 얽어 매이게 된다.

그렇게 되면 여호와 하나님으로부터 임하는 준엄한 율례와 훈계를 받아들이기를 거부한다. 그들은 세상에서의 일시적인 욕망을 추구하기 위해 하나님을 멸시하지만 그 결과는 영원한 죽음을 향해 나아갈 수밖에 없다. 악한 자의 유혹에 빠져 정신이 혼미한 상태에 놓인 자들은 참된 길과 거짓된 길을 분간하지 못하는 어리석음을 벗어나지 못할 것이기 때문이다.

제8장

미련한 자의 삶에 대한 경계
(잠6:1-35)

1. 담보와 보증으로 인한 문제(잠6:1-5)

솔로몬은 자기 아들에게 다른 채무자를 위해 담보를 설정하거나 보증을 서지 말라고 했다. 그것은 타인의 책임을 떠안는 결과와 연관되어 있다. 그와 같은 관계가 형성되면 심각한 문제를 야기할 우려가 따르게 된다. 즉 원래는 이웃을 위한 선의의 마음으로 그렇게 하지만 그로 인해 어떤 심각한 문제가 발생할지 알 수 없다.

만일 담보와 보증으로 인해 금전 사고가 생기게 되면 좋은 이웃마저 잃게 되기 십상이다. 경제적인 문제는 사람의 일반적인 신실함과 직접 연관되어 있지 않다. 아무리 선량하고 착한 사람이라 할지라도 그에게 변제능력이 없다면 문제가 발생하게 된다. 즉 매우 착한 사람이 타인으로부터 일정기간 금전을 차용한 후 나중 갚기로 약속했다고 할지라도 돈이 없으면 갚지 못한다. 그렇게 되면 보증인이 그 모든 책임을 떠맡아야 한다.

이처럼 담보를 제공하거나 보증을 서는 것은 이웃의 경제적인 문제에 직접 뒤엉키게 되어 그의 손아귀에 붙잡히는 것과 마찬가지다. 다른 사람을 위해 담보를 설정하고 보증을 서는 것은 자신의 판단과 약속으로 인해 스스로 올무에 걸려들게 만드는 성격을 지니고 있다. 따라서 성경은 담보와 더불어 보증을 서는 것을 금하고 있다(잠22:26, 참조).

그러므로 누군가를 위해 담보나 보증을 선 사람이 있다면 속히 그로부터 자유로워지는 것이 최선의 방책이 된다. 즉 그것을 빠른 시일 내에 취소하는 것이 상책이다. 그렇게 하기 위해서는 자기가 담보를 설정하거나 보증을 선 그 이웃을 찾아가 보증을 취소하고자 한다는 의사를 전하고 자신의 요청을 들어달라고 당부해야 한다.

담보와 보증을 선 상태로 그냥 방치하거나 무작정 미루어서는 안 되며, 이웃과 얽힌 그 문제를 조속히 해결해야 한다. 공손한 자세로 당사자를 찾아가 간청하여 그로부터 벗어나는 것이 가장 원만한 방편이 된다. 그것을 위해서는 나태한 상태로 깊은 잠에 빠져든 것처럼 무감각하거나 긴장을 풀고 있어서는 안 된다. 담보를 제공하고 보증을 선 상태라면 언제든지 그것이 자기를 심각하게 위협하는 역할을 할 수 있을 것이기 때문이다.

그러므로 잠언은, 담보와 보증의 실체를 올바르게 알지 못하고 그에 가담하게 되었다면 비록 사랑의 마음으로 그렇게 했을지라도 최대한 빨리 그에서 벗어나야 한다는 사실을 교훈하고 있다. 마치 노루가 사냥꾼의 손아귀에서 벗어나고 새가 그물 치는 자의 손으로부터 벗어나는 것처럼 속히 그 상태에서 벗어나야만 한다. 그렇게 함으로써 위기에 처한 형편을 해결해야만 한다. 그것이 자신과 이웃을 실제적으로 지킬 수 있는 참된 지혜이기 때문이다.

오늘날 우리도 이와 유사한 모든 문제들에 대해 심각한 고려를 하지 않으면 안 된다.[2] 우리 시대에도 담보와 보증은 일반화되어 있다. 한편 생각

2) 필자가 속한 실로암교회에서는 성도들간의 사사로운 금전 거래를 일절 금하고 있다. 그리고 교회 내에서 적극적 매매행위나 다단계 판매 및 구매 행위를 허용하지 않는다.

하면 그것이 경제적인 위기에 처한 이웃을 도와주는 기능을 하는 측면이 없지 않지만 거기에는 엄청난 위험요소가 내재되어 있다. 담보를 제공하고 보증을 선 후에 그 이웃이 자신의 채무를 해결하지 못하면 모든 문제는 고스란히 보증인에게 돌아갈 수밖에 없다.

그렇게 되면 보증을 선 사람은 그 당사자보다 훨씬 더 큰 고통에 휩싸일 수 있다. 그런 결과가 닥치게 될 경우 그동안 좋은 이웃이었으나 이제는 마치 원수와 같은 관계로 변질되어 갈 수 있다. 타인의 보증을 서지 말아야 하는 것은 바로 그 이유 때문이다.

그러면 오늘날 우리는 어떻게 할 것인가? 만일 우리 주변에 그런 다급한 형편에 놓인 이웃이 있다면 그를 위해 담보를 제공하거나 보증을 서는 대신 다른 방법으로 도와줄 수 있는 방책을 강구해야 한다. 그럴 경우에는 주변의 이웃들이 십시일반(十匙一飯)으로 힘을 합쳐 도와주거나 그 짐을 나누어 질 준비를 갖추어야 한다. 하나님을 경외하며 최선을 다해 살아가는 성도들이 극한 어려움을 당할 때 그 이웃이 되어 살아가는 모든 성도들은 절대로 그를 모른 체 해서는 안 된다.

2. 개미를 통해 얻어야 할 교훈(잠6:6-11)

잠언은, 건강하여 일할 수 있는 기본적인 능력을 갖춘 사람이 게으른 삶을 살아가는 것은 결코 바람직하지 않다는 사실을 언급하고 있다. 그것은 일하기 싫어하는 자들의 악한 태도이다. 건강한 정신과 육체를 가진 모든 사람들은 세상을 살아가기 위한 방편으로 성실하게 일해야만 한다.

그럼에도 불구하고 인간 역사 가운데는 게으르게 살아간 사람들이 무수히 많이 있었다. 언약의 자손이라 주장하는 백성들 중에도 그런 자들이 없지 않았다. 잠언은 그와 같은 자들을 향해 미물인 개미에게 가서 그 활동하는 것을 보고 지혜를 배우라는 요구를 하고 있다. 보잘것없는 곤충을 통해서도 얻을 만한 교훈이 있다는 것이었다.

개미들은 떼를 지어 활동하며 살아가지만 그 가운데는 특별한 우두머리가 없으며 지휘관이나 감독자가 존재하지 않는다. 그럼에도 불구하고 질서정연한 가운데 어려운 환경이 도래할 때를 예비하며 더욱 열심히 일한다. 먹을 양식이 풍족한 여름철에 추운 겨울 양식이 부족하게 될 때를 위해 준비한다. 즉 양식을 거둘 수 있는 추수 때가 이르렀다고 판단될 때 식량이 부족할 경우를 염두에 두고 비축하기 위해 최선의 노력을 기울인다.

아무것도 아닌 미물(微物)도 그러한데, 하물며 게으른 인간들은 그에 미치지 못하여 잠자기를 좋아하고 일하기 싫어하여 빈둥거린다. 잠언은 그런 자들을 향해 일하기 싫어서 게으르게 잠을 자고 아무런 예비를 하지 않는다면 궁핍한 상황이 강도같이 들이닥칠 것이라고 했다. 머잖아 먹을 양식이 없는 어려운 상태가 되어 마치 적군이 밀려오는듯한 고통스런 상황이 이르게 된다는 것이었다.

그러므로 지혜로운 자라면 성실하게 노동함으로써 장차 임하게 될 궁핍한 상황을 대비해야 한다. 그것은 신실한 자들이 마땅히 가져야 할 삶의 근본적인 자세이다. 따라서 신약성경도 일하기 싫어하여 게으른 자들을 염두에 두고 그와 동일한 교훈을 주고 있다. 바울은 데살로니가 교회에 보내는 두 번째 편지에서 그에 관한 언급을 했다.

> "우리가 너희와 함께 있을 때에도 너희에게 명하기를 누구든지 일하기 싫어하거든 먹지도 말게 하라 하였더니 우리가 들은즉 너희 가운데 규모 없이 행하여 도무지 일하지 아니하고 일만 만드는 자들이 있다 하니 이런 자들에게 우리가 명하고 주 예수 그리스도 안에서 권하기를 종용히 일하여 자기 양식을 먹으라 하노라" (살후3:10-12)

사도 바울은 일하기 싫은 자들은 먹지도 말아야 한다는 사실을 강조하여 말하고 있다. 즉 그런 자들은 먹을 권리가 없다는 것이었다. 따라서 게으름으로 인해 가난하게 된 사람들에게는 먹을 음식을 주지 말라는 명령을 했다. 규모 없는 삶을 살며 일하기를 싫어할 뿐 아니라 도리어 불필요한 일들을 만드는 자들을 강하게 책망했던 것이다.

따라서 바울은 예수 그리스도 안에서 데살로니가 교회와 그에 속한 성도들을 향해 권면했다. 건강한 사람들은 성실하게 일함으로써 그 결과 얻은 양식을 먹고 생활하라는 것이었다. 여기에는 극도로 병약하거나 정상적으로 일할 수 없는 형편에 처한 성도들을 위해서는 일할 수 있는 능력을 갖춘 사람들이 적절한 도움을 주는 것이 마땅하다는 의미가 내포되어 있다.

이는 지상교회의 모든 성도들과 오늘날 우리 시대에도 동일하게 적용되어야 할 교훈이다. 교회는 항상 가난한 사람들과 함께 살아갈 준비를 갖추고 있어야만 한다. 일할 수 있는 능력이 결여된 이웃과 더불어 삶을 나누며 살아가는 것은 성도들에게 주어진 기본적인 임무에 해당된다. 물론 게으름으로 인해 일하기 싫어하는 자들에게 무조건적인 물질의 도움을 주어서는 안 된다. 그렇게 하는 것은 오히려 형제로 하여금 게으른 삶에 익숙해지게 만들 우려가 있기 때문이다.

3. 악한 자들의 패망(잠6:12-19)

여호와 하나님을 알지 못하는 악한 자들은 자신의 욕망을 달성하기 위해서라면 모든 방법을 다 동원한다. 그들은 다른 사람들을 자기를 위한 도구로 이용하고자 할 뿐 진정으로 이웃을 위한 마음을 가지지 않는다. 그와 같은 양상은 저들의 삶 전체에서 드러나게 된다.

악한 목적을 위해 동일한 마음을 소유한 자들은 겉으로 드러나지 않는 정보를 자기들끼리 몰래 주고받기를 좋아한다. 그들은 선량한 사람들이 알 수 없는 음험한 눈짓을 서로간 주고받으며 손짓과 발짓을 통해 신호를 주고 받는다. 그렇게 함으로써 저들의 이기적인 욕망을 추구하게 되는 것이다.

그와 같이 사악한 자들에게는 여호와 하나님을 경외하는 마음이 전혀 없다. 그들은 하나님께서 통치하시는 영원한 세계에 관심을 두지 않은 채 이 세상에서의 만족을 절대적인 것으로 여긴다. 그리하여 마음이 비뚤어지게 되며 악하고 나쁜 계략을 꾸미면서 다툼과 분란을 일으키기에 분주하다.

하지만 저들이 추구하는 욕망은 마음속으로 기대하는 것과 전혀 다른 결과를 초래하게 된다. 아무도 예기치 못하는 때 무서운 재앙이 저들 위에 임하게 될 것이기 때문이다. 그렇게 되면 주변의 이웃들로부터 아무런 지원과 도움을 받지 못한 채 완전한 패망의 자리로 나아갈 수밖에 없다.

솔로몬은 이와 더불어 하나님께서 미워하시는 일곱 가지 악한 것들이 있다는 사실을 말하고 있다. 그것들은 사람의 눈, 혀, 손, 마음, 발과 망령된 증인, 이간하는 자 등에 연관되어 있다. 악한 자들은 그와 같은 것들을 도구로 삼아 더러운 이득을 취하려 하는 것이다.

잠언은 먼저 악한 자들이 교만한 눈을 가지고 있다는 점을 언급하고 있다. 이는 조그만 배려조차 없이 다른 사람들을 멸시하는 것과 연관되어 있다. 그런 사람들은 또한 참된 진리를 멀리하는 거짓된 혀를 소유하고 있다. 그들은 자기의 욕망을 달성하기 위해 다른 사람들을 속이며 거짓말 하는 것을 보통으로 생각한다.

그리고 사악한 자들은 자기의 목적을 달성하기 위해서는 아무런 죄가 없는 자들을 해치고 저들의 피를 흘리는 것을 대수롭지 않게 여긴다. 그들은 순진한 사람들을 속이고 부당한 이득을 취하기 위하여 악한 계교를 꾸미는 행위를 지속한다. 자기의 욕망을 채우기 위해서는 수단과 방법을 가리지 않는 것이다.

그와 같은 사람들은 악한 일을 도모하기 위해 발을 재빠르게 움직이며 이곳저곳을 헤집고 돌아다닌다. 남의 소유물들을 약탈하기 위해 지체하지 않고 부지런히 행동하는 것이다. 또한 그들은 주변에 거짓 증거를 하는 망령된 증인들을 많이 두고 있다. 자기가 불리한 상황에 처하게 되면 다른 사람들을 모함하며 자기가 마치 정당한 자인 양 주장하는 가운데 거짓 증인을 전면에 내세운다.

나아가 그 악한 자들은 형제들 사이를 이간질시키기를 즐겨하는 이기적인 자들을 가까이 두고 있다. 자기의 이익을 추구하기 위해서는 형제들 사이를 이간질하여 고통에 빠뜨리는 한이 있어도 그것을 통해 자기의 목적을 달성하고자 하는 것이다. 저들에게는 어떤 신의도 필요하지 않으며 오직 이기적인 욕망만 존재할 따름이다.

4. 부모로부터 상속받은 교훈 보존(잠6:20-26)

솔로몬은 아들에게 아버지인 자신의 명령을 굳게 지키고 어머니로부터 주어진 법을 떠나지 말라고 당부했다. 그것은 사사로운 명령과 지시가 아니라 하나님의 율법과 밀접하게 연관되어 있다. 이는 언약의 부모로부터 상속받은 진리의 말씀을 항상 기억해야 한다는 점을 강조하는 의미를 지니고 있다.

그는 또한 상속받은 하나님의 법을 마음속 깊이 새겨 두라는 요구와 더불어 그것을 목에 걸고 다님으로써 다른 사람들이 볼 수 있도록 하라는 지시를 했다. 이 말은 자신의 신앙적인 정체성을 숨기지 말고 외부에 개방하라는 의미를 지니고 있다. 즉 하나님과 그의 복음을 부끄러워하지 말고 자신의 믿음을 다른 사람들 앞에 드러내 보이라는 것이었다. 그렇게 함으로써 언약의 백성들 상호간에 거룩한 교통이 이루어지게 된다.

잠언은 부모로부터 상속받은 그 율법이 언약의 자녀들을 올바른 길로 인도한다는 사실을 언급하고 있다. 나아가 의식 없는 상태에서 깊이 잠든 순간에도 그 율법이 저를 보호하게 된다. 그리고 잠에서 깨어나 활동할 때 그 말씀은 언약의 자손들로 하여금 믿음의 삶을 살아가도록 도와준다.

우리는 부모로부터 상속받은 하나님의 계명이 언약의 자손들을 위한 특별한 등불이 된다는 사실을 기억하고 있어야 한다. 그것이 어둠을 물리치고 빛을 비추어 저들을 선한 길로 인도하게 된다. 그 율법이 성도들의 신앙을 위한 기본적인 규준이 되는 것이다. 즉 그것이 언약의 자손들을 훈계하고 책망함으로써 영원한 생명의 길로 안내하게 된다.

하나님의 율법을 마음속 깊이 새기고 목에 걸고 다니게 되면 그것이 배도자들과 악한 여인의 미혹하는 말에 빠져들지 않도록 지켜준다. 사악한 자들은 목에 걸린 그 표지를 보고 하나님을 경외하는 자녀인 줄 알고 쉽게 접근하지 못한다. 그것은 결코 장식용이 아니며 언약의 자손들을 보호하는 기능을 하게 되는 것이다.

부모에게서 언약을 상속받아 하나님을 경외하게 되는 성도들은 자신의 감정에 이끌려 순간적인 판단을 해서는 안 된다. 음행하는 여인의 아름다운 모습을 보더라도 그것을 탐하지 말아야 한다. 또한 언약의 자손들을 더러운 길로 끌어들이기 위해 거짓 눈웃음을 치는 자들의 유혹에 홀리지 말아야 한다. 그것을 위해서는 하나님의 율법에 근거한 냉철한 판단력을 소유함으로써 전후좌우를 분별할 수 있어야 하는 것이다.

일시적인 감정에 의해 잘못된 판단을 하여 더러운 음녀를 따르게 되면 자신의 소중한 모든 것을 잃어버릴 우려가 따른다. 음란한 여인은 음흉한 추파를 던지면서 어리석은 자들을 미혹하기 위해 모든 노력을 아끼지 않는다. 그들은 사람의 귀한 생명을 빼앗고 자신의 욕망을 채우고자 주변의 상황을 엿보는 사냥꾼과도 같다.

오늘날 우리도 잠언이 요구하는 것처럼 하나님의 자녀라는 사실을 세상에서 공개적으로 드러낸 상태로 살아가야 한다. 그 사실을 숨긴 채 타락한 세상 사람들과 동일한 태도로 행동하는 것은 악한 자들의 유혹을 불러들이는 것과 같다. 즉 그와 같은 삶의 자세는 배도에 빠진 자들에게 자신을 미혹하도록 유인하는 행위와 다르지 않은 것이다.

5. 간음하는 자들의 사악한 행동(잠6:27-35)

사람이 뜨거운 불을 가슴에 품고 있다면 당연히 그 옷이 타버리게 된다. 또한 사람이 맨발로 숯불을 밟고 서 있다면 그 발이 델 수밖에 없다. 뜨거운 불을 경계하지 않고 가슴에 안고 있거나 맨발로 숯불을 밟고 있다는 것은 신체적인 사고를 일으키는 위험한 상황을 초래하게 된다.

이처럼 남의 아내와 통간하는 것은 뜨거운 불을 품거나 밟고 있는 것과 같다. 그것은 저의 인생과 영혼을 파괴하는 위태로운 역할을 한다. 나아가 마음속에 간음하는 마음을 가지고 남의 부인을 손으로 만지는 자는 그것 자체로서 더러운 간음을 저지르는 것이 된다. 이는 결코 하나님의 자녀로서 취할 수 있는 행동이라 할 수 없다.

어떤 사람이 굶주림을 견디지 못해 허기진 배를 채우기 위해 남의 것을 훔친다면 동정을 받게 될지 모르지만 여전히 심판과 욕을 당하게 된다. 즉 개인의 특별한 사정으로 인해 죄가 소멸되지 않는다. 따라서 그런 악행을 저지르다가 주인에게 들키게 되면 율법에 따라 일곱 배나 갚아야 한다. 뿐만 아니라 자기 집에 있는 모든 것들을 내어주어야 한다. 일시적인 배고픔을 면하기 위해 나쁜 짓을 하다가 모든 것을 상실하는 패가망신을 당하게 되는 것이다.

남의 여인과 간음하는 자는 그 무서움의 실상을 알지 못하기 때문에 그런 끔찍한 악행을 저지르기도 한다. 그런 자들은 일시적인 달콤한 유혹에 빠져 자신의 삶을 두려운 멸망에 내어주게 된다. 욕망에 따라 간음을 즐기는 자들은 능욕을 받으며 여러 사람들 앞에서 씻을 수 없는 부끄러움을 당하게 된다.

나아가 그와 같은 더러운 간음행위는 즉시 무서운 응징을 몰고 올 수 있다. 그 여인의 남편이 분노하여 결단코 저를 용서하지 않을 것이며 반드시 그 원수를 갚으려고 할 것이기 때문이다. 아무리 많은 돈이나 물질을 위자료로 제공하여 저와 화해하고자 해도 그 남편은 절대로 그것을 받아들이지 않을 것이 분명하다.

우리가 여기서 반드시 기억해야 할 점은 간음이 도둑질이나 살인보다 훨씬 더 악하고 무서운 죄악이 될 수 있다는 사실이다. 살인은 한 사람의 생명을 박탈하는 행위이지만 간음은 한 가정을 파괴하는 악행이기 때문이다. 나쁜 사람에 의해 가족 가운데 한 사람이 살해당한다면 그것이 고통스러운 일이기는 하지만 남은 가족이 서로 사랑하며 살아갈 수 있는 여지를 남겨둔다.

이에 반해 남편이나 아내가 타인과 간음을 범하게 되면 그 가정은 파괴되어 씻을 수 없는 고통에 빠지게 된다. 그런 가정파탄의 일이 발생하게 되면 아무것도 모르는 어린 자녀들을 비롯한 온 가족이 그 고통을 감내해야만 하는 것이다. 특히 오늘날처럼 성이 개방된 극도로 사악한 세대를 살아가는 우리는 이에 대한 분명한 자세를 취하지 않으면 안 된다.

제9장

지혜 없는 자가 직면한 추악한 유혹
(잠7:1-27)

1. 상속받은 언약의 유산과 신앙의 정체성(잠7:1-5)

솔로몬은 아들에게 또다시 자신의 말을 지키며 자기의 명령을 마음속 깊이 간직하라는 요구를 했다. 또한 반드시 그 명령을 따라 살아가야 한다는 사실을 강조했다. 언약의 자손에게 있어서 그점은 가장 중요한 의미를 지니고 있다.

우리는 그 요구가 단순한 이론이나 관념이 아니라 구체적으로 실천해야 할 내용이라는 사실을 기억해야 한다. 성도들은 잠시도 하나님의 율법을 자기의 삶에서 떠나게 해서는 안 된다. 따라서 솔로몬은 하나님으로 말미암은 율법을 마치 눈동자처럼 쉼 없이 지켜야 한다는 사실을 강조하고 있다. 또한 그것을 손가락에 매고 마음 판 깊이 새기도록 요구했다.

그리고 하나님께서 허락하신 참된 지혜와 명철을 자신의 누이와 친족의 관계처럼 밀접한 사이라는 점을 말하도록 명했다. 이는 모든 언약의 자녀들이 결코 그로부터 분리될 수 없는 밀접한 관계로 연결되어 있다는 사실을 의미하고 있다. 그렇게 함으로써 그 지혜와 명철이 저를 안전하게 지켜 더러운 음녀와 교묘한 말솜씨로 유혹하는 이방 계집에게 빠지지 않게 될 수 있다는 것이다.

우리가 여기서 기억해야 할 바는, 성도들은 자기를 지켜내는 것이 인간적인 결단과 의지가 아니라는 사실이다. 뿐만 아니라 주변의 특수한 환경이 저들을 지켜 보호해 주지도 못한다. 언약의 자손들을 안전하게 보호하는 것은 하나님의 말씀을 굳건히 붙잡고 그에 온전히 순종함으로써 허락되는 지혜와 명철에 근거한다.

2. 위태로운 상황에 처한 지혜 없는 한 소년(잠7:6-9)

하나님의 자녀들은 음험한 어두움의 길로 다니지 말아야 한다. 빛을 멀리하고 어두움을 가까이 한다는 것은 떳떳하지 못한 행동을 시도하고 있다는 사실을 말해주고 있다. 그것은 사람들의 눈을 피해 자신의 삶을 어두운 상태로 몰아가는 것과 같다.

솔로몬은 자기 아들에게 집에서 창살문을 통해 바깥을 내다보다가 어리석은 자들 가운데 한 젊은이를 목격하게 된 사실을 언급하고 있다. 창 밖을 보면서 참된 지혜가 없는 미련하고 어리석은 한 젊은이의 행동을 보게 되었다. 그 사람은 어떻게 보면 순진하다할 만큼 미련한 자였다. 그는 어둠살이 끼자 자신의 육체적인 욕망을 채우기 위해 음산한 지역을 찾아가 배회했다. 그에게 중요한 것은 일시적인 쾌락을 누리는 것이었다. 그 젊은이는 그와 같은 행동이 얼마나 어리석인 것인지 제대로 인식하지 못하고 있는 듯 했다.

어리석기 짝이 없는 그 젊은 청년은 어두움으로 인해 다른 사람들의 눈을 피할 만한 여건이 되자 남모르게 행동을 개시했다. 그는 날이 저물어 아무것도 보이지 않는 깜깜한 밤중에 음녀의 집이 있는 골목 모퉁이로 들어갔다. 자기의 욕정을 채우기 위해 그렇게 하고 있으나 그 행동이 결코 떳떳하지 못하다는 사실을 본인 스스로 잘 알고 있었다. 여러 사람들이 오가고 많은 눈길이 있는 환한 낮 시간을 피하여 어두움을 기다린 것은 그에 대한 증거가 된다.

하나님의 자녀들은 어떠한 환경에 처한다고 할지라도 항상 빛 가운데 거해야 하며 캄캄한 어둠의 길로 나다니지 말아야 한다. 설령 부득이하게 그 주변을 지나칠 일이 있을 경우에도 지극히 조심하지 않으면 안 된다. 부정한 의도를 가지고 그곳을 찾아가 남몰래 무엇인가 악한 행동을 한다면 일시적인 욕망을 달성할 수 있을지 모르나 그것은 도리어 자신에게 치명적인 해가 될 따름이다.

그러므로 하나님을 진정으로 경외하는 성도들이라면 항상 밝은 빛 가운데 행하려는 자세를 유지해야 한다. 빛을 싫어하고 어둠을 좇는 것은 끝내 무서운 패망에 이르게 한다. 따라서 하나님의 자녀들은 그 어떤 것이라 할지라도 하나님의 눈길을 피할 수 없다는 사실을 기억하는 것이 매우 중요하다.

3. 신앙을 앞세운 유혹(잠7:10-17)

어리석은 그 젊은이는 자신의 추한 감정을 억누르지 못한 채 유혹에 굴복하여 음녀의 집을 찾아갔다. 한편 그 음녀는 항상 그러했듯이 그와 같은 어리석은 자들을 찾아 나서거나 스스로 찾아오기를 기다리며 대기하고 있었다. 언제든지 욕망을 추구하는 상대를 허물어뜨릴 준비를 갖추고 있었던 것이다.

음란한 삶에 익숙한 그 계집은 어리석은 자가 어두운 밤을 이용해 자기 집으로 들어오면 간사한 교태를 부리며 맞아들인다. 그 여인은 수수한 자세로 집안에 머물러 생활하는 것을 좋아하지 않고 안정되지 못한 상태에서 불량한 사람들 앞에서 온갖 유형의 수선을 떨며 어리석은 자들을 유혹하기를 즐겨했다. 어떤 때는 거리로 나가 어리석은 자들을 유혹했으며 또 다른 어떤 때는 광장 모퉁이에서 악을 조장하는 행동을 취하기를 멈추지 않았다. 그리고 길 모퉁이에 서서 지나가는 사람들에게 더러운 추파를 던지며 욕망의 기회를 엿보기도 했다.

그런 판국에 한 어리석은 젊은이가 제 발로 자기 집에 찾아왔으니 그 음란한 계집은 내심 얼마나 반가웠겠는가? 그러니 부끄러움을 모르는 그 여성은 욕망에 가득 찬 젊은이를 붙잡고 입을 맞추며 교태를 부렸다. 그 여성은 창피함을 전혀 모르는 채 양심이 마비된 자였다. 악한 행위를 전개하기에 능란한 그 음녀는 먼저 그 젊은이를 위로하고자 했다.

어두운 밤중에 아무도 모르게 슬며시 자기의 집을 찾아왔지만 스스로 개운치 않게 생각하는 그 젊은이에게 그와 같은 행위가 별문제가 없을 뿐더러 마치 신앙적으로도 정당한 것인 양 둘러댔다. "나는 오늘 화목제를 드리고 내가 서약한 것을 갚았소. 그래서 당신을 애타게 찾았었는데 이렇게 만나게 되었어요"(잠7:14,15). 이 말 가운데는, 그 음란한 여인이 종교적인 서약에 연관된 모든 의례를 마친 상태가 되어 이제 자기에게 적합한 남성이 필요했는데 마침 잘 찾아 왔노라는 것이었다.

사악한 인간들은 세상의 욕망으로 가득 차서 자기를 위하여 모든 것을 합리화시키기를 좋아한다. 그런 자들은 율법을 제멋대로 인용하는 가운데 하나님께 바치는 제물을 적절히 핑계대며, 그것을 자기의 얄팍한 목적을 위한 도구로 삼기를 주저하지 않는다. 예나 지금이나 그런 어처구니없는 인간들은 늘 존재해 왔다. 그와 같은 자들의 행위는 여호와 하나님의 율법을 모욕하는 악행을 저지르는 것과 마찬가지다.

그런 자들은 하나님과 사람을 속이고자 하는 악한 성품을 지니고 있다. 따라서 자기가 마치 하나님 앞에서 훌륭한 신앙 행위를 하는 것처럼 내세우기를 좋아한다. 예수님께서는 종교적인 신앙을 앞세워 그와 같은 악행을 저지르는 자들을 강하게 책망하셨다. 복음서에는 구약의 제물을 핑계삼아 자신의 욕망을 합리화시킴으로써 하나님의 말씀을 멸시하는 자들에 관한 기록이 나타난다.

> "너희는 가로되 사람이 아비에게나 어미에게나 말하기를 내가 드려 유익하게 할 것이 고르반 곧 하나님께 드림이 되었다고 하기만 하면 그만이라 하고 제 아비나 어미에게 다시 아무 것이라도 하여 드리기를 허하지 아니하여 너희의 전한 유전으로 하나님의 말씀을 폐하며 또 이같은 일을 많이 행하느니라" (막7:11-13)

사악한 인간들은 어설픈 신앙심을 내세워 자신의 욕망을 합리화시키는 행위를 지속한다. 그들이 그렇게 하는 것은 종교적으로 잘못된 관행에 근거한다. 복음을 알지 못하는 어리석은 자들은 하나님의 이름을 대고 결단하면 그 어떤 것도 문제가 될 것이 없는 듯이 생각한다. 잠언의 본문에 나타나는 음녀도 하나님께 화목제를 드리고 서약한 것을 갚았으니 자기의 모든 행위가 용납되는 듯이 주장했던 것이다.

그 음란한 여성은 욕망을 채우려는 마음으로 가득 찬 그 어리석은 젊은이에게 자기의 침실이 얼마나 화려한지에 대한 언급을 했다. 그 침상에는 아름다운 요를 깔아두었으며 이집트의 무늬로 수놓은 화려한 이불을 펴두고 있다는 것이었다. 또한 그가 누울 잠자리에는 몰약(myrrh)과 침향(aloes)과 계피(cinnamon)를 뿌려두었다는 사실을 언급했다. 그것은 인간의 감성을 자극하는 일종의 마약과 같은 기능을 하게 된다. 그 냄새를 맡게 되면 향수로 인해 정신이 몽롱하게 되어 올바른 판단력을 상실하게 될 것이 분명했다.

4. 추악한 쾌락과 더러운 죽음(잠7:18-23)

음란한 삶에 익숙해진 그 여인은 어리석은 젊은이에게 아침까지 서로 사랑하며 흡족하게 즐기자고 제안했다. 그 음녀는 남편이 없는 과부가 아니라 남편이 멀쩡하게 살아있는 여성이었다. 그녀는 남편을 두고 외간 남자와 음란한 행위를 되풀이했던 것이다.

그 여성은 자기 남편이 다른 먼 지역으로 길을 떠난 상태여서 그날 밤에 돌아올 일이 없으므로 마음을 놓아도 된다며 그 어리석은 젊은이를 안심시켰다. 자기 남편은 오랜 기간의 여행을 위해 풍족한 돈 주머니를 차고 갔으니 보름이 될 때까지는 돌아오지 않는다고 말했다. 이는 저들의 불륜을 위협하는 자가 없으니 아무런 염려를 하지 않아도 된다는 뜻이었다.

음란한 그 여인은 여러 가지 달콤한 말로써 그 어리석은 젊은이를 유혹했으며 그럴듯한 모든 말들을 동원하여 그를 꾀었다. 그리하여 젊은이는 여인을 따라 음란한 분위기가 가득한 방 안으로 따라 들어갔다. 우선은 쾌락을 즐기기 위해 나아가는 것이었지만, 실상은 마치 소가 도살장으로 끌려가는 것과 같았으며 미련한 자가 엄벌을 받기 위해 쇠사슬에 포박되는 자리에 나아가는 것과 동일한 형국이었다.

어리석은 자들은 일시적인 쾌락을 누리기 위해 사악한 길을 택하지만 결국은 자신의 생명을 잃어버리게 된다. 그 결국은 예리한 화살이 저의 몸을 꿰뚫고 간장을 지나가는 것처럼 될 것이며 새가 그물 안으로 들어가 사냥꾼에게 잡혀 그 생명을 잃어버리는 것과 같이 된다. 쾌락은 잠시잠간 후에 사라져버리게 됨으로써 일시적인 즐거움과 자신의 생명을 바꾸는 예상외의 결과를 가져오게 될 따름이다.

성적인 간음에 대해서는 오늘날 우리도 정신을 바짝 차려 경계하지 않으면 안 된다. 말세에 처한 우리 시대에는 악한 자들에 의해 간음이 미화되어 마치 성 관계는 죄가 아닌 사회적 문화에 지나지 않는 듯이 주장하는 자들이 많이 있다. 즉 성적인 문제는 개인의 판단과 행동일 뿐 범죄행위가 되거나 사회적으로 비난할 대상이 아니라는 것이다. 이와 같은 양상은 앞으로는 더욱 노골화되어 갈 것이 틀림없다.

그러나 성경은 성적인 간음을 무서운 범죄로 규정하고 있다. 어떤 의미에서는 간음이 살인보다 더 악한 것이라 말할 수 있다. 살인은 한 사람을 죽이는 행위인데 반해 간음은 한 가정을 죽여 해체하는 역할을 하기 때문이다. 가족 가운데 한 사람이 안타까운 상황에서 억울하게 피살당하는 일이 발생한다면 그 가정은 세월이 흘러 고통의 때를 극복하고 회복해 나갈 수 있다. 그렇지만 간음의 결과는 한 가정을 파괴하고 온 가족을 끔찍한 고통의 자리에 내모는 사악한 역할을 하게 되는 것이다.

5. 주의를 기울여야 할 부모의 교훈(잠7:24-27)

죄에 빠진 인간들은 항상 다양한 유혹과 죄악에 노출되어 있다. 솔로몬 왕은 이러한 추잡한 주변의 환경 가운데서 살아가게 될 자식들에게 자신의 말을 귀담아 듣고 자기 입에서 나온 말에 깊은 주의를 기울이라고 요구했다. 이는 연약한 인간들이 더러운 욕망에 못 이겨 다른 여성을 보고 음란한 마음을 먹게 되는 경우가 허다하다는 사실을 말해준다. 우리 주변에는 항상 어리석은 사람들을 미혹하기 위해 길거리를 배회하는 음란한 여성들이 많이 있음을 기억해야 한다.

그러므로 솔로몬은 언약의 자녀들에게 저들의 마음과 감정이 음녀의 길로 치우쳐서는 안 된다는 사실을 강조하여 말했다. 그리고 음녀들이 사치스런 분위기를 만들어두고 대기하는 그 길에 현혹되지 말라고 했다. 미혹하는 음녀가 겉모양을 아무리 화려하고 그럴듯하게 꾸민 채 달콤한 말로써 유혹할지라도 절대로 그에 넘어가서는 안 된다.

사악한 음녀들은 어리석은 자들을 죽음의 길로 내몰아가기 위해 능수능란한 수법을 사용한다. 그리하여 수많은 사람들이 미혹당하여 큰 상처를 받게 되며 그 앞에 엎드러지는 경우가 허다하다. 뿐만 아니라 그로 말미암아 자신의 소중한 생명을 잃어버리게 된 경우도 많이 있다. 음란한 여성의 보금자리는 겉보기에 화려한 모습을 띠고 있지만 실상은 지옥을 향해 열려있는 무서운 길이며 사망의 영역으로 나아가는 위태로운 길목이다. 지혜로운 성도들은 항상 이에 대한 깊은 주의를 기울이고 있어야만 한다.

제10장

만물의 근원이신 삼위일체 하나님과 메시아 예언
(잠8:1-36)

1. 지혜와 명철의 외침(잠8:1-9)

잠언은, 하나님으로 말미암은 지혜와 명철이 언약의 자손들로 하여금 진리의 말씀을 깨닫게 하기 위해 큰 소리로 외치고 있다는 사실을 언급하고 있다. 그럼에도 불구하고 미련한 자들은 그 소중한 소리에 철저히 귀를 막고 있다. 그 사람들은 타락한 세상의 잘못된 논리에 빠져 있었기 때문이다.

하지만 여호와 하나님을 경외하는 백성들은 마땅히 하나님으로 말미암은 그 소리를 귀담아 들어야만 한다. 지혜와 명철은 잠잠하지 않고 길가의 높은 곳과 사거리에서 큰 소리로 부르짖으며 성문 곁과 문어귀와 사람들이 출입하는 여러 문들 앞에서 외친다. 이는 모든 백성이 그 소리를 들어야만 한다는 사실을 말해주고 있다. 그것을 심중에 받아들이지 않는 자들은 결국 패망의 길에 들어설 수밖에 없다.

지혜와 명철은 앞 장에서 언급된 음녀의 태도와 전혀 다른 자세를 보이고 있다. 어리석은 남자들을 호리는 음녀는 어두컴컴한 광장 한 모퉁이와 음산한 길목에서 서성거리며 육적인 욕망을 추구하는 자들을 찾아 나섰다. 그 악한 여자는 눈을 번들거리며 남모르게 악행을 꾀하기를 즐겨한다. 이처럼 음녀는 어리석은 자들을 미혹하고자 애쓰지만 하나님의 지혜와 명철은 언약의 백성을 향해 영원한 진리를 선포한다. 그와 같은 모습은 사악한 자와 하나님께서 행하시는 방법이 정반대의 성격을 지니고 있음을 보여준다.

우리가 여기서 기억해야 할 바는, 앞의 잠언 7장에 기록된 음녀가 음험한 눈길로 어리석은 자들을 미혹하는 그 동일한 도성에서 하나님의 진리가 공개적으로 선포되고 있다는 사실이다. 즉 같은 장소에서 악한 자들은 사람들을 죽음의 길로 내몰고자 온갖 교태를 부리는 반면, 하나님의 말씀은 백성들을 빛의 광명으로 인도하기 위해 목청을 드높였다.

여호와 하나님께서는 어리석은 자들에게 잠언을 통해 마음을 밝게 하고 진리를 받아들임으로써 지혜롭고 명철하게 되어야 한다는 사실을 선포하고 있다. 그는 언약의 자손들을 향해 의롭고 선한 것들과 올바른 것들을 받아들이도록 요구하셨다. 또한 하나님께서는 항상 진리를 드러내실 뿐 더럽고 악한 것들을 미워하신다.

우리가 여기서 반드시 기억해야 할 바는 하나님으로부터 허락된 모든 말씀은 그릇되거나 비뚤어진 것 없이 의롭다는 사실이다. 이에 대해서는 참된 지식을 소유하고 분별력을 갖춘 사람이라면 누구나 분명히 알게 된다. 이는 모든 성도들은 그와 같은 성숙한 신앙의 수준에 이르러야 한다는 사실을 말해주고 있다.

따라서 오늘날 우리도 이 교훈을 귀담아 듣고 계시된 하나님의 말씀을 근거로 한 참된 지식을 소유해야 한다. 그리고 그 진리를 감추어 두지 말고 만방에 선포될 수 있도록 해야만 한다. 성숙한 성도라면 악한 음녀가 어두운 곳에서 어리석은 자를 꾀어내듯이 행동하거나 자신의 잘못된 의도를 전달하기 위하여 뒤에서 수군거리는 행동을 취해서는 안 된다. 하나님의 자녀들은 항상 빛 가운데 거하며 행동해야 하기 때문이다.

2. 은금보다 귀중한 것(잠8:10-13)

어리석은 인간들은 돈과 재물을 사랑하며 금과 은을 모으기 위해 온갖 노력을 다 기울인다. 그것이 자신의 인생을 좌우할 것이라 믿으며 욕망 충족을 위한 기초가 될 것이라 판단하기 때문이다. 따라서 그런 자들은 자기 자식들에게도 그와 같은 삶을 살아가도록 가르치며 교육한다. 하지만 그런 가치관을 소유한 사람들은 인생을 근본적으로 오해하는 자들이다. 그런 것들을 삶의 중심에 두고 살아가는 것은 패망과 죽음의 길을 향해 걸어가는 것과 전혀 다르지 않다.

그러므로 솔로몬은 사랑하는 자식에게 금과 은 같은 물질을 소유하려 하지 말고 자신의 훈계를 받아들이라고 요구했다. 하나님의 말씀을 근거로 한 참된 지식은 순금의 값어치와는 도저히 비교가 될 수 없는 성질을 지니고 있다. 즉 하나님의 진리는 절대적인 성격을 소유하고 있는 것이다. 여호와 하나님과 영원한 천국에 소망을 두고 살아가는 모든 성도들은 그에 대한 명확한 깨달음을 소유하고 있어야만 한다.

잠언은 하나님으로부터 허락된 참된 지혜는 진주를 비롯한 어떤 보석보다 낫다는 사실을 분명하게 설명하고 있다. 그것은 그 어떤 것과도 비교할 수 없이 값진 것이다. 어리석은 인간들은 참된 가치를 보유한 진리를 무가치한 것으로 여겨 바깥에 내다버리는 대신 세상에서의 일시적인 현상들을 추구하며 소유하기를 원한다. 그런 자들은 그것을 큰 자랑거리로 삼으면서 영원한 세상을 멀리하는 것이다.

참된 지혜와 지식은 올바른 분별력을 가지게 하며 연약한 자신의 모습을 되돌아보게 하는 역할을 한다. 이는 나약하기 그지없는 인간이 거룩한 하나님 앞에 서게 된다는 사실을 의미하고 있다. 진리를 소유한 성도들은 그렇게 함으로써 하나님의 은혜를 간절히 바라며 그것을 통해 세상 가운데서 감사한 삶을 살아가게 된다.

하나님을 알고 믿는 성도들은 그를 진정으로 경외하는 마음을 소유해야 한다. 그것이 세상의 악한 것들을 미워하며 멀리하는 자세를 가지도록 하기 때문이다. 하나님께서는 배도에 빠진 더러운 인간들의 이기적인 태도를 경멸하신다. 죄의 늪에 빠진 인간의 심성은 교만하고 거만한 태도를 드러나도록 하며, 악한 행실과 거짓말을 내뱉는 더러운 입술을 일상적인 자연스러운 것으로 받아들이게 한다.

그와 같은 사악한 인간들의 성향은 거룩한 하나님의 속성과는 정반대적인 성격을 지니고 있다. 현대를 살아가는 성도들도 이에 대한 이해와 더불어 분명한 자세를 취해야만 한다. 세상의 오염된 것들을 추구하는 것은 자랑이 아니라 부끄러운 태도라는 사실을 깨달아야 하는 것이다. 따라서 하나님의 자녀들은 일시적인 현상에 지나지 않는 욕망을 멀리하고 약속된 영원한 삶에 본질적인 관심을 두고 살아가지 않으면 안 된다.

3. 통치와 재판의 근거(잠8:14-17)

타락한 이 세상은 하나님으로 말미암은 통치와 재판을 통해 나름대로의 질서를 유지해 갈 수 있게 된다. 만일 그것이 존재하지 않는다면 세상은 혼란스러워져 모든 것이 파괴될 수밖에 없다. 따라서 우리는 통치권과 재판권을 소유한 국가를 일반적인 조직체나 기관들과 달리 하나님께서 제정하신 특별한 제도로 받아들이고 있다(롬13:1-7, 참조).

잠언은 참된 권고와 지식과 능력은 오직 하나님으로 말미암는다는 사실을 말해주고 있다. 이는 사회적 경험의 산물이 아니라 전적으로 하나님의 지혜와 명철에 근거한다. 그것들이 국가와 인간사회 가운데 발생하는 다스림과 질서유지를 지탱하는 근간이 된다.

그러므로 하나님으로 말미암은 권세로써 세상의 왕들이 통치를 하며 공직자들이 건전한 법령들을 제정한다. 또한 국가에 속한 관료들과 지위가 높은 재판관들이 법을 집행하며 질서를 유지하게 된다. 그것은 근본적으로 하나님에게서 난 것들이며 세상에 살아가는 사람들 사이의 질서를 보존하는 중요한 역할을 한다.

하나님께서는 그와 더불어 자기를 진정으로 사랑하는 성도들이 자신의 사랑을 입게 되며 자기를 간절히 찾는 백성이 자신을 만나게 되리라는 사실을 언급하셨다. 그럼에도 불구하고 하나님을 부인하는 자들은 영원한 진리를 외면한 채 자신의 욕망을 추구하며 악행을 드러내기 위해 열심을 다하리라는 사실을 시사하고 있다. 따라서 인간의 한계를 알고 전능하신 하나님을 바라보며 그의 도움을 간절히 기다리는 자들에게 하나님의 은혜가 넘쳐나게 되리라는 사실을 말해주고 있다.

언약의 왕국을 비롯한 이 세상 가운데 존재해야 할 질서유지를 위해 적용되어야 할 통치와 재판은 우리 시대의 교회 가운데 적용되어야 할 실상이다. 우리는 하나님의 요구에 따른 엄격한 질서가 교회 가운데 존재한다는 사실을 기억해야 한다. 그것은 물론 인간들의 종교적인 판단이 아니라 하나님의 의도와 사랑에 기초하고 있다.

지상교회에서는 그것을 위해 목사, 장로, 집사 등 직분자들을 통한 사역이 이루어진다. 그중에 교회의 영적인 질서유지를 책임져야 할 목사와 장로의 감독사역이 매우 중요하다. 그들은 그것을 위해 당회를 구성하여 각 성도들을 말씀으로 지도하고 판단하는 기능을 감당하게 된다(고전5:12,13, 참조). 따라서 잘못된 교훈을 주거나 부당한 치리를 행하지 않는 한 모든 성도들은 당회의 지도에 순종해야 할 신성한 의무를 지니게 된다.

4. 만물의 주인이신 하나님(잠8:18-21)

여호와 하나님은 우주 안에 존재하는 만물의 주인이 되신다. 세상의 모든 것들은 원래부터 오직 하나님 자신을 위하여 지어진 것들이다. 하지만 우리가 눈으로 보고 인식하는 모든 피조세계와 피조물들은 아담과 하와의 범죄로 인해 완전히 오염되어 버렸다. 따라서 그것들은 더 이상 정결한 속성을 지니지 못한다.

그러나 피조세계가 세상에 살아가는 인간들이 누리며 생존하는 방편이 된다는 차원에서는 여전히 모든 것이 하나님의 손에 달려 있다. 즉 인간의 삶에 연관된 모든 것들은 하나님의 주권과 관할 아래 존재한다. 특히 하나님의 자녀들은 그의 눈과 손길을 벗어날 수 없다는 사실을 항상 기억하고 있어야만 한다.

그러므로 하나님께서는 언약의 자손들을 향해 자신이 모든 존재의 유일한 원천이 된다는 사실을 강조하셨다. 솔로몬은 자기가 소유한 부귀영화와 지속적으로 재물을 소유할 수 있는 것조차도 그렇다는 사실을 언급하고 있다. 그리고 언약의 자손으로서 얻게 된 자신의 의로움도 그와 같다는 사실을 고백적으로 밝혔다.

그러면서 솔로몬은 자기를 통해 맺히게 된 모든 열매들과 그로 인해 얻게 된 소득들은, 사람들이 좋아하는 엄청난 양의 순금과 은에 비할 수 없이 낫다는 사실을 말하고 있다. 이는 조상들로부터 상속받은 지혜와 명철에 연관되어 있으며 그것은 언약의 자손들에게 상속되어 가야 할 것들이다. 하나님의 자녀들에게 있어서 그보다 더 소중한 것은 있을 수 없다.

그렇다고 해서 세상에 살아가는 성도들의 삶이 반드시 궁핍해야 한다는 것을 의미하지 않는다. 오히려 하나님께서 자기 자녀들을 위해 최상의 것들을 공급하신다. 물론 세상에 살아가는 성도들에게 있어서 그것은 획일적이지 않고 각기 형편에 따라 상대적으로 나타난다. 솔로몬은 그 사실을 잘 알고 있었기 때문에 자신은 하나님께서 제시하신 의로운 길로 행하며 공평한 길 가운데 행하기를 원했다.

하나님께서는 이스라엘 왕국의 통치자인 솔로몬에게 적절한 재물을 허락하셨으며 그것들이 그의 곳간 안에 가득 차게 되었다. 그것은 하나님의 보상으로 이해되어야 할 성질을 지니고 있다. 물론 그 모든 것들은 개인의 영달을 위해서 주어진 것이 아니라 하나님께서 원하시는 사역을 위해 사용되어야 할 것들이었다.

5. 하나님의 창세전 작정과 장차 오실 메시아 예언(잠8:22-31)

잠언 본문 가운데는 솔로몬을 통한 매우 중요한 메시아 예언이 드러나고 있다(잠8:22,23). 그와 더불어 창세전 선택받은 하나님의 자녀들에 관한 내용이 기록되어 나타난다. 솔로몬은 여호와 하나님께서 우주만물을 창조하시기 전 곧 창조사역이 시작되기 전에 이미 자신이 존재하고 있었으며 특별히 세움을 입었다는 사실을 언급하고 있다.

여기에는 언약의 자손들에 대한 대표성을 지닌 솔로몬의 지위를 통해 성자 하나님이신 메시아가 예언되고 있는 것으로 보아야 한다. 특히 그가 창세전에 창조 사역과 더불어 세움을 입어 거기 존재했다는 언급과 직접 연관된다. 사도 요한은 복음서에서 창세전부터 계셨던 성자 하나님에 관한 기록을 하고 있다.

> "태초에 말씀이 계시니라 이 말씀이 하나님과 함께 계셨으니 이 말씀은 곧 하나님이시니라 ... 아버지여 창세전에 내가 아버지와 함께 가졌던 영화로써 지금도 아버지와 함께 나를 영화롭게 하옵소서" (요1:1;17:5)

요한은 하나님의 말씀이 되어 이땅에 오신 예수 그리스도께서 창세전

태초부터 계셨음을 증언하고 있다. 그는 피조물이 아니라 삼위일체 하나님으로 존재하는 거룩하신 성자로서 성부 하나님의 영화를 공유하고 있는 분이다. 그는 인간의 몸을 입고 이땅에 오셔서도 그 영화를 성부 하나님과 함께 소유하고 계셨다.

잠언 본문에 기록된 예언은 이와 밀접하게 연관되어 있다. 따라서 솔로몬은 아무런 피조물이 존재하지 않던 오랜 세월 이전 곧 땅이 생기기 전부터 자기가 하나님으로부터 세움을 받았다고 말했다. 바다와 물 근원이 되는 큰 샘들이 없었고 산과 언덕이 생겨나기 전에 벌써 존재하고 있었다는 것이다.

이와 동시에 그는 자기가 하나님 곁에 있어서 창조자가 된 사실과 사람이 거처할 땅에서 즐거워하며 인자들을 기뻐하셨다는 기록(잠8:30,31)은 중요한 예언을 담고 있다. 즉 그 말씀은 성자 하나님과 이땅에 오실 메시아에 관련된 직접적인 예언이기 때문이다.

잠언의 본문 가운데는 이와 더불어 창세전에 이미 하나님의 자녀들이 언약 가운데 존재한 사실이 내포되어 있다. 당시에는 땅과 들과 흙과 같은 지구의 지형과 물질들이 생겨나기 전의 일이었다. 이는 하나님의 창세전 예정 및 선택과 연관된 말씀으로 이해되어야 한다. 사도 바울은 에베소 교회에 편지하면서 그에 관한 분명한 사실을 기록하고 있다.

> "곧 창세전에 그리스도 안에서 우리를 택하사 우리로 사랑 안에서 그 앞에 거룩하고 흠이 없게 하시려고 그 기쁘신 뜻대로 우리를 예정하사 예수 그리스도로 말미암아 자기의 아들들이 되게 하셨으니 ... 그 뜻의 비밀을 우리에게 알리셨으니 곧 그 기쁘심을 따라 그리스도 안에서 때가 찬 경륜을 위하여 예정하신 것이니 하늘에 있는 것이나 땅에 있는 것이 다 그리스도 안에서 통일되게 하려 하심이라" (엡1:4,5,9,10)

성경은 이처럼 우주만물을 창조하시기 전에 이미 그리스도 안에서 자기 백성을 특별히 선택해 두셨음을 증거하고 있다. 이는 성자 하나님의 존재와 선택받은 자녀들의 존재를 동시에 언급하고 있다는 내용이다. 신구약성경 여러 곳에는 하나님께서 우주 만물 곧 하늘과 궁창과 지구를 지으시고 땅과 바다를 만드실 때 성자 하나님이신 그리스도께서 그 가운데 함께 계셨다는 사실이 기록되어 있다.

잠언에는 그가 우주 가운데 질서를 정하여 하늘과 땅과 바다와 샘들 사이에 경계를 정하셔서 서로간 침범하지 못하도록 하신 내용이 기록되어 있다. 하나님께서 자신의 거룩한 의도 안에 만물을 두셨던 것이다. 그로 말미암아 정해진 모든 질서는 창조와 더불어 큰 것에서부터 미세한 영역에 이르기까지 구체적으로 이루어졌다.

하나님께서는 엿새 동안 창조사역을 이루어 가실 때 성자 하나님은 날마다 그 사역에 관여하셨다. 그리고 성부와 성자는 서로 기뻐하며 영광을 돌리는 관계에 놓여 있었다. 뿐만 아니라 친히 창조하신 모든 피조세계를 즐거움으로 받아들였으며 하나님 자신의 형상대로 창조된 사람들을 기쁨의 대상으로 삼으셨다.

6. 참된 복을 소유한 백성과 저주를 보유한 자들(잠8:32-36)

솔로몬은 또한 언약의 자녀들을 향하여 자기가 전하는 진리의 말씀을 귀담아 듣고 그 가르치는 도를 온전히 지키는 자가 복이 있다는 사실을 말했다. 따라서 계시된 하나님의 말씀에 근거한 훈계를 멀리하거나 거부하지 말고 그것을 성실하게 지킴으로써 참된 지혜를 얻으라고 요구했다. 언약의 자녀들은 절대로 하나님으로 말미암은 그 훈계를 무시해서는 안 된다는 것이었다.

그러므로 누구든지 잠언에 기록된 말씀을 귀담아 들으면서 날마다 그의 문 곁에서 기다리며 문설주 앞에서 대기하는 자들이 진정으로 복 있는 자가 된다. 이는 하나님의 백성으로서 항상 그 교훈을 전달한 조상과 가까이 하는 것이 최상의 길임을 말해주고 있다. 조상들을 통해 상속된 진리가 결여된 상태에서는 참된 생명이 존재할 수 없다.

우리 시대 역시 믿음의 선배들이 전한 교훈을 온전히 받아들여야만 영원한 생명을 얻고 여호와의 은총을 소유하게 된다. 그러나 그것을 버리거나 상실한 자들은 자신의 영혼을 해하는 것이 되며, 그 교훈을 미워하는 자는 사망을 향해 나아가는 것과 마찬가지다. 이 말은 하나님의 언약이 상속되어가는 것과 밀접하게 연관된 매우 중요한 교훈이다. 하나님의 백성들은 이에 관한 교훈을 절대로 잊어서는 안 된다.

제11장

성전과 제단에 속한 지혜로운 자
(잠9:1-18)

1. '지혜의 집' 과 '생명의 양식' 에 관한 교훈(잠9:1-6)

잠언 본문에는, 지혜가 자신의 특별한 집을 짓고 일곱 기둥을 깎아 다듬어 세웠다는 사실이 기록되어 있다. 여기서 언급된 숫자 '일곱' 은 완전수로 이해할 수 있으며 어느 정도는 구속사적 관점에서 이해할 수도 있다. 구약 성경에는 '일곱' 이라는 숫자가 수없이 많이 나타나며 요한계시록에는 그 숫자가 집중적으로 나타나고 있다.

본문에서 지혜가 그와 같이 자기 집을 짓고 일곱 기둥을 다듬어 세웠다고 언급한 것은 그 건축물이 인간들의 구상과 재주에 의하여 지어진 것이 아니었음을 말해준다. 즉 그 집과 구조물은 하나님께서 정해주신 규준에 따라 '지혜' 에 의하여 세워진 것이었다. 우리는 그 집이 사람들이 거처하는 일반적인 가옥이 아니라 하나님을 위한 영역이라는 사실을 기억해야 한다.

지혜가 지은 그 건축물은 예루살렘 성전과 제단에 연관되는 것으로 이해하는 것이 자연스럽다. 따라서 거기서 동물을 잡아 하나님께 희생제물로 바치고 포도주를 전제로 드리게 되었음이 비추어지고 있다. 그 동물과 포도주는 아무나 자의에 따라 준비하는 것이 아니라 지혜에게 맡겨진 몫이었다. 이는 그것이 단순한 연회가 아니라 하나님 앞에 바쳐진 제물을 언약의 백성들이 나누어 먹는 축제와 연관된 것이란 사실을 시사하고 있다.

그러므로 지혜는 자신의 여종들을 성중으로 보내 높은 곳에서 백성들을 향하여 큰 소리로 외치도록 했다. 미련하고 지혜롭지 못한 자들을 어리석은 사고와 행동으로부터 돌이키고자 했던 것이다. 그렇게 하면 하나님께서 저들에게 안전한 삶을 제공하신다는 것이었다.

지혜는 그 어리석은 자들을 자신이 예비한 식탁으로 초청했다. 앞에서 언급했듯이 그 음식은 순전히 지혜로 말미암은 것으로서 하나님께 바쳐진 신령한 음식으로 이해된다. 이는 성전 제사에 있어서 화목제물을 제사장들이 중심이 되어 나누어 먹는 것과 연관된 의미를 지니고 있다(레7장, 참조). 즉 화목제물을 성전에 바친 제사장과 그것을 드린 헌제자가 그 제물을 나누어 먹음으로써 그에 직접 참여했던 것이다.

따라서 이 말씀은 장차 이땅에 오실 메시아와 그의 사역에 연관되는 것으로 이해할 수 있다. 예수님은 하나님께 바쳐질 영원한 화목제물로서 인간의 몸을 입고 이땅에 오셨다. 그로 말미암아 거룩한 하나님과 죄에 빠진 자기 자녀들 사이에 완전한 화목이 이루어지게 되었다. 사도 요한은 그의 복음서와 첫 번째 서신에서 하나님께 바쳐지는 희생제물로서 예수 그리스도에 관한 사실을 기록하고 있다.

> "이튿날 요한이 예수께서 자기에게 나아오심을 보고 가로되 보라 세상 죄를 지고 가는 하나님의 어린 양이로다 ... 예수의 다니심을 보고 말하되 보라 하나님의 어린 양이로다"(요1:29,36); "그는 우리 죄를 위한 화목 제

물이니 우리만 위할 뿐 아니요 온 세상의 죄를 위하심이라" (요일2:2)

예수님께서는 피조물인 인간의 몸을 입고 이땅에 강림하셔서 자신의 거룩한 몸을 기꺼이 하나님과 인간을 위한 흠 없는 화목제물로 내어놓으셨다. 그로 말미암아 세상의 죄가 근원적인 힘을 잃고 더 이상 성도들 위에 군림할 수 없게 되었다. 그것으로 인해 하나님의 자녀들은 영원한 참 생명을 얻고 올바른 분별력을 소유할 수 있게 된 것이다.

광범한 관점에서 볼 때, 잠언에 기록된 이 말씀은 또한 신약시대 교회 가운데 허락된 성찬과도 연관되는 것으로 이해할 수 있다.[3] 예수 그리스도로 말미암아 새 생명을 공급받은 성도들은 천상의 나라에 계신 예수 그리스도의 몸을 영적으로 섭취하는 특권을 가지게 되었다. 생명과 참 명철의 원천이 되는 그 신령한 음식을 매주일 섭취함으로써 우리의 영혼이 건강하게 유지되며 자라나게 된다. 잠언에서는 메시아가 오신 후에 있게 될 신령한 일들이 구약시대 성도들을 위해 희미하게나마 예언적으로 드러나고 있었던 것이다.

2. 악인의 거만한 태도와 지혜로운 자의 겸손한 자세(잠9:7-9)

타락한 이 세상에서는 항상 거만하고 악한 자들이 기득권을 가지고 활보하며 살아간다. 그런 자들은 힘없고 연약한 사람들 위에 군림하여 억압을 통한 악행을 저지르면서도 자신의 잘못을 인정하려고 하지 않는다. 죄악 세상에는 그와 같은 관행적인 부당한 환경이 조성되어 있기 때문이다.

그러므로 그들은 법령을 어기는 것을 예사로 생각하며 그에 복종하기를

3) 잠언 9:6에서, '생명 공급' 이 언급된 것은 그에 관한 해석을 할 수 있는 중요한 근거가 된다.

거부한다. 정당한 권한을 가진 자가 저의 악행을 보고 징계하고자 하면 올바른 삶을 추구하는 사람들이 도리어 능욕을 당하게 된다. 또한 악한 자를 책망하는 자가 오히려 흠을 잡히는 일이 발생하게 된다. 착취와 악행을 일삼는 자들이 선을 행하는 자를 향해 적반하장(賊反荷杖)격으로 어이없는 문제를 제기하기 때문이다.

따라서 솔로몬은 자기 아들에게 하나님을 두려워하지 않는 거만한 자를 책망하지 말고 거리를 두라는 권면을 했다. 이는 그런 자들과 다투며 맞서 싸우기보다 차라리 상종을 하지 않는 것이 상책이라는 의미를 지니고 있다. 그리하여 저들과의 관계를 피함으로써 불필요한 미움을 당하지 않게 된다.

그대신 지혜로운 자들의 잘못된 행위를 알게 되면 그것을 지적하며 저들을 책망하라고 말했다. 즉 자기 자신을 돌아보며 옳고 그름과 사리를 분별할 수 있는 사람의 잘못을 보면 적절하게 책망하라는 것이다. 그런 자는 자기를 책망하는 사람의 말을 알아듣고 자신의 정당하지 못한 행동을 고침으로써 저를 고마워하며 사랑하게 되리라는 것이었다. 이는 신약시대 교회의 권징사역과 밀접하게 연관되어 있다.

이처럼 지혜로운 자들에게 참된 교훈을 더하면 그들은 자신을 돌아보며 더욱 지혜로운 삶을 이어가게 된다. 또한 의로운 자들을 하나님의 말씀으로 가르칠 경우 저들은 올바른 지식을 소유할 수 있다. 그렇게 하여 그 사람들은 이 세상에서 언약의 자녀로서 온전한 삶을 살아갈 수 있게 되는 것이다.

성경에는, 사악하고 오만한 자들이 형통하게 된 듯 보이는 경우가 많이 나타난다. 그들은 선한 자들을 멸시하며 오만한 말을 내뱉는 것을 예사로 여긴다. 그와 같은 자들은 더러운 죄를 범하면서도 그것을 오히려 자랑으로 삼고 있는 것이다. 시편기자는 그에 관련된 노래를 부르고 있다.

> "여호와여 악인이 언제까지, 악인이 언제까지 개가를 부르리이까 저희가 지꺼리며 오만히 말을 하오며 죄악을 행하는 자가 다 자긍하나이다"(시 94:3,4)

우리가 살고 있는 이 세상은 악한 자들이 자신의 욕망을 채우고 만족을 누릴 수 있는 영역이다. 그들은 항상 육적인 만족을 꾀하기 위해 최선을 다하며 이기적인 판단과 행동을 되풀이 한다. 그 가운데는 하나님의 진리를 허물어뜨리는 배도에 빠진 이단자들이 포함되어 있다. 악에 빠진 그런 자들은 자기의 잘못을 뉘우치고 반성하기는커녕 오히려 다른 사람들을 미혹하여 배도의 길로 끌어들이기 위해 온갖 노력을 기울인다.

성숙한 하나님의 백성들은, 그들이 악행을 돌이킬 수 있도록 기본적인 도움을 줄 필요가 있다. 하지만 한두 번 훈계한 후에 그 말을 듣지 않으면 멀리해야 한다. 그들이 하나님의 진리를 멸시하거나 외면할 경우 억지로 그 관계를 지속할 필요가 없다. 그 사악한 자들은 신앙이 어린 자들뿐 아니라 모든 사람들을 미혹하여 악의 구렁텅이에 빠뜨리기 위해 온갖 방법을 다 동원할 것이기 때문이다. 사도 바울은 사랑하는 제자 디도에게 보내는 편지에서 그에 관한 언급을 하고 있다.

> "이단에 속한 사람을 한두 번 훈계한 후에 멀리 하라 이러한 사람은 네가 아는 바와 같이 부패하여서 스스로 정죄한 자로서 죄를 짓느니라"(딛 3:10,11)

하나님의 말씀을 변개하여 그것을 자신의 욕망을 위한 도구로 삼는 이단자들은 장차 멸망에 빠질 자들이다. 성도들은 그런 자들을 엄히 훈계하되 가까이 하며 지속적으로 설득하려는 노력을 기울일 필요가 없다. 그 이단자들을 훈계하는 이유는 그 당사자와 더불어 신앙이 어린 성도들을 악한 세력으로부터 보호하기 위해서이다. 그것을 위해 전체 교회가 경각심을 가지고 경계심을 늦추지 말아야 한다.

그러므로 성숙한 신앙인들은 선한 것과 악한 것을 분별할 수 있는 능력을 갖추어야 한다. 그래야만 거만한 행동을 하는 미련한 자와 참 지혜로운 자를 분별할 수 있다. 그와 같은 준비를 갖추지 않으면 악한 자들에 의해 속아 넘어가게 될 우려가 따를 뿐 아니라 다른 이웃을 그 위험으로부터 보호해줄 수 없다.

3. 여호와를 경외함과 참된 생명(잠9:10-12)

여호와 하나님에 대한 진정한 경외심을 가지지 않는 자들이라면 결코 참된 지혜를 소유할 수 없다. 그 경외심은 인간의 부패한 심성이 아니라 오직 계시된 하나님의 말씀에 기초해야만 한다. 언약의 백성들은 그에 대한 올바른 깨달음을 가지지 않으면 안 된다. 따라서 우리는 항상 인위적인 노력과 행위 자체가 자신의 삶의 본질을 좌우하지 않는다는 사실을 염두에 두어야 한다.

이와 더불어 솔로몬은 자기 아들에게 하나님을 진정으로 경외하고 그의 말씀에 온전히 순종하면 생존의 날이 길어지고 그 생명의 해가 더하리라는 사실을 언급하고 있다. 하나님의 백성은 참된 지혜로 인해 장수할 수 있게 된다는 것이다. 물론 여기에는 단순한 육신의 생명 연장 이상의 의미가 담겨 있는 것으로 이해해야 한다. 이는 하나님께서 이땅에서 언약의 자손들을 적극적으로 보호해 주신다는 사실에 연관되어 있다.

여호와를 경외하는 것에 관련된 이 말씀 가운데는 하나님으로 말미암은 영생에 관한 의미가 담겨 있다. 물론 거기에는 이 세상에 살아가는 성도들의 삶과 장차 이르게 될 영원한 삶이 상호 밀접하게 연관된다는 사실이 드러나고 있다. 말라기 선지자는 여호와 하나님을 경외하는 자가 소유하게 될 영생에 관한 소중한 교훈을 남기고 있다.

> "그 때에 여호와를 경외하는 자들이 피차에 말하매 여호와께서 그것을 분명히 들으시고 여호와를 경외하는 자와 그 이름을 존중히 여기는 자를 위하여 여호와 앞에 있는 기념책에 기록하셨느니라" (말3:16)

하나님을 진정으로 경외하는 성도들은 참 지혜롭게 되어 그로 인한 영적인 유익을 얻게 된다. 그러나 거만한 태도를 취하는 악한 자들은 아무런 도움 없이 홀로 남아 해를 당하게 된다. 겉보기에 그럴듯해 보이는 저들의 일시적인 삶과 활동은 잠간 지나가는 안개와 같은 것에 지나지 않는다. 그 대신 그 앞에는 영원한 패망이 기다리고 있을 따름이다.

현대를 살아가는 성도들 역시 이 교훈을 마음속 깊이 새겨 두어야 한다. 하나님의 자녀들은 절대로 타락한 세상의 꾀를 배워 그에 익숙해지려고 해서는 안 된다. 그것은 잠시잠간의 만족을 제공할지 모르나 영원한 생명과는 거리가 멀기 때문이다.

4. 어리석은 자들의 착각(잠9:13-18)

여호와 하나님을 알지 못하는 미련한 인간들은 스스로 지혜로운 자 인 양 착각한다. 그것은 자신과 타인을 속이는 일로서 잘못된 인식에 근거한다. 그럼에도 불구하고 어리석은 자들은 자기들끼리 서로간 지혜로운 자인 양 치켜세워 주기를 좋아한다.

진리와 상관없는 그런 사람들은 세상의 오염된 가치를 스스로 참된 가치로 간주하고 있다. 그들은 인간들의 구부러진 판단과 평판에 자신을 내맡기기를 즐겨한다. 그러나 실상은 패망의 길에 들어선 것에 지나지 않는다. 구약시대의 선지자 이사야와 신약시대의 사도 바울은 각기 자신의 글에서 그에 관한 기록을 남기고 있다.

> "스스로 지혜롭다 하며 스스로 명철하다 하는 그들은 화 있을찐저"(사 5:21); "하나님을 알되 하나님으로 영화롭게도 아니하며 감사치도 아니하고 오히려 그 생각이 허망하여지며 미련한 마음이 어두워졌나니 스스로 지혜 있다 하나 우준하게 되어 썩어지지 아니하는 하나님의 영광을 썩어질 사람과 금수와 버러지 형상의 우상으로 바꾸었느니라"(롬1:21-23)

하나님의 진리를 알지 못해 속이 텅 빈 어리석은 자들은 마치 울리는 꽹과리와도 같다. 이처럼, 잠언에 기록된 대로 욕망에 가득한 미련한 계집은 항상 분주하게 떠들어 댄다. 아무것도 모르면서 아는 체 하며 떠벌리기를 좋아하기 때문이다. 그렇게 함으로써 자기가 마치 지식이 풍부한 지혜로운 자인 양 남에게 드러내 보이고자 한다.

그런 삶에 익숙한 미련한 계집은 자기 집 대문 앞에 앉아 있기도 했으며 때로 성읍의 높은 곳에 자리잡고 앉기도 했다. 그 여성은 바른 길로 행하는 순진한 자들을 불러내어 나쁜 길로 유인하고자 했다. 그 부정한 음녀들은 개인적인 욕망을 추구하며 어리석은 자들로 하여금 자기를 따르도록 미혹했던 것이다.

예수님 당시의 바리새인들과 서기관들은 그와 같은 어리석음에 빠진 자들이었다. 그 사람들은 스스로 지혜로운 자인 양 착각하며 왜곡된 자부심을 가지고 살았다. 그들은 다른 사람들과 구별되는 종교적인 의상을 걸치고 경건한 모습의 종교인으로 비쳐지는 것을 즐겼으며, 많은 사람들이 보는 앞에서 큰 소리로 기도하기를 좋아했다. 그렇게 함으로써 저들에게는 나름대로의 종교적인 기쁨과 만족이 있었다.

성경은 그런 자들을 자기와 남을 속이는 위선자로 규정짓고 있다. 한편 어리석은 백성들은 위선으로 가득 찬 그들을 자기 선생으로 모시기를 좋아했다. 하지만 그 사람들은 하나님을 모르고 이기심에 가득 찬 오만 방자한 자들에 지나지 않았다.

그러므로 하나님의 자녀들은 지혜로운 자로서 항상 겸손한 자세를 유지하지 않으면 안 된다. 그것이 참된 지혜를 소유한 성도의 삶이기 때문이다. 사도 바울은 로마에 있는 교회에 편지하면서 그에 연관된 소중한 교훈을 남기고 있다.

> "서로 마음을 같이 하며 높은데 마음을 두지 말고 도리어 낮은데 처하며 스스로 지혜 있는체 말라" (롬12:16)

모든 성도들은 사도가 전한 이 교훈을 항상 마음속 깊이 새겨두고 있어야만 한다. 그리하여 배도에 빠진 자들의 미사여구(美辭麗句)에 속아 넘어가지 말아야 한다. 악한 자들은 '도적질한 물이 달고 몰래 먹는 떡이 맛이 있다' (잠9:17)며 그런 삶이 재미있는 삶이라고 여겼다. 어리석은 자들이 그런 말에 미혹되면 분별력을 상실하게 된다.

그렇게 되면 어리석은 자들이, 죽은 시체와도 같은 어리석은 인간들 틈새에 살아가고 있으면서도 그 시체더미에 대한 아무런 인식을 가질 수 없다. 나아가 그 유혹에 빠진 자들은 자신이 음부의 깊은 곳에 빠져있다는 사실을 깨닫지 못한다. 즉 죽음에 속해 있으면서 그 사실을 전혀 모르는 채 더러운 악행에 동참하게 되는 것이다.

이에 대해서는 오늘날 우리 역시 신중한 주의를 기울이지 않으면 안 된다. 타락한 세상에는 영적으로 죽은 자들이 도리어 대단한 성공을 누리고 있는 양 인식되는 경우가 많다. 우리는 그 비뚤어진 공간의 틈새에서 살아가고 있는 것이다. 지상교회와 그에 속한 모든 성도들은 그 와중에서도 하나님을 진정으로 경외함으로써 영원한 천국의 실체 가운데 살면서 그 실상을 바라볼 수 있어야만 한다.

제12장

언약의 가정과 의인이 소유한 복
(잠10:1-32)

1. 부모와 자식의 관계(잠10:1)

잠언의 본문 가운데 또다시 '솔로몬의 잠언' 이라고 기술된 것은 앞에서 솔로몬이 말했던 내용과 차별화 하는 것이라기보다 전체적으로 긴 잠언 가운데 강조와 확인 차원에서 다시금 언급한 것으로 이해해야 한다. 즉 잠언 10장 이후에 기록된 내용이 앞서 소개된 잠언의 내용과 특별히 구별되는 것으로 볼 필요가 없다. 솔로몬의 입술을 통해 주어진 모든 잠언은 전반적으로 통일성을 이루고 있기 때문이다.

솔로몬은 여기서 지혜로운 아들은 아버지를 기쁘게 하지만 미련한 아들은 어머니의 근심이 된다는 말을 하고 있다. 이 교훈은 언약의 가정이 참된 신앙을 배경으로 한 참된 일치를 이루는 것에 연관되어 있다. 이는 부모와 자식 사이의 원만한 관계가 그 기초가 된다. 따라서 십계명에서는 자녀가 부모를 공경해야 하는 것을 하나님의 율법으로 정하고 있으며, 예수님께서도 그에 대한 강조를 하셨다.

> "네 부모를 공경하라 그리하면 너의 하나님 나 여호와가 네게 준 땅에서 네 생명이 길리라"(출20:12); "하나님이 이르셨으되 네 부모를 공경하라 하시고 또 아비나 어미를 훼방하는 자는 반드시 죽으리라 하셨거늘 너희는 가로되 누구든지 아비에게나 어미에게 말하기를 내가 드려 유익하게 할것이 하나님께 드림이 되었다고 하기만 하면 그 부모를 공경할 것이 없다 하여 너희 유전으로 하나님의 말씀을 폐하는도다"(마15:4-6)

우리는 성경에 기록된 이 말씀들을 단순히 윤리적인 차원에서 이해하려고 해서는 안 된다. 그것은 하나님의 진리의 편에서 받아들여야 할 내용이다. 어리석은 인간들은 하나님의 이름을 핑계대어 부모를 소홀히 대하려는 잔꾀를 부린다. 이기적인 자들은 그렇게 함으로써 인간의 기본적인 도리마저 저버린다. 하지만 그것은 부모에 대한 거역일 뿐 아니라 하나님께 저항하는 악한 행위가 된다.

나아가 만일 부모가 자녀에게 하나님의 말씀에 명백하게 위배되는 부당한 요구를 한다면 절대로 그에 순종해서는 안 된다. 온전한 성도라면 도리어 그것을 단호하게 거부할 수 있는 신앙 자세를 가져야 한다. 그것이 진정으로 부모를 위한 길이 될 수 있을 것이기 때문이다.

그러므로 부모를 진정으로 기쁘게 하려는 마음을 소유한 자식이라면 우선 성경을 통한 올바른 분별력을 소유해야 한다. 이는 저들의 가정이 하나님의 언약을 기초로 삼아야 할 것을 전제로 하고 있다. 그렇지 않으면 결단코 부모를 진정으로 기쁘게 할 수 없다. 따라서 참된 지혜를 가진 자들은 부모의 말씀을 귀담아 듣고 그것을 온전히 상속하게 된다. 그러나 미련한 자식은 부모로부터 상속되는 언약을 거부함으로써 근심의 대상이 될 따름이다.

우리가 여기서 결코 잊지 말아야 할 점은, 올바른 신앙을 소유한 자녀는 하나님을 떠나 배도에 빠진 부모의 말에 복종하지 말아야 한다는 기본적인 원칙이다. 그에 대한 일시적인 거역이 진정으로 부모를 위한 방편이 될 수 있을 것이기 때문이다. 그렇게 함으로써 건전한 신앙을 소유한 자녀를 통해 언약의 가정을 유지할 수 있게 된다.

그렇지만 미련한 자식들은 불신앙을 요구하는 부모의 교훈에 순종하려는 마음을 가지기도 한다. 그들은 그것이 마치 부모를 공경하는 방편이라도 되는 양 착각하여 근원적인 어리석음을 범하게 되는 것이다. 하지만 그와 같은 행동은 부모를 진정으로 위하는 길이 아니라 도리어 언약의 가정을 약화시켜 부모로 하여금 어두움에 빠지게 하는 결과를 가져올 뿐이다.

2. 삶의 근원(잠10:2-5)

기본적인 상식을 갖춘 인간이라면 누구나 장래에 전개될 자신의 삶에 깊은 관심을 가지게 된다. 그것은 지극히 당연한 일이다. 정상인의 사고능력을 갖춘 자로서 그런 자세를 가지지 않은 자는 아무도 없다. 따라서 어떤 사람이 자신의 장래에 대하여 아무런 관심을 가지지 않는다면 그것은 지극히 무책임한 태도에 지나지 않는다.

그런데 우리가 기억해야 할 바는 개인의 장래를 위해 정당한 방법이 아니라 악한 계교를 부려 재물을 모으려고 하는 자들이 많이 있다는 사실이다. 그런 사람들은 자기의 이기적인 목적을 달성하기 위해 다른 사람들의 형편을 염두에 두지 않는다. 즉 사악한 자들은 비록 부당한 방법을 동원한다고 할지라도 그렇게 하기를 즐겨하는 것이다.

하지만 저들의 욕망이나 바람과는 달리 그와 같은 삶의 태도가 저들에게 아무런 유익을 끼치지 못한다. 그것은 근원적인 유익을 끼치지 못할 뿐 아니라 도리어 자신의 삶을 얽어매는 올무가 되어 걸림돌 역할을 하게 된다. 정당하지 않은 방법을 사용하여 끌어 모은 재산으로 인해 외형상 그럴듯하게 보일지라도 그것은 아무런 보장성이 없으며 커다란 근심을 가져오게 될 따름이다.

그와 반대로 자기와 함께 살아가는 이웃에 대한 배려와 더불어 신뢰를 바탕으로 한 의리를 지키면서 정당한 방법을 취하는 성도들의 장래는 밝다. 설령 그들이 죽을 것 같은 위태로운 상황에 처할지라도 하나님께서는 그런 경건한 자들의 살길을 열어주신다. 이는 인간의 삶이 인본적인 방법과 개인의 욕망에 의존하지 않는다는 사실을 말해주고 있다.

여호와 하나님께서는 자신을 진정으로 경외하는 성도들의 영혼을 항상 지켜 보호해 주신다. 그러나 욕망을 추구하는 이기주의자들의 모든 사악한 행동들은 가차 없이 물리치신다. 하나님의 자녀로서 그에 연관된 올바른 이해와 더불어 참된 소망을 소유하는 것은 매우 중요하다.

그렇다고 해서 하나님을 믿는 성도들이 이땅에서 아무런 행동을 하지 않고 가만히 앉아 있기만 해도 좋다는 것이 아니다. 그들은 자기에게 부여된 재능에 따라 정당한 노동을 하며 세상에서의 자기의 삶을 성실한 자세로 살아가야 한다. 따라서 손을 게을리 움직이는 자들은 가난에 처하게 되고 손을 부지런히 놀리는 사람들은 부유하게 된다. 이는 성도들이 부자가 되기 위한 목적으로 정신없이 일하는 것이 아니라 저들의 신실한 자세가 여유로운 삶을 가져오게 한다는 사실을 말해준다.

지혜로운 성도들은 때가 이르게 되면 부지런히 일한 결과로서 맺은 열매를 기쁨으로 거두어들이게 된다. 사람이 이 세상에서 살아가기 위해 필요한 양식은 열심히 노동한 결과로서 얻게 된다. 하지만 게으른 자들은 곡식을 거두는 추수 때가 되어도 아무런 할 일이 없어 잠을 자거나 어슬렁거리게 된다. 그동안 농사를 짓기 위해 성실히 일하지 않은 채 놀며 게으름을 피웠기 때문에 그런 자들에게는 거둘 만한 곡식이 없기 때문이다. 그렇게 되면 그 사람들은 부끄러운 처지에 놓일 수밖에 없게 된다.

3. 의인과 악인(잠10:6-14)

하나님께서는 의인과 악인에게 동일한 마음을 가지는 것이 아니라 정반대로 대하신다. 의인들에게는 은혜를 베풀어 그 머리에 놀라운 복이 제공된다. 따라서 사람들은 그와 같은 자의 삶을 기억하며 크게 칭찬한다. 그 의인들은 참된 지혜를 소유한 자로서 하나님의 계명을 받아 올바른 길로 행하며 천상의 평화를 누리게 되는 것이다.

이에 반해 하나님을 멸시하는 악한 자들은 그 입술에 무서운 독을 머금은 채 살아가고 있다. 그들은 자신의 욕망을 추구하기 위해서라면 무엇이든지 개의치 않고 아무 말이든 마음대로 내뱉기를 되풀이한다. 사람들은 그와 같은 자들을 부패한 자로 기억하게 된다. 그런 자들은 도리를 벗어난 굽은 길로 행하기를 지속하면서도 반성의 기미를 보이지 않는다. 결국 그 미련함으로 인해 영원한 멸망에 빠질 수밖에 없다.

여호와 하나님을 경외하는 성도들은 어지러운 세상 가운데 살아가지만 항상 빛 가운데 존재하게 된다. 그러나 사람들 앞에서 떳떳하게 말하지 않고 남몰래 비밀스런 눈짓을 보내며 음흉한 일을 꾀하는 자들은 스스로 근심거리를 만든다. 정직한 말을 하지 않고 약삭빠른 행동을 하는 자들 앞에는 패망이 기다리고 있을 따름이다. 그들의 입술에는 항상 무고한 사람을 해치는 무서운 독을 머금고 있다. 따라서 진정한 사랑이 결여된 채 마음에 미움이 가득한 그들은 주변 사람들 가운데서 항상 다툼을 일으킨다.

하지만 하나님을 경외하는 의인들의 마음과 입술은 마치 생명의 샘과도 같은 역할을 한다. 저들의 입술에서는 이웃을 살리기 위한 진리의 말씀이 끊임없이 솟구쳐나기 때문이다. 그들의 마음에는 넘치는 사랑이 존재하고 있어서 그것이 많은 사람들의 허물을 덮어주는 기능을 하게 된다.

그러므로 올바른 분별력을 갖춘 명철한 성도들의 입술에는 참된 지혜가 담겨 있다. 그들은 항상 하나님의 말씀을 통해 허락된 지식을 마음속에 간직하기를 좋아한다. 이에 반해 진정한 지혜가 결여된 자들은 이기적인 욕망으로 말미암아 자신의 등에 채찍을 불러들이게 된다. 그 미련한 자들의 입술에서는 이기심에 가득 찬 악한 말들이 끊임없이 발설됨으로써 스스로 멸망을 재촉하게 되는 것이다.

4. '부유한 의인의 입술'과 '가난한 악인의 혀' (잠10:15-21)

성경은 하나님의 자녀로서 부자가 되어 살아가는 것을 부정적인 관점에서 보지 않는다. 또한 성도들이 가난하게 살아가는 것 자체를 미덕으로 삼는 것도 아니다. 즉 하나님께 속한 백성들이 타락한 이 세상에 살아가면서 부유하거나 가난하게 되는 것이 신앙의 평가 기준이 될 수 없다.

신실한 성도로서 정당한 방법으로 많은 재물을 소유할 수 있다면 감사한 일이다. 그것으로써 가난하고 어려운 이웃을 돌아보는 소중한 방편으로 삼을 수 있을 것이기 때문이다. 따라서 하나님의 백성이 성실하게 살아가는 가운데 자연스럽게 물질적으로 부유하게 된다면 그것은 바람직한 일이라 할 수 있다.

물론 언약의 자손은 타락한 세상에서 부를 축적하려는 의도와 목적을 가지고 노력을 기울이지 않는다. 성실하게 일하는 근면한 성도들에게 자연스럽게 재물이 불어날 수 있는데 그것은 바람직한 일이라 말할 수 있다. 모든 성도들은 이에 대한 올바른 이해를 하지 않으면 안 된다.

잠언은 하나님을 믿는 신실한 성도로서 많은 재물을 소유하게 된다면 그것이 저에게 견고한 성이 되리라는 사실을 언급하고 있다. 하지만 게으름으로 인해 가난하게 된 자의 궁핍은 파멸을 가져오게 된다. 하나님을 진정으로 경외하는 의인들이 땀 흘려 수고하며 열심히 일하는 것은 지극히 당연한 일이다. 따라서 잠언은 그와 같은 근면한 삶을 살아가는 성도들에게 영원한 생명이 이르게 된다는 사실을 밝히 말해주고 있다.

이에 반해, 성품이 게으르고 일하기 싫어하는 태도는 건전한 신앙인의 삶의 자세가 아니다. 그런데 문제는 그런 자들이라 할지라도 가난하고 궁핍한 상태를 좋아하지 않는다는 사실이다. 그들은 도리어 온갖 부당한 방법을 동원하여 재물을 얻고자 하는 욕망을 가진다. 따라서 그와 같은 사람들이 취하는 부당한 소득은 악한 죄에 이르게 한다.

그러므로 신앙이 성숙한 신앙인들은 결코 그렇게 하지 말아야 할 뿐더러 그런 자들을 경계하며 훈계할 수 있어야만 한다. 기본적으로 하나님을 경외하는 마음을 소유한 교인이라면 자신의 잘못된 행동으로 말미암아 제기된 그 훈계를 받아들여 자신의 잘못을 진심으로 뉘우치게 된다. 그렇게 함으로써 사망의 길을 벗어나 생명의 길로 나아갈 수 있다. 하지만 징계를 받아도 그것을 마음에 받아들이지 않고 그 훈계를 멀리 한다면 악한 길을 향해 나아갈 수밖에 없게 된다.

또한 잠언은, 이웃을 미워하는 마음을 가지고 있으면서도 그것을 감추는 자는 거짓말을 하는 입술을 가진 자이며, 이기심에 가득 차 이웃을 중상모략하는 자는 어리석고 미련한 자에 지나지 않는다는 사실을 언급하고 있다. 그런 자들은 자신의 잘못을 합리화하기를 좋아하며 스스로 변명하기 위해 온갖 교묘한 말들을 다 동원하게 된다.

그와 같이 자신의 더러운 욕망을 달성하기 위해 미사여구(美辭麗句)를 섞은 말을 많이 하는 자들은 허물을 면하기 어렵다. 그것은 결국 사람들 앞에서 원래의 모습을 그대로 드러내기 마련이다. 그러나 영원한 진리에 관심을 가지고 자신의 입술을 통제하는 성도들은 하나님 보시기에 지혜로운 자들이다. 따라서 의인의 혀는 순전한 은과 같지만 악한 자들의 마음은 더러운 쓰레기와 같이 아무런 가치가 없는 것이다.

우리가 여기서 기억해야 할 바는 의인의 입술은 항상 많은 사람들에게 유익을 끼치게 된다는 사실이다. 그런 자들로부터 나오는 소중한 말들은 여러 사람들을 교육하는 역할을 한다. 하지만 미련한 자의 입술은 참된 지식을 떠나 있으므로 자신뿐 아니라 많은 사람들을 해롭게 하며 패망에 빠뜨리는 무서운 역기능을 하게 된다.

5. '의인의 복'과 '악인의 멸망' (잠10:22-32)

모든 인간들은 세상에서 익힌 나름대로의 경험에 따른 복을 소유하기를 원하며 그것을 창출해내고자 온갖 노력을 기울인다. 하지만 이땅의 일반적인 복은 결코 영원하지 않으며 언제 어떻게 변할지 알지 못하는 속성을 지니고 있다. 타락한 세상에서 발생한 모든 복은 예기치 못한 순간에 그것이 도리어 무서운 해악이 되어 되돌아올 수 있는 것이다.

그러나 하나님께서 허락하시는 참된 복은 결코 그렇지 않다. 그것이 비록 세상 사람들이 생각하는 것과 커다란 차이가 날지언정 궁극적인 성격을 지니고 있다. 그 복은 장차 임하게 될 영원한 세계에서 뿐 아니라 이 세상에서도 어느 정도 드러나게 된다. 그 복은 하나님의 자녀들로 하여금 부요한 삶을 누리도록 하며, 다른 사람을 해치는 근심의 뿌리와 함께 동시에 주어지지 않는다.

그럼에도 불구하고 어리석고 미련한 자들은 이기심에 따른 악행을 되풀이함으로써 자신의 욕망을 채우며 그것을 낙으로 삼기에 급급하다. 하지만 그것은 결코 저들에게 안정된 삶을 제공하지 못한다. 따라서 지혜롭고 명철한 백성들은 항상 하나님으로 말미암은 참된 복을 소유함으로써 즐거워하며 그것을 참된 기쁨으로 삼는다.

사악한 자들에게는 그로 말미암아 두려운 패망이 닥치게 되지만, 의인들에게는 저들이 원하는 진정한 소망이 성취된다. 즉 폭풍우와 회리바람 같은 위기가 닥치면 악한 자들의 일시적인 현상의 복은 그 무서운 세력 앞에 휩쓸려가게 된다. 즉 그 복은 완전히 사라져 자취를 감추어버린다. 하지만 의인들이 소유한 복은 굳건한 기초로 인해 전혀 흔들림이 없이 그대로 존속하게 된다.

하나님의 자녀들은 이땅에 살아가면서 부지런하고 근면한 삶을 유지해야 한다. 한편 악한 자들은 자신의 이기적인 욕망을 추구하기 위해 모든 열성을 기울인다. 따라서 게으른 자들은, 자기를 고용한 주인에게 성실한 임무를 다하기는커녕 마치 치아(齒牙)에 식초와 같은 신물이 나는 양상을 띤다. 또한 눈앞에 자욱하게 피어오르는 연기와 같아서 대단히 귀찮은 존재가 될 따름이다.

나아가 잠언은, 여호와를 경외하는 성도들은 세상에서 장수하게 되지만, 악한 자들의 삶은 세상에서 무의미하다는 사실을 언급하고 있다. 의인의 소망은 진정한 즐거움을 이루게 되는 데 반해 악한 자들이 소유한 희망은 헛된 것으로서 머잖아 끊어질 수밖에 없다. 그러므로 여호와의 도가 정직한 자에게는 높은 산성이 되어 저를 지켜주지만, 악행을 일삼는 자들에게는 돌이킬 수 없는 파멸이 이르게 된다.

그러므로 진정한 의인은 하나님께서 예비하신 안전한 영역에서 영원히 옮겨지지 않는다. 그것은 여호와 하나님과 장차 그로부터 오시게 될 메시아께서 예비하는 신령한 영역에 관련되어 있다. 이는 장차 도래하게 될 하나님의 나라로서 지상교회와 밀접하게 연관지어 이해하는 것이 자연스럽다. 하나님을 진정으로 경외하는 모든 성도들은 그의 장막에 거하며 보호를 받게 되는 것이다.

하지만 배도에 빠진 악한 자들은 하나님의 땅에 거할 수 없다. 세상 가운데서는 의인들이 살고 있는가 하면 악한 자들도 함께 살아가고 있다. 인간들이 소유한 모든 가치관은 그 입술을 통해 드러나고 전달된다. 따라서 사람들은 말을 조심해야 하며 또한 그것을 분별할 수 있어야 한다. 성경은 사람을 죽이는 혀가 있는가 하면 사람을 살리며 생명을 드러내는 상이한 입술이 존재한다는 사실을 언급하고 있다.

> "혀는 능히 길들일 사람이 없나니 쉬지 아니하는 악이요 죽이는 독이 가득한 것이라" (약3:8); "지혜자의 말씀은 찌르는 채찍 같고 회중의 스승의 말씀은 잘 박힌 못 같으니 다 한 목자의 주신 바니라" (전12:11)

우리는 신약과 구약성경에 기록된 이 교훈의 말씀을 여간 주의 깊게 받아들이지 않으면 안 된다. 하나님의 자녀로서 지상교회에 속한 성도들이 항상 자신의 입술과 혀를 조심하여 사용하는 것은 매우 중요하다. 그러므로 잠언은 의인의 입술은 항상 하나님의 지혜를 말하게 되지만 패역한 자들의 혀는 잘려나가게 된다는 사실을 언급하고 있다.

이처럼 의로운 성도들의 입술은 하나님과 그의 백성을 기쁘게 하는 데 반해 하나님을 멀리하는 악한 자들의 입술은 더럽고 추한 것들을 발설하게 될 따름이다. 이는 하나님의 자녀들이 타락한 세상 가운데서 어떤 모습으로 살아가야 할지에 대하여 분명히 말해주고 있다. 하나님 나라에 속한 모든 성도들은 이 교훈을 마음속 깊이 새겨두어야만 한다.

제13장

하나님의 공의와 공평의 원리

(잠11:1-31)

1. 공평한 저울과 추(잠11:1)

하나님은 본성적으로 정의롭고 공평하신 분이다. 그는 인간들을 속이지 않을 뿐더러 어느 한쪽을 부당하게 편들거나 지지하지 않으신다. 따라서 그는 결코 사람을 외모로 취하지 않으시며 그 속마음을 보고 판단하신다.

하지만 죄에 빠진 인간들은 전혀 그렇지 않다. 어리석은 자들은 자신의 목적과 욕망에 이끌려 다른 사람을 기만하는 것을 대수롭지 않게 여긴다. 나아가 죄인들은 사람의 외모를 보고 자신의 취향에 따라 다른 사람을 평가하기를 좋아한다.

그러므로 사악한 인간들은 자기의 이익을 도모하기 위해 다른 사람을 교묘히 속이는 행위를 되풀이한다. 그들은 정확해야 할 저울의 눈금을 속이기도 하고 무게를 다는 추를 속여 매매하기도 한다. 잠언은 언약의 백성들에게 그와 같은 행동을 해서는 안 된다는 사실을 교훈하고 있다. 그런 행동은 신실하신 하나님께서 가장 미워하시는 것이기 때문이다.

그럼에도 불구하고 어리석은 인간들은 눈앞에 펼쳐진 이득에만 관심을 가지고 그와 같은 악행을 쉽게 저지른다. 그런 자들은, 남을 속이는 행위는 사람을 살해하거나 직접적인 강도행위와 도둑질을 하는 것이 아니기 때문에 어느 정도 용납될 수 있는 것처럼 여기기도 한다. 그러나 성경은 여러 본문에서 그에 대한 강력한 경고를 하고 있다.

> "너희는 재판에든지 도량형에든지 불의를 행치 말고 공평한 저울과 공평한 추와 공평한 에바와 공평한 힌을 사용하라 나는 너희를 인도하여 애굽 땅에서 나오게 한 너희 하나님 여호와니라"(레19:35,36); "너희는 공평한 저울과 공평한 에바와 공평한 밧을 쓸찌니 ..."(겔45:10)

타락한 인간들은 태생적으로 자신의 이익을 위해 남의 눈을 속이고자 하는 악한 본성을 지니고 있다. 그들은 불의를 저지르면서도 사회적인 관행이라는 명분을 앞세워 다른 사람들을 기만한다. 무게나 양을 재는 기준을 조작하면서도 별다른 양심의 가책을 느끼지 못한다. 그와 같은 양상은 기득권을 소유한 자들에게서 더욱 많이 나타나고 있다.

그러므로 성숙한 성도들은 세상의 부당한 습성이 언약의 백성들 가운데 침투해 들어오는 것을 막아야 한다. 그것을 방치하게 되면 신앙이 어린 교인들이 세속적인 풍조에 동화되는 혼선을 불러일으키게 된다. 따라서 하나님의 자녀들은 그것을 철저히 경계해야만 한다. 그것을 방치하여 받아들이는 것은 하나님을 멸시하는 것과 다르지 않기 때문이다.

2. 정직한 자와 사악한 자(잠11:2-7)

인간의 교만한 태도는 자신의 소원이나 기대와 상관없이 능욕의 때를 맞닥뜨리게 된다. 이와 달리 겸손한 자들의 삶의 자세는 참된 지혜를 소유하게 한다. 정직한 자의 성실함은 그를 진정한 생명의 길로 인도하지만, 사악한 자의 패역한 태도는 결국 멸망을 가져오게 되는 것이다.

정직하지 않은 자들이 잘못된 삶을 살게 되는 것은 그와 같은 행태가 자기에게 유리한 조건을 가져다주리라 여기는 것에 기인한다. 그렇게 되면 이기적인 욕망에 눈이 멀어 남을 속이는 것을 대수롭지 않게 여기게 된다. 따라서 자신을 남보다 우월한 위치에 두고 순진한 사람들을 기만하게 되는 것이다.

그러나 그와 같은 부당한 방식을 동원하여 많은 재물을 끌어모은다고 할지라도 그것이 인생살이에 궁극적인 기쁨을 제공하지 못한다. 그 물질을 통해 일시적인 만족을 누리게 될지언정 근원적인 보장이 될 수는 없기 때문이다. 따라서 하나님의 진노의 날이 이르게 되면 세상의 모든 재물은 아무런 유익을 끼치지 못한다.

그렇지만 하나님의 공의는 사망에 빠져 허덕이는 사람들을 그 위기로부터 건져낸다. 이는 인간의 생명은 여호와 하나님께 달려 있음을 말해주고 있다. 즉 재물은 이 세상에서 사람들에게 일시적인 유익을 끼치는 역할을 하는 데 반해 하나님의 공의는 영원한 생명을 공급하는 기능을 하게 되는 것이다.

이처럼 하나님 앞에서 온전한 삶을 살아가고자 하는 성도들이 소유한 의는 그 길을 곧고 평탄하게 한다. 그와 달리 악한 자들은 자기중심의 이기적인 판단과 행동으로 말미암아 저들이 걸어가는 길에서 넘어지게 된다. 즉 정직한 자의 공의는 그를 죽음의 영역에서 건져내지만 사악한 자의 부당한 행동은 저로 하여금 악에 사로잡히게 한다.

그러므로 타락한 세상에서 상당한 성공을 거둔 것처럼 보이는 자들이라 할지라도 하나님의 의와 공의를 멀리 한다면 헛된 삶을 산 것에 지나지 않는다. 그런 자들은 이땅에서의 삶을 마감하고 죽음으로 나아가게 될 때,

세상에서 기대했던 모든 소망이 일순간에 끊어지게 된다. 인간적인 노력과 계략을 동원하여 축적한 모든 것들은 결코 궁극적인 소망의 근원이 될 수 없다. 따라서 저들이 세상에서 굳게 붙잡고 있던 모든 불의한 소망은 한순간에 무너져버리는 것이다.

3. 의인이 끼치는 선한 영향(잠11:8-14)

하나님께 속한 의인은 세상에서의 환난과 파멸로부터 영원한 구원을 받게 된다. 그러나 악한 자들은 그 가운데 내버려진다. 그로 인해 돌이킬 수 없는 멸망에 이르게 된다. 나아가 불의한 자들은 자기만 멸망할 뿐 아니라 이웃을 패망으로 이끌어가는 나쁜 역할을 한다. 그와 달리 의로운 자들은 참된 지식을 소유함과 동시에 구원을 얻게 되며 그것을 세상에 선포하는 선한 역할을 감당한다.

의인의 삶이 형통하면 그 당사자뿐 아니라 주변의 많은 사람들에게 좋은 영향을 끼친다. 의인이 원만한 삶을 살게 되면 그가 속하여 살고 있는 성읍과 마을이 그 즐거움을 함께 누릴 수 있게 된다. 이와는 반대로 악인이 패망하면 모든 사람들이 그것을 보고 기뻐 외치게 된다. 악인이 형통하다는 것은 그 지역에 부정이 가득하여 극도로 혼란스럽다는 사실을 의미하며, 그가 망했다는 것은 정의가 회복되었음을 말해주고 있다.

그러므로 정직한 자가 받는 축복으로 인해 한 성읍이 흥하게 되는가 하면, 악한 자의 거짓된 입술로 말미암아 한 성읍이 무너져 내리기도 한다. 지혜가 없는 자는 자기 이웃을 멸시하지만 명철한 자는 잠잠하여 부당하고 불필요한 말을 많이 하지 않는다. 이는 언약에 속한 성도들은 언어 사용에 매우 신중해야 한다는 사실과 더불어 이기심에 가득 찬 자기주장을 강한 어조로 펼치지 말아야 한다는 점을 말해준다.

이와 달리 어리석은 자들은 이리저리 돌아다니며 여러 사람들을 만나면서 다른 사람에 대하여 한담과 험담하기를 좋아한다. 그들은 자기가 알고 있는 이웃의 비밀 곧 부끄러운 일들을 떠벌리는 데 열중한다. 이는 그것을 통해 자기는 그렇지 않다는 사실을 내세우며, 스스로 선한 사람인양 주장하는 것과 다르지 않다.

하지만 그와 같은 행동은 그것 자체로 매우 위태로운 일이다. 따라서 신앙이 어린 성도들이나 나이어린 자녀들 가까이서는 그와 같은 행동을 지극히 조심하고 자제하지 않으면 안 된다. 그것은 저들에게 왜곡된 사고를 주입함으로써 잘못된 인식의 길로 유도하는 악한 방편이 될 수 있을 것이기 때문이다.

따라서 다른 사람에 대하여 등 뒤에서 험담을 하거나 건전하지 못한 비난을 일삼는 행위는 하지 말아야 한다. 그렇지만 형제가 잘못된 행위를 할 때는 진정한 염려의 차원에서 신앙이 성숙한 이웃과 더불어 이야기를 나누어야 할 경우가 있다. 즉 형제가 잘못을 범할 경우 직접 그에게 먼저 이야기하고 그 말을 받아들이지 않을 경우에는 다른 형제에게 이야기하여 문제해결을 위해 접근해 가야 한다. 예수님께서는 교회의 순결 유지에 대한 중요성과 더불어 그에 연관된 언급을 하셨다.

> "네 형제가 죄를 범하거든 가서 너와 그 사람과만 상대하여 권고하라 만일 들으면 네가 네 형제를 얻은 것이요 만일 듣지 않거든 한 두 사람을 데리고 가서 두 세 증인의 입으로 말마다 증참케 하라 만일 그들의 말도 듣지 않거든 교회에 말하고 교회의 말도 듣지 않거든 이방인과 세리와 같이 여기라" (마18:15-17)

이처럼 진정으로 교회와 형제를 위한 마음이 아니라면, 뒤에서 이웃에 대한 부정적인 이야기를 하거나 험담을 늘어놓아서는 안 된다. 특히 신앙이 어린 교인이나 나이어린 성도들이 듣는 데서 다른 성도를 비난하거나 험담을 하는 것은 절대로 금해야 한다. 다른 사람을 부당하게 비난하는 것을 듣는 어린 교인들은 장차 그가 다른 사람들 앞에서 자기를 비난할지 모른다는 인식을 하게 될 우려가 따른다. 이는 교회 가운데 존재해야 할 성도들 사이의 신뢰를 깨뜨리는 매우 위태로운 역할을 하게 된다.

따라서 하나님을 진정으로 경외하는 신실한 성도들이라면 뒤에서 다른 사람을 함부로 험담하는 행동을 해서는 안 된다. 만일 이웃의 부끄러운 일을 알고 있다면 문제해결을 염두에 두되 그 허물을 덮어주고 저를 보호하기 위해 애써야 한다. 물론 그 잘못을 합리화 하거나 그것이 아무런 문제가 없다는 의미가 아니라 당사자의 입장에서 해명하며 그로부터 돌이키기를 원하는 자세로 임해야 하는 것이다.

그러므로 언약공동체 가운데서는 하나님을 진정으로 경외하는 지도자들의 성숙한 지략이 매우 중요하다. 그런 지혜로운 지도자를 두면 백성이 안전한 가운데 평안을 누리게 되지만 어리석고 악한 지도자를 두게 되면 불안에 빠져 고통에 이르게 된다. 하나님을 의지하고 진정으로 백성들을 위한 삶을 사는 지도자를 둔 성도들은 이 세상에서 복된 자들이다.

이는 우리 시대 교회에 있어서도 동일하게 적용되어야 한다. 따라서 지상교회가 하나님을 진정으로 경외하며 지혜를 소유한 형제들을 이웃으로 두는 것은 매우 중요하다. 나아가 그와 같은 형제를 앞장서서 지상교회를 세워가는 교사와 직분자로 두는 것도 소중한 일이다. 그것이 교회공동체가 평온하게 유지되어 가는 것과 직접 연관되기 때문이다.

4. 이웃을 위한 의인의 삶(잠11:15-23)

성경은 보증을 서는 행위를 금하고 있다(잠6:1; 22:26). 다른 사람의 보증을 서는 것은 아마도 그것을 통해 자기에게 돌아오는 어떤 이익이 있기 때문일 것이다. 이는 보증을 서주고 유무형의 대가를 받게 되는 경우와도 연관되어 있다. 설령 그렇지 않다고 할지라도 자기가 보증을 서 준 다음 나중에 그에 버금가는 요구를 하기 위한 조건이라면 역시 문제로 남게 된다.

그러므로 성경은 보증을 서는 사람에게는 그것이 나중에 상당한 손해를 끼치게 되리라는 사실을 말했다. 이에 반해 보증을 서지 않는 사람은 그로 인해 발생하는 문제가 없을 것이므로 불안한 시간을 보내지 않아도 된다. 즉 타인의 예측할 수 없는 사정으로 인해 근원적인 평안을 잃게 되는 경우가 생기지 않게 되는 것이다.

잠언은 이와 더불어 덕이 있는 여자는 존귀함을 받고 근면한 남자는 재물을 얻게 된다는 사실을 언급하고 있다. 이는 이웃을 배려하는 자들과 성실하게 노력하는 자들에 연관된 교훈을 배경으로 하고 있다. 그와 같이 온전한 삶을 살아가는 성도들은 주변의 다른 사람들로부터 인정을 받게 되는 것이다.

또한 사랑이 많고 인자한 사람은 자기의 영혼을 이롭게 하지만 남에게 인색한 자는 자신의 몸을 해롭게 한다는 사실을 말했다. 즉 이웃을 위하여 겸손한 자세로 살아간다면 그것이 자신의 삶에 커다란 유익을 끼치게 된다. 하지만 이기적인 목적으로 사랑이 결여된 상태에서 다른 사람에게 냉혹한 태도를 취하게 되면 그것이 도리어 자신의 인생을 해롭게 하는 결과를 유발하게 된다.

그러므로 악한 사람이 다양한 방식으로 일한 결과 받게 되는 삯은 허무한 것에 지나지 않는다. 즉 자기를 위해 다른 사람을 적절하게 이용하여 거두어들인 재물이라면 개인의 일시적인 욕망을 충족시키게 될 뿐 그 이상의 의미가 없는 것이다. 그에 반해 하나님을 경외함으로써 공의로운 방법으로 일한 사람은 하나님으로 말미암은 참된 보상을 받게 된다.

계시된 진리를 떠나 마음이 굽어 비뚤어진 사람은 하나님으로부터 미움을 받을 수밖에 없다. 즉 그런 자들은 하나님의 증오와 저주의 대상이 된다. 그러나 하나님 앞에서 성령의 이끌림을 받아 온전한 삶을 살아가는 성도들은 그의 영원한 기쁨의 대상이 되는 것이다.

여호와 하나님을 알지 못하는 인간들은 저들이 추구하는 이 세상에서의 욕망을 달성하기 위해 서로간 손을 맞잡고 협조하며 연합하기를 좋아한다. 그러나 그와 같은 인간들의 계략에도 불구하고 하나님으로부터 임하는 무서운 징계를 면하지 못한다. 그에 반해 하나님을 진정으로 경외하는 의인과 그 자손들은 영원한 구원을 소유하게 된다.

또한 비록 겉보기에 아름다운 외모를 가진 것 같지만 분별력이 없고 속마음이 단정하지 않은 여인이라면 추한 인간에 지나지 않는다. 그런 여성은 마치 돼지 코에 금 고리로 장식한 것과도 같다. 즉 겉보기에는 아름다운 것 같지만 실상은 추하기 그지없다. 그럼에도 불구하고 어리석은 자들은 그 외모를 보고 쉽게 속아 넘어가게 된다.

타락한 세상에서 한시적으로 살아가는 인간들이 스스로 가지는 삶의 목적은 제각각이다. 의인들은 이 세상의 것이 아니라 하나님과 그로부터 허락되는 것을 소망하며 살아간다. 이에 반해 악한 자들은 타락한 세상에서 성취되는 다양한 세속적인 욕망을 추구하기에 급급하다. 그 결과는 정반대의 전혀 다른 양상으로 나타나게 된다. 하나님께 속한 의로운 자들에게는 궁극적인 참된 소망이 이루어지지만 악한 자들의 소원은 완전히 끊어진 채 하나님의 진노를 불러오게 될 따름이다.

5. '선한 관리인' 으로서 이웃을 구제하는 삶(잠11:24-26)

우리가 소유한 모든 것들은 하나님으로 말미암아 주어진 것들이다. 지식, 건강, 재물 등 유무형의 모든 것들이 그렇다. 하나님의 자녀들은 이 세상에서 그것들에 대한 선한 관리인의 의무를 감당하며 살아간다. 따라서 그 원주인은 하나님이며 우리는 그것을 맡은 관리인의 역할을 하며 살아가야 하는 것이다.

선한 관리인이라면 당연히 원 주인의 뜻을 기억하며 그의 뜻에 따르지 않으면 안 된다. 주인의 의도를 무시하고 그 모든 것이 제 것인 양 여기고 아무렇게나 사용한다면 그것은 주인을 멸시하는 행위가 된다. 그럼에도 불구하고 어리석은 인간들은 그것들이 순전히 자신의 소유라 여기며 살아가기를 즐긴다. 따라서 그들은 자기에게 있는 것을 오직 자기의 욕망을 위하여 가지게 된 것으로 간주하며 살아가는 것을 당연하게 여긴다.

잠언은 개인이 소유한 재물을 주변의 가난한 이웃을 위해 아낌없이 나누어 주면 더욱 부유하게 된다는 사실을 언급하고 있다. 이와 달리 이웃과 나누어 가지는 것이 아까워 과도하게 인색한 사람은 오히려 가난하게 될 뿐이라고 했다. 이는 이웃을 위해 살아가는 자들의 삶은 안정되지만 이기적인 삶을 사는 자들은 물질적인 어려움을 겪게 되리라는 사실을 말해주고 있는 것이다. 우리는 이를 단순한 이론적인 관점이 아니라 실제적인 것으로 받아들여야 한다. 이웃에 대하여 후하게 베푸는 사람들에게는 긍정적인 환경으로 말미암아 더욱 부하게 될 것이며, 인색한 자들에게는 그에 조화되는 부정적인 환경이 조성될 수밖에 없게 된다. 이는 사람이 부유하게 되기를 원해서가 아니라 주변에 조성되는 복합적인 여건으로 인해 자연스럽게 그렇게 된다는 사실을 말해주고 있다. 우리는 그것이 곧 성숙한 사람들의 삶의 지혜라는 사실을 기억하지 않으면 안 된다.

성경은 언약의 자손들을 향해 공동체 가운데 존재하는 주변의 형제들을 기억하며 살라는 요구를 하고 있다. 경제적인 여유가 있는 자라면 항상 가난한 형제를 살피며 돌아볼 수 있어야 한다는 것이다. 모세는 신명기에서 그에 관한 사실을 언급하고 있다.

> "네 하나님 여호와께서 네게 주신 땅 어느 성읍에서든지 가난한 형제가 너와 함께 거하거든 그 가난한 형제에게 네 마음을 강퍅히 하지 말며 네 손을 움켜쥐지 말고 반드시 네 손을 그에게 펴서 그 요구하는 대로 쓸 것

을 넉넉히 꾸어주라 ... 너는 반드시 그에게 구제할 것이요, 구제할 때에는 아끼는 마음을 품지 말 것이니라 이로 인하여 네 하나님 여호와께서 네 범사와 네 손으로 하는바에 네게 복을 주시리라" (신15:7-10)

성경은 경제적인 생활 형편이 여유로운 성도들에게 가난한 형제를 기억하라는 요구를 하고 있다. 그것은 사실상의 명령으로서 궁핍한 자들에 대하여 인색하지 말아야 한다는 사실을 말해준다. 자신이 소유한 재산을 너무 아끼지 말고 형제들이 궁핍하지 않게 살아갈 수 있도록 나누어 주라는 것이었다. 그것은 언약의 백성이라면 개인보다 언약공동체를 더욱 중심에 두고 살아가야 한다는 사실을 말해주고 있다.

신약시대에 살아가는 우리에게도 그와 동일한 교훈이 주어지고 있다. 세상의 재물로써 가난한 형제들이 물질적인 고통을 겪지 않도록 지원해 주어야 한다는 것이다. 사도교회 시대에는 그 원리가 철저하게 적용되었다. 당시 성도들은 소유한 재산을 자기의 것만이 아니라 공동체에 속한 형제와 더불어 사용되어야 한다는 사실을 잘 깨닫고 있었다. 사도행전에는 그에 관한 내용이 기록되어 있다.

"믿는 사람이 다 함께 있어 모든 물건을 서로 통용하고 또 재산과 소유를 팔아 각 사람의 필요를 따라 나눠 주고" (행2:44,45)

사도교회 시대에는 성도들이 물건을 서로 통용했으며, 부유한 사람들은 재산과 소유를 팔아 가난한 형제들에게 나누어 주었다. 이 말씀은 당시 교회가 사유재산을 포기하고 공산사회를 지향했다는 점을 암시하는 것이 아니다. 이는 성도들이 서로간 돌아보며 온전한 신앙인의 자세로 하나님을 섬긴 사실을 말해주고 있다.

이와 같은 삶의 원리는 오늘날 우리에게도 그대로 적용되어야 한다. 만일 교회공동체 가운데 생활이 지극히 궁핍하여 굶주릴 지경에 처한 형제가 있는 데도 그 사실을 모르는 채 외면하거나 아무런 관심을 가지지 않는다면 참 교회라 말할 수 없다. 사도 요한은 그의 세 번째 서신에서 그에 연관된 언급을 하고 있다.

> "누가 이 세상 재물을 가지고 형제의 궁핍함을 보고도 도와줄 마음을 막으면 하나님의 사랑이 어찌 그 속에 거할까보냐 자녀들아 우리가 말과 혀로만 사랑하지 말고 오직 행함과 진실함으로 하자" (요일3:17,18)

하나님의 은혜를 입고 그의 궁극적인 사랑을 깨달아 알고 있는 성도들은 이에 관한 교훈을 명심해야 한다. 말과 생각으로만 이웃을 사랑한다고 내세우는 것은 아무런 의미가 없다. 나아가 감정만으로 이웃에 대한 사랑을 언급하는 것도 진정한 사랑이라 말할 수 없다. 그와 같은 태도는 자신의 감정을 통해 스스로 위안을 받고자 하는 것일 뿐 또 다른 이기적인 욕망의 발로에 지나지 않을 수 있다.

따라서 지상교회에 속한 모든 성숙한 성도들은 항상 궁핍한 성도들을 기억해야 한다. 우리는 개인 성도들과 그 가정을 생각함과 동시에 교회공동체를 기억하는 마음을 견지해야 한다. 하나님의 자녀들은 각 개인이나 개별 가족보다 교회공동체가 어려움을 당한 성도들을 위한 삶을 공적으로 나누는 것이 훨씬 안전하다는 사실을 기억하지 않으면 안 된다.

잠언은 구제하기를 좋아하는 성도들이 풍족해지며 남을 윤택하게 하는 자의 삶이 더욱 윤택해진다는 사실을 기록하고 있다. 이는 언약의 백성들은 항상 언약공동체에 속한 모든 형제들과 더불어 살아가야 한다는 사실을 말해 준다. 따라서 가난한 이웃을 보고도 외면하여 자기가 소유한 곡식을 움켜쥐고 내어놓지 않는 자는 백성들로부터 미움과 저주를 받게 된다는 사실을 언급했다.

이 말은 재물이 부유한 자가 혼자만 배불리 먹고 살아가지 못할 것이라는 사실에 연관되어 있다. 만일 부자가 그런 식의 삶을 고집한다면 가난하여 굶주림에 빠져 있는 자들이 그 상황을 그냥 좌시하지 않을 것이란 점을 의미하고 있다. 또한 이와 동시에 이웃을 위해 곡식을 내어놓는 자는 복을 받게 된다는 사실을 언급하고 있다.

우리가 여기서 반드시 기억해야 할 바는, 가정과 교회 내부에는 일반적인 관점에서 일컫는 구제 개념이 없다는 사실이다. 아무런 상관이 없는 사람에게는 물질적인 구제를 할 수 있지만 자기 가족에게는 구제를 하는 것이 아니다. 부부, 부모자식, 혹은 형제간에는 당연히 물질적인 삶을 나누어야 하며 교회공동체에 속한 성도들 역시 마찬가지다.

우리는 교회공동체 가운데서는 필요할 경우 당연히 물질적인 나눔이 이루어져야 한다는 사실을 기억해야 한다. 그럼에도 불구하고 그 기본적인 삶의 방식을 무시한다면 그것은 궁핍한 형제들에 대한 소극적 착취행위가 된다. 이는 교회공동체에 속한 모든 성도들이 부유하든지 가난하든지 간에 상호 물질을 나누며 더불어 살아가야 할 당위성을 지니고 있음을 말해주고 있다.

6. '하나님의 선' 을 구하는 성도들이 맺는 열매(잠11:27-31)

하나님을 진정으로 경외하는 성도들은 항상 참된 선을 구하는 삶을 살아야 한다. 그 선은 타락한 이 세상에는 존재하지 않으며 오직 여호와 하나님께만 존재하고 있다. 그것을 간절히 구하는 자는 하나님으로부터 은총을 입게 된다. 그에 반해 이기적인 마음으로 악한 것을 추구하는 자는 하나님의 도우심이 없으므로 인해 죄악 가운데 머물게 된다.

어리석고 미련한 자들은 자기의 부유함을 자랑스럽게 여기며 자기가 모은 재물에 기대어 의지하기를 좋아한다. 하지만 그들의 소원과는 상관없이 저들에게는 무서운 파멸이 임하게 될 따름이다. 그들은 거룩하신 하나님 앞에서 무익한 자에 지나지 않으며 영생을 얻을 수 없다. 시편기자는 그에 관한 사실을 노래하고 있다.

> "자기의 재물을 의지하고 부유함을 자랑하는 자는 아무도 자기의 형제를 구원하지 못하며 그를 위한 속전을 하나님께 바치지도 못할 것은 그들의 생명을 속량하는 값이 너무 엄청나서 영원히 마련하지 못할 것임이니라" (시49:6-8)

이와 같은 삶을 사는 어리석은 자들은 겉보기에 아무리 화려하게 보일지라도 한심한 인생을 사는 것에 지나지 않는다. 그러나 하나님의 말씀에 온전히 순종하는 의인은 푸른 나무 잎사귀 같이 무성하여 생명력을 가지고 번성하게 된다. 비록 외형상 가난하고 보잘것없는 모습을 띠고 있을지라도 하나님의 편에 선 그들의 장래는 무한히 밝은 것이다.

또한 잠언은 자기의 집을 책임 있게 돌아보지 않고 가족을 멸시하며 괴롭히는 자의 소득은 그 부유한 정도에 상관없이 아무런 의미가 없다는 사실을 언급하고 있다. 하나님을 경외하는 가정이라면 절대로 그 가운데 있는 언약을 소홀히 여겨서는 안 된다. 세상의 물질을 추구하며 가정을 무시하는 그런 자들은 본분을 잊은 부정한 부자에 지나지 않는다는 것이다. 그들은 결국 하나님께 속한 지혜로운 자들을 섬기는 종의 처지에 놓일 수밖에 없다.

그러므로 여호와 하나님을 진심으로 경외하는 의인들은 생명나무의 열매를 맺어 영생을 누리게 된다. 성실하게 살아가는 성도들은 내세뿐 아니라 이 세상에서도 좋은 이웃을 얻어 유무형의 적절한 보상을 받는다. 그러나 죄의 자리에서 악한 일을 도모하는 자들은 잔인한 자신의 삶의 결과로 인해 무서운 징벌을 받게 된다. 그것이 하나님의 법 앞에서 가장 공평한 원리가 되기 때문이다.

제14장

성도들의 양약인 훈계와 징계
(잠12:1-28)

1. 성도와 훈계 (잠12:1)

하나님의 진리를 떠난 모든 인간들은 사악한 죄인이다. 욕망에 눈이 먼 인간은 자기의 경험과 이성에 따라 왜곡된 판단을 할 수밖에 없다. 따라서 성숙한 성도들은 그에 연관된 인식의 한계를 올바르게 인지하고 있어야만 한다. 하지만 미성숙한 자들은 자기의 판단이 옳다는 전제 아래 모든 것을 시작한다. 그것은 매우 위험할 수 있으며 그렇게 되면 항상 자기주장을 옹호하며 변호하기에 급급하다.

신앙이 성숙한 성도들은 자신의 과오 가능성과 지나간 실수를 소중한 거울로 삼을 수 있어야 한다. 자신의 잘못을 깨달아 그것을 인정하는 사람은 온전한 지식을 갖춘 성숙한 성도의 훈계를 기꺼이 받아들인다. 여기서 언급하고 있는 성숙한 성도란 일반 윤리적인 관점이 아니라 언약공동체 내의 올바른 교사를 중심에 두고 있다(잠11:14, 참조).

참된 신앙인은 하나님의 교훈을 배경으로 한 객관성 있는 지식을 소유하기를 좋아한다. 그것은 물론 성령의 도우심에 의해 가능하다. 그 지식을 통해 인간의 감정에 흔들리지 않는 굳건한 신앙을 확보할 수 있다. 그렇게 되어야만 믿을 만한 신앙의 교사로부터 주어지는 훈계를 감사함으로 받을 수 있게 되는 것이다.

그러나 자기의 고집에 사로잡힌 자는 다른 사람의 훈계를 거부한다. 그런 자들은 징계를 싫어하거나 받아들이려고 하지 않는다. 잠언은 그와 같은 자들을 '짐승' 이라 표현하고 있다(잠12:1). 자기중심적인 사고로 인해 객관성 있는 진리를 알아듣지 못하는 것은 짐승과 다를 바 없다는 의미를 지니고 있다.

신약성경에는 성도들이 받는 징계의 소중함에 대한 기록이 나타나고 있다. 특히 히브리서 기자는, 교회에 속한 성도가 하나님으로부터 징계를 받는 것은 그의 자녀가 된 신분을 확증해 주고 있는 것이라 말했다. 하나님께서는 자기가 사랑하는 자녀의 잘못을 보시면 그에 따른 적절한 사랑의 징계를 시행하신다는 것이다.

> "주께서 그 사랑하시는 자를 징계하시고 그의 받으시는 아들마다 채찍질하심이니라 하였으니 너희가 참음은 징계를 받기 위함이라 하나님이 아들과 같이 너희를 대우하시나니 어찌 아비가 징계하지 않는 아들이 있으리요 징계는 다 받는 것이거늘 너희에게 없으면 사생자요 참 아들이 아니니라" (히12:6-8)

하나님으로부터 징계를 받는 것은 그 내적인 의미를 생각할 때 기쁜 일이라 할 수 있다. 비록 채찍을 맞고 심한 고통을 당한다고 할지라도 그것을 감사한 마음으로 받아들여야 한다. 이는 징계나 고통 자체가 기쁘고 감사하다는 의미가 아니다. 단지 그것을 통해 하나님의 뜻과 아버지와 아들

사이의 관계를 확인할 수 있는 소중한 과정이 되기 때문에 그런 것이다.

히브리서 기자는, 상식적인 부모는 사랑하는 자기 아들의 잘못된 행동을 보면 반드시 징계한다는 사실을 언급하고 있다. 그것은 자식에 대한 부모의 진정한 사랑에 기인한다. 자식이 나쁜 일을 저질러도 아무런 징계를 하지 않는다면 결코 좋은 아버지라 말할 수 없다. 만일 자식이 악한 행동을 했음에도 불구하고 아무런 징계가 없다면 그는 사생자이거나 참 아들이 아니란 사실을 드러내는 것과도 같다.

모든 성도들은 하나님의 징계에 대한 올바른 이해를 할 수 있어야 한다. 어리석은 자들은 그 징계가 임했음에도 불구하고 그에 대한 별다른 깨달음을 가지지 못한다. 많은 경우에는 그 징계를 세상에서 흔히 발생하는 하나의 현상으로 치부하는 오류에 빠지게 된다. 그렇게 되면 자신의 잘못을 되돌아보지 않을 뿐더러 그에 대한 회개를 하지도 않는다. 도리어 아무런 회개의 마음 없이 그 고통을 제거해 달라는 말로써 잘못된 기도를 되풀이하면서 하나님의 뜻을 멀리하게 될 따름이다.

2. 의인에게 임하는 은총과 악인이 받게 될 정죄(잠12:2-7)

선하고 의로운 사람은 여호와 하나님으로부터 특별한 은총을 받는다. 그러나 악을 꾀하는 자는 하나님의 무서운 정죄를 받게 된다. 선악에 연관된 이 말은 단순한 윤리적인 의미에 국한된 것이 아니다. 여기서 언급된 의로운 사람이란 하나님의 뜻을 먼저 염두에 두고 살아가는 성도들을 일컫고 있다. 한편 악인이란 하나님이 아니라 인간적인 판단과 자기 욕망에 충실한 자들을 지칭한다.

악한 일을 꾀하는 자들은 자기의 주장을 통해 세상에서 원하는 바를 확보해 가고자 한다. 하지만 저들의 의도와는 달리 그것은 결코 온전히 이루어지지 않는다. 그 기초가 하나님의 진리가 아니라 죄악 가운데 발생한 굴

절된 판단이기 때문이다. 배도에 빠진 자들은 성경에 기록된 글귀를 부분적으로 인용하기를 좋아하지만 결국 자기의 욕망을 채우기 위한 주장을 펼치기에 급급하다.

그러나 여호와 하나님을 진정으로 경외하는 의인들의 뿌리는 굳건하다. 이는 저들의 행동이 인간의 종교적인 경험과 이성에 의존하지 않는다는 사실을 말해주고 있다. 하나님의 말씀에 온전히 뿌리내리고 있는 성도들이라면 타락한 이 세상에서 온갖 풍파가 닥친다 할지라도 결코 흔들리지 않는다.

잠언은 이를 설명하기 위해 '여성의 경우' 를 예로 들어 설명하고 있다. 여기서 특별히 여성을 예로 든 것은, 그가 남편에게 순종해야 하는 아내의 자리에 놓여 있기 때문이다(골3:18; 벧전3:1). 즉 이 교훈을 통해 하나님의 백성은 하나님께 온전히 순종해야 한다는 사실을 드러내 보여주고 있다.

신앙이 성숙한 어진 아내는 자기 남편의 면류관이 되어 저의 자랑이 될 뿐 아니라 기쁨의 대상과 근원이 된다. 이에 반해 남편에게 욕을 끼치는 지혜롭지 못한 아내는 자기 남편의 뼛속을 갉아먹는 염증과 같은 역할을 한다. 이 비유는 사실 매우 중요한 의미를 지니고 있다. 하나님의 말씀에 온전히 순종하는 지혜로운 성도는 하나님의 기쁨의 대상이 되지만 불순종하는 자들은 하나님의 거룩한 사역을 가로막는 사악한 역할을 하게 된다.

하나님을 진정으로 경외하는 의인의 생각은 정직하지만 배도자나 불신자인 악인이 추구하는 욕망은 거짓으로써 어리석은 자들을 속인다. 즉 악한 자들은 자신의 종교적인 욕심을 추구하면서 감히 하나님의 거룩한 이름을 들먹이며 방패막이로 삼는 것이다. 그런 자들은 교묘한 말을 늘어놓으면서 눈치를 보아 다른 사람의 피를 흘려서라도 자기의 욕망을 꾀하기를 게을리 하지 않는다.

그러나 여호와 하나님 앞에서 신실한 삶을 살아가는 자들은 개인의 목적만을 추구하는 것이 아니라 동시에 이웃을 위하는 마음을 가진다. 즉 오로지 자신과 개인적인 목적을 달성하기 위해 애쓰는 것이 아니라 이웃의 유익을 염두에 둔 삶을 살아가게 되는 것이다. 따라서 악한 자들은 일시적으로 홍하는 듯이 보여도 곧 소멸하게 되지만 '의인의 집' 은 세상의 온갖 풍파 가운데서도 굳건히 서 있게 된다.

이는 언약공동체와 그 가운데 살아가는 백성들과 저들의 삶의 자세와 연관되어 있다. 즉 본문에 언급된 '의인의 집' 을 통해 하나님의 언약이 상속되어 간다. 이는 오늘날 우리 시대의 교회와 밀접하게 관련된다. 따라서 지상교회 가운데는 하나님을 진정으로 경외하며 이웃을 위해 살아가는 성도들이 역동적으로 움직여야 하며, 이기적인 목적으로 살아가려는 어리석은 자들의 활동은 억제되어야 한다.

3. 의인과 악인의 결말(잠12:8-13)

세상에 살아가는 사람들은 나름대로 주변으로부터 칭찬을 듣기도 하고 비판을 받기도 한다. 참된 지혜를 가진 성도라면 칭찬을 받지만 마음이 바르지 못하고 비뚤어진 자는 멸시를 당하게 된다. 물론 여기서 말하는 지혜는 일반적인 것이라기보다 하나님으로 말미암은 진리와 연관된 것으로 이해해야 한다. 또한 마음이 비뚤어졌다는 것은 하나님의 말씀을 벗어난 상태와 연관되어 있다. 이 말씀은 언약의 백성들에게 주어진 교훈이기 때문이다.

그리고 잠언 본문은 외견상 비천하게 보이지만 종을 부리는 자와 스스로 높은 체 하지만 먹을 양식이 없는 가난한 자를 비교하고 있다. 겉보기에 화려해 보이지 않기 때문에 남으로부터 무시당한다고 해도 실상은 종을 부리며 살아가는 자가 있다. 한편 스스로 높은 체 하며 거드름을 피우지만 그 형편이 가난하여 식량조차 부족한 사람들도 있다. 이 경우 전자가 후자보다 나은 것은 지극히 당연하다.

그럼에도 불구하고 어리석은 인간들은 사람의 실상이나 내면이 아니라 겉모습을 보고 평가하기를 좋아한다. 하지만 그와 같은 잘못된 판단에 머무는 자들은 지극히 어리석은 사람들이다. 외견상 화려하게 보이지 않는 자와 겉보기에 대단하게 보이는 자가 있을지라도 그것 자체로써 온당한 평가를 할 수 없다.

또한 하나님을 진정으로 경외하는 의로운 사람들은 자기가 기르는 가축의 생명까지도 성의를 다해 돌본다. 그런 자들은 동물의 생명마저도 소중하게 여길 줄 안다. 이는 그들이 자신에게 맡겨진 책무에 신실하다는 사실을 말해주고 있다. 그러나 하나님을 알지 못하는 악인이 다른 사람에게 베푸는 긍휼은 아무리 그럴듯하게 보일지라도 그 속내의 실상은 잔인하다(잠 12:10, 참조). 즉 하나님을 멸시한 채 자기를 내세우며 욕망에 따라 베푸는 긍휼은 진정으로 선한 값어치를 드러내지 못한다.

이 말은 악한 자들이 다른 사람을 위해 베푸는 긍휼은 외관상 드러나는 형식과 달리 자기를 위한 것일 뿐 진심으로 어려운 이웃을 위한 것이 아닐 수 있음을 말해준다. 즉 고통에 빠진 사람을 적절히 도와주며 자기의 공로를 쌓으려 하거나 그로 인해 스스로 만족감을 누리고자 하는 것은 이기적인 심성에 기초한다는 것이다.

또한 잠언은 자기에게 맡겨진 토지를 성실하게 경작하는 자는 풍족한 양식을 얻을 수 있다는 사실을 언급했다. 그러나 자기의 일시적인 만족을 얻기 위해 방탕한 태도로 자기 욕망을 추구하는 것은 지혜가 없는 자들에게 나타나는 양상이다. 사람이 눈앞에 놓인 것에만 관심을 가지고 이득을 취하려는 태도는 지극히 어리석은 행위가 아닐 수 없다.

그럼에도 불구하고 악한 사람들은 불의한 이익을 탐하기를 지속한다. 하나님을 멀리하는 자들은 입술을 통해 자신의 부정한 주장을 합리화하기를 되풀이 할 따름이다. 그러나 의인은 하나님의 진리에 뿌리를 깊이 내리고 있기 때문에 선한 열매를 맺는다.

사악한 자들은 결국 그 허물로 말미암아 자신이 친 그물에 걸려들게 된다. 의인들은 악한 자들의 억압에서 벗어나게 되지만, 어리석은 자들은 눈앞에 전개되는 현실에 치중하다가 파멸에 이르게 되는 것이다. 환난 가운데서 영원한 천상의 나라에 소망을 두고 살아가는 것은 성도들에게 주어진 최상의 복이다.

4. 미련한 자의 착각과 슬기로운 자의 인내심(잠12:14-17)

여호와 하나님을 경외하는 성도들은 항상 말과 행동을 함부로 하지 않고 조심하는 자세를 유지한다. 그들은 이웃을 위해 좋은 말을 할 뿐 아니라 선한 행위를 하고자 애쓴다. 이는 모든 경우에 무조건 긍정적인 말을 하고 겉보기에 경건한 종교 행위를 한다는 것을 의미하지 않는다.

신실한 성도들은 형제들 가운데서 때에 따라 적합한 말을 가려서 할 줄 안다. 그런 자들은 입술을 통해 맺히는 선한 열매로 말미암아 자신의 삶에 대한 진정한 만족을 얻는다. 그리고 성실하게 일함으로써 하나님의 은혜를 통해 날마다 먹을 일용할 양식을 얻게 된다.

하지만 어리석고 미련한 자들은 잘못된 삶을 살아가면서도 자기의 행위를 괜찮은 것으로 착각한다. 그들은 소극적인 행동을 하거나 조용히 지내는 것이 아니라 제 나름대로 분주한 활동을 지속하게 된다. 그것을 통해 다른 사람들에게 자신의 행위를 드러내보이고자 하며 그것들이 인정받을 수 있을 것처럼 생각하는 것이다.

그에 반해 지혜로운 자들은 자신의 행위가 항상 옳은 것이 될 수 없다는 사실을 잘 알고 있다. 그것이 사람으로 하여금 겸손한 자세를 유지하도록 만든다. 그렇게 되면 자신의 행동을 다른 사람들 앞에서 떠벌리거나 자랑하지 않는다. 따라서 신뢰할 만한 건전한 이웃의 권면이 있을 경우 그것을 진심으로 받아들이는 여유를 가지게 된다.

또한 미련한 자는 주변 사람들로부터 자기가 원하지 않는 말을 듣게 되면 즉시 분노를 나타낸다. 자기가 다른 사람들에게 어떤 잘못된 판단과 행동을 했는가에 대한 생각을 전혀 하지 못하기 때문이다. 그런 자들일수록 가까운 이웃을 폄하하거나 그들을 무시하는 행동을 하는 경우가 많다.

그러나 슬기로운 자들은 악한 자에 의해 부당한 욕을 들을 때 그 수욕을 참고 인내하는 능력을 갖추고 있다. 악한 자들은 그 상대가 아무리 정당한 말을 할지라도 그것을 귀담아 들으려 하지 않는다. 따라서 성숙한 성도들은 그 현장에서 자기의 옳음을 증거하여 즉각 항변한다고 해도 그것이 저에게 통하지 않으리라는 사실을 잘 알고 있다.

진리를 말하는 성도들은 자신의 개인적인 목적을 이루려 하지 않고 하나님의 뜻을 드러내기를 좋아한다. 그러나 거짓 증인은 자신의 욕망을 추구하거나 자기를 합리화시키기 위해 남을 속이는 것을 예사로 여긴다. 하나님을 알지 못하는 사람들은 이기적인 욕망으로 가득 차 있기 때문이다. 그것은 주변 사람들뿐 아니라 자기 자신에 대한 거짓 증거 역할을 하기도 한다. 잘못된 판단에 의해 자기 자신을 기만하는 일이 생겨나게 되는 것이다.

그러므로 하나님의 자녀들은 항상 진리의 편에 굳건히 서 있어야 하며, 성경의 교훈에서 드러나는 하나님의 일을 먼저 생각해야 한다. 그것을 통해 언약공동체와 이웃에게 선한 영향을 끼칠 수 있기 때문이다. 이를 명심하지 않으면 입술을 통해 다양한 종교적인 용어를 구사하지만 실상은 자기를 내세우는 일에 열중하는 오류에 빠지게 된다.

5. 지혜자의 입술과 거짓 입술(잠12:18-23)

인간은 개인의 이성과 경험적 판단을 절대시해서는 안 된다. 그것은 시대와 장소에 따른 상대적 개념을 지니고 있기 때문이다. 따라서 하나님의 자녀들은 성경의 교훈에 따라 사고하고 말해야 한다. 자기의 주장을 합리화하기 위해 잘못된 언어를 사용하게 되면 본인은 원하는 대로 말하게 되지만 듣는 자는 전혀 다른 상황에 직면할 수 있다.

이웃의 형편을 염두에 두지 않고 함부로 내뱉는 말은 날카로운 칼이 되어 사람을 찌르는 위험한 기능을 하게 된다. 따라서 남을 배려하지 않고 다른 사람을 무시하는 이기적인 언사는 결코 이행하지 말아야 한다. 신약성경에서 야고보 선생은 그에 관한 중요한 교훈을 남기고 있다.

> "누구든지 스스로 경건하다 생각하며 자기 혀를 재갈 먹이지 아니하고 자기 마음을 속이면 이 사람의 경건은 헛것이라" (약1:26)

하나님의 자녀들은 모든 언사에서 다른 사람을 염두에 둔 채 신실한 자세를 유지해야 한다. 겉보기에 경건한 신앙인의 모습을 보이고 있으면서 아무렇게나 혀를 놀리는 행위를 해서는 안 된다. 그것은 잘못된 언어 사용을 하는 것으로서 자신과 이웃을 속이는 것과도 같다. 악한 마음을 먹고 있거나 상대를 향해 무책임한 말을 내뱉는 것은 위태로운 행위이기 때문이다. 그와 같은 신앙은 외견상 아무리 경건해 보일지라도 위선적인 헛것에 지나지 않는다.

그러므로 신실한 믿음 위에 선 겸손한 성도들이 많아져야 한다. 지혜로운 자들의 혀는 몸에 좋은 양약과도 같은 역할을 하게 된다. 성경 말씀에 기초를 둔 선량한 말은 사람의 영혼을 고치기도 하고 육신의 평안함을 가져다주기도 한다. 이는 어리석은 자들의 입술에서 나오는 교만한 말은 사람에게 올바른 교훈을 주는 것이 아니라 도리어 병을 주고 견디기 어려운 상황을 유도하게 된다는 사실을 말해주고 있다.

따라서 여호와 하나님을 경외하는 성도들의 진실한 입술은 영원히 보존된다. 이는 그 입술을 통해 전해지는 말씀이 참된 진리라는 사실을 의미한다. 그리고 악한 자의 거짓된 혀는 이 세상에 잠시 동안만 존재하게 된다. 자신의 욕망을 추구하고 이기적인 행동을 변호하기에 바쁜 저급한 언어들은 잠시 존재하는 위태로운 것에 지나지 않는 것이다.

하나님을 떠나 자신을 위하여 악을 꾀하는 자의 마음에는 항상 정직하지 않은 속임수가 존재한다. 그 가운데는 자기의 욕망과 목적을 위해서는 남을 기만하고자 하는 본성이 녹아 있음을 말해준다. 이에 반해 하나님 안에서의 화평을 논하는 신실한 성도들에게는 진정한 기쁨이 있다. 이는 참된 기쁨은 인간의 내면을 지배하는 현상적인 상태에 달려 있는 것이 아니라 하늘에 계신 여호와 하나님께 달려 있다는 사실에 연관되어 있다.

일시적인 관점에서 본다면 의인은 고통을 당하고 악인은 형통한 듯이 보이기도 한다. 하나님을 믿는 성도들은 힘든 고통을 맛보게 되는 데 반해 배도에 빠진 자들은 거짓 신앙을 자랑하며 기고만장한 삶을 살아가기도 하는 것이다. 하지만 그것은 일시적으로 지나가는 현상일 뿐 영원히 그렇게 되지는 않는다.

잠언은 또한 하나님께 속한 의인에게는 어떤 재앙도 임하지 않는다는 사실을 분명히 언급하고 있다. 그에 반해 하나님을 알지 못하는 악한 자들에게는 무서운 재앙이 가득하게 된다는 말을 했다. 이는 이 세상에서의 일상적인 삶에 관련된 내용이라기보다 영원한 하나님 나라에 비추어 이해해야 한다.

그러므로 이 교훈은 하나님의 궁극적인 심판에 밀접하게 연관되어 있는 것으로 받아들이는 것이 자연스럽다. 하나님께서는 악한 자들의 거짓 입술을 미워하시며 저주하신다. 그러나 그는 참된 믿음에 기초한 의로운 자들의 신실한 행위를 기쁘게 받아주신다. 하나님을 믿고 그를 섬기며 영원한 나라에 소망을 둔 모든 성도들은 당연히 하나님의 뜻에 순종하며 살아가야만 한다.

또한 잠언은 슬기로운 자는 자신이 알고 있는 바를 소문내며 자랑하지 않지만 미련한 자들은 자신의 미련한 것을 떠벌리고 다닌다는 사실을 언급하고 있다. 속이 깊고 슬기로운 사람은 자신이 소유한 지식을 소중히 간직함으로써 겸손한 인격을 소유하고 있다. 이에 반해 어리석은 자는 자신의 것을 자랑하지만, 그것은 저의 마음속에 있는 어리석음을 사람들 앞에 떠벌리는 것에 지나지 않는다. 오만한 자들은 그것이 마치 대단한 자랑거리라도 되는 양 착각하고 있다.

이에 대해서는 오늘날 우리도 주의 깊게 생각해야 한다. 하나님의 진리를 마음속에 간직한 성도들은 겸손한 자세를 가지게 된다. 그들은 마음속에 담긴 진리를 통해 삶의 의미를 누린다. 하지만 미련한 자들은 생각 없이 아무렇게나 지껄이기를 좋아한다. 따라서 성숙한 성도들은 어떤 경우에도 하나님의 진리 앞에서 경거망동한 행동을 취하지 말아야 한다는 사실을 기억하지 않으면 안 된다.

6. 부지런한 자와 게으른 자(잠12:24-28)

하나님을 진정으로 경외하는 성도들은 항상 근면하고 성실하게 살아가기 위해 최선의 노력을 기울인다. 그들은 자신과 이웃을 염두에 두고 부지런히 일한다. 그런 자들은 자기 집에 일하는 사람들을 두고 상황에 적절하게 업무를 지시하며 살아가는 가운데 그에 따른 결실을 맺게 된다. 그러나 게으른 자들은 내키는 대로 다른 사람의 집에서 노동하며 주인의 지시에 따라 움직이며 계획 없이 살아간다. 그들에게는 자신이 소유한 일할 터전이 없기 때문에 그렇게 살아갈 수밖에 없다.

잠언은 또한 사람의 마음에 근심거리가 있으면 그로 인해 번뇌하게 된다는 사실을 언급하고 있다. 그러나 이웃을 위해 선한 말을 하는 것은 그 가운데서 즐거움을 회복해준다. 그러므로 의인은 진리의 말씀을 전함으로써 주변 사람들에게 올바른 길을 찾아 가도록 인도하는 역할을 한다. 이와 달리 악한 자의 소행은 순진하고 무지한 이웃을 미혹하여 나쁜 길로 인도하며 파멸에 이르도록 한다.

나아가 잠언은, 게으른 사냥꾼은 한 마리의 짐승도 잡지 못하여 먹을 고기가 없지만 부지런한 사람은 귀하고 값진 보화를 얻게 된다는 사실을 기록하고 있다. 그것은 영원한 삶에 밀접하게 연관되어 있다. 따라서 여호와 하나님을 경외하는 성도들이 취하는 공의로운 길 가운데는 참 생명이 존재하고 있으며 사망이 힘을 쓰지 못한다. 그렇지만 어리석은 배도자들이나 불신자들의 길에는 영원한 생명이 없고 사망의 세력이 도사리고 있을 따름이다. 오늘날 우리 역시 이에 관한 의미를 마음속 깊이 새겨두고 있어야만 한다.

제15장

하나님의 훈계와 생명의 샘
(잠13:1-25)

1. 지혜로운 자식을 위한 아버지의 훈계(잠13:1)

지혜로운 아들은 항상 아버지의 훈계를 귀담아 듣는다. 이 말 가운데는 아버지의 훈계가 올바르고 정당해야 한다는 사실을 전제하고 있다. 물론 그것은 일반 윤리적인 개념에 머물지 않으며 하나님의 진리에 기초하고 있어야 한다.

경건한 아버지로서 자식에게 올바른 훈계를 하기 위해서는 인간적인 감정에 휘둘려서는 안 된다. 오직 하나님의 율법과 계시에 근거를 둔 훈계를 할 수 있어야 한다. 그것은 단순한 개인적인 문제가 아니라 공적인 차원에서 언약공동체에 속한 성도의 가정에 연관되어 있다.

지혜로운 자녀들은 아버지의 훈계를 달게 받아들이는 반면, 거만한 자식들은 아버지의 훈계를 거부한다. 하나님을 멀리하는 자들은 경험에 따른 자신의 취향과 판단이 옳다고 여기며 세상에서의 욕망 채우기에 급급하기 때문이다. 그런 자식들은 일시적인 만족과 쾌락을 누리게 될지 모르지만 그 결과는 패망에 이를 수밖에 없다.

우리는 여기서 이 교훈이 개인적인 형편에 국한되지 않는다는 사실을 분명히 기억해야 한다. 이는 부자관계에 적용해야 할 사적인 요구를 넘어 민족 집단에 연관된 의미를 지니고 있기 때문이다. 지혜로운 자녀들은 조상들로부터 상속받은 언약을 기초로 한 아버지의 훈계를 귀담아 듣기를 좋아한다.

다윗 왕국의 패망(BC 587)을 앞 둔 시기에 예레미야 선지자는 이스라엘의 수도인 예루살렘을 향해 그에 관한 교훈을 주었다. 그것은 예루살렘을 중심으로 살아가는 언약의 백성이 여호와 하나님의 훈계를 듣지 않으면 안 된다는 사실에 직접 연관된 내용이다. 여기서 표현된 예루살렘은 이스라엘 민족을 대표하는 상징적인 의미를 지니고 있다.

> "예루살렘아 너는 훈계를 받으라 그리하지 아니하면 내 마음이 너를 싫어하고 너로 황무케 하여 거민이 없는 땅을 만들리라" (렘6:8)

선지자 예레미야는 예루살렘을 의인화하여 저로 하여금 여호와 하나님으로 말미암는 훈계를 받으라는 요구를 하고 있다. 그것은 하나님의 언약을 소유한 백성으로서 마땅히 순종해야 할 명령에 관련되어 있다. 만일 그 훈계를 받아들이지 않으면 민족적으로 하나님의 사랑을 저버리는 배도의 길로 접어들게 된다.

하나님께서는 예루살렘이 자신의 훈계를 거부할 경우 저를 미워하시리라는 사실을 분명히 말씀하셨다. 그것은 결국 예루살렘을 멸망에 내어주어 황폐하게 될 수밖에 없음을 의미하고 있다. 그렇게 되면 그 도성은 거민이 살 수 없는 적막한 땅이 되고 만다. 그것은 곧 하나님으로부터 내침을 받아 패망 당하게 되리라는 사실을 말해준다. 역사적으로는 저들의 불순종으로 인해 예루살렘과 그 안에 있던 성전이 완전히 파괴되는 고통을 맛보아야만 했다.

그러므로 하나님의 언약에 속한 모든 자녀들은 메시아 왕국을 예표하는 이스라엘 왕국을 유지하기 위해 말씀에 신실한 부모의 훈계를 들어 순종해야만 한다. 그것은 개인적인 삶과 복락을 위해서라기보다 민족공동체를 위한 것이란 사실을 말해준다. 이는 그 언약의 백성 가운데 장차 오실 메시아가 존재한다는 사실과 밀접하게 연관되어 있다.

우리가 여기서 기억해야 할 바는, 자식에게 훈계를 듣도록 요구하기 위해서는 부모가 먼저 하나님의 말씀에 굳건히 서 있어야 한다는 사실이다. 이 교훈은 오늘날 우리 시대에도 그대로 적용되어야 할 성질을 지니고 있다. 따라서 지상교회에 속한 모든 부모들은 올바른 신앙을 소유해야만 한다. 그것은 다음 세대의 교회를 이어가게 될 언약의 자손들을 위한 의미를 지닌다. 그것을 통해 주님이 재림하실 마지막 날까지 이땅에 지상교회가 온전히 상속되어 가게 되는 것이다.

2. 마음과 입술의 열매(잠13:2-6)

언약의 백성은 항상 입술로써 하나님의 진리를 온전히 드러내도록 힘써야 한다. 그리고 이웃에 대해서는 신실한 마음에서 우러나는 아름다운 말을 사용하도록 해야 한다. 이는 언어의 형식이 아니라 그 내용을 말하고 있다. 그것이 하나님을 경외하는 성도로서 이 세상을 살아가기 위한 소중한 방편이 된다.

그러므로 하나님의 자녀들은 항상 자신의 입술을 다스려 언사를 조심해야 한다. 지혜로운 언어를 사용하는 사람은 그로 인해 여유로운 삶을 누리게 되며 이웃에게 유익을 끼치게 된다. 그러나 간사하고 포악한 말은 다른 사람들을 크게 해치기도 한다.

사람의 입술을 통해 드러나는 하나님의 진리는 주변 사람들의 고통을 치유하는 능력을 가지고 있다. 그에 반해 욕망을 추구하는 자의 악한 말은 사람을 죽음에 이르게 할 수도 있다. 따라서 시편기자는 여호와 하나님을 향해 자신의 입 앞에 파숫군을 세워 입술의 문을 지켜달라는 간절한 기도를 했다.

> "여호와여 내 입 앞에 파숫군을 세우시고 내 입술의 문을 지키소서"(시 141:3)

시편기자의 이 노래는 우리의 기도이기도 하다. 이땅에 살아가는 모든 성도들은 하나님께서 항상 자신의 입술을 지켜보고 계신다는 사실을 기억해야 한다. 하나님을 경외함으로써 자기 입술을 조심하는 자들은 그 가운데서 자신의 생명을 보존하게 된다.

그러나 입술을 제대로 관리하지 않아 마음 내키는 대로 말하기를 좋아하는 자들은 위태로운 상황에 직면하게 된다. 그들에게는 장차 무서운 심판이 임하게 될 것이 분명하다. 즉 마음속에 악독이나 거짓이 가득해서 그로부터 나오는 언사를 일삼는 자들은 하나님의 심판을 당할 수밖에 없다.

잠언은 또한 게으른 자들은 무엇인가 마음으로 소원한다고 해도 그것을 성취할 수 없지만 부지런한 자의 마음은 풍족하게 된다는 사실을 언급하고 있다. 이는 성도들에게 주님 안에서의 신실한 삶이 요구되는 것에 연관된다. 그런 자들은 이웃에 대하여 무책임한 말을 내뱉는 행위를 자제하며 자신의 삶에 충실한 자세를 유지하고자 한다.

또한 하나님께 속한 의인은 부정직한 거짓말을 싫어한다. 그에 반해 이기심으로 가득 찬 사악한 자들은 그 말과 행위가 흉악하여 결국은 부끄러움을 당하게 된다. 그것을 위해서는 자신을 포함한 모든 사람들에 대하여 계시된 말씀을 근거로 한 객관적인 안목을 가질 수 있어야만 한다. 이는 하나님의 공의가 행실이 정직한 자를 보호하게 되며, 악한 자들이 가진 편견은 패망의 길을 향하고 있음을 말해주고 있다.

3. 의인의 실상과 악인의 허세(잠13:7-12)

타락한 인간들은 본성상 세상으로 말미암은 허영심을 소유하고 있으며 그것은 위선적인 측면을 지니고 있다. 그에 익숙한 자들은 다른 사람들에 비해 자기가 뭔가 된 듯 착각하고 있으며 그것을 외부에 드러내 선전하기를 좋아한다. 그러나 저들의 실상은 아무 것도 없는 부실한 쭉정이에 지나지 않는다.

이에 반해 스스로 부족하여 가난한 체 하는 사람들 가운데 유능하고 재물이 많은 참된 부자도 있다. 이는 지혜로운 처사로서 의도적으로 자신을 가장하는 것이라기보다 다른 사람들에게 자신을 잘난 사람인 양 드러내지 않는 경우를 포함한다. 그것은 이웃을 부끄럽게 하지 않으려는 배려와 더불어 겸손한 삶의 자세를 보여준다.

인간들이 소유한 재물은 의식주(衣食住)와 더불어 사람이 세상에서 살아가기 위한 기본적인 요건이 된다. 하지만 재물이 지나치게 많으면 위태로운 상황을 불러 올 수 있다. 악한 자들이 저의 재물을 탐한 결과 그 생명을 노릴 수도 있을 것이기 때문이다.

그러나 가난한 자들은 많은 재물이 없으므로 다른 사람들로부터 위협을 당할 일이 없다. 악한 자들이라 할지라도 궁핍한 사람들의 적은 재물을 탈취하고자 하지는 않을 것이기 때문이다. 따라서 생활환경이 어려운 자들은 세상의 재물로 말미암아 직면하게 될지 모르는 위태로운 상황으로부터 자유로울 수 있는 것이다.

세상에서 재물이 많아 부유한 성도들이 있다면 자신의 낮아짐을 드러낼 수 있어야 한다. 이는 의도적 겸손을 말하지 않는다. 지혜로운 부자는 이 세상에서의 자기의 재물이 일시적인 것으로서 장차 사라지게 될 과정적인 성격을 지니고 있음을 깨달아 알고 있다. 신약성경에서 야고보 선생은 그에 연관된 언급을 하고 있다.

> "부한 형제는 자기의 낮아짐을 자랑할찌니 이는 풀의 꽃과 같이 지나감이라 해가 돋고 뜨거운 바람이 불어 풀을 말리우면 꽃이 떨어져 그 모양의 아름다움이 없어지나니 부한 자도 그 행하는 일에 이와 같이 쇠잔하리라" (약1:10,11)

부유한 사람들은 육체적으로 안락한 삶을 누릴 수 있는 데 반해 가난한 자들은 마음이 더 평안할 수 있다. 물질이 풍족하지 않은 성도들은 성실하게 일함으로써 생계를 이어가는 가운데 천상의 소망을 간직할 수 있기 때문이다. 그런 자들은 자신의 재물을 지키기 위해 외부로부터 임하는 위험을 방어하거나 그것을 위해 신경을 곤두세울 필요가 없다. 이는 물론 일반적인 원리를 염두에 둔 말이다.

어리석은 인간들은 무형의 부(富)라 할 수 있는 세상에서 유명한 존재가 되어 명예를 누리고자 하는 유치한 욕망을 지니고 있다. 그런 자들은 그것이 얼마나 불편한 일인지 잘 모르고 있다. 사람들에게 널리 알려진 유명한 인사들은 바깥으로 함부로 나다니지 못한다. 주변의 모든 사람들이 알아본다는 것이 저에게는 엄청나게 곤혹스러운 일이 될 수 있기 때문이다.

평범한 사람들은 바깥에서 자유롭게 생활하는 것이 전혀 불편하지 않다. 다른 사람들의 눈 때문에 자신의 행동을 제약받을 일이 전혀 없는 것이다. 하지만 유명한 정치인이나 연예인, 혹은 스포츠맨 등은 자기를 알아보는 눈들이 많아 경계심을 늦출 수 없으므로 개인적인 자유를 상실한 사람들이라 말할 수 있다.

잠언은 또한 하나님을 진정으로 경외하는 의인의 빛은 항상 환하게 드러난다는 사실을 언급하고 있다. 의인의 특징은 인생의 목적을 자신의 욕망에 두지 않는다는 점에 있다. 그런 자들은, 하나님을 위한 인생이자 이웃을 위해 허락된 자기 인생에 대한 의미를 분명히 깨닫고 있으며 그것을 삶 가운데 구체적으로 실현하고자 애쓴다. 따라서 그들은 세상 가운데서 환하게 빛나는 등불 역할을 하게 된다.

이에 반해 악한 자들은 그와 정반대의 속성을 지니고 있다. 그런 자들은 오직 자기만을 위한 인생을 살아가고자 한다. 설령 많은 재물을 모으고 훌륭한 업적을 쌓아 상당한 선을 행하는 것처럼 보일지라도 그 모든 의미를 자기에게 귀착시키고자 하는 것이다. 그들은 하나님을 위한 삶이라든지 이웃을 위한 삶에 대한 본질적인 개념이 결여되어 있다. 따라서 자신을 위해 스스로 만들어 손에 들고 다니는 등불은 결국 머잖아 소멸하게 될 따름이다.

그러므로 악인은 교만한 태도를 가지게 됨으로써 저들 가운데서는 갈등과 다툼이 일어나게 된다. 그와 반대로 의로운 사람들은 겸손한 자세를 유지하기 때문에 좋은 이웃의 권면이 있을 경우 그것을 귀담아 듣고 자신을 돌아볼 수 있는 지혜를 소유하고 있다. 따라서 성숙한 성도들은 지혜로써 이웃을 권면할 수 있어야 하며 이기적인 생각으로 남을 판단해서는 안된다(마7:1,2, 참조). 이는 교회의 권징사역과 밀접하게 연관되어 있다(마18:15, 참조).

하나님께 속한 의인들은 성실하게 일함으로써 재물을 얻게 되며, 그 재물이 지닌 본질적인 의미를 잘 알고 있다. 한편 이기적인 욕망으로 가득찬 어리석은 인간들은 올바른 방법이 아니더라도 재물을 많이 취하는 것 자체를 즐거움으로 여긴다. 하지만 정당하지 않은 방법으로 끌어모으게 되는 재물은 결코 오래가지 못한다. 재물과 비교되지 않을 만큼 소중한 것은 그것을 얻는 사람의 삶의 자세와 저와 함께 살아가는 이웃들이다.

연약한 인간들은 자기가 원하는 모든 것을 빨리 이루고자 하는 욕망을 버리지 못한다. 그런 자들은 자기의 기대를 벗어나 그 일이 속히 진행되지 않는다고 판단되면 마음을 심히 상하게 된다. 그에 반해 하나님의 은혜로 말미암아 그 소망이 완성되는 것을 목격하는 성도들은 진정한 기쁨과 더불어 영원한 생명나무를 얻게 된다.

따라서 하나님의 자녀들은 타락한 세상에서 근검하게 살아가는 가운데 힘든 일들을 겪게 되지만 궁극적인 소망을 이루게 됨으로써 영원한 생명을 소유하게 된다. 그러나 하나님을 알지 못하는 자들은 저들이 바라던 많은 재물을 일시적으로 취할 수 있을지 모르지만 끝내 멸망당할 수밖에 없다. 장차 일어나게 될 그 궁극적인 상황을 미리 내다보지 못한다면 지극히 어리석은 자들이 아닐 수 없다.

4. 하나님의 말씀과 생명의 샘(잠13:13-16)

대화하는 상대방의 말을 귀담아 듣는 자세는 곧 그 사람을 존중하는 것이며, 사람의 말을 무시하는 것은 곧 그를 멸시하는 행동과 마찬가지다. 이처럼 하나님의 말씀을 진지하게 받아들이는 것은 하나님을 온전히 신뢰하는 신앙자세이지만 그의 말씀을 수용하지 않고 무시하는 것은 곧 하나님을 멸시하는 태도와 같다.

그럼에도 불구하고 어리석은 인간들은 하나님의 말씀을 멸시하면서도 결코 그를 멸시한 적이 없다는 식으로 항변한다. 그런 자들은 천상으로부터 계시된 말씀을 무시하면서 그에게 온갖 제물을 갖다 바치기를 좋아한다. 그것은 자신의 종교적인 욕구를 충족시키는 방편으로서 하나님을 기쁘시게 하는 것이 아니라 도리어 그를 능멸하는 행위에 지나지 않는다.

하나님을 멸시하는 자들은 당연히 그의 심판을 받아 패망할 수밖에 없다. 그러나 하나님의 계명을 두려워하고 그에 온전히 순종하는 자세를 가진 성도들은 이 세상에서 환난과 고통을 당할지라도 장차 그에 상응하는 보상(reward)을 받게 된다. 그것이 이땅에서 힘겹게 살아가는 성도들에게 허락된 궁극적인 소망이다.

그러므로 지혜로운 성도가 이웃을 위해 베푸는 교훈은 영원한 생명 샘의 근원이 된다. 그것은 계시된 하나님의 말씀을 기초로 하고 있기 때문이다. 그 말씀의 교훈이 성도들로 하여금 사망의 그물에서 벗어나게 해준다. 즉 하나님의 진리는 죄에 빠진 인간들을 사망의 구렁텅이에서 해방시키는 놀라운 권세를 지니고 있는 것이다.

따라서 선한 이웃으로부터 나오는 참된 지혜는 사람들에게 은혜를 베푸는 역할을 하게 된다. 그들은 슬기로운 자로서 하나님으로 말미암는 참된 지식과 더불어 사고하고 행동하기를 좋아한다. 그러나 사악한 자들의 속이는 입술을 따라 걸어가게 되면 험난한 상황에 직면할 수밖에 없다. 그 미련한 자들은 결국 자기의 속마음에 도사리고 있는 어리석은 욕망을 겉으로 드러내게 될 따름이다. 즉 슬기로운 자는 성경에 계시된 지식을 배경으로 순종하는 삶을 살아가지만 미련한 자들의 마음속에는 세상의 욕망으로 가득 차 있다.

5. 죄인의 재앙과 의인의 영예 (잠13:17-21)

하나님을 진정으로 경외하는 이웃을 좋은 친구로 두는 것은 이땅에 살아가는 성도로서 최상의 축복이라 할 수 있다. 서로간 믿고 의지함으로써 위태로운 이 세상을 능히 이겨나갈 수 있기 때문이다. 이는 악한 이웃을 만나는 것은 위태롭고 괴로운 일이 될 수 있다는 의미를 내포하고 있다.

여호와 하나님을 멸시하는 악한 자들은 저들이 전혀 예측하지 못하는 무서운 재앙에 빠지게 된다. 따라서 스스로 부유하여 만족스럽게 여기는 동안에는 기고만장(氣高萬丈)한 태도를 버리지 않는다. 하지만 그들은 눈앞에 밀려오는 무서운 파멸을 결코 피할 수 없다. 그런데 문제는 그들이 자기만 멸망의 길을 향해 달음질치는 것이 아니라 어리석은 자들을 미혹하여 암흑세계로 끌어들인다는 사실이다.

이에 반해 하나님 앞에서 충성된 성도들은 영적으로 건강한 삶을 살아간다. 그들은 어렵고 힘겹게 살아가는 이웃을 위한 양약(良藥)의 역할을 하게 된다. 하나님을 진정으로 경외하는 지혜로운 성도들은 이웃의 고통스런 마음을 치유하는 능력을 지니고 있는 것이다.

그러므로 하나님의 자녀들은 신실한 이웃을 만나 함께 교제하는 삶을 살아가는 것을 매우 소중하게 여긴다. 그렇게 함으로써 배도에 빠진 악한 자들의 어리석은 논리를 경계하며 신앙의 중심을 잃지 않게 된다. 나아가 신앙이 어린 교인들을 저들로부터 보호하기 위해 최선의 노력을 기울이게 된다. 사도 바울은 고린도 교회에 보내는 편지에서 악한 자의 미혹에 흔들리는 자들에게 그에 연관된 교훈을 주고 있다.

> "속지 말라 악한 동무들은 선한 행실을 더럽히나니 깨어 의를 행하고 죄를 짓지 말라 하나님을 알지 못하는 자가 있기로 내가 너희를 부끄럽게 하기 위하여 말하노라"(고전15:33,34)

하나님의 말씀을 통한 훈계를 무시하거나 저버리는 자들에게는 장차 패가망신(敗家亡身)하는 수치가 따르게 된다. 그런 자들은 세상의 가치를 추구하며 자기 욕망대로 살아가고자 하는 습성을 버리지 않고 있기 때문이다. 그에 반해 하나님으로부터 오는 책망을 달게 받는 자들은 장차 존경을 받는 자리에 앉게 된다.

사람이 자기가 원하는 바 소원이 이루어지게 되면 즐거운 일이 아닐 수 없다. 따라서 미련한 자들은 아무런 보장성이 없는 환경 가운데서 발생하는 욕망의 자리에서 떠나기를 거부한다. 그런 자들은 타락한 세상에서 자신의 만족을 추구하며 살아가는 것을 값어치 있는 인생으로 착각하고 있기 때문이다.

그러므로 지혜로운 자와 동행하며 살아가는 사람들은 그로부터 참된 지혜를 배우게 된다. 하지만 미련한 자와 사귀면서 그들과 가까이 지내는 자들은 화를 입을 수밖에 없다. 하나님을 멀리하는 죄인에게는 무서운 재앙이 임하게 되고, 의인에게는 하나님으로부터 선한 보응이 따르게 되는 것이다.

6. 의인들을 위한 유산의 상속 (잠13:22-25)

선한 사람은 자신의 유산을 다음 세대뿐 아니라 자손 대대에 이르기까지 상속해주게 된다. 여기서 선한 사람이란 일반적인 안목이 아니라 하나님 보시기에 선한 자들을 일컫는다. 그에 반해 악한 자들이 취한 재물은 자기에게만 일시적인 만족을 제공할 뿐 저들의 자손에게 상속되지 못한다. 여기서 악한 자란 하나님을 알지 못하고 오로지 자신의 이익에 치중하는 자들을 말하고 있다.

잠언은, 하나님께 속한 선한 사람은 자신의 유산을 자손 대대로 상속하게 되지만 악한 자들이 모은 재물은 자기 자손이 아니라 의인들을 위해 쌓는 것과 마찬가지란 사실을 언급하고 있다. 이 말은 매우 중요한 의미를 담고 있다. 이 세상에 살아가는 불신자들의 노력은 저들의 영원한 몫이 되지 않고 결국 의인들을 위한 것이 된다는 점을 말해주고 있기 때문이다. 어리석은 자들은 자기를 위해 모든 열정을 기울이지만 궁극적으로는 자신과 상관없는 타인을 위한 것이 되고 만다.

또한 가난한 자가 밭을 경작함으로써 많은 곡식을 낼 수 있지만 정의가 사라지고 불의가 판을 치게 되면 그 모든 것들이 완전히 쓸려가 버려 남는 것이 없게 된다. 이는 인간의 노력 여하에 따라 세상의 풍요로운 삶이 결정되는 것이 아니란 사실을 의미하고 있다. 성도들에게 있어서는 그것이 하나님의 섭리에 달려 있으며 하나님께서 간섭하시는 다양한 환경에 의해 영향을 받게 된다.

그러므로 자식을 진정으로 사랑하는 부모라면 매를 아끼지 말아야 한다. 만일 자식의 잘못을 보고도 매를 아끼는 자가 있다면 그것은 자식을 미워한다는 증거가 된다. 따라서 참된 부모들은 사랑하는 자녀를 위해 훈계와 징계를 게을리 하지 말아야 한다. 그렇게 하는 것이 자식의 삶을 진정으로 풍요롭게 만드는 것이 되기 때문이다. 그것은 물론 육적인 것을 넘어 영적인 의미를 내포하고 있다. 따라서 의인은 생명의 양식을 배불리 먹게 되지만 악인은 굶주림에 빠지게 되는 것이다.

제16장

슬기로운 여성과 언약의 장막

(잠14:1-15)

1. 지혜로운 여인과 미련한 여인(잠14:1)

전통적으로 가정에서 여성이 감당해야 할 기능은 매우 중요하다. 현대에 들어와 여성의 원래 역할이 많이 약화된 것은 매우 안타까운 일이다. 여성이 남성과 별 차이가 나지 않는 사회활동을 하게 되면서 가정에서 맡았던 고유한 역할을 소홀히 여기거나 등한시하게 되었기 때문이다.

적극적인 경제 활동과 더불어 물질을 중시하는 자들은 바깥에서 일하는 남자의 역할이 더 중요한 것으로 여기는 경향이 있지만 실상은 그렇지 않다. 남성의 사회적 외부 역할과 여성이 집안에서 감당해야 할 기능은 모두가 소중한 일이다. 가정에서 온 가족을 돌보며 지키는 여성의 역할은 그 무엇보다 중요한 것이라 말하지 않을 수 없다. 설령 현대 사회에서 아내가 적극적인 외부활동을 한다고 할지라도 가정에서의 역할은 그대로 유지되어야 한다.

아내와 어머니로서의 지위에 놓여 있는 여성이 어떤 자세로 사고하고 행동하느냐에 따라 한 가정 전체의 행불행이 달려 있다고 해도 과언이 아니다. 잠언은 우리에게 그에 관한 분명한 교훈을 주고 있다. 그것은 여성이 자신의 가정을 올바르게 세울 수도 있고 허물어버릴 수도 있는 중요한 위치에 놓여있음을 말해주기 때문이다.

슬기로운 여인은 자기 집을 온전히 세우는 기능을 감당하게 된다. 설령 남편에게 다소 부족한 면이 있어서 뭔가 잘못하는 경우가 있다고 하더라도 하나님을 진정으로 경외하는 슬기로운 아내는 하나님께서 맡기신 자신의 가정을 위태로운 환경으로부터 지켜낸다. 이는 자손대대로 이어지는 언약의 상속에 밀접하게 연관되어 있다.

이에 반해 미련한 여성은 자기의 가정을 해치거나 허무는 부정적인 역할을 하게 된다. 물론 어리석은 여인 자신은 그에 대한 아무런 인식조차 없다. 설령 남편을 비롯한 온 가족이 애써 노력한다고 할지라도 가정 내부를 지키는 아내가 그 역할을 올바르게 감당하지 못하면 그 가정은 무너지고 만다. 그 어리석은 여인은 세상의 온갖 부정한 풍조를 가정 내부로 받아들임으로써 하나님의 언약을 소유한 가정의 정체성을 허물어버리는 것이다.

이는 가정에서 여성의 역할이 얼마나 중요한가 하는 점을 잘 말해주고 있다. 언약의 가정이 올바르게 상속되기 위해서는 아내와 어머니가 감당해야만 할 역할이 절대로 중요하다. 한 가정에 어떤 여성이 중심에 서 있느냐에 따라, 언약이 온전히 상속되느냐 아니면 상속이 끊어지느냐 하는 중요한 문제가 걸려 있다. 신실한 믿음을 소유한 슬기로운 여성은 자기 집을 온전히 세워 상속을 이어가게 되는가 하면 믿음이 없는 미련한 여인은 오히려 자기의 손으로 가정을 허무는 악한 역할을 하게 되는 것이다.

2. 정직한 자와 패역한 자(잠14:2,3)

정직한 삶을 살아가는 성도들은 여호와 하나님을 진정으로 경외하게 된다. 여기서 말하는 정직한 삶이란 일반 윤리적인 형편을 기준으로 말하지 않는다. 그것은 계시된 하나님의 말씀에 순종하며 살아가는 신앙인의 삶을 의미하고 있다.

그리고 패역한 행동을 하는 자들은 여호와를 경멸하는 자리에 앉게 된다. 잠언 본문에 언급된 패역이란 일반적인 개념을 두고 일컫는 것과 다르다. 그것은 하나님으로부터 계시된 말씀을 가볍게 여겨 멸시하는 것에 연관되어 있다. 그런 사람들은 감히 여호와 하나님을 능멸하는 자들이다.

계시된 말씀을 떠나 악한 상태에 물든 자들은 감히 여호와 하나님을 능멸하면서도 자기가 그런 끔찍한 사고와 행동을 하고 있다는 생각을 전혀 하지 않는다. 그들은 입술과 행동으로써 직접 하나님을 향해 욕설을 퍼붓거나 손으로 삿대질을 한 적이 없기 때문에 그 사실을 완강하게 부인한다. 그러나 하나님의 말씀을 귀담아 듣지 않고 불순종하는 것이 곧 하나님을 능멸하는 행위가 된다.

그러므로 어리석고 미련한 인간들은 자신의 사악한 본성을 모르기 때문에 교만한 태도를 버리지 않는다. 그들은 계시된 말씀을 떠나 제멋대로 말하고 행동함으로써 결국 하나님의 무서운 매를 자청하게 된다. 한편 하나님을 진정으로 경외하는 지혜로운 자들은 계시된 말씀에 근거한 진리를 말함으로써 자기를 온전히 보전할 수 있게 된다.

3. 소와 구유(잠14:4)

잠언은 소와 구유에 연관된 매우 특별한 교훈을 주고 있다. 소가 없으면 구유는 깨끗하게 유지될지 모르지만 그것 자체로서 좋은 것이라 말할 수 없다. 소로 말미암아 구유가 비록 지저분하게 될지라도 그 소의 힘을 통해 얻는 것이 많기 때문이다.

우리는 이 말씀이 과연 무엇을 교훈하기 위해 주어졌는가 하는 점을 주의 깊게 생각해 보아야 한다. 누구나 쉽게 알 수 있는 사실은 그 잠언의 말씀이 농업이나 목축에 연관된 언급을 하려는 것이 아니라는 점이다. 이 말씀은 언약의 자녀들을 위한 사실상 매우 중요한 상징적인 의미를 지니고 있는 것으로 이해해야 한다.

농부들 가운데 구유가 더러워질까 두려워하여 그것을 깨끗하게 보존할 목적으로 소를 키우지 않는 사람은 아무도 없다. 소를 키우는 사람들은 소 자체와 그 가축을 통해 얻게 되는 유익에 근본적인 의미를 두고 있으며, 소가 없는 상태에서 구유를 깨끗하게 유지하는 것 자체를 목적으로 삼지 않는다. 즉 구유가 지저분해질 것이 두려워서 소를 키우지 말아야 하는 것은 아니다.

이 잠언의 말씀은 우리에게 어떤 구체적인 교훈을 주고자 하는 것일까? 그것은 언약의 자손들에게 마땅히 있어야 할 것은 있어야만 한다는 사실과 밀접하게 관련되어 있다. 그것은 교회공동체를 이루는 이웃에 연관되는 것으로 보인다.

하나님의 자녀로서 이 세상에서 이웃과 더불어 살아가다보면 항상 어떤 문제가 발생할 수밖에 없다. 그 문제가 두렵거나 귀찮게 여겨져 이웃 없이 혼자 살아가려고 해서는 안 된다. 즉 이웃으로 말미암아 다양한 문제들이 분출되고 삶이 번잡스럽게 될지라도 그들과 더불어 부대끼며 살아가야만 하는 것이다.

우리는 언약의 백성으로서 결코 혼자서 이 세상을 살아갈 수 없다는 사실을 기억해야 한다. 언약의 자손들은, 이웃으로 인해 복잡한 일을 겪게 된다고 할지라도 그들로 말미암아 얻게 되는 유익이 크다는 사실을 잊어서는 안 된다. 하나님께 속한 성도들은 서로 협력하는 가운데 신앙적인 삶을 살아갈 수 있을 것이기 때문이다.

소와 구유에 연관된 잠언의 본문은 그에 연관된 교훈을 주고자 하는 것으로 보인다. 앞뒤의 문맥을 살펴볼 때 성도들 주변에는 항상 다양한 이웃이 존재하고 있다는 사실을 알게 된다. 그들과 더불어 살아가는 성도들은 이웃으로 인한 복잡한 환경 가운데서 저들의 다양한 도움을 받으며 생존해 가야 한다는 사실을 말해주고 있다.

우리 시대의 개인주의화 된 풍조에 익숙한 성도들은 이 교훈을 귀담아들어야 한다. 현대를 살아가는 나름대로 신앙을 가진 교인들은 세속화된 교회 앞에서 당혹감을 느끼지 않을 수 없다. 빛과 소금의 기능을 상실함으로써 교회다운 면모가 보이지 않는 지상교회들을 보며 소속될 만한 신앙공동체를 찾기 어렵기 때문이다. 자칫 잘못하면 그로 인해 무교회주의자나 떠돌이 교인이 되어 또 다른 오류를 범하게 될 우려가 따른다.

4. 신실한 증인과 미련한 자 (잠14:5-10)

어떤 특정한 사안과 사건에 있어서 정당한 증언을 할 수 있는 증인을 두는 것은 매우 중요한 일이다. 이것은 법정 용어로서, 신실한 증인은 자기가 보고들은 내용을 법정에서 정직하게 말한다. 그러나 사실을 왜곡하려는 의도를 가진 증인은 이기적인 목적에 따라 조작된 거짓말을 내뱉는다. 그런 자들은 자신의 거짓 증언을 합리화하기 위해 온갖 다양한 거짓 상황들을 만들어내게 되는 것이다.

거짓 증거를 하게 되면 범죄한 나쁜 사람은 징벌을 면하게 되지만, 무죄한 선한 사람이 도리어 그 죄를 뒤집어쓸 우려가 있다. 원래의 사실이 왜곡되거나 변형되어 버리기 때문이다. 이는 또한 진실을 은폐한 거짓 증인이 곧 실질적인 가해자로 돌변하게 된다는 사실을 말해주고 있다. 그렇게 되면 원래 악을 행한 자와 거짓 증인은 한 통속이 되어 새로운 공범이 되어 무고한 사람을 정죄하게 만들어 버리는 것이다.

이기적이고 거만한 자들은 자신의 욕망과 목적을 이루기 위해 헛된 지혜를 구한다. 그것은 인간의 머리에서 나오는 잔꾀에 지나지 않으며, 그런 자들은 결코 하나님으로 말미암은 참된 지혜를 소유하지 못한다. 이와 달리 명철한 자는 계시된 말씀을 통해 올바른 지식을 소유할 수 있게 된다.

그러므로 지혜로운 성도들은 여호와 하나님과 그의 이름을 모독하는 악한 자들과 가까이 교제할 이유가 없다. 도리어 그런 자들을 견제하며 저들과의 관계를 단절해야 할 필요가 있다. 그와 같은 악한 사람들의 마음에는 참된 지식이 존재하지 않으므로 결코 진리의 말씀이 드러나지 않을 것이기 때문이다. 따라서 슬기로운 자는 성경에 기록된 지혜로 말미암아 자신이 가야 할 길을 명확히 알고 있지만 미련한 자들은 어리석음에 빠져 이기적인 목적으로 남을 속이는 일을 되풀이하게 된다.

미련한 자들은 그와 같은 형편 가운데서도 자기가 저지르는 죄를 대수롭지 않은 것으로 여긴다. 그와 달리 정직한 사람들은 저들 가운데 존재하는 하나님의 은혜에 따라 살아가게 된다. 그 사람들은 자기의 마음 상태를 살펴 올바르게 인식하고 하나님 앞에 겸손한 삶을 유지해 간다. 사도 바울은 갈라디아 교회에 편지하면서 그에 연관된 언급을 하며 성도들에게 계시된 말씀으로써 자신의 일을 살피도록 요구했다.

> "각각 자기의 일을 살피라 그리하면 자랑할 것이 자기에게만 있고 남에게는 있지 아니하리니 각각 자기의 짐을 질 것임이니라 가르침을 받는 자는 말씀을 가르치는 자와 모든 좋은 것을 함께 하라 스스로 속이지 말라 하나님은 만홀히 여김을 받지 아니하시나니 사람이 무엇으로 심든지 그대로 거두리라" (갈6:4-7)

바울은, 성도 각자는 자신의 삶을 통해 드러나는 일들을 살피는 가운데 올바른 삶을 살아가야 한다는 사실을 언급하고 있다. 그리하여 성도의 온전한 삶을 실천하면 자랑할 것이 자기에게만 돌아가게 될 것이며, 다른 사람에게 돌아가지 않으리라는 사실을 말했다. 나아가 각자 자기의 짐을 져야만 한다는 사실을 언급하는 동시에 그렇게 살아가도록 요구하고 있다.

또한 그것을 위해 하나님의 말씀에 대한 가르침을 받아야 할 성도들은 그 진리를 가르치는 교사와 모든 좋은 것을 함께 나누라는 요구를 했다. 이는 계시된 말씀을 기초로 하지 않은 상태에서는 스스로 속아 넘어갈 수밖에 없다는 사실을 의미하고 있다. 인간들은 자기 욕망에 빠져 제 맘대로 하면서 갖가지 변명을 늘어놓지만 하나님은 결코 그에 속지 않으신다. 전지전능하신 하나님께서는 인간들의 속마음까지도 훤히 들여다보고 계시는 분이기 때문이다.

그러므로 잠언은 인간들이 무엇을 심든지 자신이 뿌린 그대로 거두게 된다는 사실을 언급하고 있다. 자기의 욕망에 따라 무엇을 심으면 겉보기에 그럴듯하게 보일지 모르지만 하나님의 무서운 심판을 피할 수 없다. 그와 달리 하나님의 말씀을 기초로 하여 심으면 그 심은 대로 영원한 구원을 얻게 된다.

따라서 성숙한 성도들은 자신의 마음속에 존재하는 고통을 스스로 알게 되며, 동시에 자신의 마음에 있는 즐거움을 타인에게 빼앗기지 않는다. 이는 모든 것이 여호와 하나님으로 말미암는다는 사실을 말해주고 있다. 이 사실을 깨달아 알고 있는 성도들은 항상 계시된 말씀을 통해 드러나는 하나님의 뜻에 여간 민감하게 반응하지 않으면 안 된다.

5. 정직한 자의 장막(tabernacle)과 악한 자의 집(house) (잠14:11-15)

악한 자의 집은 세상에서 화려하게 비쳐지는 것과 달리 멸망당할 수밖에 없다. 악한 자들은 자신의 목적에 따라 스스로 그럴듯한 집을 세우기 위해 모든 노력을 기울인다. 그 집은 인간의 욕망에 밀접하게 연결되어 있다. 따라서 그들이 행하는 모든 길은 사람들 눈에 아무리 좋게 보일지라도 결국은 사망에 이르게 된다.

그런 자들은 스스로 만족스러운 듯 사람들 앞에서 웃는 모습을 보여주기를 즐겨한다. 하지만 그 본질은 위선적인 것으로서 속마음에는 진정한 만족이 없으므로 슬픔이 가득할 따름이다. 즉 겉보기에 즐거워하는 것 같아도 마지막에는 견딜 수 없는 근심만 남게 된다. 저들의 악한 행위로 인해 장차 무서운 보응을 받게 되는 것이다.

이에 반해 정직한 자의 장막은 우선 보기에 아무리 초라하게 보일지라도 흥왕해 가게 된다. 정직한 자의 집은 타락한 이 세상이 아니라 완벽한 하나님의 집에 연결되어 있기 때문이다. 이는 개별 가정을 넘어 이스라엘 민족의 장막과 연관되어 있음을 말해준다. 따라서 저들의 선한 행위는 세상에서는 관심을 끌지 못하지만 하나님으로부터 인정받게 된다. 그것은 물론 예수 그리스도와 성령의 사역에 밀접하게 연관되어 있다.

그러므로 시편기자는 여호와께서 집을 세우지 아니하시면 세우는 자의 모든 수고가 헛된 것이 될 수밖에 없음을 명시적으로 기록하고 있다. 나아가 하나님이 그 성을 지켜주시지 않으면 파숫군의 경계와 보초가 아무런 힘이 될 수 없다는 사실을 노래하고 있다. 이는 하나님 한 분만이 자기 백성을 지켜 보호해 줄 수 있는 유일한 분임을 말해준다.

> "여호와께서 집을 세우지 아니하시면 세우는 자의 수고가 헛되며 여호와께서 성을 지키지 아니하시면 파숫군의 경성함이 허사로다" (시127:1)

더러운 욕망으로 가득 찬 죄인의 판단과 거룩한 하나님의 판단은 본질적으로 다르다. 따라서 우리는 그것을 정반대의 관점을 가지고 있는 것으로 이해해야 한다. 인간들은 대개 자기를 위한 집을 세우고 자신의 성을 안전하게 지키기를 원하여 최선의 노력을 기울인다. 하지만 그것은 결코 인간들의 뜻대로 진행되어 가지 않는다.

나아가 우리는 이 교훈이 개인의 가정을 넘어 이스라엘 민족에 연관되어 있다는 사실을 기억해야 한다. 개인의 욕망을 추구하는 어리석은 인간들은 다른 사람들이 제시하는 세상의 달콤한 내용들을 쉽게 받아들이지만 슬기로운 자들은 결코 그렇지 않다. 성숙한 성도들은 타락한 세상에서 발생한 모든 것들을 계시된 말씀에 비추어 해석함으로써 그 본질을 살펴 관심을 가지게 된다. 따라서 하나님 나라에 속한 지혜로운 성도들은 공적인 입장을 견지하며 자신의 말과 행동을 무분별하게 되풀이하는 오류를 범하지 않는다.

제17장

지혜로운 백성의 삶이 맺는 결실
(잠14:16-35)

1. 지혜로운 자와 어리석은 자(잠14:16-19)

지혜로운 성도는 하나님과 그의 말씀을 두려워하여 더러운 악을 떠나게 된다. 그에 반해 어리석은 자는 자신의 이성적인 판단을 의지하며 방자한 태도로 무책임한 행동을 되풀이 한다. 그런 자들은 눈앞에 놓인 욕망에 사로잡혀 성급하게 굴면서 자신의 의도에 맞지 않으면 즉시 분노를 드러낸다.

어리석고 미련한 인간들은 일관성 없는 어리석은 행동을 지속하게 된다. 그리고 그들은 더러운 욕망을 추구할 목적으로 악한 계교를 꾸미게 되지만 사람들로부터 신뢰를 받지 못한다. 따라서 미련한 자들은 자신의 어리석음으로 인해 궁극적으로는 그로 인한 응분의 대가를 치를 수밖에 없다.

그에 반해 슬기로운 사람들은 진리에 관한 올바른 지식을 소유함으로써 그것을 영예로운 면류관으로 삼게 된다. 하나님께 속한 참된 성도들은 그 점을 알아보아 서로간 존귀하게 여긴다. 따라서 여호와 하나님을 진정으로 경외하는 백성들은 이 세상에 살아가면서도 타락한 세상의 논리를 무작정 추종하지 않는다. 계시된 말씀으로써 그에 대한 해석을 가하는 가운데 그 의미를 정확하게 파악하게 되는 것이다.

하지만 세상의 왜곡된 논리에 익숙한 사람들은 천상의 나라에 소망을 두고 살아가는 자들을 멸시한다. 세상은 하나님의 자녀들이 자기와 다른 가치관을 가지고 있으므로 인해 저들에 대하여 반감을 가지게 된다. 이는 언약의 자손들이 세상의 오염된 가치를 소유한 자들과 전혀 다른 삶을 살아가는 모습을 보이고 있기 때문이다.

우리가 분명히 알고 있는 사실은 악한 자들은 세상에서 융성하는 듯이 보이지만 궁극적으로는 선한 사람들 앞에 굴복하게 된다는 점이다. 그리고 불의한 자들은 의로운 사람의 문 앞에 엎드릴 수밖에 없게 된다. 이는 하나님께 속한 백성들이 최종적인 승리를 거두게 된다는 사실을 말해주고 있다.

2. 이웃과의 상호관계 (잠14:20-22)

타락한 세상에서는 경제적으로 궁핍하게 살아가는 사람들이 가까이 살고 있는 이웃으로부터도 업신여김을 받는 것이 일반적이다. 그에 반해 재물이 많고 부유한 자에게는 수많은 사람들이 몰려든다. 하지만 그 사람들이 외모나 돈을 보고 부자와 친구가 되기 위해 의도적으로 접근했다면 결코 바람직한 일이라 말할 수 없다.

성경은 이웃을 업신여기는 사람은 죄를 범하는 자라는 사실을 명백히 지적하고 있다. 야고보 선생은 그에 관한 선명한 기록을 남기고 있다. 이는 하나님의 자녀로서, 외모를 보고 다른 사람을 판단해서는 안 된다는 사실에 연관되어 있다.

이와 더불어 우리가 반드시 기억해야 할 바는 그것이 물질적인 관점에서만 설명될 수 있는 성질이 아니라는 사실이다. 그리고 일반적인 미움이나 증오를 통해서만 죄가 발생하는 것도 아니다. 성경은 다른 사람을 외모로 판단하는 것 자체가 죄가 된다는 사실을 언급하고 있기 때문이다.

> "내 형제들아 영광의 주 곧 우리 주 예수 그리스도를 믿는 믿음을 너희가 받았으니 사람을 외모로 취하지 말라 ... 만일 너희가 외모로 사람을 취하면 죄를 짓는 것이니 율법이 너희를 범죄자로 정하리라" (약2:1,9)

하나님의 자녀들은 어떤 경우에도 다른 사람을 외모로 판단하지 말아야 한다. 부자라고 해서 무작정 떠받들어야 할 대상이 아니며, 가난하고 청빈한 삶을 살아가는 자라고 해서 그것 자체가 덕목이 될 수도 없다. 중요한 점은 주변의 이웃을 돌아보며 저들을 긍휼히 여기는 성도들이 진정으로 복이 있는 자들이라는 사실이다.

이는 생활에 경제적인 여유가 있는 성도들이 가난한 자들의 어려운 삶을 기억하고 저들의 힘이 되어 주고자 하는 마음을 소유하는 것과 관련되어 있다. 그로 말미암아 성숙한 성도들은 다른 사람들의 겉으로 드러나는 형편을 보고 차별하는 교만한 마음을 가지지 않을 수 있게 된다. 하나님 앞에서 모든 성도들이 동등하다는 사실을 알고 있기 때문이다.

한편 세상의 욕망을 추구하며 더러운 악을 꾀하는 자들은 하나님을 떠나 잘못된 길을 걸어가는 것과 같다. 그것은 개인적인 욕망을 추구하는 이기적인 삶에 밀접하게 연관되어 있다. 하지만 하나님의 말씀을 좇아 선한 일을 계획하는 사람들은 항상 영원한 은혜와 참된 진리를 소유하게 된다. 타락한 세상에 살아가는 언약의 백성들은 항상 이점을 염두에 두고 있어야만 한다.

3. 땀 흘리는 수고와 입술의 열매(잠14:23-27)

부지런하고 근면한 사람들의 모든 수고에는 그에 상응하는 적절한 이득이 주어지기 마련이다. 이는 신실한 사람들이 그에 따른 나름의 결실을 얻게 되는 것을 말해주고 있다. 그러나 삶의 실천이 없는 상태에서 입술에 발린 그럴듯한 헛된 말들만 늘어놓는다면 궁핍이 따를 수밖에 없다.

이 세상에 살아가는 사람들은 많든 적든 나름대로 재물을 소유하게 된다. 중요한 것은 재산의 정도가 아니라 그것을 소유한 사람들의 신앙인격이다. 과연 누가 그 재산을 소유하고 있느냐에 따라 그것이 좋은 역할을 하기도 하며 나쁜 역할을 하기도 한다. 따라서 풍부하지 않은 적은 재산이 훌륭한 역할을 할 수 있는가 하면, 넉넉하고 풍요로운 재산이 악한 역할을 할 수도 있다.

기본 인격이 갖추어지지 않은 상태에서는 재산이 많으면 많을수록 그 부작용과 역기능이 커지게 된다. 하지만 인격적이며 성실한 사람은 재산이 많으면 많은 대로 적으면 적은 대로 선한 역할을 하게 된다. 이 교훈이 주는 중요한 의미는 재산을 소유한 그 사람이 중요할 뿐 재물 자체가 아니라는 사실을 말해주고 있다.

잠언은 지혜로운 사람이 소유한 재물은 그의 면류관이 된다는 사실을 언급하고 있다. 하지만 미련한 사람의 소유는 그것이 아무리 많을지라도 미련한 것에 지나지 않는다. 하나님으로 말미암은 참된 믿음을 소유한 성도들이 재물로써 주변의 어려운 이웃을 돌보아 주는 것을 사람들이 알게 되면 그를 존경할 수밖에 없다. 그와 달리 미련한 자가 넘치는 재산을 소유하고 있으면서 자기만을 위해 살아간다면 그것은 멸시의 근거가 될 따름이다.

또한 잠언의 본문에서는 증인에 관한 언급을 하고 있다. 이는 진실한 증인이라면 사람의 생명을 구원하게 된다는 점에 연관되어 있다. 그에 반해 거짓 증언을 일삼는 자들은 다른 사람들을 속여 해를 끼치게 될 뿐이다. 선지자 이사야는 하나님께 속한 언약의 자손들이 참된 증인으로 선택받았다는 사실을 말해주고 있다.

> "나 여호와가 말하노라 너희는 나의 증인, 나의 종으로 택함을 입었나니 이는 너희로 나를 알고 믿으며 내가 그인 줄 깨닫게 하려 함이라 나의 전에 지음을 받은 신이 없었느니라 나의 후에도 없으리라" (사43:10)

잠언에서 언급한 것처럼, 여호와 하나님을 경외하는 증인은 사람들에게 참 생명을 공급하는 역할을 하게 된다. 이는 여호와를 경외하는 자에게는 견고한 믿음이 생기고 그것이 안전한 요새와 피난처가 된다는 사실에 연관되어 있다. 즉 모든 언약의 자손들은 참된 증인인 선지자들과 사도들의 증언을 통해 믿음을 소유하게 되며, 그와 동시에 모든 성도들은 그의 증인이 되어야만 하는 것이다.

그러므로 예수님께서는 십자가에 달려 돌아가셨다가 부활하신 후 천상의 나라로 승천하기 직전 제자들에게 그에 관한 유언을 남기셨다. 세상에서 발생한 하나님의 모든 구속사역들은 하나님의 계시에 따라 성경에 그대로 기록되어 있다. 하나님께 속한 모든 성도들은 성경에 기록된 내용들을 다른 사람들에게 증거하게 된다.

성경에 계시된 말씀들은 오염되고 타락한 이 세상을 심판하고 다시금 재창조하시게 될 메시아 사역에 밀접하게 연관되어 있다. 따라서 지상의 모든 언약의 자손들은 메시아에 대한 증인이 되어야 하는 것이다. 사도행전에는 그에 연관된 내용이 기록되어 있다.

> "오직 성령이 너희에게 임하시면 너희가 권능을 받고 예루살렘과 온 유대와 사마리아와 땅 끝까지 이르러 내 증인이 되리라 하시니라" (행1:8)

예수 그리스도는 창세전에 선택한 자기 백성들을 위한 생명의 근원이 되신다. 그를 통해 언약의 자손들이 참된 생명을 공급받을 수 있다. 따라서 하나님께서 중보자 예수 그리스도를 통해 저들에게 불멸의 생명을 허락하시게 되는 것이다.

하나님께서는 그 증언을 통해 자기 백성들을 사망의 구렁텅이에서 건져내 영원한 구원을 베풀어 주신다. 잠언에 언급되어 있는 바대로, 하나님의 자녀들에게는 그것이 세상이 알지 못하는 안전한 피난처가 된다. 이로써 여호와를 경외하는 것이 생명의 샘이 된다는 사실과, 그의 권능이 사망의 올무에서 벗어나도록 한다는 사실을 증거해주고 있다.

4. 언약의 왕국과 창조주 하나님(잠14:28-31)

잠언은, 한 나라에 백성이 많은 것은 통치자인 왕의 영광이 되지만 백성이 적은 것은 주권자의 패망이 된다는 사실을 언급하고 있다. 총체적인 관점에서 볼 때 백성이 많다는 말은 국가에 속한 가정이 많고 각 가정의 가족수가 많은 것에 밀접하게 관련된다. 이는 국가에 속한 가정과 인구수는 국력과 직접 연관된다는 점을 말해준다. 이 말은 물론 일반적인 개념이 아니라 언약의 왕국에 연관된 것이다.

또한 잠언은 성숙한 성도들은 분노를 다스리며 조절할 줄 알아야 한다는 사실을 기록하고 있다. 즉 분노할 때 분노해야 하며 분노를 자제해야 할 때 자제할 수 있어야 한다. 그러므로 분노를 자제할 수 있는 자는 크게 명철한 사람이다. 하지만 마음이 조급하여 자기의 성격을 다스리지 못해 분노를 여과 없이 표출하는 사람은 어리석은 자에 지나지 않는다.

사람의 마음이 조급한 상태에서는 정상적인 태도를 유지하기 어렵다. 성급한 마음을 가지게 되면 그 분노의 원인을 정확하게 짚어내기 힘들 뿐 아니라 다른 사람에게 사실의 본질을 잘 전달하기 힘든다. 그렇게 하여 감정이 흔들리게 되면 이득을 보는 것이 아니라 더욱 큰 손해를 볼 수밖에 없다.

그러므로 성숙한 성도들은 항상 평온한 마음을 유지하도록 해야 한다. 그렇지 않고 주변의 이웃에 대하여 시기하거나 질투하는 태도를 가지고 감정에 휘둘리게 되면 그 뼈가 썩어 들어가는 것처럼 자신의 건강을 크게 상하게 될 우려가 따르게 된다. 따라서 성숙한 성도들은 항상 감정에 흔들림이 없는 평온한 상태를 유지할 수 있도록 최선의 노력을 기울여야 한다.

잠언은 또한 가난한 사람을 학대하는 자는 그를 지으신 여호와 하나님을 멸시하는 것과 동일하다는 사실을 언급하고 있다. 그러나 살아가기 힘든 궁핍한 믿음의 형제를 불쌍히 여기는 자들은 하나님을 공경하는 것과 마찬가지이다. 예수님께서는 자기를 따르는 제자들에게 그와 연관된 중요한 말씀을 하셨다.

> "임금이 대답하여 이르시되 내가 진실로 너희에게 이르노니 너희가 여기 내 형제 중에 지극히 작은 자 하나에게 한 것이 곧 내게 한 것이니라 하시고 ... 내가 진실로 너희에게 이르노니 이 지극히 작은 자 하나에게 하지 아니한 것이 곧 내게 하지 아니한 것이니라 하시리니" (마25:40,45)

이 세상 가운데는 다양한 사람들이 함께 어우러져 살아가고 있다. 성도들의 주변에는 항상 부유하거나 매우 가난한 이웃들이 존재하기 마련이다. 위의 마태복음 본문에서는 예수님께서 언약에 속한 성도들이 주변의 다른 사람들에게 한 행위가 곧 자기에게 한 것과 동일하다는 사실을 말씀하셨다.

이는 예수님께서 자기가 선택한 자녀인 성도들에게 한 일이 곧 자기에게 한 일과 같다는 사실을 말해주고 있다. 즉 그것은 일반적인 상황에서 주어진 말씀이 아니다. 다시 말해 그냥 가난한 사람들에게 물질적으로 도와주는 것 자체를 의미하는 것이 아니라 하나님께 속한 성도들에게 도움을 베푼 사실에 연관되어 있다.

예를 들어 어느 부모에게 자녀가 있다고 생각해 보자. 그 자녀가 매우 어려운 환경에 봉착했을 때, 누군가가 그에게 도움을 베풀어준다면 그 부모의 입장에서는 그 고마운 행위가 자기에게 한 것과 동일한 의미를 지니게 된다. 따라서 그 부모는 자기 아들에게 호의를 베풀어준 그 친구에게 자기에게 한 것과 동일한 의미로 받아들일 수 있는 것이다.

이와 마찬가지로 언약에 속한 성도들 가운데 살아가는 가난한 사람을 학대하는 것은 여호와 하나님을 직접 멸시하는 것과 같다. 그대신 궁핍한 성도들을 불쌍하게 여기는 사람은 곧 하나님을 공경하는 것이 된다. 따라서 우리 주변에는 하나님께 속한 성도들이 많이 살고 있어서 그들에게 어떻게 대하느냐에 따라 하나님께 욕을 돌리는 것이 될 수도 있으며 하나님을 향한 공경의 삶을 살 수도 있는 것이다.

5. 의인과 악인의 결말(잠14:32-35)

하나님을 떠나 악한 삶을 살아가는 사람은 심한 재난이 임하게 되면 금방 쓰러져 넘어질 수밖에 없다. 그러나 의로운 사람은 무서운 환난과 죽음이 닥친다고 할지라도 피난처를 향해 피신할 수 있게 된다. 하나님의 자녀들은 이 세상에 살아가면서도 항상 피난처를 가까이 두고 있다. 세상이 급작스럽게 무너져 내리고 형언하기 어려운 끔찍한 사건이 발생한다고 할지라도 성도들은 그와 함께 멸망하지 않는 것이다.

참된 지혜는 명철한 사람의 마음속에 상존하고 있다. 하지만 미련한 자의 마음에는 그것이 아예 존재하지 않는다. 겉보기에 아무리 화려하고 그럴듯해 보일지라도 그 속에는 어리석음만 가득 차 있을 따름이다. 또한 많은 학식을 가지고 지식인의 모습을 갖추고 있는 듯하지만 실상은 참된 지식을 전혀 소유하지 못한 자들이 많이 있다.

하나님의 공의는 언약의 왕국을 영화롭게 하는 데 반해 죄악은 그 가운데 살아가는 백성을 욕되게 한다. 공의가 실현되어 법과 정의가 살아있는 나라에서는 불의가 함부로 개입하거나 날뛰지 못한다. 즉 하나님의 율법이 정당하게 적용되는 국가에서는 약한 자들이 보호받게 되지만 그 법이 적용되지 않는 나라에서는 폭력이 난무하게 된다.

온전한 언약의 왕국에서는 백성들을 위한 어진 통치자가 존재한다. 그는 자기의 통치 영역 내부에 살아가는 백성들이 안전한 삶을 이어갈 수 있도록 국법을 정당하게 적용하기를 게을리하지 않는다. 따라서 슬기롭게 행하는 신하들은 왕에게 은총을 입게 되지만 왕에게 욕을 끼치는 신하들은 그로부터 무서운 진노를 살 수밖에 없다.

이는 이 세상의 일반적인 국가를 염두에 두고 언급된 것이 아니라 하나님의 나라 통치 영역에 연관되는 문제이다. 하나님의 백성들은 그의 거룩한 말씀에 온전히 순종해야 하며 그의 요구에 따르고자 하는 자세를 유지해야 한다. 모든 성도들은 만왕의 왕이신 예수 그리스도께 속한 자로서 자기에게 맡겨진 직무를 충성스럽게 감당해야만 하는 것이다.

제18장

의인에게 허락된 감사한 삶

(잠15:1-18)

1. 유순한 사람 (잠15:1-4)

사람은 혼자 살아갈 수 없는 존재로서 항상 누군가와 대화를 나누는 가운데 이 세상을 살아간다. 주변 사람들과 원만한 대화가 이루어진다면 형통한 삶을 이어갈 수 있지만 대화가 단절되거나 그에 문제가 발생하면 삶이 어려워지게 된다. 따라서 하나님의 자녀로서 말을 가려서 하며 경우에 맞는 올바른 대화를 나누는 지혜를 소유하는 것은 매우 중요하다.

잠언은, '유순한 대답은 분노를 쉬게 한다' 는 사실을 언급하고 있다. 이는 단순히 부드러운 말투에 국한되는 것이 아니라 그 내용과 깊이 연관된 것으로 보아야 한다. 그 유순한 말은 외형상의 표현만으로 구성될 수 있는 성질의 것이 아니며 속마음이 유순한 사람으로부터 자연스럽게 흘러나오게 된다.

다시 말하자면, 사람의 언어가 유순하다는 뜻은 외부로 드러나는 특별한 성격이나 성품에 의해 드러나는 언행에 국한되는 의미가 아니다. 또한 유순하다는 말은 항상 다른 사람들에게 듣기 좋은 말을 골라서 사용한다는 의미로 보아서도 안 된다. 우리는 종종 우유부단한 성품을 보고 유순한 것으로 오해하기도 한다.

나아가 사람들의 일반적인 언어습성을 두고 유순한 사람인지 여부를 결정짓는 것도 아니다. 유순한 언어를 사용한다는 말은 항상 사람의 의중을 알아차리고 그에 조화되는 일관성 있고 성실한 반응을 보이는 것을 의미하고 있다. 즉 상대방을 진정으로 존중하는 마음이 결여된 상태라면 결코 유순한 언어가 발생할 수 없다. 물론 그 내용과 모든 과정은 성경의 교훈에 온전히 조화되어야 한다.

한편 과격하다는 말의 의미 역시 사람의 외부적인 성격 여부에 제한하여 규정되지 않는다. 이는 거친 어투에도 연관되지만 그 내용에 깊이 관련되는 것으로 이해해야 한다. 즉 속마음이 이기적이면 내용상 과격한 언어가 표출될 수밖에 없다. 이는 개개인 사이에서 뿐만 아니라 집단이나 조직체 내부에서도 그대로 드러나는 성질을 지니고 있다.

성경에 기록된 믿음의 선배들은 본성이 유순한 분들이었다. 그들은 거듭난 성도로서 한결같이 여호와 하나님을 경외하는 유순한 자세를 지니고 있었다. 그러나 하나님으로 말미암은 참된 진리에 도전하거나 저항하는 세력에 대해서는 강한 어조로 비판하는 말을 서슴지 않았다. 세례 요한과 예수님께서는, 세례가 베풀어지는 요단강으로 나아오는 유대인들을 향해 '독사의 자식들' 이라는 강한 어조의 표현을 사용했다.

> "요한이 많은 바리새인과 사두개인이 세례 베푸는데 오는 것을 보고 이르되 독사의 자식들아 누가 너희를 가르쳐 임박한 진노를 피하라 하더냐" (마3:7); "독사의 자식들아 너희는 악하니 어떻게 선한 말을 할 수 있느냐 이는 마음에 가득한 것을 입으로 말함이라" (마12:34)

세례 요한과 예수님의 입술을 통해 선포된 이 말씀은 외적으로 매우 단호하고 과격한 표현이었던 것이 분명하다. 하지만 그것은 하나님을 경외하는 성도인 요한과 하나님의 아들이신 예수님의 본질적으로 유순한 마음에서 나온 것이라 말할 수 있다. 어리석은 자들이 이기적인 생각과 행동을 보일 때, 참된 지혜를 소유한 요한과 예수님은 저들에게 하늘로 말미암은 지식을 배경으로 분명한 어조의 심판을 선포하셨던 것이다.

여호와 하나님께서는 인간들이 어디에 있든지 항상 불꽃같은 눈으로 저들의 모든 것들을 빈틈없이 감찰하고 계신다. 그 눈을 피할 수 있는 인간은 이 세상에 아무도 없다. 따라서 모든 성도들은 상대가 비록 분별력 없는 과격한 언사를 사용할지라도 하나님께서 허락하신 유순한 마음으로부터 우러나는 반응을 해야만 한다.

잠언은 또한 의인의 온순한 혀는 '생명나무' 라는 사실을 언급하고 있다. 이는 하나님께 속한 신실한 성도의 혀로 표현되는 말은 다른 사람들에게 생명을 전달하는 역할을 하게 됨을 의미한다. 진정으로 온순한 마음을 소유한 성도들로부터 생명의 근원이 되는 참된 언어가 표출되기 때문이다.

이에 반해 부패한 자들의 마음으로부터는 겉모양과 상관없는 가시 돋친 말들이 흘러나오게 된다. 날카로운 혀를 통해 나오는 그것들은 다른 사람의 마음을 크게 상하게 만들 따름이다. 그 말들은 때로 그럴듯하게 보일지 모르지만 타락한 인간에게서 발생한 모든 것들은 아무런 가치가 없는 감정적인 표현에 지나지 않는다.

2. 훈계와 책망을 소중히 여기는 집(잠15:5-7)

여호와 하나님을 경외하는 신실한 자녀들은 아버지의 훈계를 달게 받아들인다. 그들은 조상으로부터 상속되어온 그 훈계를 절대로 업신여기지 않는다. 만일 언약에 신실한 아버지의 훈계를 업신여기는 자식이 있다면 그는 하나님의 언약을 받아들이지 않는 지극히 교만한 자에 지나지 않는다.

성경은 우리에게 그에 연관된 분명한 교훈을 주고 있다. 모세의 십계명에는 부모를 공경하라는 명령이 기록되어 있다. 그것은 물론 일반적인 개념을 넘어 하나님의 언약에 연관된 말씀이다. 그 하나님의 자녀들은 그에 순종함으로써 언약의 땅에서 저의 생명이 길게 되리라는 것이었다. 이는 신약성경 에베소서에도 공히 나타나고 있는 내용이다.

> "네 부모를 공경하라 그리하면 너의 하나님 나 여호와가 네게 준 땅에서 네 생명이 길리라" (출20:12); "자녀들아 너희 부모를 주 안에서 순종하라 이것이 옳으니라 네 아버지와 어머니를 공경하라 이것이 약속 있는 첫계명이니 이는 네가 잘 되고 땅에서 장수하리라" (엡6:1-3)

슬기로운 언약의 자녀들은 아버지의 훈계와 책망을 기꺼이 받아들인다. 물론 그 아버지는 언약에 신실한 자로서 하나님의 말씀으로 자녀를 교육하며 훈육해야 할 의무가 있다. 믿음의 자녀들에게 있어서 저들의 부모가 그와 같은 자세를 가지는 것은 매우 중요한 일이다. 그것을 통해 하나님의 언약이 자손대대로 상속되어 가기 때문이다.

그러므로 잠언은, 의인의 집에는 많은 보물이 보관되어 있다는 사실에 관하여 말하고 있다. 그와 달리 악한 자들의 소득은 아무런 의미가 없을 뿐더러 그것이 도리어 고통의 근원이 된다는 점이 언급되어 있다. 이는 물질적인 측면을 넘어 하나님의 언약이 전달되어 가는 성도의 가정을 통해 가장 값진 유산 상속이 이루어진다는 의미를 내포하고 있다.

따라서 지혜로운 사람의 입술은 항상 여호와 하나님으로 말미암은 참된 지식을 전파하게 된다. 그에 반해 미련한 자의 마음은 성경에 기초한 올바른 정체성이 사라지고 없으므로 자신의 욕망을 드러내기에 급급하다. 이와 달리 언약의 백성들의 가정에서는 참된 지식을 통해 하나님의 언약이 자손대대로 상속되어 가는 까닭에 영원한 진리가 가득하게 되는 것이다.

3. 악인의 혐오스런 제사와 의인의 참된 기도 (잠15:8-12)

어리석은 인간들은 하나님에게도 무언가 부족한 것이 존재하는 듯이 착각하고 있다. 그리하여 그에게 필요한 것을 애써 찾아 채워주려고 하는 오만한 마음을 먹게 된다. 여호와 하나님은 전지전능한 분으로서 아쉽거나 부족한 것이 전혀 없는 분이다. 따라서 타락한 인간이 자기가 소유한 물질이나 능력을 통해 하나님을 만족시키려는 것은 지극히 어리석은 행위가 될 따름이다.

그와 같은 어리석은 사고를 하는 자들은 올바른 믿음을 소유한 자들이라 말할 수 없다. 그들은 하나님과 사람들 앞에서 자기의 능력을 내세워 자랑하고자 하는 오만한 마음을 먹고 있다. 그 악한 자들은 하나님의 율법에 상관없이 자기의 취향에 따라 제사 지내기를 좋아한다. 그들은 많은 양의 제물을 드리면 하나님이 기뻐하실 것으로 여기며, 자기 눈에 그럴듯하게 보이는 것들을 골라 바치면 하나님이 좋아할 것으로 착각하고 있다. 하지만 그는 결코 인간들의 기준에 따라 구별된 것들을 좋아하는 분이 아니시다.

그러므로 잠언은 하나님의 뜻에 관심을 가지지 않는 악한 자가 드리는 제사라면 아무리 대단한 정성을 들였다고 할지라도 하나님께서는 그것을 미워하신다는 사실을 언급하고 있다. 이는 단순히 그 제물을 받지 않는다는 사실을 넘어 그것을 경멸하신다는 의미를 담고 있다. 어리석은 인간들은 그런 제사를 통해 하나님을 섬기는 것이 아니라 도리어 욕되게 하는 것이다. 즉 인간들은 하나님이 기쁘게 제사를 받으리라고 생각하며 종교적인 행동을 하는 동안 하나님은 그것을 통해 도리어 욕을 당하고 계시는 것이다.

그러나 하나님을 진정으로 경외하는 정직한 자의 기도는 하나님께서 기꺼이 받으신다. 성경 본문에 기록된 정직이란 우리가 일반적으로 생각하는 의미와는 다른 성격을 지닌 것으로 이해해야 한다. 여기서 말하는 정직이란 자신의 더러운 죄를 인식하고, 거룩한 하나님 앞에 선 인간의 처참한 상태에 대한 깨달음을 동반하는 의미를 지니고 있다. 하나님께서는 그런 자들의 기도를 기쁘게 받아주시는 것이다.

잠언은 또한 여호와 하나님께서는 악인의 길을 미워하신다는 사실을 분명히 언급하고 있다. 하지만 한쪽으로 치우치지 않는 공의를 알고 그 길을 온전히 걸어가려고 하는 성도들을 사랑하신다. 따라서 하나님의 도를 배반하는 자들에 대해서는 엄한 징계를 베푸시게 되며, 그의 견책을 싫어하는 자는 죽음에 이를 수밖에 없다.

우주만물을 창조하신 여호와 하나님 앞에서는 사람들이 아무것도 숨기지 못한다. 살아있는 인간들이 직접 접근할 수 없는 내세에 해당되는 스올(Sheol)과 아바돈(Abaddon) 즉 음부와 지옥조차도 여호와 하나님 앞에서 그대로 드러나게 된다. 하물며 인간들의 속마음에 감추어진 모든 것들도 그대로 드러나지 않을 수 없다. 어리석은 인간들은 자신의 악한 마음을 하나님과 다른 사람들 앞에서 숨기고 감추기 위해 애쓸지라도 하나님은 그 모든 것들을 다 들여다보시게 된다.

거만하고 사악한 인간들은 속성상 거룩한 하나님과 선한 이웃으로부터 받는 책망을 싫어한다. 저주에 빠진 인간들은 자신을 핑계대거나 스스로 의로운 존재로 착각하며, 그 죄악의 심각성을 전혀 깨닫지 못하며 보지 못하고 있기 때문이다. 따라서 그들은 하나님으로 말미암아 참된 지혜를 소유한 자들에게 가까이 나아가기를 거부한다. 저들로부터 받는 올바른 교훈과 책망을 받아들일 마음이 전혀 없기 때문이다.

4. 마음의 즐거움과 심령의 근심(잠15:13-15)

사람의 마음은 그 얼굴과 직접 연결되어 있다고 해도 과언이 아니다. 즉 얼굴에 나타나는 표정은 마음에 그 배경을 두고 있다. 사람의 마음이 힘들고 괴로우면 그 얼굴에 수심이 가득 찬 모습으로 나타나게 되며, 마음이 즐거우면 그의 얼굴에도 마음속 즐거움이 그대로 드러나게 된다.

잠언은 사람의 마음속 즐거움은 얼굴을 빛나게 하지만, 마음의 근심은 심령을 상하게 만든다는 사실을 언급하고 있다. 이 말 가운데는 마음이 즐거우면 자기뿐 아니라 다른 사람들에게도 즐거운 영향을 끼치게 된다는 사실이 내포되어 있다. 그와 달리 마음에 근심이 가득하게 되면 설령 다른 사람들 앞에서는 그것을 어느 정도 감출 수 있을지 모르나 자기 자신의 심령을 크게 상하게 만들게 된다.

그러므로 지혜롭고 명철한 사람의 마음은 항상 참된 지식을 추구한다. 즉 올바른 신앙을 소유한 성숙한 신앙인들은 자신의 감정에 따라 움직이는 것이 아니라 진리의 말씀에 의해 지배받게 된다는 것이다. 이에 반해 어리석은 사람들은 자신의 감정에 따라 향방 없는 말을 내뱉음으로써 일시적으로 나타나는 그 현상을 즐기게 된다. 하나님을 알지 못하는 미련한 자들은 자신의 허망한 욕망을 드러내며 그것을 자랑으로 여기게 되는 것이다.

마음에 극심한 고통을 가지고 살아가는 자들은 이 세상에서 살아가는 것이 고달프고 힘들 수밖에 없다. 그러나 진리로 인해 마음이 즐거운 자는 항상 잔치에 참여하듯 즐거운 마음으로 살아가게 된다. 이는 물론 영적인 의미로 해석되어야 할 내용이다. 따라서 하나님의 자녀들은 힘든 세상에 머물고 있지만, 진리와 더불어 영원한 천국에 소망을 둠으로써 즐겁고 감사한 마음으로 인생을 살아갈 수 있어야 한다.

5. 부유한 자와 가난한 자의 삶(잠15:16-18)

어리석은 인간들은 본질을 벗어난 엉뚱한 데서 삶의 의미를 찾으려고 애쓴다. 그런 자들은 세상에서 성공하고 많은 재물을 끌어모으게 되면 그것을 통해 만족스런 삶을 살아갈 수 있을 것처럼 여긴다. 그러나 그것은 타락한 세상의 이성과 경험에 따른 일시적인 것으로서 지극히 미련한 행동에 지나지 않는다.

잠언은 오히려 언약의 백성들에게 그와 정반대의 교훈을 주고 있다. 비록 재산이 풍부하지 않아 가난한 형편에 처한다고 할지라도 여호와 하나님을 진정으로 경외하는 삶이 소중하다는 사실을 말하고 있다. 이와 달리 큰 부자가 된다고 할지라도 그로 말미암아 번뇌한다면 그 인생은 궁극적으로 고달픈 인생살이가 될 수밖에 없다.

그러므로 잠언은 비록 채소를 먹으며 넉넉하지 못한 생활을 영위한다고 할지라도 주 안에서 가족이 서로 사랑하며 살아가는 것이, 살진 소를 잡아먹으며 서로 미워하는 것보다 훨씬 낫다는 사실을 언급하고 있다. 아무리 부유하고 화려한 집에서 살며 값비싼 음식을 먹는다 할지라도 진정한 평강이 없다면 그것은 아무런 의미가 없다. 우리는 하나님을 알지 못하는 상황 가운데 세상에서 모은 재산은 도리어 고통의 뿌리가 될 수 있음을 기억해야 한다.

따라서 하나님의 자녀들은 계시된 성경 말씀에 순종하는 가운데 자기 자신이 아니라 사랑하는 가족과 이웃을 위한 삶을 살아갈 수 있어야 한다. 잠언에서 숱하게 많이 언급되고 있는 사실이지만, 부자가 되는 것 자체를 잘못된 것이라 말할 수 없다. 하지만 부자가 되는 것이 자기 자신의 부귀영화를 도모하기 위한 것이 아니라 이웃을 위해서라는 사실을 깨닫는 것이 중요하다. 시편에서는 소유의 많고 적음보다 더욱 중요한 것은, 그 사람이 하나님께 속한 의인이냐 하나님을 모르는 악한 자냐 하는 점이라는 사실을 분명히 언급하고 있다.

"의인의 적은 소유가 많은 악인의 풍부함보다 승하도다" (시37:16)

어리석은 인간들은 이 세상에서 출세하고 성공하는 것을 최고의 가치로 여긴다. 그들은 많은 재산을 소유하는 것을 자랑으로 생각하며, 그것으로써 세속적인 욕망을 추구하며 목적하는 바 자신의 행복을 추구하고자 하는 것이다. 하지만 그와 같은 사고는 지극히 미련한 판단이 아닐 수 없다.

우리가 여기서 기억해야 할 바는, 세상의 재물보다 더욱 중요한 것은 여호와 하나님을 경외하고 그를 온전히 섬기는 삶이라는 사실이다. 성도들은 그 신앙의 자리를 성실하게 지키는 것이 인간이 세상에서 누릴 수 있는 최상의 값어치라는 사실을 깨달아야 한다. 그런 은혜 가운데 살아가는 성도들은 끊임없이 변화하는 세상의 다양한 현상에 대하여 그리 민감하게 반응하지 않는다.

그와 달리 여호와 하나님을 알지 못하는 불신자들은 자기에게 조금이라도 손해를 끼친다고 판단되면 쉽게 분노하는 성향을 지니고 있다. 그런 사람들은 항상 주변의 사람들과 자신을 비교하는 가운데 다툼을 일으키게 된다. 하지만 하나님을 진정으로 경외하며 영원한 천국에 소망을 두고 그곳을 바라보는 성도들은, 이 세상의 것으로 인해 필요 이상으로 분노하지 않으며 아무런 유익이 없는 불필요한 다툼을 멀리하는 지혜를 소유하고 있다.

제19장

겸손한 성도와 논의를 요구하는 삶
(잠15:19-33)

1. 게으른 자의 길과 성실한 자의 길(잠15:19-21)

게으르다는 말은 아무것도 하지 않고 빈둥댄다는 의미를 지니고 있다. 또한 마땅히 행해야 할 바를 미루고 온당치 않은 불필요한 일에 관심을 기웃거리는 것과도 연관되어 있다. 그런 자들은 이기적인 목적을 달성하기 위해 무의미한 일을 되풀이하면서 스스로 뭔가를 한다고 여기지만 그것은 하나님의 뜻을 벗어난 게으른 태도를 지속하는 것에 지나지 않는다. 그런 자들은 오로지 자신의 욕망에 충실할 따름이다.

잠언은 게으른 자의 길은 가시덤불로 뒤덮인 가시밭과도 같다는 사실을 말하고 있다. 이와 달리 정직한 자의 길은 대로(大路)와 같아서 막힐 것이 없다. 게으른 사람들은 자기 주변에서 발생하는 사소한 문제들조차 제대로 처리하거나 관리하지 못한다. 이는 부자들이 성실하게 노력하여 얻은 재산으로써 때로 즐거운 잔치를 벌이는 삶을 누리는 것과 크게 대비된다.

전도서에는 그에 연관된 내용이 기록되어 있다.

> "게으른즉 석가래가 퇴락하고 손이 풀어진즉 집이 새느니라 잔치는 희락을 위하여 베푸는 것이요 포도주는 생명을 기쁘게 하는 것이나 돈은 범사에 응용되느니라 심중에라도 왕을 저주하지 말며 침방에서라도 부자를 저주하지 말라 공중의 새가 그 소리를 전하고 날짐승이 그 일을 전파할 것임이니라" (전10:18-20)

전도서에 언급된 것처럼 게으른 자들은 자기가 살고 있는 집 이곳저곳이 심하게 퇴락하여 무너져 내릴 지경이 되어도 그것을 고치려고 하지 않은 채 내버려 둔다. 그들은 자기의 삶에 대하여 극도로 무책임한 태도를 취하고 있는 것이다. 그러나 근면한 자세로 성실하게 일하는 사람들은 자기가 소유한 재물로써 주변의 이웃들을 불러 즐거운 시간을 가지기도 한다.

게으른 자들은 항상 자기가 가난하게 된 이유를 다른 곳으로 돌려 핑계대기에 급급하다. 개인적인 어려운 형편이 마치 국가 정책의 잘못에 기인하는 양 왕이나 통치자를 저주하는가 하면 부유하게 살아가는 자들을 저주하기도 한다. 하지만 그런 불건전한 정신은 더 큰 궁핍을 가져오게 될 따름이다.

그러므로 성경은 그와 같은 악한 자세로 통치자나 부자를 저주하는 짓을 하지 말라는 경고를 하고 있다(전10:20). 그와 같은 행동은 결코 정당한 것이라 말할 수 없다. 남몰래 뒤에서 지껄이는 그런 악한 말들이 주변 사람들에게 알려지고 정부 당국에 전해지게 되면 더욱 심한 고통을 당하게 될 따름이라는 것이다.

따라서 지혜로운 사람들은 어려서부터 언약에 연관된 교훈을 귀담아 들어 순종함으로써 그 아버지를 즐겁게 한다. 그러나 미련한 자들은 하나님의 언약을 멀리함으로써 그 어머니를 업신여기게 된다. 믿는 자녀로서 부모에 대한 최상의 효도는 그로부터 전해지는 언약을 상속받는 것이다. 그럼에도 불구하고 진리에 대하여 무지한 인간들은 자신의 맘속에 있는 미련한 욕망을 즐거움으로 삼는 어리석음을 범한다. 하지만 명철한 자들은 계시된 말씀을 통해 자기가 걸어 가야 할 길을 잘 알고 올바른 삶을 살아가게 된다.

2. 독단과 협의(잠15:22,23)

거룩한 공동체를 이루어 살아가는 사람들이 주변의 이웃과 아무런 의논 없이 홀로 세우는 계획이라면 쉽게 무너져 내릴 우려가 따른다. 이와 달리 여러 사람들의 생각을 모으고 많은 조언자들을 둔 사람들의 계획은 순조로운 결과를 얻게 된다. 어리석은 자들은 자신의 경험에 의존하여 스스로 원하는 바 모든 것을 이루어가고자 애쓴다. 하지만 인간은 혼자서 모든 것을 책임질 수 있는 온전한 존재가 되지 못한다.

그럼에도 불구하고 미숙한 인간들 중에는 모든 것을 독단적으로 행하려는 경우가 많이 있다. 그런 자들은 개인적인 일에 연관된 문제뿐 아니라 단체와 조직 가운데서도 모든 것을 자기가 원하는 대로 도모하기를 좋아한다. 그것은 성경이 교훈하는 방식이 아니며 결코 믿음직한 자세라 말할 수 없다. 그와 같은 독단적인 태도는 스스로 자신을 고립시키게 되며, 극도로 제한된 사고에 가두어 버리는 위태로운 역할을 하게 될 따름이다.

그러므로 신앙이 성숙한 성도라면 먼저 자기의 주장이 가장 옳다는 사고를 버려야 한다. 즉 하나님과 그의 말씀이 옳을 뿐 인간들의 생각은 절대적이지 않다. 인간의 직, 간접적인 경험과 이성을 근거로 한 개인의 주장을 지나치게 신봉하는 태도는 매우 위험할 수 있다.

성경은 그에 연관된 분명한 교훈을 주고 있다. 다른 사람들의 견해를 무시하고 혼자서 독단적으로 모든 것을 결정하고 행동하는 것은 위태로운데 반해 하나님을 경외하는 좋은 이웃과 더불어 의논하고 의지하는 것은 최상의 방책이 된다는 것이다. 전도서에는 그에 연관된 중요한 교훈이 나타나고 있다.

> "두 사람이 한 사람보다 나음은 저희가 수고함으로 좋은 상을 얻을 것임이라 혹시 저희가 넘어지면 하나가 그 동무를 붙들어 일으키려니와 홀로 있어 넘어지고 붙들어 일으킬 자가 없는 자에게는 화가 있으리라 두 사람이 함께 누우면 따뜻하거니와 한 사람이면 어찌 따뜻하랴 한 사람이면 패하겠거니와 두 사람이면 능히 당하나니 삼겹 줄은 쉽게 끊어지지 아니하느니라"(전4:9-12)

세상에 살아가는 모든 인간은 예외 없이 누구나 온전치 못한 존재에 지나지 않는다. 따라서 어느 누구도 자신의 판단이나 행동이 가장 옳고 정당한 것이라 단정지을 수 없다. 그리하여 믿음의 선배들은 '인간의 전적 부패와 전적 무능'에 대한 보편적인 신앙고백을 하고 있다. 이 고백의 내용을 기억한다면 이 세상에 겸손하지 않아도 괜찮을 인간은 아무도 없다.

그러므로 신앙이 성숙한 성도들은 주변의 이웃을 존중하는 가운데 자기의 판단이 가장 옳다는 생각을 버려야 한다. 지혜로운 사람은 본인의 견해를 밝힐 때 자기가 옳다는 사실을 스스로 입증하려는 자세를 지양하게 된다. 그대신 함께 논의하는 주변의 다른 사람들이 그 견해를 지지하고 받아들이게 될 때까지 인내하며 기다리는 자세를 가진다.

이를 위해서는 하나님으로 말미암은 참된 지혜가 필요하다. 인간의 이성과 경험에 근거한 모든 판단을 하나님의 말씀이 제공하는 지혜 아래 복속시켜야만 하는 것이다. 그것을 위해서는 하나님의 완벽하신 계획과 지극히 부족한 인간들의 제한적인 능력에 대한 이해를 분명히 해야 할 필요가 있다. 이는 피조물인 인간의 한계와 더불어 개인의 지식과 판단이 온전치 못하다는 사실에 밀접하게 연관되어 있다.

이는 우리의 교회 현실에 그대로 적용되어야 할 문제이기도 하다. 건강한 교회에는 계시된 하나님의 말씀이 절대적인 위치를 차지하고 있다. 그리고 성숙한 성도들은 성령 하나님의 인도하심에 따라 상속되어 온 역사적 교회들을 통해 작성된 신앙고백서와 교리문답서들을 성경과 가장 조화되는 것으로 받아들인다.

그런 가운데 교회 안에는 여러 가지 실제적인 사역을 위해 다양한 회의체들이 존재한다. 노회, 당회, 집사회, 제직회, 공동의회는 교회에 있어야 할 필요불가결한 조직들이다. 그 외에도 교육위원회, 선교위원회 등 목적을 위한 기구들을 둘 수 있다. 그 모든 기구들은 특정 개인이 독단적으로 이끌어 가는 것이 아니라 적법한 자격을 갖춘 구성원들이 힘을 합해 공동으로 유지해 가야만 한다.

따라서 각 직분회 및 필요에 의해 조직된 각종 위원회에 참여하는 자격을 갖춘 모든 회원들은 적법한 회의를 통해 의사 결정에 참여하게 된다. 비성경적이거나 교회를 해치는 경우가 아니라면 각 구성원들의 의견은 공평하게 존중되어야 한다. 그 모든 논의 과정을 통해 계획하는 바가 진행되어 가는 것이다.

우리가 여기서 분명히 기억해야 할 바는, 하나님은 개인이 아니라 교회를 통해 자신의 뜻을 드러내신다는 사실이다. 아무리 유능하게 보이는 개인이라 할지라도 그는 교회에 속한 구성원들 가운데 한 사람으로 존재한다. 하나님께서는 계시된 말씀으로써 교회공동체 가운데서 자신의 거룩한 뜻을 나타내기를 좋아하신다.

그러므로 교회의 각종 회의에 참여하는 모든 회원들은 서로간 상대를 존중하는 가운데 온화한 대화가 전개되어가도록 노력해야 한다. 때에 맞는 겸손한 말들이 아름답게 오가야 하며 그것이 서로에게 기쁨을 제공하게 된다. 모든 성도들은 이에 연관된 분명한 이해를 해야 하는 동시에 어린 성도들에게는 그에 대한 적절한 교육과 훈련이 이루어져가야 하는 것이다.

3. 지혜로운 자와 교만한 자(잠15:24-27)

하나님의 지혜는 이 세상이 아니라 영원한 천상의 나라에 직접 연결되어 있다. 이땅에 살아가면서 참된 지혜를 소유한 성도들은 천상을 향한 길목에 존재하며 삶을 이어간다. 따라서 그들은 스올 곧 지옥을 떠나게 된다. 하나님의 자녀들이 속한 궁극적인 영역은 영원한 천상의 나라이기 때문이다.

천상에 속한 성도들은 타락한 세상에서 발생하게 되는 모든 더럽고 추한 것들을 내버려야 한다. 그렇게 하는 것이 사악한 영역을 떠나 거룩한 하나님의 통치 영역으로 나아가는 소중한 방편이 되기 때문이다. 야고보 선생은 그의 서신에서 더러운 악을 버리고 하나님의 거룩한 도를 받아들이라는 요구를 하고 있다.

> "그러므로 모든 더러운 것과 넘치는 악을 내어 버리고 능히 너희 영혼을 구원할바 마음에 심긴 도를 온유함으로 받으라 너희는 도를 행하는 자가 되고 듣기만 하여 자신을 속이는 자가 되지말라" (약1:21,22)

지혜를 소유한 하나님의 자녀들은 타락한 세상에서 발생한 더러운 악을 버림으로써 천상을 향해 나아가게 된다. 몸은 비록 이땅에 살아가고 있지만 삶의 본질인 영혼은 영원한 천상의 나라에 연결되어 있기 때문이다. 그것은 단순한 상징적인 의미가 아니라 성도의 삶 가운데 구체적으로 드러나게 되는 성질을 지니고 있다.

그러므로 하나님께 속한 신실한 성도들은 계시된 말씀을 통해 천상의 소리를 듣게 된다. 하지만 사악한 자들은 무지하고 나약한 사람들을 자기를 위한 욕망의 도구로 이용하기를 즐겨한다. 하나님께서는 장차 그런 자들의 집을 그냥 좌시하지 않고 허물어버리신다. 이는 세상의 욕망을 추구하는 악한 자들의 모든 노력을 허사로 만들 것에 관한 언급이다.

잠언은 그대신 하나님이 약자를 위한 존재라는 사실을 기록하고 있다. 자기의 욕망을 추구하는 자들은 가난한 사람들의 소유마저도 탐하지만 하나님께서는 어렵게 살아가는 과부를 비롯한 약자들이 소유한 땅의 경계를 보호해 주시며 그들의 재산을 지켜주신다. 하나님의 자녀들은 당연히 하나님께서 원하시는 그 뜻에 순종하며 살아가야 할 의무를 지니고 있다.

따라서 하나님께서는 이기적인 자들의 잔재주와 꾀를 미워하시며 하나님을 진정으로 경외하는 성도들의 선한 말을 기쁘게 받으신다. 결국 사사로운 이익을 탐하는 자들은 일시적으로 번영하는 듯이 보이지만 실제로는 자기 집을 해롭게 만드는 것에 지나지 않는다. 따라서 삶 가운데 발생하는 실제적 사실을 굽게 만드는 뇌물을 거부하는 자들은 하나님으로부터 영원한 생명을 공급받게 되는 것이다.

4. 의인의 마음과 악인의 입(잠15:28,29)

여호와 하나님을 경외하는 의로운 성도들은 자기의 주장을 성급하게 드러내지 않으며 남에게 함부로 말하지 않는다. 그들은 대화 가운데서 상대방의 의중을 잘 살펴 유익한 말을 찾아 대응하려는 자세를 가지고 있다. 하나님을 진정으로 경외하는 지혜로운 사람이라면 그와 같은 신앙인격을 자연스럽게 체득하게 된다.

그러나 진리를 외면한 악한 자들은 자기의 입술을 통해 정제되지 않는 말들을 쏟아내기를 지속한다. 그것은 겉으로 드러나는 언어의 형태나 태도의 문제가 아니라 그 내용에 더욱 밀접하게 연관되어 있다. 그런 자들은 자기의 유익과 목적을 달성하기 위해서는 굽은 말을 하는 것을 대수롭지 않게 여긴다.

그러므로 사도 베드로는 자신의 첫 번째 서신에서 그에 연관된 언급을 하고 있다. 하나님의 자녀들은 마음을 정결하게 함으로써 자기에게 질문하는 사람들에게 대답할 말을 준비해 두고 있어야 한다는 사실을 말했다. 그렇게 함으로써 좋은 이웃을 위해서는 그에 적절한 답변을 하게 되고 악한 자들을 부끄럽게 할 수 있다는 것이다.

> "너희 마음에 그리스도를 주로 삼아 거룩하게 하고 너희 속에 있는 소망에 관한 이유를 묻는 자에게는 대답할 것을 항상 예비하되 온유와 두려움으로 하고 선한 양심을 가지라 이는 그리스도 안에 있는 너희의 선행을 욕하는 자들로 그 비방하는 일에 부끄러움을 당하게 하려 함이라"(벧전3:15,16)

이처럼 신앙이 성숙한 하나님의 자녀들은 항상 성도의 본분을 지키기 위해 애쓰며 최선의 노력을 다해야 한다. 그것이 지상교회를 위한 성도들의 선한 자세일 뿐더러 악한 자들을 경계하는 역할을 하게 된다. 이는 한두 명의 특별한 사람들에게 요구된 말씀이 아니라 모든 성도들이 귀담아 들어야 할 중요한 교훈이다.

잠언은 여호와 하나님께서 진리를 허물고 선한 이웃을 멸시하는 자들을 멀리 하신다는 사실을 언급하고 있다. 즉 그런 자들은 영원한 멸망의 자리에 내버려지게 된다. 이와 달리 하나님께서는 의로운 자들의 기도를 기꺼이 들어주신다. 세상의 어렵고 힘든 상황 가운데 처한 자기 백성들에게 언약에 따른 영원한 소망을 제공하시는 것이다.

5. 밝은 눈빛과 사람의 삶(잠15:30-33)

주변의 좋은 환경으로 인해 눈빛이 밝은 것은 사람의 마음을 유쾌하게 한다. 또한 즐거운 소식은 저의 심신을 강건하게 만들어 준다. 좋은 것들을 보며 밝은 눈을 가지게 되는 것과 즐거운 소식을 접하는 것은 삶의 윤활유와 같은 역할을 하게 된다.

예수님께서는 산상수훈에서 제자들을 향해 눈의 소중함에 대하여 말씀하셨다. 그것은 눈이 사람의 몸을 지배하는 기능을 하는 사실에 연관되어 있다. 눈은 주변에서 발생하는 모든 현상과 환경을 목격하게 되는데, 그로 말미암아 사람의 마음에 직접적인 영향을 끼칠 수밖에 없는 것이다.

> "눈은 몸의 등불이니 그러므로 네 눈이 성하면 온 몸이 밝을 것이요 눈이 나쁘면 온 몸이 어두울 것이니 그러므로 네게 있는 빛이 어두우면 그 어둠이 얼마나 더하겠느냐" (마6:22,23)

사람이 이 세상에 살아가면서 무엇을 보며 살아가는가 하는 것은 매우 중요하다. 그것이 저의 마음에 그대로 전달될 수밖에 없을 것이기 때문이다. 좋은 이웃과 상식적인 환경을 경험하게 되면 그 마음이 즐겁고 유쾌할 것이지만 나쁜 이웃과 악한 환경에 직면하여 늘 그것들을 본다면 마음이 우울할 수밖에 없을 것이 분명하다.

또한 생명을 살리는 교훈과 책망에 귀를 기울여 듣는 사람은 장차 지혜로운 사람들 가운데 앉게 된다. 즉 참된 지혜를 소유한 사람으로부터 주어지는 견책을 달게 받는 자들은 참된 지식을 누리게 되는 것이다. 하지만 그 훈계를 받기 싫어하며 거부하는 사람은 자기의 영혼을 가볍게 여기는 것과 마찬가지다. 참된 훈계를 받아들이지 않는다면 자기의 생명을 잃을 수밖에 없다.

그리고 잠언은 여호와 하나님을 진정으로 경외하는 성도가 참된 지혜를 얻게 된다는 사실을 언급하고 있다. 그와 같은 겸손한 자세가 저에게 무한한 영광을 가져다주게 된다. 즉 참된 겸손은 하나님으로 말미암은 영광의 길잡이가 되는 것이다. 이처럼 잠언의 교훈은 여호와를 경외하는 것이 성도들에게 가장 소중한 유산임을 되풀이하여 밝히고 있다.

제20장

공의와 사랑의 하나님

(잠16:1-15)

1. 인간의 계획과 하나님의 섭리 (잠16:1,2)

타락한 세상에서 형성된 이성과 경험에 의존하는 어리석은 자들은 자신의 판단과 능력에 따라 인생의 모든 계획이 진행되어 갈 듯 착각하고 있다. 불신자들뿐 아니라 신앙이 어린 교인들 또한 그와 같은 사고를 하는 것이 일반적이다. 그들은 세상에서 원하는 모든 일들이 개인의 노력 여하에 달려 있는 것으로 여기고 있는 것이다.

하지만 그것은 결코 그렇지 않다. 인간들이 주변의 여건과 상황을 동원해 애쓰고 노력한다고 할지라도 하나님의 도우심이 없이는 아무것도 제대로 이루어지지 않는다. 수시로 변하는 유동적인 현상 가운데 살아가는 인간들은 외부의 강력한 영향 아래 살아갈 수밖에 없는 존재이기 때문이다. 이는 물론 영적인 삶의 의미와 밀접하게 연관되어 있다.

그럼에도 불구하고 미련한 인간들은 자신의 결단에 따른 행동을 정당한 것처럼 여기는 것이 보통이다. 왜곡된 세상에서 형성된 관점에서 바라볼 때 그렇게 비쳐질지 모르지만 하나님의 눈에는 전혀 그렇지 않을 수 있다. 즉 외형상 깨끗하게 보이고 설령 아무런 흠이 없어 보인다 할지라도 실상은 그와 정반대일 수 있는 것이다.

우리가 분명히 기억해야 할 바는 죄에 빠진 인간은 본성적으로 착각할 수밖에 없는 존재라는 사실이다. 주변 상황뿐 아니라 자기 자신에 대해서도 그렇다. 즉 인간은 자신의 존재 의미와 자기로 인해 발생하는 모든 행위에 대해서도 올바른 판단을 하지 못한다.

전지전능하신 하나님께서는 우주만물뿐 아니라 모든 인간들의 심령을 빈틈없이 감찰하고 계신다. 어떤 사람이 이웃을 위한 선행을 베풂으로서 아름다운 사랑을 드러내는 것처럼 보일지라도 그 내면적 실상은 이기심으로 말미암은 것으로서 전혀 그렇지 않은 경우가 많다. 인간들은 주변 사람들의 마음을 빼앗고 기만할 수 있을지 모르지만 전능하신 하나님을 속이지는 못한다.

세상의 논리에 익숙한 인간들에게는 자신의 그릇된 심성과 행동에 대한 올바른 해석을 가할 능력이 결여되어 있다. 그런 자들은 하나님 보시기에 정당하지 못한 나쁜 행동을 하면서도 스스로는 마치 하나님의 뜻에 순종하는 양 착각하기도 한다. 특히 배도에 빠진 자들 가운데 그와 같은 사고를 하는 자들이 많다.

우리는 거듭난 성도로서 그 의미를 깨달아 하나님의 뜻에 온전히 순종하는 자세를 유지하지 않으면 안 된다. 그것은 감성적 태도를 통한 어림짐작이 아니라 성경을 통해 드러나는 구체적인 교훈을 배경으로 해야 한다. 하나님께서는 그와 더불어 자기 자녀들을 선한 길로 인도해 가신다. 성숙한 신앙인이라면 모든 것을 감찰하시는 하나님께서 언약의 백성들을 최상의 길로 이끌어 가신다는 사실을 항상 마음속 깊이 새겨두어야만 한다.

2. 여호와 하나님께 모든 것을 맡기는 신앙 (잠16:3,4)

피조물인 인간은 조물주인 하나님께 모든 것을 전적으로 의존하지 않을 수 없다. 원리적으로 볼 때 조물주의 관여에서 벗어난 피조물이란 아무런 의미가 없어진다. 따라서 잠언은 성도들의 모든 행사를 여호와 하나님께 온전히 맡기라는 당부를 하고 있다. 그리하면 저들이 원하는 바가 이루어지리라는 것이었다.

이는 물론 사람들이 계획하는 일들 가운데 무엇이든지 하나님께 맡기고 구하기만 하면 그들이 원하는 대로 다 이루어진다는 뜻으로 이해해서는 안 된다. 이 말은 모든 성도들은 하나님의 뜻에 합당한 자세로 자신의 삶을 여호와 하나님께 온전히 맡겨야 한다는 사실을 의미하고 있다. 예수님께서도 기도와 연관하여 이와 동일한 교훈을 주셨다.

> "너희가 내 안에 거하고 내 말이 너희 안에 거하면 무엇이든지 원하는대로 구하라 그리하면 이루리라" (요15:7)

신앙이 어린 교인들은 이 말씀을 근거로 하여 무엇이든지 인간이 원하는 대로 구하기만 하면 하나님이 다 들어주실 것처럼 오해한다. 이는 마치 잠언에서 성도의 모든 행사를 하나님께 맡기면 자기가 원하는 모든 계획이 이루어질 것으로 오해하는 자들이 있는 것과도 유사하다(잠16:3, 참조). 그러나 이 교훈들을 그런 식으로 해석해서는 곤란하다.

그럼에도 불구하고 나쁜 지도자들 가운데는 자기의 종교적인 욕망을 달성할 목적으로 이 말씀을 임의로 해석하여 잘못 적용하여 가르치는 경우가 많다. 특히 교회의 교사인 목사들이 이를 잘못 전파하게 되면 심각한 문제들이 발생할 수박에 없다. 이로 말미암아 인간의 세속적 욕구를 채우기 위한 방편으로 하나님을 이용하며 그의 이름을 모독하는 일이 생겨나게 되는 것이다.

하지만 여호와 하나님께서는 세상에서 발생하는 전체 과정들을 통해 자신의 거룩한 구속사역을 이루어 가신다. 악한 것들을 통해서는 세상의 죄악상을 외부로 드러냄으로써 자신의 거룩성을 더욱 분명히 보여주시게 된다. 물론 사악한 자들은 최종 심판과 더불어 임하게 될 재앙의 날을 위해 존재하는 의미를 지닌다. 이는 멸망당할 자들에 대한 하나님의 특별한 심판 계획이 진행되고 있음을 보여주고 있다.

3. 교만한 자와 의로운 자 (잠16:5-8)

하나님께서는 자신을 배제하고 타락한 인간을 신뢰함으로써 마음이 교만한 자를 미워하신다. 인간들 가운데는 마음이 극도로 교만하면서도 겉으로는 겸손을 가장하는 경우가 많다. 본질에 연관된 의미를 외면한 채 겉으로만 겸손해 보이는 그런 약삭빠른 자들이 실상은 더욱 교만한 자들이다.

속마음이 교만한 자들은 사람들의 눈에 겸손한 인물로 비쳐지지만 사실은 전혀 그렇지 않으므로 하나님께서 저들을 싫어하신다. 그들은 위선에 가득 차 있어서 극도로 오만한 자들이기 때문이다. 그와 같은 자들은 입술을 통해 표현되는 말과는 달리 하나님을 두려워하지 않을 뿐더러 순진한 사람들을 속이려 한다.

그럼에도 불구하고 그 교만한 자들은 저들끼리 손을 맞잡고 협력하며 세상의 욕망을 추구하기 위해 온갖 노력을 기울인다. 그들은 그렇게 함으로써 세속적인 세력을 구축해 간다. 그것을 보는 어리석은 자들은 그 사람들을 성공한 인물로 부추기며 그들로부터 무언가 얻을 수 있을 것처럼 여기며 부적절한 기대를 하기도 한다. 그러면 그들은 스스로 성공한 사람인 양 착각하며 더 큰 행악을 저지르게 된다.

그렇지만 그 사람들은 장차 임하게 될 하나님의 무서운 심판의 자리에 나아갈 수밖에 없다. 그런 자들은 여호와 하나님을 멸시했을 뿐 아니라 그의 자녀들을 능욕하며 저들을 억압함으로써 자신의 욕망을 충족시킨 자들이기 때문이다. 그러므로 시편기자는 교만하고 사악한 자들을 여호와 하나님께 고발하고 있다.

> "여호와여 보수하시는 하나님이여 보수하시는 하나님이여 빛을 비취소서 세계를 판단하시는 주여 일어나사 교만한 자에게 상당한 형벌을 주소서 여호와여 악인이 언제까지, 악인이 언제까지 개가를 부르리이까 저희가 지꺼리며 오만히 말을 하오며 죄악을 행하는 자가 다 자긍하나이다"(시94:1-4)

교만한 자들은 잠시 지나가는 이 세상에 살아가면서 많은 것을 쟁취한 것으로 보이지만 실상은 헛된 욕망에 따라 움직인 것에 지나지 않는다. 자신의 삶을 여호와 하나님께 온전히 맡기지 않는 자는 결국 교만에 빠져 허우적거릴 수밖에 없게 된다. 그렇지만 정작 그들 자신은 그에 대한 인식을 하지 못하는 경우가 많다.

어리석은 인간들이 그 죄악을 떠나기 위해서는 여호와 하나님을 진정으로 경외함으로써 그 악한 상황에서 벗어나야 한다. 하나님께서는 그와 더불어 자신의 인자하심과 참된 진리로써 저들을 무서운 죄악으로부터 구속하시게 된다. 그것이 참된 생명을 유지할 수 있는 유일한 방책이 되는 것이다.

올바른 신앙을 소유한 인간들이라면 항상 여호와 하나님 앞에서 살아가도록 해야 한다. 그런 삶은 하나님의 도우심과 인도하심을 받는 지름길이 된다. 계시된 말씀에 순종함으로써 하나님을 기쁘시게 하는 삶을 살면 저에게 대적하는 자들(enemies)조차도 그와 화목한 관계를 회복할 수 있는 열린 길을 소유하게 된다(잠16:7).

따라서 잠언은, 참 인간다운 삶이란 많은 소득에 달려있지 않다는 사실에 대하여 언급하고 있다. 아무리 많은 재산을 소유하고 있다고 할지라도 그것이 하나님을 떠난 불의한 방식으로 취한 것이라면 아무런 의미가 없다. 그와는 반대로 비록 적은 소득이라 할지라도 하나님의 뜻에 순종하는 자세로 살아가면서 얻은 것이라면 소중한 의미를 더하게 된다. 이 세상에 살아가는 모든 하나님의 자녀들은 이에 대한 분명한 깨달음을 가져야만 한다.

4. 언약의 자손들을 위한 하나님의 놀라운 사랑 (잠16:9)

하나님의 형상을 닮게 지어진 인간은 원래부터 인격적인 존재였다. 따라서 인간들은 대개 자신의 작정과 더불어 계획을 세우고 그것을 실행해 나간다. 그 과정 중에 끊임없는 판단과 해석을 동반할 수밖에 없다.

어리석은 자들은 그렇게 하면 계획하는 목표지점에 도달할 수 있을 것으로 여기며 장래를 기대하게 된다. 그것이 이루어진 것으로 판단되면 매우 만족스러워하게 될지라도 그렇지 않으면 심한 절망에 빠지기도 한다. 따라서 인간들은 한 평생 성공적인 삶을 추구하며 자신의 인생을 꾸려가는 것이 일반적이다.

우리가 여기서 반드시 기억해야 할 바는 설령 인간의 계획대로 모든 것이 순조롭게 진행되어 가는 것처럼 보일지라도 그것이 궁극적인 의미를 제공하지 못한다는 사실이다. 지혜로운 성도들은 자신의 의도하는 바가 아니라 하나님께서 그 발걸음을 인도해 가신다는 사실을 잘 알고 있다. 그들은 하나님께서 자신의 경륜 가운데 모든 것을 선하게 이끌어 가고 있다는 점을 신뢰하는 것이다.

따라서 신앙이 성숙한 성도들은, 작정하고 계획한 바 내용이 자기가 원하는 대로 진행되지 않고 고통스런 실패가 따른다고 할지라도 하나님의 원대한 뜻을 바라보게 된다. 전능하신 사랑의 하나님이 자기보다 훨씬 지혜로운 분이란 사실을 인정하기 때문이다. 시편기자는 그에 대한 더욱 구체적인 노래를 하고 있다.

> "여호와께서 사람의 걸음을 정하시고 그 길을 기뻐하시나니 저는 넘어지나 아주 엎드러지지 아니함은 여호와께서 손으로 붙드심이로다"(시 37:23,24)

여호와 하나님은 예수 그리스도와 그의 구속 사역을 통해 자기 백성들의 왕이자 아버지가 되셨다. 하지만 그에게 속한 성도들이라 할지라도 세상에 살아가는 동안 지극히 미약한 존재에 지나지 않는다. 따라서 스스로 안전한 길을 찾아 걸어갈 수 없으며 지향하는 바 진리의 사역들을 온전히 성취할 수도 없다. 하나님께서는 그와 같이 연약한 백성들을 위해 가장 안전하고 완벽한 길로 인도하고 계시는 것이다.

그러므로 성도들이 세상에서 험한 길을 걸어가다가 넘어질지 모르지만 완전히 엎드러지지는 않는다. 하나님의 사랑을 아는 자들이라면 설령 넘어져 크게 다치는 경우가 발생한다고 할지라도 그로 인해 당황해하거나 좌절에 빠질 필요가 없다. 하나님께서 항상 자신의 손을 붙잡고 다시금 일으켜 세워주시리라는 사실을 잘 알고 있기 때문이다.

5. 공의로운 하나님과 왕의 재판 (잠16:10-15)

잠언에 기록된 해당 본문은, 하나님의 말씀이 항상 '왕의 입술'에 존재하고 있어야 한다는 사실을 언급하고 있다. 여기서 말하는 왕이란 일반적인 세상 나라의 통치자를 일컫는 것이 아니라 언약의 왕국을 통치하는 왕을 가리키고 있다. 언약을 보유한 나라의 최고 통치자가 하나님의 말씀에 익숙하여 순종하는 자세를 유지하는 것은 매우 중요한 일이다.

하나님을 진정으로 경외하는 통치자라면 백성들을 재판할 때 계시된 그 말씀으로 인해 불공평한 굽은 판결을 하지 않게 된다. 그것은 공의가 시행되어야 할 언약의 왕국에서는 필수적인 내용이다. 만일 재판관이 이기적인 본능에 눈이 멀어 불의에 빠져 편파적인 판결을 하게 된다면 그 왕국은 부패해갈 수밖에 없다.

성경은, 만왕의 왕이신 여호와 하나님은 공의로우시므로 결코 부당한 판결을 하지 않는 분이라는 사실을 말해주고 있다. 이와 더불어 세상에 존재하는 공정한 저울과 평평한 접시저울, 그리고 주머니 속의 저울추들은 모두 공평한 세상을 유지하기 위하여 하나님께서 허락하신 제도와 밀접하게 연관되어 있다. 언약의 왕국 가운데 있어야 할 공정한 재판과 공평한 도량형은 하나님의 율법으로 기록된 내용이다.

> "너희는 재판할 때에 불의를 행치 말며 가난한 자의 편을 들지 말며 세력 있는 자라고 두호하지 말고 공의로 사람을 재판할찌며 ... 너희는 재판에든지 도량형에든지 불의를 행치 말고 공평한 저울과 공평한 추와 공평한 에바와 공평한 힌을 사용하라 나는 너희를 인도하여 애굽 땅에서 나오게 한 너희 하나님 여호와니라 너희는 나의 모든 규례와 나의 모든 법도를 지켜 행하라 나는 여호와니라" (레19:15,35-37)

언약의 왕국에 속한 백성들 가운데서는 마땅히 하나님의 율법을 기준으로 하여 공정한 재판이 이루어져야 한다. 가난한 사람이라는 이유로 저들에게 유리한 판결을 내리려 해서도 안 되며, 세력 있고 부유한 사람이라 해서 저들의 편을 들어서도 안 된다. 법과 재판은 항상 공정하게 시행되고 적용되어야만 하는 것이다.

그리고 저울과 추를 비롯한 사회적 기본 규준도구들은 항상 일관성 있게 공정해야 한다. 하나님께서 애굽 땅에서 노예생활하던 이스라엘 백성을 시내광야로 인도해 내시고 그곳을 거쳐 약속의 땅 가나안으로 들여보내신 것은 하나님의 공의를 드러내기 위한 목적이 포함되어 있었다. 따라서 언약의 백성들은 항상 하나님의 모든 규례와 법도를 지켜 행해야만 했다. 이는 오늘날 우리 시대의 지상교회 가운데서도 그대로 적용되어야 할 법령이다.

그럼에도 불구하고 욕망에 빠져 세상의 것을 탐하거나 악을 추구하는 자들은 공정한 재판과 공평한 도량형을 무시한다. 그와 같은 사악한 행위를 하는 왕과 통치자들은 하나님께서 지극히 미워하신다. 그렇지만 하나님은 그 악한 과정 중에 무너진 것들을 다시금 공의로 일으켜 세우심으로써 자신의 구속 사역을 이어가시게 된다.

이에 관해서는 통치자뿐 아니라 그의 다스림을 받는 모든 언약의 백성들에게도 그대로 적용되어야 한다. 따라서 의롭고 정직한 자들과 저들의 입술에서 나오는 공정한 판단은 왕의 기쁨이 되어 백성들에게 사랑을 베풀게 된다. 즉 굽은 일을 행하며 부정한 행위를 일삼는 자들에게는 왕이 '죽음의 사자' 와 같은 두려운 존재가 되겠지만 하나님을 경외하는 지혜로운 성도들에게는 그 진노가 피해간다.

여호와 하나님을 경외하는 왕의 얼굴빛이 밝으면 그 가운데 생명이 존재하고 있음을 드러내 보여주게 된다. 그리고 그로부터 내리는 은총이 마치 늦은 비를 몰고 오는 구름과도 같이 고맙게 임한다. 그로 말미암아 언약의 백성들에게 참된 생명이 공급되고 유지되어 간다. 이는 또한 백성들의 부정과 부패가 얼룩져 있는 상황에서 왕의 마음이 괴로움으로 가득 차게 되면 무서운 심판이 임하게 되리라는 사실을 말해주고 있다.

제21장

참된 복과 백발의 지혜
(잠16:16-33)

1. 소중한 참 재산 (잠16:16)

타락한 인간들의 소유욕은 끝이 없다. 무엇인가를 소유하고자 하는 인간의 욕망은 장래에 대한 불안감에서 기인한다. 현재의 생활에 어느 정도 만족한다고 할지라도 내일이면 또 무슨 일이 발생할지 모르는 자들은 가능한 한 많은 것들을 소유함으로써 장래를 예비하려고 하는 것이다.

그러므로 이 세상에 소망을 두고 살아가는 어리석은 자들은 대개 물질을 통해 삶의 안정을 꾀하고자 한다. 그런 자들은 넉넉한 재물을 소유하게 될 경우 그것이 자기 인생을 위한 보증이 될 것처럼 여긴다. 따라서 이땅에는 부자가 되는 것을 삶의 최고 가치로 삼는 자들이 넘쳐난다.

또한 가난한 사람들이 부자들을 부러워하며 우러러보는 것은 그들이 안정된 삶을 확보한 것으로 판단하기 때문이다. 나아가 부유한 사람들은 단순히 많은 재산을 소유하고만 있을 뿐 아니라 그것으로써 권력과 영예를 얻으려고 한다. 그것이 곧 인생의 성공을 이루어가는 수단인양 여기고 있는 것이다.

하지만 세상에서 소유하는 재물 자체에 본질적인 의미가 존재하지 않는다. 즉 물질이 인간의 삶을 궁극적으로 보장하는 방편이 되지 못한다. 아무리 부유한 사람이라 할지라도 개인이나 가정, 혹은 자기가 속한 사회에 심각한 문제가 발생하게 될 때 그것이 근원적인 해결방안이 될 수 없기 때문이다. 나아가 불의의 사고가 난다든지 심각한 질병이라도 걸리면 그것이 무슨 소용이 있겠는가? 뿐만 아니라 아무도 피할 수 없는 끔찍한 전쟁이 발발한다면 그 재산이 저들의 생명을 끝까지 보호하지 못한다.

그럼에도 불구하고 어리석은 사람들은 자기가 축적해 온 재물에 의존하기를 좋아한다. 그런 자들은 많은 물질을 통해 자신의 삶을 평가받을 수 있을 것으로 여기고 있다. 하지만 넘치는 재산을 중심에 두고 그것을 의지하는 사람들은 어리석기 그지없는 자들이다.

사람에게 있어서 진정으로 중요한 것은 하나님으로부터 허락되는 참된 지혜와 명철을 소유하는 삶이다. 그것이 인간의 생명을 보장하는 가장 소중한 영적인 재산이 될 수 있다. 세속적인 가치를 소유한 사람들의 눈에는 대수롭지 않아 보일지 모르지만 그것이 성도들의 삶을 위한 진정한 보증이 될 수 있기 때문이다.

2. 교만한 자와 겸손한 자의 상반된 길 (잠16:17-19)

타락한 세상에서의 평가와 그에 관한 하나님의 해석은 전혀 다르다. 타락한 세상에 소망을 두고 살아가고자 하는 자들은 그에 조화되는 오염된 가치관을 형성할 수밖에 없다. 그와 반대로 천상의 나라에 궁극적인 소망을 둔 성도들은 계시된 하나님의 말씀을 통해 참된 가치관을 소유하게 된다.

예수 그리스도로 말미암아 거듭 태어나지 않은 사람들은 세상에서 익혀 온 값어치를 절대화 한다. 그런 자들은 세상에서 값진 것으로 여겨지는 것들을 많이 획득하게 되면 그로 인해 자신의 삶을 만족스러워 한다. 그러나 그렇지 못한 사람들은 깊은 절망에 빠지거나 위축된 삶을 살아가게 된다.

그와 같은 삶에 익숙한 사람들은 세상의 상대적인 평가에 따라 일희일비(一喜一悲)하기를 되풀이한다. 그러다가 죽음 앞에 다다르게 되면 모든 것이 허사란 사실이 백일하에 드러나게 된다. 결국 세상에서 값어치가 보장된 듯한 것들이 아무런 역할을 할 수 없는 무서운 심판에 직면하게 되는 것이다.

또한 세상적인 안목으로 볼 때, 겸손해 보이는 사람이 도리어 더 교만한 경우가 있는가 하면, 겉보기에 그렇게 보이지 않지만 실제로는 겸손한 사람들도 있다. 사탄의 지배를 받는 인간들은 스스로에게 속고 있으며 잘못된 것을 참인 양 착각하게 된다. 하나님으로 말미암는 참된 지혜는 그에 대한 해석능력을 동반한다.

그러므로 하나님의 자녀들은 세상의 악을 떠나게 된다. 여기서 말하는 악이란 일반 윤리적인 것을 말하기에 앞서 하나님의 뜻을 벗어난 모든 것을 포함한다. 경우에 따라서는 인간들의 눈에는 매우 훌륭한 것처럼 보이지만 실상은 악한 것들이 많이 있다.

잠언은 악을 떠나 하나님의 뜻에 순종하는 삶은 성실한 사람이 걸어가는 안전한 대로가 된다는 사실을 언급하고 있다. 그 길을 지켜 온전히 행함으로써 자신의 영혼을 보전할 수 있게 되는 것이다. 이는 그 길을 벗어나거나 이탈하게 되면 참된 생명을 유지할 수 없다는 점을 말하는 것과 같다.

한편 여호와 하나님을 두려워하지 않고 이웃을 멸시하는 교만한 태도는 사람을 패망의 길로 유도하는 기능을 하게 된다. 그리고 다른 사람들에 대하여 우월감을 가지는 거만한 마음은 도리어 자신을 무너뜨리는 역할을 할 따름이다. 지혜로운 성도들은 항상 그에 대한 진정한 깨달음을 가지고 살아가야 한다.

따라서 성숙한 하나님의 자녀들은 계시된 말씀을 통한 분별력을 소유하는 일에 최선의 노력을 기울인다. 하나님으로 말미암아 허락된 지혜를 소유한 성도들은 겸손한 이웃과 더불어 살아가면서 자신의 마음을 낮춘다. 여기서 겸손하다는 말은, 하나님 앞에 서있는 처참한 인간의 존재를 알고 이웃을 배려하는 삶을 살아가는 것을 의미한다. 이와 같은 자세는 겉으로 드러나는 외양을 우선적으로 말하는 것이 아니라 삶의 본질에 대한 깨달음에 연관되어 있다.

이에 반해 어리석은 자들은 세상의 것들을 소유하고자 하는 이기적인 욕망으로 가득 차 있다. 그들은 교만한 자와 더불어 연약한 자들로부터 가로챈 착취물을 나누기를 좋아한다. 부당한 방법으로 취득한 물건일지라도 그것을 많이 소유하는 것을 최고의 값어치로 여기기 때문이다. 그들은 그렇게 함으로써 세상의 복락을 누리고자 하지만 실상은 생명에 대한 보장성이 없는 멸망의 길을 걸어가는 것과 마찬가지다.

3. 하나님의 말씀에 의지하는 자에게 허락된 특별한 복 (잠16:20-24)

언약의 백성들은 항상 계시된 하나님의 말씀에 깊은 주의를 기울여야만 한다. 그것을 통해 '좋은 것' 을 얻을 수 있게 될 것이기 때문이다(잠16:20). 타락한 세상에서는 결코 진정으로 '좋은 것' 이 생성되지 않는다. 인간들의 눈에 아무리 좋게 보일지라도 그것은 궁극적인 의미를 지니지 못하기 때문이다.

그렇다면 잠언의 본문에서 언급한 '좋은 것' 이란 과연 무엇을 의미하는 것일까? 우리는 여기서 언급된 '좋은 것' 이란 나중에 이땅에 오시게 될 성령 하나님과 연관된 의미로 생각해 볼 수 있다. 물론 그 용례상 폭넓은 의미를 내포하고 있다고 할지라도 그 중심에는 성령께서 존재하는 것으로 이해할 수 있는 것이다.

신약성경 산상수훈에는 성령이 오실 것에 관한 사실이 예언적으로 기록되어 있다. 당시 언약의 자손들은 아직 성령 강림에 대한 희미한 그림자와 같은 기대를 하고 있었을 따름이다. 그런 상황에서 예수님은 장차 여호와 하나님께서 성령을 보내주실 것에 대한 예언을 하셨다. 마태복음에 기록된 관련 본문에는 '좋은 것' 으로 기록되어 있으며, 누가복음의 병행구절에서는 그것이 곧 '성령' 임을 확증하고 있다.

> "너희가 악한 자라도 좋은 것으로 자식에게 줄줄 알거든 하물며 하늘에 계신 너희 아버지께서 구하는 자에게 〈좋은 것〉으로 주시지 않겠느냐" (마7:11); "너희가 악할찌라도 좋은 것을 자식에게 줄줄 알거든 하물며 너희 천부께서 구하는 자에게 〈성령〉을 주시지 않겠느냐 하시니라" (눅 11:13)

위의 성경 본문들의 증거를 볼 때, 복음서에 기록된 '좋은 것' 이 성령 하나님이란 사실은 명백하다. 이에 비해 잠언 본문에 기록된 '좋은 것' (잠16:20)이란 직접 성령 하나님을 지칭하지 않는다고 말할 수도 있다. 하지만 우리는 그 말씀 가운데서 장차 임하게 될 성령의 사역이 내포되어 있다는 사실을 부인할 필요는 없다.

그러므로 그 뒤에 따라 나오는 말씀은 여호와를 의지하는 자가 진정으로 복이 있다는 사실을 말해주고 있다. 이는 여호와 하나님과 참된 복 사이에 밀접한 관련성이 존재한다는 점을 보여준다. 하나님의 자녀들이 타락한 이 세상의 좋은 것이 아니라 영원한 복을 소유하는 방편은 오직 하나님께 달려 있는 것이다.

잠언은 또한 마음이 지혜로운 자가 명철한 자로 일컬음을 받게 될 사실과 입술로 선한 진리를 말하는 자가 이웃에게 참된 지식을 전달하게 된다는 사실을 언급하고 있다. 언약의 자손을 통해 선포되는 그 말씀이 곧 생명의 근원이 된다. 하지만 그 진리의 말씀을 거부하고 듣지 않는 미련한 자들에게는 그로 말미암아 무서운 징계가 임할 수밖에 없다. 그런 행동은 스스로 하나님의 징벌을 유도하는 부정적인 역할을 하게 되는 것이다.

이와 달리 지혜로운 마음을 소유한 성도들은 입술을 함부로 놀리지 않고 계시된 말씀과 더불어 슬기롭게 말하기를 좋아한다. 그것을 위해서는 기록된 성경 말씀에 진지한 관심을 기울이고 있어야만 한다. 그에 연관된 진리는 마치 꿀송이 같이 마음에 달 뿐 아니라 심신의 건강을 위한 양약이 된다. 이는 하나님의 말씀이 없는 상태에서는 누구든지 멸망을 피할 수 없다는 사실에 연관되어 있다.

4. 타락한 인간의 왜곡된 시각 (잠16:25-30)

부패한 인간들의 안목은 결코 신뢰할 수 없다. 각 개인의 경험과 이성에 따라 제각각 상이한 기준에 의존하여 모든 것을 평가하기 때문이다. 그들은 악한 것을 선한 것으로 해석하기도 하고 선한 것을 악한 것으로 오해하기도 한다. 그것은 타인에 대해서 뿐 아니라 자기 자신에 대해서도 마찬가지다.

그러므로 어떤 길은 다수의 사람들이 보기에 올바른 것같이 보이지만 실상은 사망에 이르는 길인 경우가 많이 있다. 대다수 인간들은 스스로 만든 윤리적인 기준을 잣대로 삼아 자신이 마치 생명의 길로 행하는 것으로 착각한다. 그들은 그것이 마치 진리인 양 다른 사람들에게 선전하며 가르치기를 좋아한다.

그러나 그와 같은 사고와 행위는 아무런 보장성이 없는 헛된 망상에 지나지 않는다. 계시된 하나님의 말씀을 통해 확인되지 않은 모든 것들은 허망할 따름이다. 그럼에도 불구하고 어리석은 자들은 잘못된 종교적인 신념으로 말미암아 자신의 판단이 옳다고 여기며 상당한 자부심을 가지기도 한다.

또한 잠언은, 노동자들이 식량을 마련하기 위해 일하며 부족한 양식이 저들로 하여금 일하게 만든다는 점을 언급하고 있다. 이 말은 사람들이 세상에서 먹고 살아가기 위해서는 노동할 수밖에 없음과, 일하지 않으면 굶주리게 된다는 사실을 잘 알고 있기 때문에 성실하게 일하게 된다는 점에 연관되어 있다. 이는 인간들의 기본적인 삶의 양식을 말해준다.

이에 반해 여호와 하나님을 멀리하는 불량한 자들은 땀흘려 노동하는 대신 악한 꾀를 부리기를 즐겨한다. 그들은 정상적인 노동을 하지 않고 불로소득(不勞所得)에 관심을 가지거나 다양한 방법을 동원해 어리석은 사람들의 것을 착취하고자 온갖 노력을 기울이는 것이다. 그런 자들의 입술에서는 항상 다른 사람들을 집어삼키기 위한 불과 같은 맹렬한 언어들이 내뿜어지게 된다.

성질이 고약한 자들은 주변 사람들 사이에서 다툼을 일으킨다. 그리고 정제되지 않는 언사를 아무렇게나 사용하는 자들은 친구와 이웃 사이를 이간시키는 행위를 지속한다. 또한 강포한 자들은 자신의 이웃을 미혹하여 불의한 길로 인도하기를 게을리하지 않는다.

다른 사람들에게 음흉한 눈짓을 보내며 이기적인 목적을 도모하는 자들은 패역한 일을 추구한다. 그와 같은 상황을 보고도 입술을 닫고 말하지 않는 자들은 그 악한 일에 참여하는 것과 마찬가지다. 하나님의 자녀들은 나쁜 의도로 순진한 다른 사람들을 미혹하는 행위를 하지 말아야 할 뿐 아니라 사악한 자들의 부당한 행위를 보고 침묵해서도 안 된다.

이에 대해서는 오늘날 우리시대 역시 마찬가지다. 성숙한 신앙인들은 의를 추구하며 주님의 교회를 온전히 세워가기 위해 최선의 노력을 기울여야 한다. 만일 개인의 유익을 얻기 위해 이웃을 속이거나 교회를 어지럽히는 자들이 있다면 그들에 대해서는 침묵하지 말고 엄하게 질책할 수 있어야 하는 것이다.

5. 백발의 지혜와 제비뽑기의 교훈 (잠16:31-33)

인간은 이 세상에서 장수하여 오랜 세월을 살아온 것 자체를 자랑으로 삼지 못한다. 한 평생 이기적인 생활을 해온 사람이라면 오히려 부끄러운 일이다. 나이가 들었으면서도 참된 지혜가 없고 이기심에 가득 차 있다면 그보다 추할 수 없다.

그럼에도 불구하고 잠언에서는 백발은 영광의 면류관이라 말하고 있다. 물론 그것은 하나님으로 말미암은 의로운 삶을 통해 주어진다. 이에 대해서는 모세의 율법에서도 동일한 언급을 하고 있다. 백발노인의 권위를 인정하고 그를 진심으로 공경하라고 명했던 것이다.

> "너는 센 머리(hoary head) 앞에 일어서고 노인의 얼굴을 공경하며 네 하나님을 경외하라 나는 여호와니라" (레19:32)

위에 언급한 레위기 본문에서는 머리가 센 백발노인을 공경하는 것이 여호와 하나님을 경외하는 것과 연관이 있다는 사실을 보여주고 있다. 물론 여기서는 나이 많은 노인에게 무조건 공경의 의사를 보이라고 말하지 않는다. 성경은 언약을 소중히 여기는 성숙한 신앙을 가진 노인에 대하여 언급하고 있다.

언약의 자손들로부터 진정한 공경을 받을 수 있는 백발의 노인은 단순히 나이 많아 늙은 사람을 두고 하는 말이 아니다. 조상들로부터 하나님의 언약을 상속받아 자식들에게 그것을 온전히 상속해 준 노인의 경우여야만 그에 해당된다. 그들은 세상의 오염된 가치를 버린 자들로서 세속적인 욕망을 추구하지 않는 성도들이다. 즉 하나님으로 말미암은 온전한 지혜를 소유한 자들을 일컫고 있다.

또한 잠언은 급하게 분노하지 않는 자는 용맹한 군인들보다 낫다는 사실을 언급했다. 그들은 자신의 감정을 쉽게 드러내지 않고 스스로 자신을 다스릴 줄 아는 자들이다. 신앙이 성숙한 성도들은 설령 이해할 수 없는 부당한 말을 듣는다고 할지라도 즉각적인 반응을 유보하고 성경의 교훈에 따라 신중한 판단을 하게 된다.

이에 뒤이어 잠언에는, 사람이 제비를 뽑지만 그 일에 대한 작정과 성취는 여호와 하나님께 속한 것임이 기록되어 있다. 이는 공적인 일을 비롯한 모든 것들이 개인의 판단이나 결단이 아니라 하나님의 뜻에 달려 있음을 말해준다. 언약공동체 가운데 여러 성도들이 다양한 생각을 가지고 있지만 거기에는 하나님의 뜻이 존재한다. 즉 언약의 백성에게 연관된 모든 것들은 전적으로 하나님께 달려 있다.

이에 연관된 근본정신은 오늘날 우리시대에도 그대로 수용되고 적용되어야 한다. 이 말은 특별한 일이 있을 때마다 교회가 제비뽑아 모든 것을 결정해야 한다는 의미가 아니다. 이는 모든 성도들이 계시된 말씀을 통해 드러난 하나님의 인도하심에 관심을 기울이지 않으면 안 된다는 점을 말해주고 있다. 성숙한 언약의 자손들은 항상 하나님의 절대주권을 인정하고 마음속에 그것을 받아들이려는 자세를 유지해야만 하는 것이다.

제22장

'연단을 통한 성도의 영광'과 '악인의 뇌물'

(잠17:1-8)

1. 가정의 화목 (잠17:1)

이 세상에 살아가는 모든 인간들은 화목한 가정을 이루어 살기를 원한다. 그것을 위해 열심히 활동하기도 하고 다양한 일들을 시도하기도 한다. 어리석은 사람들 가운데는 좋은 집에서 값비싼 음식을 먹으며 호의호식(好衣好食)하는 것이 그에 대한 방편이 되리라 여기고 있다.

물론 사람들이 맛있는 음식을 풍족히 먹고 살아가기를 원하는 것은 자연스럽다. 그것은 누구에게나 존재하는 기본적인 욕구이기도 하다. 하지만 그 모든 것을 구비한다고 할지라도 그것 자체로서 화목한 가정을 이루는 조건이 될 수 없다.

그러므로 하나님의 언약을 중심으로 형성된 가정의 화목이어야만 보장성이 있다. 그 화목은 사람들이 일반적으로 생각하는 것과 동일하지 않으며 때로 상당한 고난을 동반할 수도 있다. 중요한 사실은 하나님을 경외하는 성도들은 언약에 충실한 가정으로서 진정한 화목을 지켜내야만 한다는 점이다.

그것을 위해서는 첫째, 하나님의 말씀이 가정의 중심에 자리잡고 있어야 한다. 둘째, 온 가족이 교회 중심의 신앙생활을 해야 한다. 이는 개인의 종교적인 취향을 위한 교회가 아니라 각 성도들이 교회를 위한 삶을 살아내야 한다는 사실에 연관되어 있다. 셋째, 가정 구성원들은 각기 자신을 위한 삶이 아니라 서로간 다른 가족을 위해 살아가는 삶의 근본적인 방법을 익혀야 한다.

이는 개별 성도들의 가정에서도 그러하지만 지교회 가운데서도 그와 동일하다. 교회에서 그와 같은 정신과 실천의지를 다져갈 때 가정에서도 그것이 가능하게 된다. 개인 성도들과 성도의 가정은 교회공동체에 속해 있기 때문이다. 즉 교회와 분리된 상태에서 추구하는 가정의 화목은 아무런 보장성이 없다.

하지만 신앙이 어린 교인들이나 어리석은 자들은 그에 대한 기본적인 인식이 결여되어 있다. 그런 자들은 가정의 본질을 무시한 채 외형적인 것에 관심을 기울이기를 좋아한다. 가장 중요한 점은 가족 구성원들과 소속 교회공동체 간의 언약적인 관계가 중요하다는 사실이다.

그로부터 크게 이탈하여 세상의 다양한 여건들로써 가족의 만족이나 즐거움을 추구하는 것은 지극히 어리석은 행위에 지나지 않는다. 그들은 화려한 생활을 하며 값비싼 고기와 생선을 먹고 살아가기 위해 최선의 노력을 기울이기를 좋아할 따름이다. 그러나 그와 같은 모든 것들은 진정으로 만족스런 삶을 보증하지 못한다.

우리가 여기서 주의해야 할 점은 하나님의 교훈이 결여된 상태에서의 화목이란 아무런 보장성이 없다는 사실이다. 오늘은 화목한 가정의 모습을 보이다가 내일은 어떤 문제로 말미암아 심각한 불화가 닥치게 될지 알 수 없기 때문이다. 성숙한 성도들은 이에 대한 분명한 이해를 하지 않으면 안 된다.

2. 슬기로운 종에게 분배될 유산 (잠17:2)

성경은 기본적으로 언약의 자손들 가운데서, 삶의 본질에 연관된 계층적 신분을 인정하지 않는다. 왕을 비롯한 공직자, 제사장, 서기관, 장로 등은 민족적 봉사를 위한 직임일 뿐 귀족 사회의 근거가 되지 못한다. 그럼에도 불구하고 인간 세상에는 항상 통치 세력 및 그에 속한 자들과 저들에 의해 지배와 다스림을 받는 자들이 있어왔다.

하지만 잠언은, 언약의 백성들 가운데 세상에서의 일반적인 개념을 넘어선 경우에 대한 사실을 언급하고 있다. 비록 부유한 주인에게 고용되어 그를 섬기며 노동하는 하인이라 할지라도 그 주인으로부터 재산을 상속받는 권리를 소유하게 되는 특별한 경우가 있다는 것이다. 이는 겉으로 드러나는 형태보다 더욱 중요하게 인정되어야 할 내용이 존재한다는 사실을 말해준다.

세상의 보통 인간들은 외형상의 여건을 보고 평가하기를 좋아한다. 그것은 타인뿐 아니라 본인에 대해서도 마찬가지다. 그러나 하나님 앞에서는 그와 같은 것들이 아무런 의미가 없다. 신약성경의 '마리아의 노래' 가운데는 그에 연관된 내용이 기록되어 있다.

> "권세 있는 자를 그 위에서 내리치셨으며 비천한 자를 높이셨고 주리는 자를 좋은 것으로 배불리셨으며 부자를 공수로 보내셨도다" (눅1:52,53)

세상에서는 권세를 가진 자들과 비천한 자들 사이에 엄청난 격차가 있어 보이지만 실상은 그렇지 않다. 하나님 보시기에는 세상의 높은 권세자들과 비천한 자들이 아무런 차이가 없다. 하나님께서는 오히려 저들의 상황을 뒤바꾸어 버리신다. 세상에서 교만한 태도로 떵떵거리며 살아가던 사람들은 천박하게 되어 고통을 받게 되며, 비천한 자로 여겨지지만 진리로 말미암아 힘겨운 삶을 살던 사람들은 높임을 받아 풍요로운 삶을 허락받게 되는 것이다.

이 말씀은 인간 사회에서 겉으로 드러나는 신분과 지위가 영원하지 않다는 사실을 말해주고 있다. 따라서 사도 바울은 예수 그리스도와 그의 몸된 교회 안에서는 누구나 평등하다는 사실을 강조하고 있다. 그의 서신들에는 그에 연관된 구체적인 내용들이 기록되어 나타난다.

> "우리가 유대인이나 헬라인이나 종이나 자유자나 다 한 성령으로 세례를 받아 한 몸이 되었고 또 다 한 성령을 마시게 하셨느니라" (고전12:13); "거기는 헬라인과 유대인이나 할례당과 무할례당이나 야인이나 스구디아인이나 종이나 자유인이 분별이 있을 수 없나니 오직 그리스도는 만유시요 만유 안에 계시니라" (골3:11)

이처럼 하나님께 속한 모든 백성들은 누구나 평등하다. 하나님의 자녀로서 교회의 지체가 된 성도들은 이에 대한 분명한 깨달음을 소유해야만 한다. 이는 세상에서의 태생이나 신분으로 인해 자부심을 가지거나 교만해서는 안 된다는 사실을 의미하고 있다. 또한 세상에서 괄시받으며 힘들게 살아가는 자들이라 할지라도 하나님의 백성이 된 자들은 세상의 형편으로 인해 위축되거나 비굴해질 필요가 없음을 말해준다.

3. 하나님의 사랑과 연단 (잠17:3-5)

금과 은 같은 보석들은 땅 속에 묻혀 있을 동안 다양한 물질들과 뒤섞여 존재하고 있다. 채굴하여 제련의 과정을 거치지 않은 상태에서는 그것들이 전혀 아름답지 않다. 뜨거운 도가니와 풀무불을 거치지 않고서는 그것들을 귀중품으로 사용할 수 없다. 반드시 제련의 과정을 거쳐야만 본래의 아름다운 모습이 드러나게 되는 것이다.

이처럼 이땅에 살아가는 하나님의 자녀들도 강인한 연단을 받아야 한다. 하나님의 선택을 받은 사람들이라 할지라도 이 세상에 출생할 당시는 죄인인 상태이며, 예수 그리스도로 말미암아 부르심을 받은 후에는 숱한 연단을 받지 않으면 안 된다. 그런 과정을 거쳐 성숙한 신앙인의 모습으로 자라나게 되기 때문이다. 사도 베드로는 그에 연관된 소중한 기록을 남기고 있다.

> "그러므로 너희가 이제 여러 가지 시험을 인하여 잠간 근심하게 되지 않을 수 없었으나 오히려 크게 기뻐하도다 너희 믿음의 시련이 불로 연단하여도 없어질 금보다 더 귀하여 예수 그리스도의 나타나실 때에 칭찬과 영광과 존귀를 얻게 하려 함이라" (벧전1:6,7)

타락한 세상에 살아가는 모든 인간들은 나름대로의 시련과 힘든 과정을 거치게 된다. 신앙이 어린 자들이나 하나님을 알지 못하는 사람들은 견디기 어려운 고통을 당하게 될 때 그로 말미암아 커다란 상처만 입거나 불만과 원망을 쏟아낸다. 그들은 더 멀리 영원한 나라를 바라보는 눈을 가지고 있지 않기 때문이다.

그러나 하나님의 뜻을 기억하며 궁극적인 소망을 가진 성도들은 그렇지 않다. 세상에서 나그네로 살아가는 자들도 심한 어려움과 시련을 만나게 되면 크게 근심하며 힘들어 하지 않을 수 없다. 그렇지만 성령의 도우심을 통해 어려운 과정을 넘어섬으로써 더욱 큰 기쁨을 소유하게 된다.

성숙한 성도들은 그와 같은 힘든 시련으로 말미암아 정금보다 더욱 귀한 연단된 믿음을 가질 수 있게 된다. 사람들이 귀하게 여기는 정금은 일시적일 뿐 영원한 값어치를 소유하지 못한다. 하지만 연단된 믿음은 불멸의 의미를 지니게 된다. 장차 예수 그리스도께서 이땅에 재림하실 때 그 믿음으로 말미암아 칭찬과 영광과 존귀를 얻게 될 것이기 때문이다.

또한 어리석은 자들은 악한 행위를 일삼는 자나 사악한 자들의 입술을 통해 나오는 달콤한 말들을 귀담아 듣는다. 여기서 언급된 악한 행위란 하나님의 말씀에서 떠나 자신의 욕망에 따라 드러나는 사고와 행동을 일컫는다. 그리고 거짓을 일삼는 자들은 다른 사람들을 모략중상하는 저들의 소리에 귀를 기울인다.

악행을 도모하는 자들과 거짓말을 일삼는 자들은 이기적인 목적을 추구하면서 서로간 세력을 규합하기를 좋아한다. 그런 자들은 어리석은 자들을 미혹하여 자기의 유익을 도모하기를 지속한다. 그들은 자기보다 연약하고 힘이 없는 백성들을 자기를 위한 도구로 삼는 것을 대수롭지 않게 여긴다.

그와 같은 사람들은 자기보다 강한 자들 앞에서는 철저히 비굴해지지만 그렇지 않다고 판단되는 가난한 자들에 대해서는 멸시하는 마음을 가지게 된다. 그것은 단순히 사람들을 무시하는 것에 그치는 것이 아니라 여호와 하나님을 멸시하는 것과 밀접하게 연관되어 있다(잠17:5). 야고보 선생은 그에 관한 사실을 언급하며 중요한 교훈을 주고 있다.

> "너희가 아름다운 옷을 입은 자를 돌아보아 가로되 여기 좋은 자리에 앉으소서 하고 또 가난한 자에게 이르되 너는 거기 섰든지 내 발등상 아래 앉으라 하면 너희끼리 서로 구별하며 악한 생각으로 판단하는 자가 되는 것이 아니냐 내 사랑하는 형제들아 들을찌어다 하나님이 세상에 대하여는 가난한 자를 택하사 믿음에 부요하게 하시고 또 자기를 사랑하는 자들에게 약속하신 나라를 유업으로 받게 아니하셨느냐 너희는 도리어 가난한 자를 괄시하였도다 부자는 너희를 압제하며 법정으로 끌고 가지 아니하느냐" (약2:3-6)

하나님의 백성으로서 부자와 가난한 자를 차별하는 것은 결코 있어서는 안 될 일이다. 성공한 듯 화려한 외형을 가진 자들에 대하여는 특별한 대우를 하면서 가난하고 힘들게 살아가는 자들을 멸시하는 것은 어떤 경우에서 용납될 수 없다. 하나님께서 피로 값 주고 사신 그의 몸된 교회 가운데서는 절대로 그런 일이 발생하지 말아야 한다.

야고보는 장차 하나님께서 그 국면을 뒤바꾸시게 되리라는 사실을 언급하고 있다. 그는 부유한 자들에 의해 괄시를 받던 자들을 택하여 저들에게 부요한 믿음을 허락하시고 하나님 나라를 유업으로 주시게 된다. 그러나 세상에서 성공하여 권력을 휘두르며 가난한 자들을 압제하던 자들은 하나님의 무서운 심판아래 놓일 수밖에 없다.

잠언은, 가난한 자들을 괄시하고 저들을 조롱하는 자들은 저들의 하나님을 무시하는 것과 같다는 사실을 강조하고 있다. 그런 행위는 그 사람들이 의지하는 여호와 하나님을 멸시하는 것과 마찬가지다. 이는 누구의 자식을 괄시하거나 멸시하는 것은 그 부모를 그렇게 여기는 것과 동일한 이치이다. 물론 잠언의 말씀은 일반적인 가난한 자들에 대한 언급이 아니라 하나님께 속한 언약의 자손들에게 연관된 내용이다.

우리가 여기서 반드시 기억해야 할 점은 피조물인 인간의 몸을 입고 이 땅에 오신 예수님도 세상에서 가난한 삶을 살았다는 사실이다. 오병이어의 기적을 행하며 수많은 기적을 일으키신 분임에도 불구하고 주님께서는 풍요롭게 살아가지 않으셨다. 그것은 처음부터 본질상 그렇게 된 일로서 사도 바울은 빌립보 교회에 보내는 편지에서 그점을 기술하고 있다.

> "그는 근본 하나님의 본체시나 하나님과 동등됨을 취할 것으로 여기지 아니하시고 오히려 자기를 비어 종의 형체를 가져 사람들과 같이 되었고 사람의 모양으로 나타나셨으매 자기를 낮추시고 죽기까지 복종하셨으니 곧 십자가에 죽으심이라" (빌2:6-8)

당시 종교와 정치적으로 권세를 가진 악한 유대인들은 가난한 삶을 살아가시는 예수님에 대하여 멸시하는 자세를 취했다. 그들은 감히 하나님 곧 하나님의 아들을 자기보다 못한 존재로 여겼던 것이다. 인간들의 상상을 초월한 숱한 이적을 일으키신 예수님께서 풍요로운 삶을 살지 않으셨던 것은 스스로 자신을 가장 낮은 자리에 놓으신 것과 같다.

그 놀라운 비밀을 알지 못하던 어리석은 유대인들은 하나님을 조롱하면서도 스스로 떳떳하게 생각했다. 배도에 빠진 인간들은 세상에서 자신의 욕망을 채우기 위한 것 이외의 다른 분야에는 별다른 관심을 기울이지 않았다. 그들은 이땅의 것들에 집착했을 뿐 영원한 천상의 나라에 대한 실제적인 소망을 거부했다.

그런 자들은 세상에 살아가는 사람들의 세속적인 삶을 비교하며 만족을 누리기를 좋아한다. 남들보다 자기가 더 잘된 것으로 판단하면 그것을 통해 우월의식을 가지고 자신을 평가하게 된다. 그와 같은 사고에 젖게 되면 대개 남이 악에 빠지는 것을 보며 즐거워하고 기뻐하게 된다. 하지만 세상의 것들을 최상의 목표로 삼고 있는 자들은 결국 하나님의 무서운 형벌을 받게 될 따름이다.

4. 상속을 통한 영광 (잠17:6)

잠언은, 노인의 진정한 면류관이 되는 것은 그의 손자이며, 아버지는 또한 그 자식의 영광이 된다는 사실을 언급하고 있다. 이는 성도의 가정을 통해 이루어지는 언약의 상속에 밀접하게 연관된 말씀이다. 하나님께서 믿음의 가정을 세우신 것은 가족들간에 신앙의 상속이 진행되어야 한다는 사실을 말해준다.

집안의 어른은 자녀들을 잘 가르침으로써 언약을 상속해야 하며, 뒤이어 손자를 잘 교육하여 참된 신앙을 상속해 가야 한다. 즉 조상으로부터 상속받은 신앙을 잘 상속하는 아버지는 자식의 영광이 된다. 할아버지와 아들, 그리고 손자는 언약의 상속을 통해 서로간 하나님의 영광을 공유하게 되는 것이다.

성도의 가정에서 중요한 것은 결코 풍족한 재산이 아니다. 나아가 일시적인 만족과 행복한 삶이 가정의 본질적인 목적이 될 수 없다. 하나님께서는 성도들의 가정을 통해 하나님의 언약이 상속되어 가길 원하신다. 그와 같은 가정들이 모여 지상교회를 이루어 가게 되는 것이다. 시편기자는 그에 연관된 노래를 하고 있다.

> "여호와를 경외하며 그 도에 행하는 자마다 복이 있도다 네가 네 손이 수고한대로 먹을 것이라 네가 복되고 형통하리로다 네 집 내실에 있는 네 아내는 결실한 포도나무 같으며 네 상에 둘린 자식은 어린 감람나무 같으리로다 여호와를 경외하는 자는 이같이 복을 얻으리로다 여호와께서 시온에서 네게 복을 주실찌어다 너는 평생에 예루살렘의 복을 보며 네 자식의 자식을 볼찌어다 이스라엘에게 평강이 있을찌로다"(시128편)

가정에는 일반적으로 조부모, 부모와 자식, 손자들이 함께 살아간다. 경건한 가정의 중심에는 항상 여호와 하나님을 경외하는 삶이 존재한다. 그것은 성도들의 모든 삶은 계시된 성경의 교훈에 근거하고 있어야 한다는 사실을 말해주고 있다.

위의 시편을 기록한 믿음의 선배는 여호와를 진정으로 경외하고 그의 도를 온전히 행하는 자가 복 있는 자라는 사실을 노래했다. 경건한 가정의 아내는 온 가족을 돌보는 일을 감당하며, 날마다 한 상에 둘러앉아 함께 식사하는 자식들은 온 가족의 기쁨이 된다. 그것이 지상교회에 속한 성도들에게, 천상으로부터 허락된 진정한 복이다.

물론 그와 같은 가정은 현실적인 동시에 천상의 나라에 직접 연결되어 있으며 장차 이땅에서 완성될 하나님의 구원사역에 연관되어 있다. 이는 시온과 예루살렘을 통해 허락된 하나님의 언약으로 말미암는 것이다. 신약시대에는 그것이 하나님의 아들이신 예수 그리스도를 통해 지상교회 가운데 확증되었다. 이와 같은 성도의 삶이 교회와 가정 가운데 드러나게 됨으로써 영원한 복락을 지속적으로 누릴 수 있게 되는 것이다.

5. 언약의 자손과 뇌물 (잠17:7,8)

미련한 인간들의 입술에서는 진실하고 아름다운 말이 나오지 않는다. 비록 외부로 표현되는 언술이 그럴듯해 보일지라도 그것이 진정으로 이웃을 위한 좋은 의도에 근거한다고 볼 수 없다. 그런 자들은 대개 이기적인 욕망을 중심에 두고 주변 사람들을 자기를 위한 도구로 여기고 있기 때문이다.

이와 달리, 존귀한 자들은 자기에게 어울리지 않는 거짓말을 삼간다. 즉 많은 사람들에게 존경을 받는 경건한 교인이라면 자신의 유익을 위해 함부로 거짓을 내뱉지 않는다. 하나님을 진정으로 경외하는 성숙한 성도라면 이기적인 욕구를 채우기 위한 거짓말을 멀리하는 것이다. 거짓말을 되풀이하는 자라면 참된 언약의 자손이라 보기 어렵다.

또한 어리석고 미련한 사람들은 자신의 목적을 위해 부당한 뇌물을 사용하는 것을 대수롭지 않게 여긴다. 그들은 뇌물을 동원하면 모든 문제를 다 해결할 수 있을 것처럼 여기고 있다. 개인의 욕망을 추구하는 과정에서 수단과 방법을 가리지 않는 자들은 뇌물로써 힘 있는 사람을 찾아 매수하고자 한다. 부정부패가 만연한 사회에서는 뇌물로써 해결하지 못할 일이 거의 없다.

그렇지만 언약의 백성들 가운데는 그와 같은 사악한 일이 결코 발생해서는 안 된다. 성경은, 뇌물은 사람들의 눈을 어둡게 하고 의로운 자를 억울하게 만들기 때문에 엄히 금하고 있다. 따라서 하나님을 경외하는 성도들은 뇌물을 주지도 받지도 말아야 한다. 모세의 율법에서는 그것이 법으로 제정되었으며, 전도서에서도 그에 관한 교훈을 주고 있다.

> "너는 뇌물을 받지 말라 뇌물은 밝은 자의 눈을 어둡게 하고 의로운 자의 말을 굽게 하느니라"(출23:8); "너는 굽게 판단하지 말며 사람을 외모로 보지 말며 또 뇌물을 받지 말라 뇌물은 지혜자의 눈을 어둡게 하고 의인의 말을 굽게 하느니라"(신16:19); "탐학이 지혜자를 우매하게 하고 뇌물이 사람의 명철을 망케 하느니라"(전7:7)

하나님의 몸된 교회에 속한 성도들은 뇌물을 멀리하지 않으면 안 된다. 하지만 어리석은 자들은 정당한 방법이 아니라 뇌물로써 당면한 문제를 해결하고자 한다. 그와 같은 행동은 반드시 억울한 사람을 양산할 수밖에 없다. 뇌물을 통해 다른 사람에게 돌아가야 할 혜택을 가로채는가 하면, 정당한 사람으로 하여금 해를 받도록 하게 되는 것이다.

그와 같은 악행을 분명히 인식하지 못하는 자들은 하나님에 대하여도 그와 동일한 사고를 하게 된다. 즉 그런 자들은 감히 하나님을 뇌물로 매수하려고 하는 것이다. 그들은 헌금이란 명목으로 교회 조직에 거금의 돈을 내고 그것으로써 하나님으로부터 더 큰 것을 받아내려고 한다. 우리는, 어리석은 자들의 연보가 많은 경우 하나님을 거래의 대상으로 삼아 그에게 뇌물을 바치는 행위와 별반 다르지 않다는 사실을 기억하고 있어야만 한다.

제23장

성숙한 신앙인과 어리석은 종교인
(잠17:9-28)

1. 진정한 사랑을 소유한 성도 (잠17:9-12)

하나님의 백성은 다른 이웃의 죄와 허물을 덮어주고 용서해주는 마음을 가져야 한다. 이는 물론 모든 악행을 무조건 덮어주라는 것을 의미하지 않는다. 형제가 명백한 범죄를 저지르는 것을 보면 개인적으로 조용히 찾아가 말씀과 더불어 권면함으로써 그것을 뉘우치고 회개할 경우 그 허물을 덮어 주어야 한다.

예수님께서는 그에 연관된 중요한 교훈을 주고 계신다. 교회에 속한 성도들은 다른 형제의 범죄행위를 보고 모른 척 하거나 그냥 넘어가려 해서는 안 된다는 것이다. 그것을 방치하게 되면 성숙한 성도로서 무책임한 행동이 되며 그와 같은 것이 누룩이 되어 당사자뿐 아니라 전체 교회를 해롭게 할 수 있을 것이기 때문이다.

> "네 형제가 죄를 범하거든 가서 너와 그 사람과만 상대하여 권고하라 만일 들으면 네가 네 형제를 얻은 것이요 만일 듣지 않거든 한 두 사람을 데리고 가서 두 세 증인의 입으로 말마다 증참케 하라 만일 그들의 말도 듣지 않거든 교회에 말하고 교회의 말도 듣지 않거든 이방인과 세리와 같이 여기라" (마18:15-17)

하나님의 자녀로서 자신의 죄를 자각하고 깊이 뉘우치는 자의 허물을 덮어주는 것은 지극히 당연한 일이다. 더러운 허물로 인해 형제가 더 큰 상처를 입지 않도록 도와주는 것은 매우 중요한 일이다. 남의 허물을 되풀이하여 언급하는 것은 그의 상처 입은 부위를 계속 건드림으로써 덧나게 하는 것과 마찬가지다. 따라서 하나님 앞에서 그 죄를 회개하고 자신의 잘못을 충분히 인정한다면 흉을 보거나 그의 실수를 다른 사람들에게 발설하지 말아야 한다.

아무런 개념없이 형제의 잘못을 되풀이하여 이야기하는 자는 친구 사이를 이간질하는 것과 같다. 즉 이미 지나간 그의 실수를 모르는 사람들에게 알게 함으로써 저들 사이를 갈라놓는 것이다. 그것은 죄인인 자신의 모습을 깨닫고 하나님을 경외하는 성도라면 결코 행할 수 없는 악행이다. 따라서 만일 그렇게 행동하는 자가 있다면 그가 오히려 더 나쁜 사람이라 할 수 있다. 그것은 교회를 분열시키는 문제에 연관되기 때문이다.

총명하고 지혜로운 사람들은 그 의미를 충분히 알고 있다. 하나님의 지혜를 소유한 이웃에게 선한 말 한마디로 경계하는 조언을 하면 금방 알아듣는다. 그런 자는 그 의미를 깨닫고 마음속 깊이 새긴다. 그에 반해 미련한 자에게는 백 대의 매로 채찍질하며 가르친다고 해도 그 말을 알아듣지 못한다. 그와 같은 사람은 자기는 마치 의로운 사람인 양 착각하는 가운데 고집스런 이기적인 주장만 내세운다.

자기중심적인 악을 저지르는 미련한 자들은 이기적인 욕망을 추구하고

자 애쓸 뿐 하나님과 그의 언약공동체를 염두에 두지 않는다. 그런 자들은 특정인이 아니라 하나님에 대한 반역자가 된다. 잠언은 하나님께서 그런 자에게 무서운 사신(messenger)을 보내 엄히 징계하시리라는 사실을 기록하고 있다(잠17:11). 성숙한 성도로서 이에 대한 올바른 이해를 하는 것은 매우 중요하다.

그러므로 하나님의 뜻을 벗어나 미련한 사고와 행동을 하는 자를 만나는 것보다, 차라리 새끼를 빼앗겨 사나워진 암곰을 만나는 것이 더 낫다(잠17:12). 이는 어떤 심각한 위기와 고통을 당한다고 할지라도 하나님에 대한 무지와 무관심보다는 낫다는 사실을 말해준다. 우리가 여기서 반드시 기억해야 할 바는 이웃과 더불어 살아가는 우리 자신이 미련한 자가 되어 주변 사람들을 위태로운 궁지에 빠뜨려서는 안 된다는 사실이다. 소극적 상태라고 생각될 수 있는 미련함이 이웃을 엄청나게 해칠 수 있다는 점을 깨닫는 것은 모든 성도들이 소유해야만 할 참된 지혜이다.

2. 미련한 자들의 오만한 악행 (잠17:13-16)

성경이 요구하는 바 상식적인 신앙을 갖춘 사람이라면 선에 대하여 선한 것으로 갚는 것이 지극히 자연스럽다. 하나님을 경외하는 언약공동체 안에서는 그와 같은 일이 끊임없이 되풀이되어야 한다. 좋은 이웃을 둔 사람들에게는 항상 그와 같은 삶의 양상이 드러나는 것이 지극히 당연하다.

그러나 선한 것을 악으로 갚는 사회는 서로간 불신하는 사회가 될 수밖에 없다. 그렇게 되면 함께 살아가는 사람들 사이에서도 불신 풍조가 만연하게 되어 가는 것이다. 그런 자들이 거하는 집과 사회에서는 악이 떠날 겨를이 없다.

그와 같은 위기의 상황은 이웃을 멸시하는 이기주의적 사고에 기인하고 있다. 악한 자들은 자기의 욕망으로 인해 주변 사람들과 다투기를 되풀이

한다. 이웃 사람과 싸움을 진행하는 것은 마치 못 둑에서 물이 새는 것과도 같은 역할을 하게 된다. 그런 행태를 지속하다 보면 이웃과의 관계는 결국 못 둑이 터지듯이 붕괴되고 만다.

그러므로 지혜로운 성도들은 싸움이 일어날 것 같은 기미가 보이면 그 싸움이 시작되기 전에 시비를 그친다. 서로간 다툰다는 것은 이미 자기가 옳다는 것을 전제하기 때문에 아무런 유익 없이 끝날 것이 분명하기 때문이다. 성숙한 성도들은 그에 대한 분명한 깨달음과 더불어 자신의 삶 가운데 실천하도록 노력해야 한다.

그러나 미련하고 악한 자들은 끝까지 시비를 따지며 그 다툼을 쉬 그치려 하지 않는다. 그런 자들은 그것을, 존재하지 않는 자기의 의로움을 드러내는 방편으로 이용하고자 한다. 따라서 그들은 싸움에서 이기기 위하여 자기에게 동조하는 자들을 끌어모으기를 지속한다. 그렇게 되면 오히려 선한 사람이 억울한 고통을 당하게 될 수밖에 없다. 시편기자는 그에 연관된 노래를 부르고 있다.

> "나는 사랑하나 저희는 도리어 나를 대적하니 나는 기도할 뿐이라 저희가 악으로 나의 선을 갚으며 미워함으로 나의 사랑을 갚았사오니 악인으로 저를 제어하게 하시며 대적으로 그 오른편에 서게 하소서" (시109:4-6)

여호와 하나님을 진정으로 경외하는 성도들은 옳지 못한 이웃에 대해서도 그들을 마음에 품고 용서하고자 하는 마음을 가진다. 그러나 악한 자는 도리어 선을 악으로 갚으며, 선을 행하는 자에게 대적하는 태도를 버리지 않는다. 이는 악을 행하는 자가 도리어 큰소리치며 떠벌리는 반면 선하게 살아가는 사람이 더 큰 고통을 당하게 된다는 사실을 말해 준다.

하지만 하나님의 자녀들에게는 달리 그에게 대응할 방법이 없다. 결국 하나님께서 도와주시기를 간구할 따름이다. 하나님의 능력이 아니고는 그 문제를 해결할 방도가 없기 때문이다. 잠언은, 악인을 의롭다고 주장하며 의인을 악하다고 선전하는 자들은 여호와 하나님의 심판을 받게 되리라는 사실을 언급하고 있다. 우리는 사람들의 눈치를 보며 형편에 따라 반응할 것이 아니라 악한 자를 악하다고 하며 의로운 자를 의롭다고 할 수 있어야 한다.

그러나 악한 자들은 불의한 증인을 구하여 세우기를 좋아한다. 그렇게 함으로써 거짓되고 악한 것을 감추고 무고한 자에게 죄를 뒤집어씌워 궁지로 몰아붙이게 된다. 시편기자는 또한 그에 연관된 상황을 고백적으로 노래하며 하나님께 간구하고 있다.

> "불의한 증인이 일어나서 내가 알지 못하는 일로 내게 힐문하며 내게 선을 악으로 갚아 나의 영혼을 외롭게 하나 나는 저희가 병 들었을 때에 굵은 베옷을 입으며 금식하여 내 영혼을 괴롭게 하였더니 내 기도가 내 품으로 돌아왔도다 내가 나의 친구와 형제에게 행함 같이 저희에게 행하였으며 내가 굽히고 슬퍼하기를 모친을 곡함 같이 하였도다 오직 내가 환난을 당하매 저희가 기뻐하여 서로 모임이여 비류가 나의 알지 못하는 중에 모여 나를 치며 찢기를 마지 아니하도다 저희는 연회에서 망령되이 조롱하는 자 같이 나를 향하여 그 이를 갈도다 주여 어느 때까지 관망하시리이까 내 영혼을 저 멸망자에게서 구원하시며 내 유일한 것을 사자들에게서 건지소서" (시35:11-17)

하나님을 올바르게 알지 못하는 악한 자들은 선과 악을 분별하지 못한다. 저들의 기준은 하나님의 뜻이 아니라 자신의 욕망과 유익성 여부를 중심에 두고 있다. 시편기자는, 상대가 악한 자들임에도 불구하고 저들을 위해 기본적인 도리를 다하고자 노력하는 자신의 심경을 언급했다. 그 악한 사람들이 고통스런 일을 당했을 때 그 슬픔을 나누고자 애썼으며 힘을 다해 도움을 주었다.

그럼에도 불구하고 그들은 오히려 시편기자를 모함하고 그가 환난을 당할 때 그것을 보고 즐거워하는 가운데 폭력을 행사하며 조롱하기를 지속했다. 그런 와중에서도 그들은 돈으로 지혜를 사려고 하며 제 욕망을 달성하기 위해 모든 노력을 기울이면서 자신은 마치 최선을 다하는 삶을 살아가는 듯 당당한 모습을 보였다. 그와 같은 상황은 성도들에게 여간 원통한 일이 아닐 수 없었다. 시편기자는 그런 고통 중에서 모든 것을 하나님께 맡기고 그의 구원을 간절히 구하는 모습을 보이고 있다.

3. 진정한 친구와 형제 (잠17:17-19)

사람이 세상에 살아가면서 신뢰할 만한 친구와 좋은 이웃을 많이 두는 것은 가장 복되고 중요한 일이다. 여기서 말하는 친구란 비슷한 연령의 사람을 두고 말하는 것이 아니라 함께 삶을 나눌 수 있는 모든 사람들을 포함한다. 진정한 친구사이라면 어떤 경우에도 서로간 위해주는 참된 사랑이 한결같이 이어지게 된다.

그러므로 형제가 어렵고 위급한 상황에 처할 때 친구는 그에게 최선을 다해 도움을 준다. 친구들은 삶을 공유하며 험악한 이 세상에 맞서 더불어 살아가게 된다. 이기적인 욕망을 버리고 이웃을 위해 살아가는 자세를 통해 삶의 진정한 의미가 드러나는 것이다.

그러나 지각이 없는 자들은 서로간 손을 맞잡고 여러 사람들 앞에서 무책임한 서약을 하거나 보증을 서게 된다. 이웃에 대한 도움을 주려면 자기의 것을 나누어 주면 되는데 반해 보증을 서게 되면 나중 잘못된 문제가 발생할 경우 함께 넘어지게 될 우려가 따른다. 인간은 다른 사람들의 삶을 책임질 만큼 온전한 존재가 아니기 때문이다.

다툼을 되풀이하는 자들은 죄의 열매를 좋아하는 것과 같다. 즉 그런 자들은 부당한 이득을 얻기 위해서 주변 사람들과 다투는 것을 예사로 생각한다. 또한 부유한 재물을 자랑으로 여겨 자기 집의 대문을 높이지만 결국 패가망신(敗家亡身)하게 된다. 부자들은 자신의 재산을 의지하기에 익숙할 뿐 좋은 이웃을 두는 것을 소중하게 여기지 않기 때문이다.

4. 어리석은 가정 (잠17:20-22)

마음이 비뚤어진 사람들은 참된 복을 소유하지 못한다. 그리고 입술과 혀를 함부로 놀려 거짓말을 일삼는 자들은 재앙에 빠지게 된다. 그들은 이기적인 목적을 가지고 이웃을 대하며 욕망에 따른 행위를 하지만 결과적으로는 그것으로 인해 더 큰 고통의 자리에 내몰리게 되는 것이다.

자식을 올바르게 양육하지 못하는 부모는 근심에서 벗어나지 못한다. 이는 물론 세상에서 성취한 자식의 성공 여부를 두고 하는 말이 아니다. 하나님의 언약을 상속받기를 거부하고 세상의 욕망에 사로잡혀 살아가기를 좋아하는 자식을 둔 부모에게는 진정한 기쁨이 일어나지 않는다.

온 가족이 언약을 소유함으로써 건강한 가정을 이루는 것은 매우 중요하다. 세상에서 아무리 넘치는 재물을 소유하고 출세를 한다고 할지라도 참된 신앙을 상속받지 못한다면 슬픈 일이 아닐 수 없다. 그런 자들은 자기 자식들에게 온전한 신앙 상속을 위한 교육을 지속하지 못할 것이기 때문이다. 즉 미련한 자식으로 말미암아 다음 세대를 위한 언약상속이 중단된다면 그것은 커다란 근심거리가 될 따름이다.

그러므로 하나님의 언약이 대를 이어 지속적으로 상속됨으로써 온전한 가정을 이루게 되면 온 가족이 마음의 즐거움을 소유하게 된다. 그것은 저들의 삶을 위한 최상의 양약이 된다. 그에 반해 언약의 상속이 중단될 위기에 빠지게 되면 마음에 근심이 가득차게 된다. 그것은 사람의 뼈를 마르게 할 만큼 고통스런 형편 가운데 놓이게 함으로써 진정한 기쁨을 누릴 수 없도록 만든다.

5. 불의를 행하는 자와 공의를 행하는 자 (잠17:23-26)

어떤 나라든 정부가 썩고 공직자들이 부패하면 공의와 정의가 사라진다. 그렇게 되면 이기적인 기득권자들은 남몰래 이해 당사자들로부터 뇌물을 받기 좋아한다. 그들은 공평하게 백성들을 대하는 것이 아니라 뇌물의 정도에 따라 움직이게 된다.

그 가운데 옳고 그름을 판단해야 할 재판관들이 뇌물을 좋아하게 되면 국가의 기강이 무너져 내리게 된다. 그들은 뇌물을 받고 재판을 굽게 할 것이기 때문이다. 그렇게 되면 가해자와 피해자가 뒤바뀔 수밖에 없다. 피해자는 억울한 판결을 받고 가해자는 부당한 재판을 통해 별 잘못이 없는 자처럼 되어버린다.

이와 같은 옳지 못한 분위기가 조성되면 백성들 가운데는 불신풍조가 만연하게 된다. 그와 더불어 권력을 가진 사악한 지도자들의 손에는 항상 더러운 뇌물이 넘쳐난다. 그것은 또다시 더 높은 공직자들의 손으로 넘어가기를 지속한다. 그렇게 되면 공직을 맡은 자들 사이에 조직적인 불의가 행해질 수밖에 없다. 시편기자는 악한 자들의 뇌물로 인해, 자신이 억울한 일을 당하지 않도록 하나님께 간구했다.

> "내 영혼을 죄인과 함께, 내 생명을 살인자와 함께 거두지 마소서 저희 손에 악특함이 있고 그 오른손에 뇌물이 가득하오나 나는 나의 완전함에 행하오리니 나를 구속하시고 긍휼히 여기소서" (시26:9-11)

언약의 왕국을 자처하는 이스라엘 가운데서 권력을 누리는 악한 지도자들은 의인을 죄인의 자리에 놓는 것을 예사로 여긴다. 그들은 무죄한 사람에게 살인자의 누명을 뒤집어씌워 죄인으로 만들어 버리기도 한다. 그와 같은 일이 발생하는 것은 전적으로 악한 자들의 뇌물로 말미암은 것이었다.

그럼에도 불구하고 의로운 자인 시편기자는 뇌물정치와 뇌물판결 때문에 저들과 타협하지 않겠노라는 다짐을 하고 있다. 어떤 힘든 고통 가운데서도 하나님께서 요구하시는 온전한 길을 걸어가겠다는 것이다. 그렇게 하면 하나님께서 그에게 긍휼을 베풀어 구원해 주리라는 사실을 믿고 기도하는 마음을 유지했던 것이다.

이처럼 지혜롭고 명철한 자들은 어떤 경우라 할지라도 참된 지혜를 소유하게 된다. 그들은 이 세상의 일시적인 것이 아니라 영원한 일을 추구한다. 그에 반해 미련한 자들은 눈을 두리번거리며 땅 끝에 있는 온갖 잡다한 것들을 향해 눈길을 돌린다. 그런 자들은 오직 이땅에서 발생하는 욕망에 관심을 가지고 살아갈 따름이다.

그와 같은 삶에 빠진 미련한 자식은 부모의 염려 대상이 된다. 아버지는 그런 아들을 바라보며 근심에 싸이는가 하면 그 어머니는 그로 말미암아 심한 고통을 당하게 된다. 국가의 근간이 되는 백성의 가정이 진리를 외면한 채 허물어진다면 소망이 사라져 암울한 형편에 처하지 않을 수 없다.

또한 국가의 지도자인 공직자가 정당한 법에 근거하지 않고, 자의적인 목적에 따라 의로운 사람을 벌하는 것은 결코 있을 수 없는 일이다. 그리고 정직하다는 사실 때문에 그에게 벌을 내리는 것도 가당치 않다. 그럼에도 불구하고 악한 자들은 저들의 악행에 참여하지 않고 동조하지 않는다는 이유로 의로운 자들을 심하게 핍박하게 된다.

의롭고 거룩한 자들은 징벌을 받을 것이 아니라 도리어 포상을 받아야 한다. 하지만 부정이 가득찬 정부와 악한 자들이 득실대는 나라에서는 결코 있을 수 없는 그런 어처구니없는 일들이 끊임없이 발생하게 되는 것이다. 지상의 참된 교회와 성숙한 하나님의 백성들은 그와 같은 세상의 풍조에 저항하며 경계하는 자세를 유지해야만 한다.

6. 말을 아끼는 자의 지혜 (잠17:27,28)

하나님을 경외하는 언약의 백성들은 개인의 욕망에 따라 함부로 말하는 것을 지극히 조심한다. 그들은 계시를 통해 드러난 하나님의 뜻을 기억하는 가운데 말을 하며 자의적인 고집을 피우는 일을 지속하지 않는다. 그런 명철한 자들은 성경에 근거한 참된 지식을 소유하고 있으며 냉철한 분별력을 유지하게 된다.

그러므로 성경에 나타나는 모든 믿음의 선배들은 신중한 자세로 다른 사람들과 대화하고자 했다. 개인적인 감정에 따라 무책임한 말을 내뱉거나 자기의 맘에 들지 않는다고 해서 쉽게 남을 정죄하거나 화내는 일을 자제할 수 있었다. 야고보 선생은 자기의 서신에서 그에 연관된 중요한 교훈을 주고 있다.

> "내 사랑하는 형제들아 너희가 알거니와 사람마다 듣기는 속히 하고 말하기는 더디 하며 성내기도 더디 하라 사람의 성내는 것이 하나님의 의를 이루지 못함이니라 그러므로 모든 더러운 것과 넘치는 악을 내어 버리고 능히 너희 영혼을 구원할바 마음에 심긴 도를 온유함으로 받으라" (약 1:19-21)

참된 교회에 속한 모든 성도들은 다른 사람의 말을 올바르고 정확하게 들을 수 있어야 한다. 즉 자의적으로 들음으로써 상대방의 의도를 정확하게 파악하지 못하면 오해를 할 수밖에 없다. 그러므로 대화 가운데서 듣는 일에는 귀를 기울여 빨리 들어야 하지만 그 말을 듣고 반응하는 일은 여유를 가지고 천천히 해야 한다.

설령 자기의 마음에 전혀 들지 않는 말을 듣게 된다고 할지라도 즉시 분노하지 말아야 한다. 그렇게 되면 그 가운데서 하나님의 의로운 뜻을 온전히 드러낼 수 없다. 따라서 자신의 성품 가운데 존재하는 더러운 악은 내버리고 인간의 영혼을 구원하게 될 하나님의 교훈은 온유한 자세로 받아들여야 한다.

미련한 인간들은 자기의 잘못된 주장을 펼치기에 열중하고 다른 사람의 말을 귀담아 들으려 하지 않는다. 그와 같은 행위를 되풀이하게 되면 주변 사람들은 그를 상대하기 어려운 어리석은 자로 간주할 수밖에 없다. 그럴 경우에는 차라리 입술을 다물고 가만히 있어 잠잠하면 사람들이 그것을 지혜롭고 슬기로운 것으로 여기게 될지 모른다. 즉 확증되지 않은 문제에 대하여 많이 말하여 자기의 주장을 펼치는 것보다 다른 사람의 말에 가만히 귀를 기울여 듣는 것이 훨씬 바람직한 자세인 것이다.

제24장

보편적 언약공동체와 그 권위

(잠18:1-24)

1. 분리주의자의 악행 (잠18:1-3)

지상의 참된 교회는 원리상 전체적으로 하나가 존재할 따름이다. 그 교회는 예수 그리스도를 머리로 한 그의 몸이요 그 몸에는 여러 지체들이 붙어 존재하게 된다. 우리가 반드시 기억해야 할 바는, 주님의 몸이 완전히 분리된 상태로 이땅 여기저기 떨어져 상호 무관한 개체로 존재할 수 없다는 사실이다.

예수님께서는 자신을 포함한 삼위일체 하나님에 연관된 사실을 말씀하시면서 그점을 언급하셨다. 거룩한 백성이 된 지상의 모든 성도들은 하나의 언약공동체가 되어 자기에게 속해 있어야 한다는 것이었다. 즉 성부와 성자 하나님이 하나이듯이 그에게 속한 모든 백성들도 그러해야 한다는 것이다.

하나님의 자녀들은 그에 대한 올바른 이해를 해야만 한다. 이는 단순한 외적인 형태에 국한된 것이 아니라 본질에 밀접하게 연관되어 있기 때문이다. 타락한 세상으로부터 구별된 언약의 자손들은 그점을 명확히 깨닫지 않으면 안 된다. 사도 요한은 복음서에서 그에 관한 중요한 기록을 남기고 있다.

> "아버지께서 내 안에, 내가 아버지 안에 있는것 같이 저희도 다 하나가 되어 우리 안에 있게 하사 세상으로 아버지께서 나를 보내신 것을 믿게 하옵소서 내게 주신 영광을 내가 저희에게 주었사오니 이는 우리가 하나가 된것 같이 저희도 하나가 되게 하려 함이니이다 곧 내가 저희 안에, 아버지께서 내 안에 계셔 저희로 온전함을 이루어 하나가 되게 하려 함은 아버지께서 나를 보내신 것과 또 나를 사랑하심 같이 저희도 사랑하신 것을 세상으로 알게 하려 함이로소이다" (요17:21-23)

요한이 기록한 이 말씀은 지상교회에 직접 관련되어 있다. 이 세상에 존재하는 참된 교회라면 모두가 하나로 연결되어 있다. 지상에 세워진 교회는 구약의 성전과 마찬가지로 하나님께서 거하시는 거룩한 집이 된다. 이 땅에 많은 교회들이 있어서 그것이 제각각 다양한 형태를 지닌 하나님의 여러 집들이 되는 것이 아니다.

그 모든 교회들은 상호 밀접하게 연결되어 있기 때문에 전체가 하나의 거대한 성전을 이루게 된다. 그것이 우리가 말하는 하나님의 거룩한 집으로서 보편교회와 직접 연관되어 있다. 사도 바울은 에베소 교회에 보내는 편지에서 그점을 분명히 언급하고 있다.

> "너희는 사도들과 선지자들의 터 위에 세우심을 입은 자라 그리스도 예수께서 친히 모퉁이 돌이 되셨느니라 그의 안에서 건물마다 서로 연결하여 주 안에서 성전이 되어가고 너희도 성령 안에서 하나님의 거하실 처소가 되기 위하여 예수 안에서 함께 지어져 가느니라" (엡2:20-22)

지상에 존재하는 모든 교회들이 하나로 연결되어 상호 교통하는 관계에 놓여 있다는 사실을 이해하는 것은 매우 중요하다. 즉 보편교회로부터 완전히 분리되거나 단절된 상태에서의 올바른 교회란 존재하지 않는다. 그럼에도 불구하고 교회의 참된 의미를 알지 못하는 어리석은 자들이 보편교회에 대한 실질적 의미를 외면하는 것은 여간 안타까운 일이 아닐 수 없다.

그러므로 지상에 존재하는 모든 교회들은 상호간 올바른 영적 연합관계에 놓여 있어야 한다. 보편교회를 염두에 두지 않는 개교회주의는 결국 하나님의 교회를 갈라놓게 하는 분리주의자를 양산할 수밖에 없다. 특히 교회의 교사인 목사들은 이 원리에 대한 분명한 깨달음을 가지고 있어야만 한다.

잠언은 언약의 백성들에게 무리로부터 스스로 나뉘는 자를 경계하라는 요구를 했다. 그것은 진리를 벗어난 배도자들로부터의 정당한 분리가 아니라 이기적인 욕망에 따른 부당한 분열을 말하고 있다. 그와 같은 분리는 자기만 옳다고 여기는 고집스런 판단에 근거를 두고 있다.

계시된 말씀을 떠난 배도자들은 하나님으로 말미암은 참된 진리를 배척한다. 따라서 사도 바울은 하나님의 교훈을 버린 배도에 빠진 자들로부터 정당한 분리를 하도록 요구하기도 했다(롬16:17, 참조). 성숙한 성도들은 계시된 말씀에 근거한 정당한 분리가 아닌 교회를 해치는 이기적인 분리주의자들을 항상 경계해야 한다.

그러므로 바울은 갈라디아 교회에 보내는 편지에서 당 짓는 것과 분리에 대해 강력한 경고를 하고 있다(갈5:20). 인간들의 욕망으로 인해 하나님의 교회가 분리되지 말아야 한다는 것이었다. 인간들의 종교적인 욕망에 의해 하나님의 몸된 교회가 갈기갈기 찢겨지는 일은 결코 있어서는 안 되기 때문이다.

또한 하나님의 말씀을 멸시하는 미련한 자들은 자신의 종교적인 야망을 추구하기에 급급할 뿐 진리를 기준으로 하여 옳고 그름을 살피기를 좋아하지 않는다. 그들은 인간의 경험과 이성에 따른 자기의 의도를 고집스럽게 드러내고자 할 따름이다. 그것을 이용하여 자기의 종교적인 목적을 이루고자 하는 것이다.

그런 이기적인 종교인들은 일시적으로 성공하고 만족을 얻는 것처럼 보일지 모르지만 실상은 멸망을 향해 나아가는 것과 다를 바 없다. 저들의 악한 실상이 드러나는 때가 가까워지면 저들의 모든 행위는 멸시를 당하게 된다. 그리고 저들의 부끄러운 점들이 노출되면 능욕을 받을 수밖에 없다. 따라서 참된 교회와 그에 속한 성숙한 성도들은 항상 올바른 분별력을 소유하고 있어야만 한다.

2. 지혜로운 자와 미련한 자의 언어 (잠18:4-9)

명철한 사람의 입술에서 나오는 심중의 말은 깊은 우물에서 나오는 생명수와 같다. 그리고 지혜의 샘으로부터 솟구쳐 오르는 그 물이 흘러내려 시내를 이루게 된다. 하나님으로 말미암아 허락된 명철과 지혜로부터 나오는 깊은 샘물은 결코 메마르지 않으며 항상 사람들에게 시원한 물을 제공함으로써 목마른 기갈을 막아준다.

그러나 사악한 자들의 편에 서서 저들을 비호하는 무리는 그 악행에 동참하는 것과 동일한 성격을 지니게 된다. 그런 자들은 재판정에서 의로운 사람을 억울하게 만들 것이며 그와 같은 행태는 결코 선한 삶의 자세라 말할 수 없다. 그것은 언약의 백성들 가운데서 선과 악을 뒤바꾸어버리는 무서운 역할을 하게 될 것이기 때문이다.

그러므로 미련한 자의 입술은 항상 사람들 사이에서 혼선을 불러일으키게 되며 결국 그의 행위는 스스로 자기 몸에 매서운 매를 자청하는 것과 같다. 즉 미련한 자의 입술은 자신을 패망으로 유도하는 방편이 될 뿐 아니라 그 혀는 자신의 영혼을 멸망으로 몰아가는 그물과 같은 역할을 하게 된다.

또한 남의 등 뒤에서 수군거리기를 좋아하고 나쁜 소문을 퍼뜨리고 다니는 사람의 말은 귀에 솔깃하게 들린다. 그것은 마치 입맛을 돋구어주는 먹음직한 음식같이 달콤하다. 따라서 지혜롭지 못한 어리석은 자들은 그것을 취하여 먹기를 좋아한다. 그렇게 되면 그 음식물이 뱃속 깊숙이 내려가듯이 악한 자들로부터 들은 잘못된 소문은 저의 정서를 잠식하게 된다.

그와 같은 헛된 소문은 결국 실제와 상관없는 내용을 받아들이게 함으로써 사실을 왜곡하게 만든다. 그런 거짓 소문을 유포하는 자는 자기에게 맡겨진 본연의 직무를 게을리하고 뒤에서 남의 말을 하는 것을 즐거움으로 삼는다. 그런 자들은 결국 패가망신(敗家亡身)하는 자의 동지가 되어 저를 멸망으로 이끌어 가게 되는 것이다.

3. 여호와의 이름을 의지하는 성도의 '견고한 성' (잠18:10-16)

잠언은 '여호와의 이름' 이 '견고한 망대' 라는 사실을 언급하고 있다. 이는 전지전능하신 그의 이름을 의지하는 자는 생명을 보호받지만 그렇지 않는 자라면 어느 누구도 안전할 수 없다는 사실을 말해 준다. 따라서 하나님의 은혜를 입은 성도들은 완벽한 망대가 되시는 여호와 하나님 앞으로 나아가 영생을 보장받게 된다.

타락한 인간들이 자신의 능력을 의지하는 것은 부질없는 무모한 행동이다. 따라서 하나님의 자녀들은 자기에게 임하는 진정한 도움이 오직 우주만물을 창조하신 여호와 하나님의 이름에 근거한다는 사실을 기억하고 있다. 하나님 이외에 다른 어떤 이름으로도 구원받을 수 있는 방편은 존재하지 않기 때문이다. 시편기자는 언약의 백성들 가운데서 그에 관한 노래를 부르고 있다.

> "우리의 도움은 천지를 지으신 여호와의 이름에 있도다"(시124:8); "여호와여 주의 이름을 인하여 나를 살리시고 주의 의로 내 영혼을 환난에서 끌어내소서"(시143:11)

여호와 하나님으로부터 구원의 은혜를 입은 성도들은 그의 이름을 의지함으로써 영생을 소유하게 된다. 우주만물을 창조하신 하나님께 모든 능력이 달려 있는 것이다. 그가 타락한 세상에서 환난과 고통을 당하는 자기 백성들을 구출해 주신다.

그러나 어리석은 인간들은 여호와 하나님이 아니라 자기의 능력과 재물을 의지하기를 좋아한다. 그들은 하나님을 빗댄 입술의 표현과는 달리 자신의 재물을 견고한 성으로 여기고 그것이 마치 높은 성벽이라도 되는 듯이 착각하고 있다. 하나님에 대한 믿음이 없는 자들에게는 그와 같은 일이 빈번히 발생하게 된다. 그들은 배도자가 되어 하나님 이외에 타락한 세상에서 얻은 다른 것들에 의존하기를 즐겨하는 것이다.

그와 같은 자들의 오만한 태도는 여호와 하나님을 멸시하는 것과 다르지 않다. 하나님 앞에서 자기를 낮추는 겸손한 자세는 참된 영광을 가져오게 되지만 하나님을 멀리하는 교만한 태도는 멸망을 가져올 따름이다. 그런 자들은 세상에서 소유한 것들을 자랑으로 삼고 있으나 실상은 멸망을 향해 달음질치는 것과 같다.

하나님을 경외하는 신실한 성도들은 항상 주변의 이웃이나 상대방의 말을 귀담아 듣는다. 대화하는 상대의 말을 충분히 듣기도 전에 도중에 말을 가로막고 지레 자기 주장을 펼치는 것은 지극히 어리석은 행위가 아닐 수 없다. 그런 자들은 결국 여러 사람들에게 무시당하여 욕을 당하게 된다.

타락한 인간은 항상 자기도 알지 못하는 위기에 노출되어 있다. 하지만 설령 사람이 치유하기 어려운 무서운 질병에 걸린다고 할지라도 건전한 정신을 소유하고 있다면 그것으로써 어느 정도 자신을 지탱할 수 있다. 그 정신력마저 상실하게 될 경우 평상시의 삶을 유지하는 소망을 놓쳐버리게 된다. 그것은 물론 일반적인 정신력을 의미하는 것이 아니라 영원한 천국에 소망을 두고 하나님을 의지하는 온전한 신앙에 연관되어 있다.

옳고 그름에 대한 사리에 밝은 명철한 사람은 참된 지식을 소유하게 된다. 그리고 지혜로운 사람은 계시된 하나님의 말씀에 근거한 지식에 귀를 기울여 그것을 얻기를 원한다. 이 세상에서 배우고 익힌 모든 지식들은 온전하지 못하며 영원한 생명으로 인도할 수 없다는 사실을 알고 참된 지식을 소유하고자 갈망하는 것이다.

한편 이웃을 위한 선물을 마련하는 사람은 그것으로 인해 평탄한 길을 소유하게 된다. 여기서 말하는 선물은 뇌물을 제공하는 것과 달리 자신의 것을 주변 이웃들과 나누고자 하는 여유로운 마음에 연관되어 있다. 그와 같은 삶을 살아가는 자들은 하나님을 경외하는 위대한 믿음의 사람들 앞으로 나아갈 수 있게 된다. 그렇게 함으로써 진리를 더욱 가까이 알아가며 영원한 삶에 더욱 깊은 관심을 기울이게 되는 것이다.

4. 성도의 법정 소송에 연관된 문제 (잠18:17-19)

건강한 단체와 신실한 사람들은 항상 함께 살아가는 이웃과 성숙한 대화를 지속하는 가운데 살아간다. 그들은 억지를 부리지 않고 자기 고집에 따른 일방적인 주장을 극도로 자제한다. 주변 사람들의 말을 경청하고 저들의 견해를 존중하기 때문이다.

이와 같은 성숙한 삶의 분위기는 가정과 교회 가운데서 잘 드러나야 한다. 거기에는 세속법에 근거한 법적인 강제력이 존재하지 않지만 모든 것을 말씀에 근거한 대화로 풀어나간다. 때로 다소간의 마찰이 있고 힘든 경우가 발생한다고 할지라도 성숙한 권면과 더불어 인내하는 가운데 문제를 해결해 나갈 수 있게 된다.

그러나 이기적인 욕망을 지닌 악한 자들과, 그런 자들이 모인 단체에서는 전혀 그렇지 않다. 그들은 법을 잘 준수하는 자들이 아니면서도 모든 것을 법적으로 해결하려고 한다. 따라서 자기의 유익을 위해서라면 이웃을 고소고발하거나 소송하는 것을 예사로 여긴다. 대화를 포기한 채 법정 소송을 한다는 것은 이웃을 잃어버리거나 저들에게 큰 상처를 입힐 수도 있으며 서로간 원수가 될 소지마저 있다.

그런데 문제는 먼저 소송을 제기하는 원고가 항상 옳다고 말할 수 없다는 점이다. 그런 자들 가운데는 자기의 목적을 달성하기 위해 근거 없이 피고를 비방하고 모함하는 것을 예사로 여기는 자들이 많이 있다. 따라서 사안에 대한 자초지종은 양쪽 당사자의 말을 충분히 들어봐야 한다. 이는 원고가 피고보다 오히려 더 악할 수 있음을 말해주고 있다.

하나님의 몸된 교회에 속한 언약의 백성들은 교회에 연관된 일이나 성도들 사이에서 발생하는 문제를 세속 국가의 법정에 가져가지 말아야 한다. 그것은 결코 하나님께 속한 성숙한 성도들이 취할 자세가 아니다. 사도 바울은 고린도 교회에 보내는 편지에서 그에 관한 중요한 교훈을 주고 있다.

> "너희 중에 누가 다른 이로 더불어 일이 있는데 구태여 불의한 자들 앞에서 송사하고 성도 앞에서 하지 아니하느냐 성도가 세상을 판단할 것을 너희가 알지 못하느냐 세상도 너희에게 판단을 받겠거든 지극히 작은 일 판단하기를 감당치 못하겠느냐 ... 형제가 형제로 더불어 송사할 뿐더러 믿지 아니하는 자들 앞에서 하느냐 너희가 피차 송사함으로 너희 가운데 이미 완연한 허물이 있나니 차라리 불의를 당하는 것이 낫지 아니하며 차라리 속는 것이 낫지 아니하냐 너희는 불의를 행하고 속이는구나 저는 너희 형제로다" (고전6:1-8)

고린도전서에 기록된 것처럼 참된 교회에 속한 성숙한 성도들은 어떤 일이 있을 때 세상 법정에 소송을 제기해서는 안 된다. 그렇게 하는 것은 교회가 판단해야 할 일을 하나님을 알지 못하는 불신자들에게 옳고 그름을 판결해 주도록 맡기는 것과 같다. 그것은 하나님과 교회의 권위를 무시하는 것에 밀접하게 관련되어 있다.

그러므로 하나님의 자녀들은 교회에 연관된 문제와 성도들간에 발생한 모든 문제를 교회의 치리회 곧 당회 앞으로 가져가야 한다. 물론 교회는 당사자들이 문제를 잘 해결할 수 있도록 도움을 주어야만 한다. 그것을 실행하지 못한다면 형제들인 성도의 삶에 직접 관여할 수 없는 지극히 어린 교회에 지나지 않는다.

하나님께 속한 신실한 성도들이라면 자기 고집대로 모든 것을 해결하려 하지 않는다. 즉 하나님을 진정으로 경외하는 자라면 무조건 자기의 주장이 옳다는 듯이 고집 피우려 해서는 안 된다. 따라서 교회가 치우침이 없는 판단을 한다면 어떤 결정을 내린다고 할지라도 그것을 겸허히 받아들여야만 한다. 잠언에서 제비뽑는 것이 다툼을 그치게 하며 강한 자들 사이에 문제해결의 방편이 된다고 말한 것은 그와 연관되어 있다(잠18:18).

성도들 사이에 어떤 문제가 발생하게 되면 당사자들이 모든 것을 하나님과 그의 몸된 교회에 맡기는 것은 지극히 당연하다. 물론 교회의 치리회가 그 문제를 맡아 살피면서 편파적이지 않고 공평한 입장을 취하지 않으면 안 된다. 교회가 항상 모든 성도들에 의해 신뢰를 잃지 말아야 하는 것은 그와 밀접한 관련이 있다.

교회는 세상 법정에서의 소송으로 인해 형제들 사이에 금이 가지 않도록 막아야 한다. 교회가 그에 대한 판결을 할 경우에도 서로 화목한 관계를 회복할 수 있도록 최선의 노력을 기울여야만 한다. 그렇지 않아 형제들 가운데 한 쪽이 억울하게 여겨 불만을 가지거나 분노하도록 해서는 안 된다.

만일 그런 부당한 일이 발생하게 된다면, 그것을 해결하기 위해서는 적군이 장악한 견고한 성을 정복하는 것보다 더 어렵다. 그와 같은 다툼은 결코 쉽게 풀 수 없는 성문의 문빗장 같은 역할을 할 것이기 때문이다. 이는 성도들간에 발생하는 문제에 대해 교회가 얼마나 지혜롭고 공평하게 처신해야 하는가 하는 점을 말해주고 있다.

5. 입술의 열매와 상속 (잠18:20-24)

사람은 자기 마음속에 들어 있는 생각을 입술을 통해 겉으로 드러내게 된다. 즉 마음에 존재하지 않는 것을 다른 사람들에게 말할 수는 없는 법이다. 따라서 악한 사람들은 이기적인 말을 쏟아내게 되고 선한 사람들은 이웃을 위한 선한 말을 하게 된다.

여호와 하나님을 경외하는 성도들은 항상 그의 말씀을 마음속에 담아두고 살아간다. 따라서 저들의 입술에서는 기록된 말씀과 하나님의 뜻에 합한 말이 흘러나오게 된다. 연약한 인간으로서 설령 그렇게 하지 못할 경우가 생긴다고 할지라도 그에 대한 기본적인 인식은 존재하는 것이다.

언약의 자손들은 자기의 입술의 열매로 말미암아 배가 부르게 된다. 즉 하나님을 경외하는 자로서 자신의 입술을 통해 드러나는 진리의 말씀으로 인해 만족한 삶을 누리게 된다. 하나님의 말씀이 성도들의 삶 가운데서 선한 결과를 가져 오게 되는 것이다.

인간의 입술과 혀를 통해 전해지는 말은 다른 사람을 죽이기도 하고 살리기도 한다. 선하고 좋은 말은 이웃을 살리는 선한 역할을 하게 되며 악한 말은 사람을 죽이게 된다. 사람들은 누구나 말을 하며 살아가지만 자기가 한 말로 인해 그에 따른 댓가를 받는다. 선한 말을 하는 자들은 선한 열매를, 악한 말을 하는 자들은 악한 열매를 먹게 되는 것이다.

잠언은 또한 하나님께서 예비하신 신실한 아내를 찾아 얻은 자는 복을 받은 사람이라고 말한다. 그리고 그 사람은 여호와 하나님의 은총을 입은 사람이라는 점을 언급하고 있다. 이는 하나님께서 짝 지워 주시기로 작정하신 아내를 만난 것에 연관된다. 이 말은 남녀의 혼인 자체를 두고 하는 말이라기보다 하나님의 섭리와 경륜 가운데서 준비된 아내를 만난 사실을 의미하는 것으로 볼 수 있다. 즉 그것은 가정을 통한 상속에 연관된 것으로서 일반적인 혼인 자체만을 두고 언급하는 것이 아니다.

또한 잠언은 가난한 사람은 상대로부터 은혜를 바라듯이 간절한 마음으로 말한다는 사실을 기록하고 있다. 그와 달리 부유한 자들은 거만한 자세로 사람을 대하는 것이 보통이다. 물론 안하무인(眼下無人)격인 그와 같은 태도는 결코 옳지 않다. 이는 재물을 많이 가진 부자는 가난한 이웃을 대할 때 지극히 겸손한 자세를 유지해야 한다는 사실을 말해주고 있다.

유능하고 부유한 사람들에게는 그와 친구가 되고 싶어 하는 자들이 몰려든다. 그들은 그 사람 자체가 아니라 그가 소유한 재산이나 권력, 혹은 명예를 보고 접근하게 된다. 하지만 주변에 그와 같은 사람들이 많으면 저들로 말미암아 상당한 피해를 입을 수 있다. 따라서 친구가 많지 않다고 할지라도 신실한 이웃을 두고 있다면 그들 가운데는 친 형제보다 더 소중한 관계를 유지하는 경우가 많이 있다.

제25장

가정을 통한 언약의 상속과 왕의 권위

(잠19:1-29)

1. 부와 가난의 본질 (잠19:1-3)

사람들은 외모를 보고 남을 평가하기를 좋아한다. 가난한 사람들은 무능한 자로 무시당하는가 하면 부유한 사람은 유능한 자로 인정받는다. 그러나 인간들의 눈에 그렇게 비쳐질지라도 하나님 보시기에는 전혀 그렇지 않다.

비록 가난하게 살아갈지라도 성실한 삶을 유지하는 것이 소중하다. 그런 사람들이 부유하게 살면서 도리에 어긋나는 말과 행동을 일삼는 자들보다는 비교할 수 없이 훌륭한 삶을 살아가는 자들이다. 많은 재산을 소유하는 것 자체가 인생의 진정한 의미를 드러내는 것이 아니기 때문이다.

그럼에도 불구하고 어리석은 인간들은 자기의 욕망에 따라 모든 것을 소유하기를 갈망한다. 그러나 하나님과 그의 말씀에 관한 참된 지식이 결여된 상태에서는 그 소원하는 바 선한 것을 취하지 못한다. 오직 하나님의 말씀을 통해 생성되는 소원이어야만 진정한 값어치를 드러낼 수 있다.

개인적인 욕망을 채우기에 급급한 자들의 지나친 열성은 진지한 사고를 멀리 한 채 말과 행동을 앞세우게 한다. 그와 같은 삶의 태도 뒤에는 항상 그릇된 결과가 따라올 수밖에 없다. 그것은 결국 다른 사람들을 해치거나 이웃의 마음을 상하게 할 우려가 따르게 된다.

그런데 문제는 이기적인 삶에 익숙한 자들은 자신의 잘못된 행위를 인식하지 못한다는 사실이다. 그 미련한 사람들은 본인이 문제를 일으켰음에도 불구하고 그것을 다른 사람이나 주변의 환경 탓으로 돌리기를 좋아한다. 참된 신앙을 멸시하는 자들의 그와 같은 태도는 결국 여호와 하나님을 원망하는 자리에 이르게 된다.

2. 신실한 부자 (잠19:4-7)

재물을 넉넉하게 소유한 부자가 되는 것 자체를 부정적인 시각으로 바라보아서는 안 된다. 정당한 과정을 거쳐 부유하게 되는 것은 오히려 바람직한 일이라 할 수 있다. 그 재물을 통해 선한 일에 참여하거나 주변의 가난한 이웃을 돌아볼 수 있는 기회를 얻을 수 있을 것이기 때문이다.

그러므로 신실한 부자들은 많은 친구를 얻게 되는 것이 일반적이다. 그러나 가난한 사람들은 그렇지 못하다. 사람이 지나치게 궁핍하여 옹색하게 되면 가까이 지내던 친구들도 떠나버리는 경우가 적지 않다. 이는 물론 재물 자체보다 사람의 신실한 성품과 밀접하게 연관된 것으로 이해해야 한다. 사람이 여유로운 성품을 지니게 되면 좋은 사람들이 몰려들지만 그렇지 않은 경우에는 사람들로부터 신뢰를 받지 못한다.

사람은 또한 기본적으로 성실하고 정직하게 살아가야 하는 것이 원칙이다. 그러나 진실을 왜곡하는 자들은 거짓 증언을 하거나 이웃을 기만하는 것을 대수롭지 않게 여긴다. 악한 자들이 서로를 위해 거짓증언을 하면 공모자들끼리 일시적으로 우호적인 관계를 유지할지라도 결국은 심판을 피하지 못한다. 따라서 거짓말을 일삼는 자들은 그에 상응하는 벌을 받을 수밖에 없게 된다.

재물이 많고 너그러운 성품을 지닌 사람에게는 은혜를 구하는 자들이 많다. 그리고 이웃을 위해 선물을 나눠주기를 즐겨하는 부자에게는 많은 사람들이 친구가 되고자 한다. 물론 부유하고 지혜로운 자들은 단순한 감정이 아니라 올바른 판단력을 가지고 친구를 사귀며 마땅히 해야 할 일을 성실하게 감당하게 된다.

그와 달리 게으름으로 인해 가난하게 된 사람들은 자기의 친 형제로부터도 미움을 받는다. 그렇다면 피가 섞이지 않은 주변 사람들이 저를 멀리하고자 하는 것은 지극히 당연하다. 그렇게 되면, 신뢰를 상실하여 불성실한 자로 낙인찍힌 자들은 자기의 형제와 옛 친구들을 따라다니며 말을 붙이려 해도 그들은 그 요구를 들어주지 않는다. 따라서 하나님의 자녀로서 이웃의 신뢰를 얻는 것은 무엇보다 중요한 일이다.

3. 자기 영혼을 사랑하는 방편 (잠19:8-12)

어리석은 인간들은 이기적인 말과 행동을 되풀이하면서 그것이 마치 인생을 위한 대단한 방편이라도 되는 양 착각하고 있다. 하지만 그와 같은 태도는 스스로 패망의 길을 가도록 만든다. 세상에서 아무리 많은 것을 성취한다고 할지라도 좋은 이웃을 잃어버린 채 참 생명을 소유하지 못한다면 아무런 의미가 없다.

진정으로 자기 영혼을 사랑하는 유일한 방편은 하나님으로 말미암는 참된 지혜를 소유하는 것이다. 그것은 종교적인 상상이나 형식적인 신앙행위에 근거하는 것이 아니라 계시된 하나님의 말씀에 근거하고 있다. 따라서 진리를 기준으로 한 분별력과 명철을 통해 영원한 복을 얻을 수 있게 된다.

그러므로 이기적인 욕망을 추구하는 가운데 사실을 왜곡하며 거짓 증언을 하는 자들은 무서운 심판을 면치 못한다. 그들은 자신의 거짓말로 인해 끝내 멸망을 당할 수밖에 없다. 그런 자들은 일시적인 목적을 이루기 위해 거짓증인이 되어 위증을 하지만, 그것은 선한 자와 악한 자의 위치를 뒤바뀌게 함으로써 스스로 저지른 책임을 져야만 한다.

미련한 인간들은 영원한 것에 관심을 기울이기보다 항상 현실적인 것에 몰두하게 된다. 그들은 세상의 것들로써 화려한 치장을 한 채 다른 사람들 앞에 보이며 자랑하기를 좋아한다. 그런 자들은 외관상 사치스럽게 살아가지만 장차 임할 그 실상을 생각할 때 결코 어울리지 않는 모습이다. 이는 미천한 신분을 지닌 종이 귀족인 자기 주인을 다스린다는 것이 말이 되지 않는 것과 동일한 이치다. 이 말 가운데는 참 지혜로운 사람들은 결코 자기 분수를 넘어서서는 안 된다는 의미가 내포되어 있다.

슬기로운 사람들은 분노를 자제할 수 있는 능력을 소유하게 된다. 그들은 다른 사람들의 마음을 헤아려 저들의 허물을 용서하는 아량을 지니고 있다. 이는 물론 이웃의 부당한 행위를 무조건 용서해 주어야 한다는 의미가 아니라 자신의 잘못을 뉘우치고 회개할 경우에 그렇게 한다는 사실을 말해 주고 있다. 남의 허물을 진정으로 용서하고 덮어주는 것은 사람들의 눈에 띄지 않지만 저에게 영예로운 일로 남게 된다.

또한 우리가 여기서 기억해야 할 바는, 통치권을 지닌 왕의 진노는 마치 사자가 부르짖는 것과 같은 위엄을 지니고 있다는 사실이다. 그것은 두려운 일이 아닐 수 없다. 이와 반대로 왕이 자기 백성에게 베푸는 은택은 풀 위에 내리는 아침 이슬과 같은 소중한 역할을 하게 된다.

그러므로 왕의 권위를 알고 그에 온전히 순종하는 자세를 가지는 것은 매우 중요하다. 이는 메시아 예언에 연관된 말씀으로서 우리 시대 성도들이 지상교회의 왕이신 예수 그리스도께 복종하는 것과 밀접하게 연관되어 있다. 지혜와 명철을 소유한 자들은 그에 대한 소중한 깨달음을 가질 수 있어야 한다.

4. 언약의 가정 (잠19:13-16)

인간들의 삶에 있어서 기본 단위가 되는 가정은 가만히 있으면 저절로 원만하게 세워지는 것이 아니라 모든 가족 구성원이 합력하여 지켜 보존하려는 자세를 가져야 한다. 사탄은 일반 가정을 허물고자 할 뿐 아니라 특히 성도의 가정을 향해 집요한 공격을 펼치고 있다. 우리는 사탄이 교회를 흔드는 동시에 성도의 가정을 공격의 대상으로 삼고 있다는 사실을 기억하지 않으면 안 된다.

잠언은 미련한 아들이 그 아버지가 입게 되는 재앙의 근원이 된다는 사실을 언급하고 있다. 그리고 다투기를 좋아하는 아내는 방의 천정에서 떨어지는 물방울과 같다고 했다. 이는 아버지에게 불순종하는 미련한 자식과 남편에게 저항하는 아내는 가정을 허물게 되는 위험한 역할을 하게 되는 사실을 말해주고 있다.

사람이 거처하는 집과 재물은 대개 조상으로부터 상속받게 되지만 슬기로운 아내는 여호와 하나님으로 말미암아 허락된다. 가정을 내부적으로 지키는 아내는 이에 대한 명확한 깨달음을 갖지 않으면 안 된다. 하나님께서는 저를 한 남자의 슬기로운 아내로 주셨는데 그가 그와 같은 실상을 거부한다면 그것은 하나님의 뜻을 거스르는 악행이 되기 때문이다.

사람이 성실한 삶을 포기한 채 게으름에 빠지는 것은 완악한 행위가 된다. 게으른 인간들은 일하기 싫어하고 밤낮 잠을 자거나 빈둥거리며 지내기를 좋아한다. 그런 자들은 결국 먹고 살아갈 양식을 구하지 못해 굶주리게 되는 상황에 처할 수밖에 없다.

그러나 하나님의 계명을 지키는 신실한 성도들은 자신의 영혼을 지키게 된다. 그와 같은 신앙을 소유한 자들은 자기의 욕망에 따라 살지 않을 뿐더러 게으른 행동을 하지도 않는다. 이와 달리 하나님의 말씀을 가볍게 여김으로써 자신의 생각과 감정을 다스리지 못하고 내키는 대로 행동하는 자들은 사망의 길에 이르게 된다.

5. 긍휼한 마음과 하나님의 뜻 (잠19:17-23)

하나님의 자녀로서 가난한 이웃을 불쌍히 여겨 돌아보는 것은 지극히 당연한 일이다. 옆 사람이 굶주리고 있는데도 저들의 간곡한 청을 들어주지 않는다면 올바른 신앙인이라 말할 수 없다. 배가 고파 심한 고통을 당하는 이웃에게 먹을 양식을 꾸어주는 것은 성도들에게 요구되는 기본적인 의무에 해당한다.

잠언은 이에 대해 매우 중요한 사실을 언급하고 있다. 그것은 가난한 이웃을 불쌍히 여겨 저에게 양식을 꾸어주는 것은 곧 여호와 하나님께 꾸어주는 것과 동일한 의미를 지닌다는 것이다(잠19:17). 우리는 이에 관한 의미를 분명히 이해할 수 있어야 한다.

만일 어떤 가난한 사람이 먹을 양식이 없어서 굶주린다고 가정해보자. 그때 경제적으로 여유로운 사람이 그에게 양식을 꾸어줌으로써 생명을 부지할 수 있게 해준다면 일차적으로는 당사자를 위한 것이다. 나아가 그 행위는 그의 부모에게 선한 일을 한 것과 동일한 의미를 지니게 된다.

부모로써 사랑하는 자식의 굶주림을 보고도 외면할 자는 아무도 없다. 그와 동일한 형편에서 궁핍한 성도를 위해 식량을 나누어 주는 일은 곧 그의 아버지이신 하나님께 행하는 것과 같다. 따라서 하나님께서 자기 자녀에게 베풀어 준 저의 선행을 반드시 갚아 주신다고 말씀하셨다.

하나님을 경외하는 성도들은 자기 자녀에게 소망을 두고 살아갈 수 있어야 한다. 만일 그 자식이 잘못을 저질렀다면 그를 엄히 징계하는 것은 지극히 당연한 일이다. 하지만 아무리 잘못된 행동을 저질렀다고 할지라도 그를 죽이고자 하는 마음을 품어서는 안 된다. 그가 나중 자식을 낳아 하나님의 언약을 이어가는 소중한 역할을 할 수 있게 될지 아무도 알 수 없는 일이기 때문이다.

올바른 신앙을 가진 성숙한 성도들은 사나운 행동을 삼가야 한다. 그러다보면 도리어 상대를 더욱 어려운 궁지로 몰아갈 수 있다. 성미가 지나치게 급하여 자신을 제어하지 못하는 자를 어떤 사람이 구출해 준다고 할지라도 그는 또다시 원래대로 돌아가는 것이 일반적이다. 그런 자들은 결국 하나님의 무서운 징벌을 피하지 못한다. 우리는 그런 기본적인 개념조차 없는 자를 지나친 분노의 대상으로 여길 필요가 없는 것이다.

그러므로 언약의 백성들은 항상 성숙한 교사들의 권고와 훈계를 받아들일 수 있어야 한다. 그것은 우선은 힘겹게 느껴질지 모르지만 실상은 성도들의 삶에 큰 도움이 된다. 하나님의 말씀으로 돌아감으로써 결국은 지혜로운 자가 될 것이기 때문이다.

이땅에 살아가는 인간들은 때에 따라 많은 계획을 세워나간다. 그러나 그와 같은 일반적인 노력에는 궁극적인 보장성이 없다. 모든 것은 오직 하나님의 뜻과 그의 인도하심에 달려 있을 따름이다. 참된 신앙을 가지고 살아가는 성숙한 성도들은 그에 대한 분명한 깨달음이 있어야만 한다.

남을 배려할 줄 아는 인자한 마음을 소유하고 있는 사람들은 이웃으로부터 인정을 받게 된다. 그것은 가난하고 부유한 것과는 직접적인 상관이 없다. 아무리 가난한 사람이라 할지라도 너그러운 마음을 소유하고 있다면 부유하면서 이기적인 삶의 태도로 인해 거짓에 익숙한 사람들보다 훨씬 낫다.

중요한 것은 겉으로 드러나는 인간들의 삶의 양상에 모든 의미가 달려 있지 않다는 사실이다. 여호와를 진정으로 경외하는 성도들은 장차 영원한 생명에 이르게 된다. 그들은 세상의 것들이 부족한 가운데서도 하나님으로 말미암아 만족스럽게 지낼 수 있다. 악한 자들이 만나게 될 무서운 재앙을 그들은 피하게 되리라는 사실을 잘 알고 있기 때문이다.

6. 징계와 공의의 심판 (잠19:24-29)

성숙한 신앙인들은 단지 자기 자신만을 위한 삶을 추구하지 않는다. 오히려 가족과 주변의 이웃을 염두에 두고 살아가는 것이 기본 원칙이다. 어리석은 자들은 그렇게 살면 손해볼 것처럼 생각하지만 실상은 그와 같은 삶이 최상의 삶의 조건이 된다.

하지만 게으른 자들은 자기 자신을 위한 삶조차도 제대로 살아내지 못한다. 그런 자들은 자기 손을 음식 그릇에 넣어두고 있으면서도 그 음식을 입으로 올리는 행동조차 힘들어 한다. 이 말은 주변에 준비된 것들이 많이 있음에도 불구하고 신실한 노력을 기울이지 않고 빈둥거리는 자들에 대한 묘사이다. 그런 자들은 자신의 게으른 모습을 부끄러워하기는커녕 오히려 거만한 모습을 보이게 되는 것이 일반적이다.

잠언은 언약공동체 가운데 살아가면서 이기적인 성품을 버리지 못한 자들을 강하게 책망하고 징계하라는 요구를 하고 있다. 그렇게 하면 게으름을 피우는 거만한 자들도 자신의 잘못을 깨닫게 될지 모른다는 기대 때문이었다. 이는 성경의 교훈을 통한 권면과 징계가 많은 사람들에게 진정한 유익이 될 것이라는 사실에 연관되어 있다.

그와 같은 일련의 과정을 통해 모든 성도들이 지혜롭고 명철한 신앙인으로 자라가야 한다. 따라서 누군가 잘못하여 책망할 일이 생긴다면 성숙한 성도들은 마땅히 그렇게 해야만 한다. 그것을 통해 성도들이 참된 지식을 가지고 자신을 돌아볼 수 있게 될 것이기 때문이다.

하나님께서 세우신 언약공동체 가운데서는 사악한 자들을 용납하지 않도록 정신차려 경계해야 한다. 아버지를 구박하거나 어머니를 내쫓는 자식은 가정과 신앙 공동체 가운데 결코 있어서는 안 될 부끄러움을 끼친다. 그런 자식은 집안에 더러운 수치를 불러들이는 나쁜 역할을 하게 된다.

물론 이 말의 전체적인 의미는 육신의 부모가 아니라 언약공동체적 관계에서 설명되어야 한다. 신구약성경은 부모의 말씀에 순종하라는 요구를 되풀이하고 있다. 이는 자식들은 부모의 모든 말에 무조건 순종해야 한다는 의미가 아니다. 그것은 언약의 조상들의 말씀에 근거한 정당한 요구에 순종하라는 뜻이다.

그러므로 잠언은 성도들에게 하나님의 말씀으로부터 떠나게 하는 교훈을 일절 듣지 말아야 한다는 사실을 교훈하고 있다(잠19:27). 그 지위나 신분을 막론하고 하나님의 뜻을 능가하는 것들을 제시할 수 있는 자는 존재하지 않는다. 국가의 왕이든 가정의 부모든 어느 누구라 할지라도 하나님의 말씀에서 멀어지도록 하는 자는 악한 자들이다. 따라서 모든 성도들은 저들의 잘못된 요구를 단호하게 거부할 수 있어야 한다.

타락한 세상에서는 욕망에 빠진 악한 증인들이 하나님의 공의를 비웃거나 업신여긴다. 그리고 악인들은 그 죄악을 통째로 받아들여 삼켜버리게 된다. 그런 자들의 삶이 부분적으로 좋아 보이는 것이 있다고 할지라도 실상은 전체적으로 부정한 것에 지나지 않는다.

따라서 하나님께서는 장차 그 거만한 자들을 엄히 심판하신다. 그리고 하나님의 징계의 채찍은 그와 같은 어리석은 자들의 등짝을 향하고 있다. 하지만 세상의 논리에 익숙한 악한 자들은 그에 대한 기본적인 인식이 없다. 바로 그것이 저들에게 징계와 심판이 임하고 있음을 여실히 드러내 보여주고 있다.

제26장

균형 잡힌 성도의 삶과 공의로운 하나님

(잠20:1-30)

1. 포도주와 독주(잠20:1)

술과 재물은 사용하기에 따라 상반된 긍부정의 기능을 한다는 측면에서 동일한 성격을 지니고 있다. 올바르게 잘 사용하면 유익하지만 잘못 사용하면 자신과 타인을 해롭게 한다. 어리석은 자들은 술에 잔뜩 취하기를 좋아하며 넘치는 재물에 만족하기를 좋아한다. 성실한 성도들은 이에 대한 올바른 깨달음을 가져야만 한다.

한국교회에서는 전반적으로 술을 마시는 것이 금기시 되고 있다. 그와 같은 종교적인 정서가 지나치면 도리어 경직된 상황을 만들어 신앙의 본질을 벗어나게 만든다. 한국의 기독교인들은 술을 마시지 않는 것으로 자신의 신앙을 드러내려고 한다. 어떤 교인이 술을 마시면 그것 자체로서 건전한 신앙인으로 보지 않는 경향이 있는 것이다.

한편 그런 사고에 젖어들게 되면 자기도 모르는 사이 십계명에서 금지하고 있는 유일신 하나님에 대한 잘못된 사상과 부모를 공경하지 않거나 거짓 증거를 하고 이웃의 것을 탐하는 자들에 대해서는 관대한 마음을 가지게 된다. 본질에 연관된 중요한 것들을 도외시한 채, 이 세상에 살아가는 인간은 누구나 부족할 수 있다는 관용한 자세를 취하게 되는 것이다. 그러나 가치중립적인 영역에 속하는 것이라 할 수 있는 술과 담배 문제는 한국교회에서 신학의 본질을 훼손할 정도로 그 의미가 커져 있다.

우리는 성경이 때로 술을 마시는 것을 적극적으로 허용하고 있다는 사실을 기억해야 한다. 그것은 물론 술에 만취해도 좋다는 말과 동일한 의미로 받아들여서는 안 된다. 전도서에서는 즐거운 마음으로 포도주를 마시라는 내용이 기록되어 있다. 그것은 하나님의 사역과 연관된 관점에서 받아들일 수 있는 내용이다.

> "너는 가서 기쁨으로 네 식물을 먹고 즐거운 마음으로 네 포도주를 마실찌어다 이는 하나님이 너의 하는 일을 벌써 기쁘게 받으셨음이니라"(전 9:7)

예수님께서도 가나 혼인 잔칫집에 가셨을 때 술이 떨어지자 물로 포도주를 만드시는 놀라운 기적을 행하셨다(요2:1-10). 그것은 제자들에게 하나님의 아들이신 존재를 보여주시면서 동시에 그 포도주를 하객들로 하여금 마시도록 준비해 주신 것이었다. 여기에는 예수 그리스도가 진정한 기쁨과 즐거움의 근원이 된다는 사실을 선포하는 의미가 담겨 있다.

그러므로 예수님과 그의 제자들도 포도주를 적절하게 마셨다. 그 광경을 지켜본 잘못된 유대교 지도자들은 그것을 빌미로 삼아 예수님을 강하게 비난했다. 자기의 종교적인 신념을 절대화하고 있는 자들은 무엇이든지 자기 기준에 따라 판단하고 비판하기를 되풀이 한다. 그래서 그들은 세례요한과 예수님을 비판하면서 성경의 교훈과 무관한 주관적인 종교성에 따른 비난에 치중했던 것이다.

> "세례 요한이 와서 떡도 먹지 아니하며 포도주도 마시지 아니하매 너희 말이 귀신이 들렸다 하더니 인자는 와서 먹고 마시매 너희 말이 보라 먹기를 탐하고 포도주를 즐기는 사람이요 세리와 죄인의 친구로다 하니 지혜는 자기의 모든 자녀로 인하여 옳다 함을 얻느니라"(눅7:33-35)

성경은 이처럼 술을 마시는 행위 자체를 두고 죄라고 규정하지 않는다. 성숙한 신앙인의 자세로 술을 마실 수 있다는 것이다. 술을 마시면 무조건 잘못된 신앙을 가진 것이고 술을 마시지 않으면 그로 인해 더 나은 신앙인이 되는 것도 아니다.

루터나 칼빈을 비롯한 종교개혁자들은 술을 금기시하거나 그에 대한 거부감을 가지고 있지 않았다. 그들은 필요에 따라 적절한 양의 술을 마셨다. 루터는 독일 출신으로 맥주를 좋아했다면 칼빈은 프랑스 태생으로 포도주를 즐겨 마셨다. 뿐만 아니라 많은 종교개혁자들과 믿음의 선배들은 술을 금기시하여 그것을 신앙의 기준으로 삼는 행위를 하지 않았다.[4]

그럼에도 불구하고 잠언은 포도주와 독주를 주의하라는 경고성 교훈을 주고 있다(잠20:1). 구약성경에는 술, 특히 독주를 금하는 요구가 많이 나타난다. 우리는 술에 만취하는 것과 술을 마시는 행위 사이에 의미상의 상당한 차이가 있다는 사실을 기억해야 한다. 사도 바울은 디모데에게 건강을 위해 포도주를 조금 쓰라고 말하기도 했다(딤전5:23). 이는 단순히 술을 권

4) 그렇다고 해서, 오늘날 우리가 술에 대하여 완전히 자유로워도 좋다고 말할 수는 없다. 특히 한국문화에 있어서는 여간 조심하지 않으면 안 된다. 한국은 이른바 '술 권하는 사회'라 일컬어질 만큼 술잔을 주거니 받거니 하며 함께 취하기를 좋아한다. 그것은 복음을 아는 성도들에게는 전혀 어울리지 않는 모습이다. 따라서 필자가 목회하는 실로암교회의 간단한 지침을 말하자면, 술은 혼자 혹은 여러 명이 함께 마시는 것을 피해야 한다. 대신 명절이나 특별한 날에 부부사이나 가족관계에서 간단하게 한두 잔 마시는 것은 자연스러운 것으로 이해할 수 있다.

하는 것과 다르다. 따라서 바울은 로마와 에베소에 있는 교회들에 각각 편지하면서 술 취하지 말라는 당부를 하고 있다.

> "낮에와 같이 단정히 행하고 방탕과 술취하지 말며 음란과 호색하지 말며 쟁투와 시기하지 말고"(롬13:13); "술 취하지 말라 이는 방탕한 것이니 오직 성령의 충만을 받으라"(엡5:18)

인간들은 취하기 위해 술을 마시는 경우가 많이 있다. 이는 술로써 자신의 이성과 감성에 어떤 제재를 가하거나 변형시키려는 의도와 연관되어 있다. 즉 자신의 본성적인 욕망을 일시적으로 정당화하고 위안을 받으려는 심성에 기인하는 것이다. 그와 같은 삶은 결국 하나님이 아니라 죄된 본성을 소유한 인간들에게 의존하도록 미혹하게 된다.

그러나 하나님을 진정으로 경외하는 성도들은 오직 성령이 충만한 가운데 이 세상을 살아갈 수 있어야 한다. 성령이 충만하다는 말은, 세상의 악한 것들을 계시된 말씀으로써 거부하는 것을 의미한다. 그것은 물론 인간의 자기 결단에 의한 것이 아니라 하나님의 자녀들 가운데 역사하시는 성령의 사역을 스스로 가로막지 않는 것과 연관되어 있다. 하나님의 백성들이 이에 대한 올바른 이해를 하는 것은 매우 중요하다.

2. '참 왕' 에게 속한 백성의 삶과 신앙자세(잠20:2,3)

모든 백성은 자기가 속한 나라의 왕에게 복종해야 한다. 그에게 모든 공권력이 맡겨져 있으며 나라가 그의 판단에 따라 다스려지기 때문이다. 그 왕은 자기 나라를 지켜 보호할 뿐 아니라 그의 백성을 해치는 자들을 결코 용납하지 않는다.

하나님의 나라에서도 그와 동일한 원리가 적용된다. 잠언 본문에 언급된 왕은 장차 오실 메시아 예언과 연관되어 있다. 모든 언약의 자손들은 그 나라의 왕이신 예수 그리스도의 명령에 절대 복종해야 한다. 그 말씀에 불순종하면 그 왕으로부터 무서운 진노를 사게 된다. 그것은 자신의 생명을 해치게 되는 것과 마찬가지다.

참된 왕이 다스리는 왕국에 살아가는 자들은 잘못된 욕망으로 인해 서로 간 다투지 말아야 한다. 그것은 결국 왕국을 해치는 것이며 왕의 분노를 일으키게 된다. 따라서 그 나라의 백성들 가운데는 이기적인 태도로 이웃 사람들과 다투는 일이 발생하지 않도록 해야 한다. 신실한 언약의 자손들이라면 부당한 분쟁에 끼어들지 않고 왕이 분노할 행동을 하지 않는 것이다. 영원한 천상의 나라를 바라보는 백성으로서 이기심을 버리고 다툼을 멀리하는 것이 저들에게 진정한 영광이 된다.

그에 반해 어리석고 미련한 자들은 나라를 통치하는 왕의 권위를 무시하고 분쟁을 일으키는 행위를 되풀이 한다. 그와 같은 다툼은 끊임없이 다양한 문제들을 야기하게 되며 백성들 가운데 불신과 불화를 가져오게 될 따름이다. 그것은 왕이 세운 법령을 멸시하고 반역하는 행위와 마찬가지다.

지상에 살아가는 언약의 백성들은 이에 대한 분명한 깨달음을 가져야 한다. 구약시대의 언약공동체인 이스라엘 왕국뿐 아니라 신약시대의 교회공동체 가운데서도 그 의미가 그대로 드러나야 한다. 지상교회에 속한 성도들은 하나님의 말씀에 겸손한 자세로 순종함으로써 왕이신 예수 그리스도의 진노를 불러일으키지 말아야 하기 때문이다.

3. 충성된 의인(잠20:4-7)

게으른 사람들은 때와 시기를 분별하지 못하며 그에 대한 별다른 관심이 없다. 그들은 봄철이 되어도 밭을 갈거나 씨를 뿌려 농사지을 준비를 갖출 생각을 하지 않는다. 그런 자들은 자신의 삶에 대하여 지극히 무책임한 자로서 아무런 생각 없이 살아가는 것이다.

밭을 갈고 씨를 뿌려야 할 시기를 놓친 게으른 자들은 추수할 때가 되어도 해야 할 일이 없다. 그렇게 되면 양식이 떨어져 곡식을 거둔 자들을 찾아가 구걸을 해도 풍족하게 얻지 못한다. 근면한 자세로 일하는 사람들은 게으른 자들에게 많은 양식을 줄 마음이 없을 것이기 때문이다.

언약에 연관된 사람의 마음속 내면에는 항상 보이지 않는 나름대로의 긍정적인 부담이 자리 잡고 있다. 그것은 마치 천길 물 속 깊은 곳에 있는 것 같아서 외부로 쉽게 흘러나오지 않는다. 하지만 그것이 아무리 깊숙한 곳에 들어 있을지라도 명철한 사람은 끝내 그것을 길어 올리게 된다.

세상에는 다른 사람들 앞에서 의리를 앞세우며 스스로 성실한 체 하는 자들이 많이 있다. 거짓된 마음을 품고 의도적으로 자신을 그런 식으로 내세우는 자들이 있는가 하면 자기가 진짜 그런 줄 착각하여 그렇게 믿는 어리석은 자들도 존재한다. 하지만 진정으로 신뢰할 만한 사람을 만나기는 결코 쉽지 않다.

참되고 신실한 삶의 자세를 소유하기 위한 기본적인 조건은 여호와 하나님을 진정으로 경외하는 신앙이다. 인간들이 타인을 신뢰할 수 있는 것은 그 사람의 성품이나 외적인 됨됨이 때문이 아니다. 아무리 믿을만한 사람으로 여겨질지라도 예기치 못한 어떤 일이 발생하게 되면 언제든지 돌아설 수 있는 것이 타락한 인간들의 본성이다.

따라서 어떤 사람이 신뢰할만하다고 할 때 그 말의 근저에는 그가 여호와 하나님을 진정으로 두려워한다는 사실이 존재한다. 즉 특정한 사람의 품성이나 성격 때문에 저를 믿을 만한 것이 아니다. 사람을 신뢰할 수 있는 가장 중요한 근본적인 요인은 그가 하나님을 진실로 경외하고 있다는 사실이다.

하나님과 사람들 앞에서 참 의로운 자는 계시된 말씀에 온전히 순종하고자 애쓰는 성도들이다. 물론 세상에 살아가는 타락한 인간으로서 완벽한 삶을 살아갈 수는 없다. 이는 오직 하나님께서 약속하신 메시아에 대한 믿음을 통해 가능하게 된다. 즉 인간이 의롭게 되는 것은 완전히 행하시는 메시아에게 속함으로 가능하다. 그와 같은 믿음을 소유한 성도들이 그 자손들에게 언약을 상속해 감으로써 참된 복이 임하게 되는 것이다.

4. '왕의 심판'과 '공평한 도량형' (잠20:8-17)

왕국을 통치하는 왕은 백성들을 다스리는 동시에 어떤 악한 문제가 발생하면 엄중한 심판을 하게 된다. 선한 왕은 의로운 자들을 세워주는 반면 나쁜 사람들이 행악을 일삼지 못하도록 한다. 그것은 통치자인 왕에게 맡겨진 중요한 직무에 해당된다.

이와 같은 일은 하나님의 백성들이 속한 언약의 왕국에서는 더욱 분명하게 나타난다. 이는 곧 신약시대의 교회 가운데서도 그대로 적용되어야 한다. 물론 우리시대 교회공동체의 왕은 예수 그리스도이시며 그가 모든 것을 완벽한 통치와 더불어 판단하시게 된다.

그러므로 하나님의 아들이신 거룩한 메시아 앞에서 정결하다고 할 인간은 아무도 없다. 어느 누구도 자신의 죄 문제를 완벽하게 정리했다고 주장하지 못한다. 인간의 죄를 용서하고 정결케 하는 일은 오직 여호와 하나님께 속한 일이기 때문이다.

하나님의 통치를 기꺼이 받아들이는 언약의 왕국에서는 결코 편파적이지 않다. 따라서 물건의 무게를 다는 저울추와 곡식의 양을 정하는 말은 정확한 규준이 있어야 한다. 형편에 따라 변개할 수도 없으며 사람에 따라 그 기준이 달라져서도 안 된다. 객관성 있고 공평한 기준이 있어야만 속이는 자와 억울한 사람이 생겨나지 않는다. 하나님께서는 저울의 눈금과 용량을 속이는 자들과 교통하지 않으신다. 따라서 우리 가운데서는 어떤 경우에도 형편에 따라 도량형의 기준이 변하는 일은 발생하지 말아야 한다.

비록 나이가 어리고 철이 없는 어린 아이라 할지라도 자신의 행위를 통해 순결한 품행과 성실하고 정직한 자신의 모습을 드러내 보일 수 있다. 어릴 때 상속받은 언약에 기초한 신실한 삶은 성인이 되어서도 그대로 나타난다. 그 모든 것을 신중하게 들을 수 있는 귀와 사물을 보고 분별할 수 있는 눈은 하나님께서 창조하셨다. 이는 인간들이 귀로 듣고 눈으로 보는 것들에는 객관적인 기준이 존재한다는 사실을 말해주고 있다. 즉 인간들에게는 원래부터 지켜야 할 보편적인 법칙과 도덕이 존재한다는 것이다.

그러므로 잠언은, 상식을 갖춘 사람이라면 게으름에 빠져 잠만 자서는 안 된다는 사실을 언급하고 있다. 그렇게 되면 식량을 얻을 수 없어 궁핍한 삶에 처할 수밖에 없다. 따라서 사람들은 먹을 양식이 없어 굶주리는 자리에 처하지 않기 위해 최선의 노력을 기울여 신실한 자세로 일해야만 한다.

또한 사람들은 대개 무언가 사기 위해 물건을 고를 때 가게 주인 앞에서 온갖 구실을 붙여 그것이 좋지 않다는 식으로 불평의 말을 늘어놓는다. 그러나 그 물건을 사서 집으로 가지고 와서는 좋은 물건을 잘 골랐다며 자랑하기를 좋아한다. 이는 물건을 사는 사람이 그런 과정을 거쳐 절대로 속지 않겠다는 마음을 가지고 있기 때문에 발생하는 반응이다.

세상에는 사람들이 일반적으로 값진 것이라 일컫는 보배들이 많이 있다. 황금이나 진주가 곧 그런 것들이며 그보다 더욱 값진 것은 지혜로운 말을 하는 입술이다. 성숙한 사람들은 어느 것이 진정으로 값어치 있는 것인지 아니면 겉보기와는 달리 아무런 값어치가 없는 것인지 분별할 수 있는 참된 지혜를 소유하게 된다.

또한 타인을 위하여 담보를 맡기고 보증을 선 사람의 소유물을 취할 때와 타지에서 온 나그네가 저의 옷을 담보로 잡히고 무엇을 얻고자 할 때 그가 원하는 대로 들어주면 된다. 혹 그가 딱하게 보일지라도 그의 몸을 볼

모로 잡아두거나 담보물을 받아 둘 필요가 있다. 그렇게 하는 것이 서로간에 가장 안전한 방법이 되기 때문이다.

세상에 살아가는 모든 사람들은 성실하게 일함으로써 먹을 양식을 얻어야 한다. 그것을 통해 이땅에서 생명을 부지하며 생활하게 된다. 하지만 인간들 가운데는 그렇지 않는 자들이 많이 있다. 다른 사람을 적절히 속여서 취한 음식을 배불리 먹는 것이 우선은 즐거운 것 같이 느껴질지 모르지만 오래가지 못해 그 입에는 모래만 가득한 고통을 맛보게 될 것이다.

5. 세상에 대한 투쟁과 공의로운 하나님(잠20:18-23)

사람이 무언가 계획을 세울 때는 주변 이웃들의 견해를 모아 중지를 모을 수 있어야 한다. 혼자서 모든 것을 독단적으로 결정하고 시행하는 것은 항상 위태로운 국면을 맞을 수 있다, 이처럼 다른 나라와 전쟁을 해야 할 경우에도 힘으로 밀어붙이고자 할 것이 아니라 먼저 머리를 맞대고 치밀한 전략을 세워야 한다.

공동체를 이루고 살아가야 할 사람이 집단과 개인을 염두에 두지 않고 여기저기 다니면서 한담하며 무책임한 말을 쏟아내는 것은 남의 비밀을 누설하게 될 우려가 있다. 그런 수다스런 자들과 가까이 하는 것은 일시적인 만족을 얻을지 모르나 더 큰 것을 잃어버릴 우려가 따른다. 따라서 그와 같은 자들과는 거리를 두고 가까이 사귀지 않는 것이 상책이다.

인간은 기본적으로 자기의 아버지나 어머니에 대한 책무를 다해야 한다. 그것은 부모의 능력이나 성품에 관련되어 있지 않다. 즉 부모가 그럴만한 조건을 갖추었기 때문에 자식이 그렇게 해야 하는 것이 아니다. 부모에게 자식의 도리를 다하는 것은 가장 기본적인 인륜에 해당된다, 따라서 부모를 저주하는 자는 어둠 속에서 꺼져가는 등불과 같이 모든 것을 상실하게 된다.

또한 오랜 세월 동안의 인내하는 노력 없이 단시일에 모은 많은 재산은 별 가치가 없다. 그 물질이 지닌 실질적인 값어치를 제대로 드러내지 못할 것이기 때문이다. 그것은 도리어 본인과 이웃에게 해를 끼칠 수 있으며 어느 순간에 모든 것이 사라져버리게 될지 모른다.

성숙한 신앙인이라면 자기에게 해롭게 한 자에게 직접 악을 갚고 보응하려는 태도를 취하지 말아야 한다. 오히려 하나님께서 저를 어떻게 처리하실지 잠잠히 바라볼 수 있어야 한다. 하나님께서는 결코 자기 자녀에게 해를 끼친 자를 좌시하지 않고 반드시 그에 대한 책임을 물으신다. 그렇게 함으로써 자기 자녀를 위한 보상과 더불어 구원을 이루시게 되는 것이다.

그렇지만 미련한 인간들은 눈앞에 놓인 사사로운 욕심에 사로잡혀 저울추를 속이면서도 아무런 거리낌이 없다. 하지만 그것은 공의의 하나님께서 미워하시는 악행이다. 따라서 하나님을 경외하는 자들은 정확하고 올바른 도량형을 사용해야 한다. 이는 물론 물건을 사고팔 때뿐 아니라 사람들을 대함에 있어서도 마찬가지다. 거기에는 반드시 하나님께서 제시하신 공의로운 규준이 존재하는 것이다.

6. 하나님의 사역과 공의(잠20:24-30)

어리석은 인간들은 자신의 모든 판단과 걸음걸이가 전적으로 개인적인 결단에 의존하는 것으로 생각한다. 그러나 실상은 여호와 하나님의 오묘한 경륜이 그 가운데 들어 있다. 예를 들어 세상에는 온갖 전쟁과 기근, 사건 등이 끊임없이 되풀이하여 발생하고 있다. 전체적으로 볼 때 모든 인간들은 예외 없이 그 가운데서 부대끼며 살아간다.

이는 인간들이 자신의 판단에 따라 행하는 것 같아도 역사적 변화와 더불어 살아갈 수밖에 없는 현실에 연관되어 있다. 이 말은 개인이 자기의 결단에 의존하는 것처럼 보일지라도 이미 모든 인간은 변천하는 역사 가운데 놓여 있음을 증거 한다. 즉 인간이 목적을 두고 걸음걸이를 옮기지만 모든 것은 하나님의 큰 역사의 틀 가운데서 진행되는 것이다.

그러므로 피조물로서 지극히 미미한 제한적인 인간은 자기의 길을 완벽하게 알 수 없다. 외적으로 규정화되어 가는 역사의 틀 속에 살아가며 그 가운데서 실행되는 모든 것들은 온전치 못하다. 이는 인간들이 자기의 길을 완벽하게 알지 못한다는 사실을 말해주고 있다.

사람이 어떤 대상을 골라 성스러운 제물로 여겨 하나님께 바치기로 서원한 후 나중 딴 마음을 먹는 것은 지극히 경솔한 태도이다. 그것은 욕망에 따라 변하는 인간의 이기적인 마음을 여실히 보여준다. 따라서 누구든지 하나님께 바치기로 한 대상을 두고 아까워하는 어리석은 판단을 하는 자는 그것이 올무가 되어 걸려 넘어지게 된다.

잠언은 또한 하나님으로 말미암아 지혜를 소유한 왕은 선과 악을 명백히 분별할 줄 안다는 사실을 언급하고 있다. 그는 악인들을 키질하듯이 구별해 선한 자들로부터 분리해 낸다. 그 왕은 하나님을 두려워하지 않는 오만한 자들을 타작마당에 두고 곡식을 떠는 기계의 무거운 바퀴를 그 위로 굴려버리게 된다. 거기서 안전하게 살아남을 인간은 아무도 없다.

그리고 잠언에는 사람의 영혼이 여호와 하나님의 등불이라는 사실이 기록되어 있다. 그것이 사람의 마음 속 깊은 영역을 살피게 된다. 하나님으로 말미암은 등불이 아니고서는 인간의 내면을 깊숙이 들여다보지 못한다. 그렇게 되면 어리석은 인간들은 마음의 변죽만 살피면서 죄에 물든 본성을 보지 못한 채 자신을 괜찮은 존재로 오인하게 되는 것이다.

참된 왕은 인자와 진리로 자신을 지켜내며 그 왕위도 인자함으로 인해 견고하게 유지된다. 이는 메시아와 연관되는 것으로 이해하는 것이 자연스럽다. 따라서 그 왕은 인간적인 경험이 아니라 하나님의 진리에 의해 언약의 백성들 위에 온전히 군림하시게 된다.

젊은이들에게는 그가 가진 힘이 저의 자랑이 된다. 그리고 나이 많은 늙은이들에게는 그 백발이 아름다운 영광을 덧입히게 된다. 이는 역시 하나님의 언약의 상속과 밀접하게 연관되는 내용으로 받아들일 수 있다. 젊은 성도들은 조상으로부터 참된 진리를 상속받아 그것을 지키기 위해 불의에 저항해 싸워야 하며, 자녀들에게 그 진리를 상속해준 노인들은 그 영광을 소유하게 되는 것이다.

하나님의 자녀라 할지라도 타락한 이 세상에 살아가면서 그 언약을 온전히 상속하는 일은 결코 쉽지 않다. 사탄이 성도들을 향해 끊임없는 유혹의 손길을 펼치고 있기 때문이다. 우리는 아직 깨달음이 미숙한 어린 자녀들이 세상의 것들을 받아들이기를 좋아한다는 사실을 기억하고 있어야 한다.

만일 자녀가 잘못된 길을 간다면 부모는 매를 들어서라도 저들에게 올바른 가르침을 베풀고 훈육해야만 한다. 그 매는 인간적인 기분이나 감정에 의존해서는 안 되며 하나님의 말씀을 배경으로 한 사랑의 매여야 한다. 그것은 저들의 마음속 깊이 자리 잡아 진리를 받아들여 익히는데 매우 중요한 역할을 하게 될 것이기 때문이다.

제27장

언약의 왕께 속한 백성들의 삶

(잠21:1-31)

1. 여호와 하나님과 언약의 왕(잠21:1-3)

잠언의 본문은, 왕의 마음이 오직 여호와 하나님의 손에 달려 있다는 사실을 언급하고 있다. 그의 마음은 마치 굽이쳐 흐르는 물줄기와 같아서 전능하신 하나님의 고유한 뜻에 의해 움직인다. 이는 하나님께서 왕의 마음을 다스리시며 그를 선한 길로 인도하신다는 사실을 의미하고 있다.

이 말씀은 우선 메시아 언약과 연관된 것으로 이해할 수 있다. 즉 세상의 모든 왕들이 그와 같다는 의미가 아닐 뿐더러 이스라엘 왕국에 세워진 모든 왕들이 그렇다는 뜻도 아니다. 이 말은 성부 하나님과 성자 하나님이신 예수 그리스도의 밀접한 관계를 보여주고 있다.

그 하나님께서는 항상 사람의 심령을 세밀하게 감찰하고 계신다. 인간은 다른 사람들을 교묘하게 속이면서도 끝내 들키지 않을 수 있다. 또한 자기 자신의 잘못된 논리에 스스로 속으면서 그 사실을 전혀 인식하지 못하기도 한다. 그와 같은 상황에서는 다른 사람의 행위에 대한 자신의 판단 오류로 말미암아 오해를 하기도 하며 자기의 모든 행동을 부끄러움이 없는 정직한 것이라 착각할 수도 있다.

그러나 하나님께서 보시기에는 그와 전혀 다를 수 있다. 세상만사(世上萬事)에 대한 하나님과 인간의 판단과 해석 기준은 근본적으로 상이하기 때문이다. 이에 관해서는 상황이 전혀 다르기는 하지만 일반 불신자들뿐 아니라 언약의 백성들이라 일컫는 자들에게도 동일하게 적용된다.

잠언은, 하나님께서 진정으로 기뻐하시는 것은 자기에게 드리는 제사보다 의와 공평을 행하는 것이라 기록하고 있다. 이 말은 매우 신중하게 생각해 보아야 한다. 이는 단순히 '의와 공평을 행하는 것' 과 '하나님께 경배하며 제사드리는 것' 을 양편에 나란히 두고 상호 비교할 수 있는 성질이 아니기 때문이다. 만일 어떤 사람이 잠언의 이 교훈을 근거로 삼아 하나님을 경배하는 일을 멀리하고 의와 공평을 행하며 정의롭게 살아가는 일에 치중한다면 그것은 잘못된 것이다.

우리가 이 말씀을 메시아 언약에 연관 지어 생각해 보는 것은 매우 중요한 의미를 지니고 있다. 하나님의 아들이신 예수 그리스도께서 왕으로 이 땅에 오시는 목적은 죄에 빠진 자기 백성들을 구원하시기 위해서이다(마 1:21, 참조). 그것을 위해서는 반드시 공의로운 심판이 따르게 된다. 하나님께서는 자기 백성을 의로써 구원하시게 되지만 사탄에게 속한 자들은 무서운 심판의 대상이 되기 때문이다.

예수님께서는 그 놀라운 사역을 이룩하시기 위해 십자가에 달려 돌아가심으로써 하나님의 영원한 제물이 되셨다. 그 사역을 통해 하나님의 진노를 누그러뜨리고 화목케 하심으로써 자기 자녀들을 구원하시게 된 것이다. 따라서 잠언 본문에 언급된 이 내용은(잠21:3), 일반적인 교훈이라기보다 장차 도래하게 될 메시아 사역에 대한 예언적 메시지를 담고 있는 것으로 이해하는 것이 자연스럽다.

2. 세상의 성공과 부(잠21:4-8)

죄에 빠진 인간들은 타락한 이 세상에 살아가면서 개인적인 경험과 이성에 따라 자기 나름대로 가치관을 형성한다. 그 중심에는 재물과 권력, 명예 등이 자리 잡고 있다. 그런 것들을 통해 어느 것이 더 성공적인지 아니면 실패한 것인지 판단기준을 마련하는 것이다.

그러나 그것들은 세상에서 일시적인 영향력을 행사할 수 있으나 궁극적인 의미를 가지지 못한다. 잠언은 그런 것을 기준으로 삼는 것은 죄라는 사실을 분명히 언급하고 있다. 따라서 하나님의 백성에게는 오직 계시된 말씀만이 절대적인 기준이 되어야 한다.

스스로 눈을 높여 거만한 태도를 가진 사람이나 교만해져 남을 업신여기는 사람은 악한 자들이다. 또한 하나님을 알지 못한 상태에서 형통하게 되는 모든 것은 죄에 속할 뿐더러 그 이상의 궁극적인 의미를 지니지 못한다. 그럼에도 불구하고 어리석은 자들은 겉으로 드러나는 화려한 것들에 관심을 가지고 있으면서 그 본질에는 다가가려고 하지 않는다.

하나님의 자녀들은 항상 신실하고 부지런한 삶을 살기 위해 최선의 노력을 기울여야 한다. 그런 삶의 결과는 대개 이땅에서도 정신적으로 여유로운 삶을 공급받게 된다. 이와 반대로 개인적인 욕망을 추구하기에 급급한 자들은 세월이 흐르면 결국 궁핍한 처지에서 벗어나지 못한다.

개인적인 욕망을 이루기 위해 교묘한 말로 남을 속이고 재물을 끌어 모으는 것은 사망을 추구하는 것과 같다. 우선은 많은 것을 쟁취함으로써 사람들의 눈에 부요한 것처럼 보일지 모르지만 실상은 전혀 그렇지 않다. 그 모든 것들은 햇빛이 드러나면 금방 사라져버리는 아침 안개와 전혀 다르지 않기 때문이다.

하나님을 멀리 하는 악한 자들은 자기의 욕망을 채우기 위해 남에게 갖가지 횡포를 부리는 것을 예사로 여긴다. 그들은 이웃을 위해 살아가야 할 올바른 삶을 추구하는 방법을 알지 못한다. 그런 자들의 행동은 때로 난폭한 행태를 띠기도 하나 외관상 그렇게 나타나지 않는 경우도 많이 있다. 겉보기에 온화하고 유순하게 보이지만, 실상은 남의 것을 몰래 약탈하려는 저들의 숨겨진 의도가 더욱 위험하다.

그런 자들은 하나님으로부터 제시된 공의로운 삶을 실천하기를 싫어한다. 그들은 모든 사람들이 공정하게 대우받고 더불어 살아가는 것을 좋아하지 않는다. 이기적인 생활에 익숙한 자들은 항상 주변의 사람들과 비교하면서 남보다 우위를 점한 상태를 유지함으로써 자신의 성공적인 인생을 확인하고자 하는 것이다.

하지만 그와 같은 이기적인 삶의 자세는 지극히 어리석고 미련한 것이라 말하지 않을 수 없다. 하나님을 떠나 죄를 크게 범하는 자의 길은 근본적으로 뒤틀어진 상태에 놓여 있다. 따라서 그런 자들은 끊임없이 죄를 먹고 마시면서도 그에 대한 인식이 거의 없는 것이 일반적이다.

그러나 하나님을 진정으로 경외하는 성도들의 삶은 그렇지 않다. 그들이 걸어가는 길은 상당한 고난을 당하는 것처럼 보이지만 실제로는 그것이 올곧은 길이다. 따라서 언약의 자녀들은 항상 정도(正道)를 걸어가야 하며 세상의 것들을 두고 상호 비교함으로써 자랑거리를 찾으려는 태도를 버려야 한다. 그렇게 해야만 영원한 진리의 소중함을 더욱 절실히 깨달을 수 있을 것이기 때문이다.

3. 인간들의 두 가지 삶의 양상 (잠21:9-12)

하나님께 속한 성도들에게 있어서 가장 소중한 것은 언약의 상속이다. 그것을 위해 가정이 허락되고 유지된다고 해도 과언이 아니다. 물론 가정의 소중함에는 여러 가지가 있지만 그 가운데 가장 중요한 것은 성도들의 가정이 하나님의 언약을 상속하는 소중한 통로가 된다는 사실이다.

그런데 잠언은, 다투는 여인과 함께 큰 집에서 사는 것보다 초라한 움막에서 혼자 사는 것이 낫다는 사실을 언급하고 있다. 하나님의 언약을 모르거나 멀리함으로써 삶의 진정한 의미를 알지 못하는 여성은 자기의 욕망에 맞는 인생을 살아가기 위해 발버둥 친다. 그것이 자신의 뜻에 부합하지 않으면 가정 안에서나 주변 이웃 가운데서 다투는 행위를 되풀이한다.

개인적인 욕심으로 가득 찬 그와 같은 삶을 살아가는 자들은 지극히 어리석다. 특히 여성의 경우에는 계시된 말씀의 교훈으로 가정을 돌봐야 하는데, 그 본질을 도외시하는 오류에 빠지게 되면 그 남편의 언약적인 지위를 가볍게 여기기 쉽다. 모든 여성들은 이에 대하여 신중한 자세를 유지하지 않으면 안 된다.

그러므로 모든 여성들은 혹 자기가 집의 안팎에서 다툼을 일으킴으로써 어리석은 풍조에 빠진 그런 사람이 아닌지 겸손한 마음으로 되돌아 볼 수 있어야 한다. 그와 같은 냉철한 성찰을 멀리한 채 이기심에 따라 다투는 행동을 되풀이한다면 자신과 남편을 불쌍하게 만들 뿐 아니라 온 가족을 불행으로 내몰게 된다.

그런데 문제는 미련한 여성들은 자기의 잘못에 대한 깨달음이 거의 없다는 사실이다. 세상에서 배워 익힌 것들을 기준으로 삼게 되면 세상의 값어치에 함몰되어 모든 것을 합리화시키게 된다. 성경은 잠언을 통해 모든 아내들에게 그와 같은 세속적인 삶을 경계하라는 강한 경고의 말씀을 주고 있는 것이다.

이 세상을 궁극적인 가치를 보유한 영역으로 생각하는 악한 자들은 다른 사람이 재앙을 받는 것을 대수롭지 않게 여긴다. 그런 자들은 주변의 이웃이 자기보다 잘되는 것을 보면 시기하며 질투를 느낀다. 심하게 되면 질투의 대상이 되는 사람이 재앙을 당하기를 바라는 추한 마음을 가지기도 한다. 그런 심성을 가진 자들은 자기에게 어떤 이득이 돌아오지 않는

한 주변의 이웃에게 조차 은혜 베풀기를 좋아하지 않는다.

세상에 살아가는 모든 사람들은 잘못을 저지를 경우 징계와 더불어 성경으로부터 교훈을 받아야 한다. 우리가 여기서 반드시 기억해야 할 바는 가장 선한 인간이라 할지라도 항상 악한 상황에 노출되어 있다는 사실이다. 따라서 어느 누구도 자신은 징계를 받을 일이 전혀 없으며 어떤 교훈도 필요하지 않다고 말하지 못한다. 만일 그런 사람이 있다면 그는 지극히 어리석거나 어린 신앙인에 지나지 않는다.

오만한 삶을 살아가는 거만한 자가 벌을 받으면 그 주변에 살아가는 다른 사람들이 그것을 보고 깨달음을 얻게 된다. 하나님을 경외하는 마음이 있는 성도들에게는 그 징계가 도리어 장차 이르게 될 삶을 위해 상당한 유익을 얻는다. 따라서 지혜로운 성도가 어떤 실수로 말미암아 훈계와 교훈을 듣게 되면 그에게 지식이 더해진다. 그것은 물론 일반적인 것이 아니라 계시된 말씀으로 말미암은 참된 지식이다.

의로운 존재인 하나님께서는 항상 악한 자들의 집을 감찰하시며 지켜보신다. 그런 집에는 하나님의 언약이 중심에 자리 잡고 있는 것이 아니라 세상의 값어치를 배경으로 한 세속적인 것들로 가득 차 있다. 어리석은 자들은 자기가 소유한 재물이 마치 하나님의 큰 은총을 입은 결과인 양 여기며 다른 사람들 앞에서 자랑하기를 좋아한다. 하지만 그들은 마지막 날 하나님의 심판을 받아 영원한 고통에 던져지게 된다. 하나님께 속한 성도들은 이 세상에 살아가면서 항상 그에 대한 깨달음을 소유하고 있어야 한다.

4. '이웃을 위한 선물' 과 '자기 욕망을 위한 뇌물' (잠21:13-17)

성숙한 성도들은 항상 가난한 사람들의 부르짖음에 귀를 기울이지 않으면 안 된다. 교만한 자들은 자기에게는 그와 같은 궁핍한 때가 절대로 닥치지 않을 것처럼 착각하고 있다. 그러나 사람이 살아가는 세상에서는 언제 무슨 일이 발생할지 아무도 알지 못한다.

가난한 이웃의 목소리를 듣고 저들을 도와주는 사람이어야만 자기가 그와 같은 어려운 일을 당할 때 그와 동일한 기대를 할 수 있다. 어려운 사람들을 외면하던 자가 자신의 고통을 남에게 호소한다는 것은 염치없는 일이 아닐 수 없다. 잠언은 성도들이 취해야 할 그에 연관된 기본적인 교훈을 주고 있다.

사람들이 이 세상에서 소유한 모든 것들은 이웃과 공유해야 할 성격을 지니고 있다. 그러므로 자신의 것을 다른 사람들에게 법적인 조건에 근거하지 않고 사랑의 정신으로 나누는 것은 매우 중요한 일이다. 떠들썩하지 않게 조용하고 겸손한 마음으로 타인과 나누는 선물은 나중 저가 난관에 부딪치는 일이 발생할 때 다른 사람으로부터 오는 진노를 감하는 기능을 하게 된다. 이에 대해서는 부당한 뇌물이 끼치는 잘못된 역할과 일면 동일한 효과를 드러내게 된다. 우리는 물론 뇌물을 주고받는 것을 금해야 하며 이웃과 공유할 선물을 항상 염두에 두고 살아가는 것이 중요하다.

이 세상에 살아가면서 하나님의 공의를 실천하는 것은 의인들에게 즐겁고 감사한 일이다. 하지만 그것이 악한 죄인들에게는 패망의 신호가 된다. 그 공의가 저들의 나쁜 행위를 만천하에 드러낼 것이며 그것은 결국 무서운 심판을 자초하게 될 것이기 때문이다.

이처럼 올바른 분별력을 상실하여 명철의 길을 떠난 어리석은 자들은 사망을 추구하는 자들 가운데 거하게 된다. 그들은 하나님의 뜻에 따라 살기를 좋아하는 것이 아니라 자기의 욕망을 추구하며 살아가기 위해 모든 노력을 기울인다. 세상에서 향락을 누리기를 좋아하는 자들은 결국 극한 가난의 자리에 처할 수밖에 없다. 술과 기름진 것을 좋아하는 자들은 결코 진정으로 부요한 자가 되지 못하는 것이다.

5. 의인과 악인의 삶 (잠21:18-24)

잠언은, 악한 자들은 의인들을 구출하기 위한 몸값이 되며 성실하지 못한 자들은 정직한 사람들을 위해 자신을 내어주어 죽게 된다는 사실을 언급하고 있다(잠21:18). 이것이 과연 무슨 뜻인가? 문맥 자체로만 본다면 이 말을 이해하기 그리 쉽지 않다. 하지만 그 의미를 주의 깊게 살펴보면 어렵지 않게 이해할 수 있다.

이 말은 악한 자들과 성실하지 못한 불의한 자들이 의인과 정직한 자들을 위해 자신의 생명을 기꺼이 내어놓게 된다는 의미가 아니다. 오히려 악한 자들과 불성실한 자들은 의인들과 정직한 자를 해롭게 하고 죽이기 위해 온갖 노력을 기울이게 된다. 하지만 궁극적으로는 인간의 모든 것들이 드러나 그 전말이 완전히 뒤바뀌게 된다는 사실을 말해준다.

즉 하나님께서는 자기 자녀들을 해롭게 하고 죽이려는 자들을 친히 심판하시게 된다. 성도들은 이 세상에서 아무런 힘이 없으므로 저들에게 직접적인 복수를 하지 못한다. 하지만 하나님의 절대적인 능력이 그 악한 자들을 엄히 심판하시게 되는 것이다. 시편에는 하나님께서 의로운 자들을 죽이기 위해 함정을 만든 악한 자들을 심판하시고 의로운 자들을 구원하시는 사실에 관한 내용이 기록되어 있다.

> "악인이 죄악을 해산함이여 잔해를 잉태하여 궤휼을 낳았도다 저가 웅덩이를 파 만듦이여 제가 만든 함정에 빠졌도다 그 잔해는 자기 머리로 돌아오고 그 포학은 자기 정수리에 내리리로다 내가 여호와의 의를 따라 감사함이여 지극히 높으신 여호와의 이름을 찬양하리로다" (시7:14-17)

하나님께서는 환난에 처한 자기 백성들을 끝까지 지켜 보호해 주신다. 시편에 기록된 이 말씀은 오늘날의 성도들에게도 여전히 큰 소망이 된다.

하나님을 배반한 악한 자들은 성도들을 해치기 위해 온갖 모략을 베풀고 있다. 그러나 의로운 백성은 저들에게 맞서 싸울 만한 힘을 기초로 한 아무런 대응책이 없다. 성도들은 어떤 경우에도 무력과 완력을 동원해 원수들과 싸우지 않기 때문이다.

잠언은 또한 화를 내며 다투기를 좋아하는 여인과 함께 살아가는 것보다 광야에서 혼자 생활하는 것이 훨씬 낫다는 말을 되풀이하고 있다. 이는 가정에서 아내의 역할이 그만큼 중요하다는 사실을 말해준다. 한 남편의 아내이자 자식들의 어머니인 여성이 올바른 신앙 위에 서 있지 않을 경우 그 집에는 진정한 소망이 없게 된다.

지혜로운 자들의 집안에는 항상 귀한 보배와 기름이 준비되어 있다. 필요할 때 언제든지 사용할 수 있도록 예비하고 있는 것이다. 그러나 미련한 자는 그것을 자신의 욕망을 채우기 위해 금방 소모해 버린다. 그런 자들은 언약을 상속해 가야 할 다음 세대를 염두에 두지 않고 자신을 위한 즉흥적인 삶에 만족하고 있는 것이다.

그대신 하나님의 의와 은혜 위에서 살아가고자 하는 성도들은 생명과 의와 영광을 얻게 된다. 그 지혜로운 자들은 영원한 삶에 대하여 깊은 관심을 기울이고 있다. 따라서 참된 지혜를 소유한 자들은, 마치 적군의 용맹한 병사들이 지키는 성벽을 타고 올라가 저들의 견고한 성읍의 요새를 무너뜨리는 것과 같이 행하게 된다. 이는 성도들의 지혜가 무장한 병사들보다 더 강한 능력을 지니고 있다는 사실을 말해주고 있다.

또한 어리석은 인간들은 신중하지 못하게 함부로 입술을 놀려 말하는데 반해 성숙한 성도들은 그렇지 않다. 입과 혀를 조심하여 말하는 성도들은 자기의 영혼을 환난으로부터 지켜 보호할 수 있다. 이는 저들의 진지한 삶이 그것을 통해 악한 자들의 유혹에 노출되거나 공격을 받지 않게 된다는 사실을 말해준다.

그러나 무례하고 교만한 성품을 지닌 인간들은 하나님을 멸시하는 망령된 자들이다. 그런 자들은 세상의 것들로써 잘난 체하며 우쭐대기를 좋아한다. 그들은 교만한 삶의 태도를 지니고 있어서 모든 면에서 안하무인(眼下無人)격으로 행동한다. 하지만 세상에서 아무리 오만하게 군다고 할지라도 저들의 결국은 부끄러운 자리에 이르게 될 수밖에 없다.

6. 게으른 자의 장래 (잠21:25-31)

악하고 게으른 인간들은 아무런 노력을 기울이지 않으면서 세속적인 욕망을 가지고 있다. 그들은 손을 놀려 일하기를 싫어하면서도 어처구니없는 포부와 더불어 자기가 바라는 바를 얻고자 한다. 그런 자들은 항상 다른 사람의 것들을 탐하기만 한다. 하지만 의인들은 자기의 소유물을 세상의 욕망을 위해 사용하지 않고 주변의 이웃과 나누어 가지기를 좋아한다.

하나님을 알지 못하는 악한 자들이 하나님 앞에 바치는 제물은 근본부터 참된 것이 아니다. 하나님께서는 그런 것들을 결코 기쁘게 받으시지 않는다. 나아가 이기적이며 사악한 의도로 바치는 가증한 제물이라면 더더욱 하나님께서 받으시지 않는다.

진리를 호도하는 거짓 증인은 마침내 그 실상이 만천하에 드러날 수밖에 없지만 신실한 증인의 말에는 참된 권위가 들어있다. 악한 자들은 자신의 얼굴을 심각하게 하여 그럴듯하게 꾸며 말하는 데 반해 정직한 자들은 자연스럽게 행동하고 말한다. 사악한 인간들이 세상의 모든 지혜와 명철과 온갖 계략을 다 동원한다고 할지라도 여호와 하나님의 지혜를 당해낼 재간은 없다.

하나님의 능력과 도우심이 없이는 인간들의 모든 노력은 허사로서 아무것도 이루지 못한다. 전쟁을 앞두고 넘치는 수의 말과 마병을 준비한다고 해도 그것 때문에 최종 승리를 거둘 수는 없다. 전쟁에서의 승리는 오직 여호와 하나님께 달려 있기 때문이다. 다윗은 블레셋 군대 장군과 맞서 싸우면서 그에 연관된 중요한 믿음을 고백하고 있다.

> "다윗이 블레셋 사람에게 이르되 너는 칼과 창과 단창으로 내게 오거니와 나는 만군의 여호와의 이름 곧 네가 모욕하는 이스라엘 군대의 하나님의 이름으로 네게 가노라 ... 또 여호와의 구원하심이 칼과 창에 있지 아니함을 이 무리로 알게 하리라 전쟁은 여호와께 속한 것인즉 그가 너희를 우리 손에 붙이시리라" (삼상17:45-47)

다윗의 이 고백은 구약시대뿐 아니라 오늘날 신약시대의 성도들에게도 그대로 유효하다. 하나님의 왕국에서 여호와의 이름으로 싸우는 전쟁은 반드시 승리하게 되어 있다. 원수들은 다양한 계략과 무기들을 가지고 나오겠지만 하나님의 군사들은 전능하신 하나님의 이름으로 나아가게 된다. 성도들의 전략은 세상의 방법과 판이하게 다르다. 우리에게 중요한 점은 전쟁은 여호와 하나님께 속한 것이라는 사실이다.

그러나 우리가 여기서 주의해야 할 것은 이 세상의 모든 전쟁이 예외 없이 여호와 하나님께 속한 것은 아니라는 점이다. 인간 역사 가운데는 여러 국가들 사이에서 각양 전쟁들이 끊임없이 일어났었다. 언약의 왕국과 무관한 나라들 사이에서 발발한 수많은 전쟁은 세상 각국의 이해관계에 기인하고 있다. 그런 전쟁에까지 하나님께서 직접 관여하신 것으로 생각할 필요는 없다. 오직 언약의 왕국에 연관된 전쟁일 경우 하나님께서 친히 자기 백성을 위해 싸우시게 되는 것이다.

제28장

언약의 백성과 메시아 예언

(잠22:1-29)

1. 자기를 위한 재물과 이웃을 위한 호의 (잠22:1-5)

어리석은 자들은 이 세상에 살아가면서 재물을 가장 소중한 것으로 여긴다. 그것만 있으면 유무형의 원하는 모든 것들을 소유할 수 있고 그 어떤 어려운 문제라도 해결할 수 있을 것처럼 생각한다. 따라서 세상을 의지하고 살아가는 자들은 자신의 육체적인 욕망을 추구하며 많은 재물을 모으기 위해 온갖 노력을 기울인다.

하지만 그런 사고를 하는 인간들은 지극히 미련한 자에 지나지 않는다. 금은보화를 비롯한 재물은 인생의 궁극적인 보람을 제공하지 못한다. 즉 사람이 많은 양의 재물을 끌어 모은다면 그것이 일시적인 만족감을 제공할지 모르지만 그로 말미암아 도리어 좋은 이웃을 잃을 수도 있으며 근심과 걱정거리를 양산할 수도 있다.

하나님께서 허락하신 참된 지혜를 소유한 성도들은 눈에 보이는 재물보다 자기 이름을 더럽히지 않는 명예를 선택하고자 한다. 나아가 그들은 주변의 이웃에게 호의를 베풀며 저들과 더불어 살아가면서 참된 의미를 추구하게 된다. 인생의 진정한 의미를 알고 있는 자들은 그런 삶을 살아가고자 최선을 다하는 것이다.

타락한 이 세상에는 항상 부유한 자와 가난한 자가 뒤섞여 살아갈 수밖에 없다. 여호와 하나님은 돈 많은 부자를 더 좋아하고 가난한 자를 더 싫어하시는 분이 아니다. 하나님의 언약 가운데 존재하는 백성이라면 빈부와 상관없이 하나님의 동일한 은총의 대상이 된다. 하나님께 속한 모든 성숙한 성도들은 그에 대한 올바른 깨달음을 소유하고 있어야 한다.

또한 지혜롭고 슬기로운 성도들은 무서운 재앙이 닥치는 것을 보게 되면 몸을 숨겨 그것을 피한다. 그들은 겉으로 드러나는 화려한 형태를 보고 감성적인 반응을 하지 않는다. 지혜로운 자들은 비록 모두가 좋아하고 탐낼 만한 것이라 할지라도 그와 더불어 닥치게 될지 모르는 위험한 상황을 간파하고 그에 냉철하게 대응하는 자세를 취한다.

그에 반해 어리석은 사람들은 눈앞에 무서운 재앙이 밀려오고 있음에도 불구하고 그것을 피할 줄 모르고 욕망을 이루기 위해 전력 질주한다. 그런 자들은 자신의 욕심에 의해 눈이 완전히 멀어있기 때문이다. 그들은 눈앞에 펼쳐진 그럴듯한 것을 쟁취하기 위해 재앙의 실체도 모른 채 부지런히 나아가지만 결국은 엄청난 해를 당할 수밖에 없게 된다.

참되고 영원한 재산과 하나님으로 말미암아 허락된 영광과 생명은 이땅에 살아가는 인간들에게서 발생하지 않는다. 그것은 오직 천상으로부터 제공될 따름이다. 겸손한 신앙 자세로 여호와 하나님을 섬기며 진정으로 그를 경외하는 성도들에게 그것들이 선물로 주어지게 되는 것이다.

그렇지만 여호와 하나님을 멀리함으로써 패역에 빠진 자들의 생애 앞에는 겉보기와는 달리 험난한 삶이 기다리고 있다. 저들이 가는 길에는 가시덤불과 올무가 놓여 있어 언제 걸려 넘어질지 모른다. 따라서 하나님을 경외하는 가운데 자신의 영혼을 지키고자 하는 성도들은 그런 악한 자들을 가까이 하지 않게 되는 것이다.

2. 언약의 상속과 보존 (잠22:6-9)

하나님의 자녀들에게는 마땅히 행해야 할 거룩한 율례와 법도가 있다. 그것은 하나님으로 말미암아 주어진 법령으로서 오염된 이 세상의 것과는 본질적으로 다르다. 따라서 성도들의 삶 가운데는 항상 하나님의 거룩한 뜻이 절대적인 기준으로 정해져 있어야만 한다. 언약의 백성들이 항상 주의를 기울여 이땅의 것이 아니라 영원한 것을 바라볼 수 있는 안목을 소유하는 것은 매우 중요하다.

하나님의 언약을 소유한 부모는 자식들에게 그에 관한 내용을 부지런히 가르쳐 지키도록 해야만 한다. 어릴 때부터 성도로서 마땅히 수납해야 할 바 도리를 지켜 행하도록 교육하며 지도해야 하는 것이다. 그렇게 하면 그 자식들이 나중 어른이 되어 늙어서도 그 법도를 마음속에 담아두고 살아가게 된다.

일반적인 격언에도 "세살 버릇 여든까지 간다"는 말이 있다. 어려서부터 부모의 품과 무릎 아래서 배워 익힌 진리의 교훈은 한평생 저의 삶 가운데 깊이 뿌리내리게 된다. 이 말은 만일 부모가 어린 자녀들에게 언약을 벗어난 세상적인 교훈을 주거나 잘못된 본을 보인다면 그것이 쓴 뿌리가 되어 나쁜 영향을 끼치게 된다는 사실을 말해주고 있다.

그처럼 세상의 왜곡된 가치관을 통해 성장하게 된 자들이 나중 그 쓴 뿌리를 제거하고자 할 때는 엄청난 힘이 들 수밖에 없다. 우리는 그것이 얼마나 어렵고 고통스런 일인가 하는 점을 분명히 깨닫지 않으면 안 된다. 따라서 언약공동체에 속한 부모들은 항상 그점을 염두에 두고 있어야 한다. 그것은 개별 가정을 세우는 일뿐 아니라 언약공동체를 상속해 가기 위한 소중한 방편이 되기 때문이다.

하나님께 속한 모든 성도들은 자기가 처한 세상을 올바르게 직시하고 해석할 수 있는 능력을 소유해야만 한다. 성도들에게는 여호와 하나님 이외에 그 어떤 것도 자랑할 만한 것이 존재하지 않는다. 세상에서 아무리 성공한 듯 보여도 그것 자체로서 하나님 앞에서 자랑거리가 되지 못한다. 물론 가난한 형편에 처한 성도들도 부유한 사람들 앞에서 세상의 가치에 따른 불필요한 저자세를 보일 필요가 없다.

재산이 넉넉한 부자들은 항상 주변의 가난한 이웃을 돌아보아야 할 의무를 지니고 있다. 하나님의 자녀들에게 있어서 그것은 선택적으로 행할 일이 아니라 그렇게 하지 않으면 안 되는 필수사항이다. 그것을 위해 모든 성도들은 세상에서 부지런하고 신실한 자세로 일하며 살아가야만 하는 것이다. 만일 그렇게 하지 않으면 결국 빚진 자가 되어 그 채주를 섬겨야 하는 자리에 처하게 될 우려가 따른다.

잠언은 언약공동체 주변에 살아가면서 악을 뿌리거나 심는 자들은 결국 무서운 재앙을 거두게 된다는 사실을 언급하고 있다(잠22:8). 여기서 말하는 악이란 일반 윤리적인 개념을 넘어선 의미를 지니고 있다. 즉 그것은 하나님의 뜻을 벗어나 세상의 오염된 가치를 유포하는 행위와 밀접하게 연관되어 있다.

배도에 빠진 자들의 의도된 적극적인 행위는 순박한 사람들에게 엄청난 해악을 끼칠 수밖에 없다. 그러나 이웃을 기만하는 저들의 기세가 우선은 막강해 보이지만 시간이 흐르면서 점차 힘을 잃어간다. 결국은 그들이 도리어 무서운 해를 당하게 되는 것이다. 그것은 세상의 악한 사상을 유포하는 자들이 한시적인 자기만족을 위해 그렇게 할 뿐 그 이상의 의미가 없다는 사실을 말해주고 있다.

하지만 주변의 어려운 형편에 놓인 이웃을 보살피는 선한 눈을 소유한 언약의 자손들은 세상에서 얻게 되는 만족과 성격이 전혀 다른 참된 복을 누리게 된다. 그런 자들은 결코 이웃에게 이기적인 오만한 자세를 취하지 않으며 가난한 사람을 겸손하게 돌아보는 선한 마음으로 살아간다. 그와 같은 삶에 익숙한 성도들은 자신의 양식을 궁핍에 빠진 이웃과 더불어 나누며 저들을 돌봐주는 여유로운 삶을 살게 되는 것이다.

3. 순결한 공동체와 메시아 언약 (잠22:10-18)

언약공동체에 속한 백성은 여호와 하나님을 멀리하는 악하고 거만한 자를 저들 가운데 용납하지 말아야 한다. 그와 같은 자들을 공동체 내부에 방치해 두게 되면 심각한 문제들이 끊임없이 발생하게 된다. 그들로 말미암아 순수해야 할 공동체 가운데서 온갖 갈등과 다툼과 욕설이 난무하게 되는 것이다.

잠언에서, 정결한 마음을 사모하는 성도들의 입술에는 항상 덕이 넘치므로 하나님의 인정을 받게 되며 '왕이 저의 친구가 된다' 고 언급한 말은 매우 중요한 의미를 지니고 있다(잠22:11). 그것은 결코 일반적인 상황을 설명하려는 것이 아니다. 아무리 성실하고 순결한 삶을 살아가는 백성이라 할지라도 그것만으로 왕의 친구가 된다는 것은 상상하기 어려운 문제이다. 따라서 우리는 이 말씀을 메시아 언약으로 이해하는 것이 가장 자연스럽다.

여호와 하나님께서는 참된 지식을 소유한 채 세상에 살아가는 백성들을 항상 자신의 눈동자처럼 지켜 보호해 주신다. 하지만 이기적인 목적으로 굽은 말을 내뱉으며 교묘한 거짓으로 이웃을 속이는 자들은 패망에 빠뜨리신다. 이 세상에 살아가는 자들의 삶은 복잡한 양상을 띠지만, 하나님의 대응은 그 속사람에 따라 전혀 다르게 나타난다.

게으른 자들은 항상 어리석은 변명을 늘어놓기에 급급하다. 일을 하기 싫으면, '맹수인 사자가 기다리고 있기 때문에 밖으로 나가면 찢겨죽으리라' 고 말한다. 노동하기 싫어 그와 같은 엉터리 주장을 펼치면서 집 안에만 머물며 게으름을 피우고자 하는 것이다. 그런 자들은 성실하게 일할 생각을 하지 않은 채 놀고먹기를 좋아한다.

또한 잠언은, 더러운 음녀의 입술은 어리석은 자들에게 깊은 함정이 된다는 사실을 언급하고 있다. 진노를 당하는 패역한 자들은 하나님의 보호를 떠나 있으므로 거기에 빠지게 된다. 그 위기에 빠져 헤어나지 못하면 결국 저의 삶을 망치게 되는 것이다. 언약의 자손으로서 그런 위급한 상황에 직면하여 세속적인 것을 추구하는 자들에게는 분명한 징계와 교육이 필요하다. 이는 마치 어리석은 행동을 일삼는 어린아이들에게 징계의 채찍을 들어 그것을 바로잡듯이 저들을 위한 권징이 따라야 한다는 사실을 말해준다.

개인적인 이득을 얻기 위해 가난한 자를 학대하는 자들과 부자에게 뇌물을 가져다주는 자들은 결국 모든 것을 잃고 가난하게 될 수밖에 없다. 가난한 이웃을 위해 베푸는 사랑은 조건 없이 주는 것으로서 은혜의 선물에 해당된다. 하지만 부자에게 자기의 물건을 갖다 바치는 것은 부당한 뇌물 공여에 해당될 수 있다. 궁핍한 형편에 처한 이웃과 더불어 양식을 나누며 살아가는 자들은 평온한 삶을 살아가지만, 자기의 목적을 달성하기 위해 강한 자에게 뇌물을 바치는 자들은 도리어 어렵게 되어갈 따름이다.

그러므로 잠언은 하나님을 경외하는 성도들에게 귀를 기울여 지혜로운 자의 말씀을 들으라고 요구했다. 나아가 하나님에 관한 모든 지식을 그 마음에 두라는 명령을 하고 있다. 하나님께서는 자신의 말씀을 마음속 깊이 보존하며 그 입술에 두고 살아가는 성도들에게 온전한 삶을 누리도록 해준다는 것이었다.

4. 진리의 말씀과 하나님의 보호 (잠22:19-23)

하나님께서는 모든 성도들로 하여금 여호와이신 자신을 의뢰하도록 요구하신다. 그것을 위해 하나님의 완벽한 지략과 지식의 소중한 많은 것들을 글로써 기록하게 하셨다. 하나님을 믿는 성도들은 그것을 통해 진리의 말씀을 더욱 분명히 깨닫게 하시고자 했다. 또한 참된 삶의 길을 찾는 자에게 그 진리의 말씀으로 답변할 수 있도록 허락하셨다.

하나님은 그와 더불어 가난하고 힘없는 자를 얕잡아보아 악담하며, 저들의 것들을 탈취하는 악행을 저지르지 못하게 하셨다. 그리고 곤고하여 어려움에 빠진 자들을 공개적인 장소인 성문 앞이나 법정에서 부당하게 압제하는 행위를 금하셨다. 그것은 인간들에 대한 범죄일 뿐 아니라 하나님께 저항하는 사악한 행위가 되기 때문이다. 시편기자는 그에 연관된 사실을 기억하며 궁핍한 자를 도우시는 하나님을 노래하고 있다.

> "악담하는 자는 세상에서 굳게 서지 못하며 강포한 자에게는 재앙이 따라서 패망케 하리이다 내가 알거니와 여호와는 고난 당하는 자를 신원하시며 궁핍한 자에게 공의를 베푸시리이다" (시140:11,12)

공의로운 여호와 하나님께서는 연약하고 힘없는 자들의 억울함을 듣고 그 원통함을 해결하여 주신다. 그는 악한 자들이 끝까지 형통하게 살아가는 것을 용납하시지 않는다. 나아가 약한 자들의 것을 탈취하는 자들을 심판하여 그 생명을 박탈하신다. 하나님께서는 세상에서 형성된 힘과 능력을 동원하여 연약한 사람을 괴롭히는 자들을 결코 그냥 좌시하지 않으신다.

이는 물론 일반적인 상황에 연관된 약속의 말씀이 아니다. 하나님은 자기로 말미암아 이땅에서 능욕을 당하고 억울한 삶을 살아가는 성도들을 위해 보응하시는 분이다. 이에 대해서는 오늘날 우리 시대에도 예수 그리스도의 지상 사역을 통해 동일하게 적용되고 있다.

5. 신실한 성도들과 메시아 사역 (잠22:24-29)

사람이 한평생 이 세상에 살아가면서 어떤 가치관을 소유한 사람들과 사귀며 교제하는가 하는 것은 매우 중요한 의미를 지닌다. 사람은 누구나 좋든 나쁘든 간에 이웃의 영향을 받을 수밖에 없기 때문이다. 따라서 잠언은 언약의 자녀들에게, 분노를 품거나 울분에 가득 찬 자들과는 사귀거나 동행하지 말도록 요구하고 있다. 그런 자와 가까이 지내다보면 저들의 사악한 행위를 본받아 자기의 영혼을 올무에 빠지게 할 우려가 따르기 때문이다.

사람은 배도에 빠진 자들과 손을 맞잡고 무언가를 행하게 되면 함께 패망할 수밖에 없는 존재이다. 본성이 사악한 인간들은 진정으로 의지할 만한 대상이 되지 못한다. 따라서 다른 사람의 빚을 위해 보증이나 담보를 서게 되면 다같이 멸망에 빠질 수 있다. 또한, 만일 빚을 갚아야 되는데 그렇게 할 만한 능력이 없으면 자신의 몸을 의지하여 누워 자야 할 침상마저 빼앗길 수 있다. 다른 사람의 빚보증을 서다가 가장 기본적인 것마저 빼앗기는 위기의 상황에 처하게 되는 것은 지극히 어리석은 일이 아닐 수 없다.

또한 잠언은 "선조들이 세운 옛날 땅의 경계석을 옮기지 말라"는 교훈을 주고 있다(잠22:28). 이 말은 실제적인 교훈과 더불어 상징적인 의미를 동시에 지니고 있는 것으로 이해해야 한다. 즉 거기에는 '조상으로부터 상속받은 교훈을 아무렇게나 변개하지 말라'는 뜻이 담겨 있다. 따라서 역사 가운데 살아가는 인간들은 하나님의 계명을 자기가 처한 상황에 따라 아무렇게나 변개해서는 안 된다.

그리고 성경에는 하나님을 진정으로 경외하는 자로서 자기에게 맡겨진 사명에 충실한 사람은 후일 왕 앞에 서게 된다는 사실이 기록되어 있다(잠22:29). 그들은 절대로 아무런 힘이 없는 천한 자 앞에 서지 않는다. 이는 장차 이르게 될 하나님의 최종 심판에 밀접하게 연관된 것으로 보인다. 즉 이 말씀은 메시아 예언으로서 장차 영원한 왕으로 오실 메시아 앞에 서게 될 성도들의 영화로운 삶에 관한 약속으로 보아야 하는 것이다.

제29장

부당한 식탁과 참된 지혜자

(잠23:1-35)

1. '부당한 식탁' (잠23:1-3,6-9,20,21)

인간은 항상 음식을 먹으며 살아가게 된다. 먹고 마시지 않고 생명을 유지한다는 것은 불가능한 일이다. 따라서 사람들은 가정에서 날마다 정기적인 식사를 하며, 주변의 이웃들과 만나 식사교제를 나누기도 한다. 좋은 사람들과 나누는 식탁교제는 아름답지만 그렇지 않은 경우에는 그것이 도리어 고통의 자리가 될 수도 있다.

따라서 세상에 근거를 둔 모든 인간들은 육적인 음식을 먹음으로써 건강을 유지하게 된다. 이와 달리 하나님의 자녀들에게 있어서 그보다 훨씬 중요한 양식은 교회가 함께 나누는 성찬이다. 천상으로부터 제공된 예수 그리스도의 신령한 몸은 성도들에게 영적이며 실제적인 양식으로 공급되고 있다.

우리가 기억해야 할 바는, 세상의 모든 음식은 한시적으로 살기 위해 먹는 것이지만 궁극적으로는 죽음을 향해 나아가게 된다는 사실이다. 그러나 교회가 공동으로 나누는 신령한 음식은 성도들에게 이땅에서의 삶이 아니라 영생을 약속하고 있다. 언약의 백성들은 항상 그 음식을 삶의 중심에 두고 영생의 의미를 확인하게 되는 것이다.

누구나 음식을 먹을 때는 그 식탁에 둘러앉은 사람이 어떤 인물인지 염두에 두게 된다. 아무런 의미 없이 한 식탁에 둘러앉아 음식을 나눌 일은 없을 것이기 때문이다. 만일 권력을 가진 정부의 권력자와 한자리에서 식사를 한다면 그에 대하여 깊은 주의를 기울이지 않으면 안 된다. 그럴 경우에는 식욕이 아무리 동한다고 할지라도 스스로 절제해야만 한다.

그 음식이 아무리 맛있는 진수성찬(珍羞盛饌)이라 할지라도 탐해서는 곤란하다. 그것이 도리어 위태로운 미끼가 될 수 있기 때문이다. 간사한 자들은 그것으로써 상대를 옭아매는 구실로 삼거나 맛있고 값비싼 음식을 뇌물처럼 사용하여 먹이며 자기의 목적을 추구하고자 한다. 지혜로운 자라면 그에 대한 올바른 깨달음을 가져야만 한다.

또한 사악한 눈길을 번득이며 욕망의 대상을 찾는 인색한 자가 제공하는 음식을 먹어서는 안 되며 아무리 맛있는 음식이라 할지라도 탐하지 말아야 한다(잠23:6). 그런 자들은 항상 계산적이어서 단순한 호의로 이웃을 대접하지 않는다. 그들은 겉으로 드러나는 말과 행위로는 좋은 모습을 보이지만 실상은 그와 전혀 다르다. 진심으로 상대를 존중하는 마음이 없는 상태에서 그런 자리를 이용해 이기적인 욕망을 달성하고자 할 따름인 것이다.

그러므로 그와 같은 부당한 자리에서 얻어먹는 음식은 결국 토해낼 수밖에 없다. 나아가 그 음식을 함께 먹고 서로간 다정한 인사를 건네는 것조차도 속마음이 담기지 않은 위선적인 것에 지나지 않는다. 불의한 목적을 가지고 한 식탁에서 먹는 그런 음식은 아무런 의미가 없는 허망한 것으로서 도리어 삶에 해를 끼치게 된다.

그처럼 어리석고 미련한 자들에게는 참된 진리의 말이 통하지 않는다. 그런 사람들은 하나님으로부터 주어진 지혜의 말씀을 업신여기고 비웃기까지 한다. 그들은 욕망에 가득 찬 자신의 이익추구에만 관심을 가지고 있을 뿐이다. 그것을 달성하기 위해 온갖 수단과 방법을 다 동원하게 되는 것이다.

언약의 백성들은 하나님을 경외하지 않고 술을 즐기며 고기를 탐하는 자와 가까이 사귀지 말아야 한다(잠23:20). 내세에 무관심한 그런 자들은 맛있는 음식을 먹고 값비싼 술을 마시며 살아가는 것을 삶의 성공으로 여기기 때문에 쉽게 재산을 탕진하게 된다. 그리고 게으름에 빠져 한가하게 잠만 자기를 좋아하는 자들은 결국 가난한 형편에 처할 수밖에 없다.

2. 허망한 재물과 참된 지혜와 훈계 (잠23:4,5,10-14)

어리석은 사람들은 세상에서 부자가 되는 것 자체를 자신의 성공을 드러내는 방편으로서 가장 의미 있는 것인 양 여기는 경향이 있다. 하지만 그것 자체로서 인생의 중요한 의미를 제공하지는 않는다. 부유하게 된 자들은 그 재물을 자기 자신만을 위해 사용할 것이 아니라 주변의 이웃과 더불어 나눌 수 있어야 한다. 즉 부자가 된 것이 개인적인 인생의 성공을 논하는 기준으로 착각해서는 안 된다.

그러므로 잠언은 세상의 경험에서 익힌 왜곡된 지혜를 버리고 재물이 많은 부자가 되기 위해 애쓰지 말라는 당부를 하고 있다. 그와 같은 태도는 세상의 허망한 것에 치중하는 것에 지나지 않기 때문이다. 사람들이 애써 모은 재산은, 마치 독수리가 날개를 달고 하늘을 날아가듯이 일순간에 사라져 버리게 된다는 것이다.

인간들은 이 세상에 살아가며 타인과의 경계를 정하면서 항상 자기를 위해 유리한 선을 긋기를 되풀이한다. 그것을 위해 임의로 행동하면서 동시에 나름대로 핑계대기를 좋아한다. 따라서 잠언은 옛 지계석(地界石)을 옮기지 말고 외로운 자들의 밭을 침범하지 못하도록 명령하고 있다. 이는 개인적인 욕심에 따라 마음대로 기준을 변개하지 말라는 의미를 지니고 있다. 그런 사악한 일은 대개 연약한 자들이 행하는 것이 아니라 오히려 힘을 가진 부자들이 그렇게 하는 경향성이 있다.

그렇지만 하나님께서는 그 모든 것을 지켜보고 계신다. 그는 자기 백성들을 위한 온전한 구속자가 되시므로 강력한 권세로 그 악한 자들을 대적하여 판단하시게 된다. 하나님께서 친히 자기의 힘없고 연약한 백성들의 원통함을 풀어주시는 것이다. 지혜로운 성도들은 항상 하나님의 도우심을 마음에 담아두고 참된 지식의 말씀에 귀를 기울이며 살아간다. 그것이 타락한 세상을 살아가는 하나님의 자녀들이 소유해야 할 근본 자세이다.

따라서 성숙한 부모들은 항상 자녀들을 하나님으로 말미암은 언약으로 교육하고 훈계해야만 한다. 자식들이 부모의 말을 거부하고 듣지 않는다면 채찍을 들어서라도 바르게 인도해야 한다. 그에게 회초리를 들고 심하게 때리는 한이 있을지라도 온전한 길로 데리고 가지 않으면 안 된다.

냉철한 신앙인의 자세로 자식을 엄하게 대한다고 해도 죽을 염려가 없다. 도리어 그렇게 함으로써 저의 영혼을 보호하여 어두운 곳에 빠지지 않도록 하게 된다. 우리는 사랑하는 자녀들을 영적으로 강인하게 교육하는 것이 언약의 부모에게 맡겨진 가장 소중한 사명이라는 사실을 잊지 말아야 한다.

3. 참된 지혜와 영원한 소망 (잠23:15-19)

세상의 모든 부모는 예외 없이 자기 자식이 지혜롭고 정직하기를 바란다. 설령 악하고 못된 부모라 할지라도 그와 같은 마음을 가지는 것은 동일하다. 잠언은 언약의 백성들을 위해 그에 연관된 중요한 기록을 남기고 있다. 자식의 마음이 지혜로우면 그 부모의 심령이 즐겁게 되며, 자식이 항상 정직한 말을 하면 부모가 유쾌한 마음을 가지게 된다는 것이다.

신실한 믿음의 부모가 언약의 가정을 통해 자녀에게 온전한 신앙을 상속해주면 그 자녀들이 지혜롭고 정직한 삶을 살아갈 수 있게 된다. 하지만 언약의 상속이 약화되거나 단절되면 올바른 신앙인의 삶을 영위하기 어렵다. 그것이 하나님의 자녀들이 지상에서 소유해야 할 최상의 소망이 되기 때문이다.

그러므로 하나님의 언약을 소유한 백성들은 타락한 세상에서 복락을 누리며 살아가는 자들의 형통한 삶을 부러워할 필요가 없다. 그대신 항상 여호와 하나님을 진정으로 경외하는 마음을 버려서는 안 된다. 세상에서의 형통한 삶은 잠시 있다가 사라지는 안개와 같은 역할을 하는 데 반해 하나님으로 말미암아 제공되는 언약은 영생을 보장하기 때문이다.

그와 같은 선한 삶을 살아가는 성도들에게는 장차 안전한 삶이 보장된다. 저들이 소유한 소망은 중간에 끊어지는 일이 없이 끝내 영원한 생명을 허락할 것이기 때문이다. 이는 하나님을 모르거나 배도에 빠진 자들의 눈앞에 영원한 멸망이 놓여 있는 것과 대조적이다.

따라서 솔로몬은 자식에게 조상으로부터 줄곧 상속되어 온 언약의 말씀을 귀담아 들으라는 요구를 하고 있다. 그로 말미암아 참된 지혜를 소유하게 될 것이기 때문이다. 그것이 언약의 자손들로 하여금 세상 여기저기 놓여 있는 각종 덫에 걸려 넘어지지 않도록 해주며 정로(正路)로 인도하는 역할을 하게 된다.

4. 부모로부터의 상속 (잠23:22-26)

하나님의 언약을 상속받은 자손들은 그 부모를 공경해야 한다. 아버지의 말씀을 귀담아 듣고 청종해야 하며 연로한 어머니를 가볍게 여기지 말아야 한다. 그것이 사람이 행해야 할 가장 기본적인 덕목이므로 하나님을 경외하는 자들은 그점을 잊어서는 안 된다. 따라서 성경은 성도들에게 부모를 공경하라는 요구를 되풀이하고 있다.

신구약 성경에는 전체적으로 그에 연관된 많은 교훈들을 남기고 있다. 구약의 율법에는 그와 같은 내용이 명시적으로 기록되어 있다. 이는 그것을 버리면 하나님께 저항하는 자가 되어 무서운 범죄를 행하는 것이 된다는 사실을 말해주고 있다. 뿐만 아니라 신약성경에서도 모든 일에 있어서 언약을 상속받은 부모의 말씀에 순종하라는 요구를 하고 있다.

> "네 부모를 공경하라 그리하면 너의 하나님 나 여호와가 네게 준 땅에서 네 생명이 길리라"(출20:12); "너는 너의 하나님 여호와의 명한대로 네 부모를 공경하라 그리하면 너의 하나님 여호와가 네게 준 땅에서 네가 생명이 길고 복을 누리리라"(신5:16); "자녀들아 모든 일에 부모에게 순종하라 이는 주 안에서 기쁘게 하는 것이니라"(골3:20)

하나님을 진정으로 경외하는 성도로서 부모를 공경하고 그 가르침에 온전히 순종하는 것은 매우 중요하다. 성경의 교훈을 버리고 부모에게 불순종하는 것은 결코 있을 수 없는 태도이다. 따라서 사도 바울은 하나님의 계시에 따라 그 당위성을 말하며 부모에게 순종하는 것이 곧 주님을 기쁘게 하는 것이라는 사실을 강조하고 있다.

또한 신실한 하나님의 자녀들은 어떤 경우에도 거룩한 진리를 인간적인 목적을 위한 거래의 수단이나 대상으로 삼아서는 안 된다. 항상 진리를 마음속에 담아 보존함으로써 세상의 타락한 것들을 그 자리에 대치시키지 말아야 한다. 즉 하나님의 진리를 들먹이며 자신의 유익을 꾀하려 해서는 안 된다.

하나님으로 말미암아 허락된 참된 지혜와 훈계와 명철에 대해서도 그와 동일한 자세로 임해야 한다. 성도들은 은혜로 얻게 된 그 선물들을 마음속 깊이 새겨야 하며 아무런 의미 없이 함부로 그것들을 바깥으로 내돌려서는 안 된다. 다시 말해 그 소중한 보물들을 개인의 욕심을 채우는 도구로 사용하지 말아야 한다.

의로운 자녀를 둔 아버지는 크게 즐거워하는 삶을 누리게 되며 지혜로운 자녀의 부모도 그로 인해 커다란 기쁨을 누리게 된다. 따라서 언약의 자녀들은 항상 의로운 삶을 추구하고 지혜로운 삶을 살아감으로써 부모를 기쁘게 해드릴 수 있어야 한다. 잠언을 기록한 솔로몬은 그에 관한 언급을 하며, 자기 아들에게 마음을 자기에게 맡기고 눈을 밝히 떠서 하나님께서 허락하신 언약의 길을 걸어감으로써 즐거워하라는 말을 하고 있다.

5. 달콤한 유혹에 대한 경계 (잠23:27-35)

잠언은, '음녀는 깊은 구렁이요 이방여인은 좁은 함정이라' 는 사실을 언급하고 있다(잠23:27). 이 말은 상징적인 의미를 지니고 있다. 여기서 음녀와 이방여인이란 언약의 자손들을 미혹하는 타락한 세상의 다양한 실체들을 지칭하고 있는 것이다.

하나님의 백성들을 미혹하려는 악한 자들은 마치 강도와 같이 아무도 보이지 않는 곳에 몸을 숨겨 매복하고 있다가, 먹잇감이라 판단되는 대상이 나타나면 즉시 공격에 나선다. 물론 그 공격은 겉보기에 과격한 모습을 띠기도 하지만, 보다 부드럽고 온화한 모습을 보이는 경우가 많다. 정신을 바짝 차려 계시된 성경의 눈으로 직시하지 않으면 악한 자들의 패악을 제대로 분별하기가 쉽지 않다.

그 사악한 자들은 신앙이 어린 성도들을 미혹하여 타락한 세상에 물들도록 한다. 그들은 저들을 교묘하게 속여 언약공동체 내부에 거짓된 것들을 일반화하려고 애쓴다. 그렇게 함으로써 교묘한 거짓과 더불어 순박한 이웃을 속이면서 세속화된 가치관을 소유한 종교인들을 많이 양산해 내고자 하는 것이다.

성도들을 미혹하는 모든 악한 자들은 사탄의 휘하에 놓여 있다. 그로 말미암아 무서운 재앙이 임하고 근심거리가 많아지게 한다. 또한 그것으로 인해 사람들 사이에 분쟁과 원망이 난무하게 되며 날카로운 칼날 같은 것들에 의해 커다란 상처를 입는 자들이 생겨나게 된다. 이는 순진하고 어리석은 자들을 미혹하는 자들의 눈이 충혈되어 악을 행하기 위해 모든 노력을 아끼지 않기 때문이다.

이 모든 상황은 여호와 하나님과 그의 말씀을 버리고 세상을 탐하는 더러운 술자리에 머물고 있으면서 진리에 무딘 자들에 의해 발생하게 된다. 그리고 온갖 달콤한 맛을 내는 다양한 술들을 구하기 위해 여기저기 쫓아다니는 자들이 그와 같은 악한 상황을 만들어 간다. 그런 자들은 독주를 즐기고 그에 취하면서 그것을 통해 자기의 욕망을 꾀하고자 하는 것이다.

하나님을 멀리하는 어리석은 인간들은 값비싼 술잔에 가득 담긴 붉은 포도주를 부러운 시선으로 바라본다. 신앙이 없는 자들은 그와 같은 자리를 보며 자기도 그에 참여하기를 원하는 것이다. 하지만 그것이 여의치 않을 때 그 자리를 탐하는 가운데 달콤한 포두주가 입술과 목젖을 넘어 들어가는 것을 상상하며 입맛을 다시기도 한다.

하지만 성숙한 하나님의 백성들은 절대로 그것을 가까이 하지 말아야 하며 눈으로 보지도 않는 것이 상책이다. 부러워하는 듯한 마음으로 그것을 주시하게 되면 그에 쉽게 동요되어 유혹에 빠질 우려가 따를 것이기 때문이다. 따라서 하나님을 경외하는 성도들은 겉보기와 달리 그것이 얼마나 위태로운 것인가에 대한 깨달음을 가져야만 한다.

세상에서 생성되어 제공된 그것들은 마침내 무서운 독사같이 되어 무지한 사람을 물고 늘어진다. 나아가 어리석은 자들에게 독성분을 주입함으로써 죽음으로 몰아가려 한다. 그렇게 되면 정신이 혼미하게 되어 눈에 괴이한 것들이 보일 것이며, 입술로는 허탄하고 망령된 말들을 쏟아내게 된다. 결국 세상의 허망한 것들은 독한 포도주와 같은 기능을 하여 사람을 혼미하게 만드는 것이다.

욕망의 늪에 빠진 자들은 마치 망망대해(茫茫大海)에 누운 것처럼 불안하게 될 것이며 돛대 위에 누운 자처럼 극한 위기에 처하게 된다. 그럼에도 불구하고 오염된 세상의 가치관에 의해 정신이 마비된 자들은 자기가 처한 상황을 올바르게 직시하지 못한다. 정신이 혼미하게 된 그런 자들은 진리를 버렸으므로 아무런 분별력이 없는 것이다.

그러므로 다른 사람이 자기에게 심한 정신적 폭력을 가해도 별 고통을 느끼지 못한다. 나아가 악한 자들이 저를 심하게 구타한다고 해도 아무런 감각이 없으므로 그에 대응하지 못한 채 저의 몸은 더욱 심하게 상할 수밖에 없다. 그런 중에도 그는 술에서 깨어나기를 거부하고 또다시 정신을 혼미케 할 술을 찾아 나서게 된다. 즉 그런 자들은 세상의 것들을 더욱 열심히 추구함으로써 영원한 것을 버린 채 일시적인 만족을 누리고자 하는 것이다.

제30장

견고한 집과 성도의 자세

(잠24:1-34)

1. 의인의 견고한 집 (잠24:1-4)

하나님의 언약을 상속받은 백성은 형통하게 보이는 악인을 부러워하지 말아야 한다. 이는 성도들은 세상의 가치에 따른 평가에 의존해서는 안 된다는 사실을 말해준다. 더욱이 성도로서 그와 같은 삶의 자세를 멀리하라는 경고를 넘어 악한 자들과의 교제를 아예 금지하고 있다.

뿐만 아니라 세상에서 성공한 불신자들과 가까이 함으로써 어떤 유익을 취하려는 자세를 완전히 버려야 한다. 세상의 욕망을 달성할 목적으로 그들과 더불어 일을 도모하지 말라는 것이다. 어리석은 자들은 그들과 동업하거나 상호간 도움을 주고받음으로써 자기도 그와 같이 되기를 원한다.

하나님을 알지 못하는 자들은 진리를 떠나 강포한 마음을 품고 있으며, 그 입술에는 남을 해치는 말들이 넘쳐난다. 즉 자기의 목적을 달성하기 위해서는 다른 사람들이 당하는 손해 따위에는 신경을 쓸 겨를이 없다. 그러다보니 자기의 욕망을 좇아 말하기를 즐겨하며 그로 말미암아 이웃이 당하는 고통에 대해서는 아랑곳하지 않는다.

잠언은 또한 하나님의 집은 지혜로 말미암아 건축되어야 하며 진리에 대한 깨달음을 통해 견고하게 세워져 가야 한다는 사실을 언급하고 있다(잠24:3). 그 집 안의 모든 방들은 참된 지식으로 말미암아 각종 귀하고 아름다운 보배들이 가득 채워지게 된다. 그렇게 됨으로써 참된 권위가 넘치는 집으로 완성되어 가는 것이다.

우리는 이 말씀을 통해 언약의 나라와 지상에 설립되는 교회를 떠올리게 된다. 하나님의 집은 인간들의 경험과 학습에 따른 세상의 인위적인 방법이 아니라 진정한 지혜와 명철로써 굳게 세워져 가야 한다. 그리고 그 집 안에는 항상 참된 지식이 넘쳐나야 하며 그것으로 인해 아름다운 모습이 유지되어야 한다.

2. 의인의 능력 (잠24:5-12)

하나님을 모르는 세상 사람들은 다양한 힘과 능력이 삶을 위한 최고의 방편이 되는 것인 양 믿고 있다. 권력, 금력, 완력, 지력 등이 곧 그것들이다. 뿐만 아니라 친화력, 설득력, 어휘력 등을 그와 함께 언급하기도 한다. 이 세상을 살아가기 위해서 그런 것들이 많으면 많을수록 엄청난 기득권을 가지게 된다는 것이다.

그러나 하나님의 자녀들에게는 전혀 그렇지 않다. 세상 사람들이 소유하기를 원하는 그와 같은 것들은 궁극적인 역할을 하지 못한다. 그대신 하나님으로 말미암아 제공된 지혜와 진리에 관한 참된 지식이 영원한 힘을 소유하게 한다.

그러므로 잠언은 타락한 세상에 저항하여 맞서게 될 때 지혜와 지식을 근거로 한 전략을 세워 싸우라는 요구를 하고 있다. 그것을 위해서는 개인의 독단적인 결심이나 행동이 아니라 참된 영적 지략을 갖춘 여러 이웃들의 조언을 필요로 한다. 이는 결국 언약공동체를 통해 공적으로 세상과 맞서 싸워야 할 당위성을 말해주고 있다.

참된 지혜는 타락한 세상에서 생성된 것들과는 비교가 되지 않는다. 어리석고 미련한 인간들은 이 세상의 지혜가 최고인 양 여기지만 그것이 성경에 계시된 참된 지혜를 능가할 수 없다. 따라서 세상의 이성과 경험에 의존하는 자들은 하나님께서 세우신 거룩한 성문 앞 곧 거룩한 법정에서 입을 열지 못한다.

세상의 것들을 배경으로 하여 개인적인 욕망을 추구하는 미련한 자들은 이기심에 가득 찬 간사한 사람들이다. 그들의 모든 사고는 하나님을 떠나 더러운 죄에 물들어 있다. 따라서 세상에서 획득한 것들로 말미암아 거만하게 된 자들은 주변 사람들로부터 인정받는 것이 아니라 도리어 미움을 받을 수밖에 없다.

하나님의 자녀들은 이 세상에 살아가면서 온갖 환난과 고통을 당한다 할지라도 절대로 낙담할 필요가 없다. 만일 성도들 가운데 그로 인해 나약하게 된 자들이 있다면 하나님의 능력으로 말미암은 참된 힘에 대한 믿음이 부족하기 때문이다. 여호와 하나님께 속한 백성들은 어떤 어려운 경우를 당한다고 할지라도 담대한 마음으로 대처해 나가야 한다.

그러므로 성숙한 성도들은, 어리석은 백성이 악한 자에 의해 사망의 영역으로 끌려가는 것을 보면 건져내 주어야 한다. 또한 살육의 위기에 처한 자들을 구출해 줄 수 있어야 한다. 세상의 것들로 인하여 두려움에 빠진 자들을 목격하면서 그 상황을 모르는 채 외면해서는 안 된다. 설령 그렇게 한다고 할지라도 자기 백성의 영혼을 지키시는 여호와 하나님께서는 저들의 속마음을 그대로 통찰하시게 된다.

따라서 인간들은 하나님 앞에서 사실이 아닌 어떤 형태의 거짓 변명도 내세울 수 없다. 잠언은, 모든 것을 알고 계시는 하나님께서 저들을 그 행위대로 보응하시리라는 점을 언급하고 있다(잠24:12). 이 말은 인간의 속마음을 꿰뚫어보시는 하나님은 절대로 속지 않는 분이라는 사실을 말해주고 있다.

3. '지혜를 얻으라' (잠24:13-14)

솔로몬은 자기 아들에게 꿀을 먹으라는 요구를 하고 있다(잠24:13). 송이꿀을 먹으면 입에 달기 때문이라는 것이다. 물론 그것은 꿀 자체만을 두고 하는 말이 아니라 상징적인 의미를 지니고 있는 것으로 보아야 한다. 거기에는 언약의 백성들에게 그와 연관된 소중한 교훈을 주려는 목적이 담겨져 있다.

꿀을 먹으면 사람의 입에 달 뿐 아니라 그의 몸에 양약이 된다. 그에 대해서는 누구나 잘 알고 있는 사실이다. 따라서 그 맛과 효능을 아는 사람들은 기회가 되는 대로 그 꿀을 먹고 싶어 할 것이 분명하다. 사람이 꿀을 먹으면 입에 달 뿐 아니라 몸에 좋듯이 하나님으로 말미암은 지혜가 곧 그렇다는 것이다.

그러므로 잠언은, 사람이 입으로 꿀을 먹듯이 마음으로 지혜를 섭취하라는 요구를 하고 있다. 꿀이 몸에 좋은 것처럼 참된 지혜가 영혼을 위해 커다란 유익이 되기 때문이다. 어리석은 자들은 그 지혜를 가까이 하기 싫어하지만 그 진정한 의미를 아는 자들은 항상 지혜를 갈구하며 살아간다.

그렇게 함으로써 언약의 자손은 진정한 장래를 보장받게 된다. 따라서 하나님의 백성이 궁극적으로 취해야 할 것은 참된 지혜이다. 그것이 곧 영혼의 양약이 되며, 그것을 통해 자기 앞에 영원한 소망이 놓여 있음을 확신하게 되는 것이다.

이에 대해서는 오늘날 우리 역시 마찬가지다. 인간들이 소유하기를 원하며 부러워하는 세상의 모든 것들은 일시적인 것일 뿐 영원한 의미를 제공하지 못한다. 하지만 어리석은 자들은 아무런 보장성이 없는 허망한 것들을 추구하면서 인생을 허비하는 삶을 살아간다.

그와 달리 하나님의 자녀들은 타락한 세상이 아니라 영원한 천상으로부터 약속된 지혜를 소유하고 있다. 그것을 삶 가운데 드러내어 의미화하며 진정한 소망을 가지게 된다. 따라서 성숙한 성도들은 이 세상의 어떤 것이라 할지라도 부러움의 대상으로 삼지 않는다. 도리어 저들에게는 세상의 것을 자랑으로 여기는 자들이 안타깝게 여겨질 따름이다.

4. 의인의 집과 악인의 패망 (잠24:15-20)

잠언은 하나님을 버린 배도자들을 향해 강한 경고의 메시지를 주고 있다, "악한 자여 의인의 집을 엿보지 말며 그 쉬는 처소를 헐지 말찌니라" (잠24:15). 여기에는 악한 자들이 그와 같은 행동을 하면 장차 하나님께서 저들에게 무서운 저주의 심판을 내리시게 되리라는 의미가 내포되어 있다.

잠언에서 언급하고 있는 바 악한 자란 일반 윤리적으로 나쁜 사람들을 한정하여 지칭하지 않는다. 그들은 여호와 하나님과 그의 말씀을 멸시하고 세상의 가치를 추구하며 살아가는 배도자들을 주로 일컫는다. 물론 본문에서 언급한 의인이란 도덕적으로 흠결이 없는 자들이 아니라 하나님을 진정으로 경외하는 성도들을 가리키고 있다.

세상의 잘못된 가치관에 빠져 하나님을 멀리하는 배도자들은 항상 하나님을 경외하는 성도들을 엿보면서 세상으로 유인하고자 한다. 그런 자들은 언약의 백성들에게 잘못된 가치관을 주입시켜 타락한 세상에 물들도록 하기 위해 애쓴다. 그것은 참된 진리를 떠나도록 미혹하는 것으로써 하나님께 저항하는 사악한 행위가 된다.

우리는 하나님을 의지하고 살아가는 의로운 자들의 처소를 헐지 말도록 경고한 말씀을 귀담아 들어야 한다. 여기서 언급된 '의인의 처소' 란 언약공동체와 지상교회에 직접 연관되는 것으로 이해해야 한다. 사탄과 세상에 속한 자들은 호시탐탐 기회를 엿보는 가운데 진리를 소유한 언약공동체를 허물기 위해 온갖 노력을 기울인다.

그러나 전지전능하신 여호와 하나님께서는 자기 자녀들을 끝까지 보호해 주신다. 따라서 의인은 일곱 번 넘어질지라도 다시 일어나게 된다는 사실을 언급하고 있다. 세상의 어떤 유혹이라 할지라도 그에 완전히 넘어가지 않는다는 것이다. 이는 신앙이 잘 갖추어진 성도의 개인적인 결단에 의해서가 아니라 하나님의 도우시는 손길이 자기 백성을 떠나지 않는다는 사실을 말해주고 있다.

이에 반해 하나님을 버린 악한 자들은 결국 심판과 재앙으로 인해 엎드러지게 된다. 그들이 세상에서 아무리 자부심을 가지고 자랑스러운 듯 행세한다고 해도 결국은 영원한 저주에 빠질 수밖에 없다. 하나님께서는 자기를 버리고 배도에 빠진 자들을 결코 지켜주시지 않기 때문이다.

그럼에도 불구하고 언약의 자손들은 나쁜 자들이 넘어지거나 쓰러지는 것을 보고 즐거워하거나 기뻐하지 말아야 한다. 하나님의 자녀들은 주변 사람들의 그와 같은 상황을 보고 안타까워하게 될 따름이다. 다른 이들이 당하는 재앙을 즐거워하는 것은 하나님의 뜻에 어긋날 뿐 아니라 하나님께서 도리어 그런 자에게 진노하실 수 있다.

또한 하나님을 진정으로 경외하는 성도들은 악한 자들로 인해 지나친 분노를 품지 말아야 한다. 그리고 그들이 세상에서 형통하게 되는 듯이 보여도 그것을 부러워할 필요가 전혀 없다. 세상의 많은 것들을 소유함으로써 인생을 누리려 하는 자들에게는 장래의 영원한 소망이 없고, 저들의 모든 자랑거리는 결국 소멸하여 완전히 사라지게 될 따름이다.

5. 의인의 정당한 견책 (잠24:21-26)

언약의 자손들은 여호와 하나님과 왕에 대한 경외감을 가져야만 한다. 물론 여기서 말하는 왕이란 일반적인 세상 왕국의 통치자를 지칭하는 것이 아니다. 그 왕은 언약의 왕국의 올바른 통치자를 일컫는 동시에 하나님 나라의 영원한 통치자가 될 메시아와 연관된 것으로 이해하는 것이 자연스럽다.

그와 같은 올바른 신앙을 소유한 성도들은 배도에 빠진 자들과 깊이 사귀지 말아야 한다. 그런 악한 자들과 가까이 지내는 것은 저들의 편에서 하나님을 욕되게 하는 성격을 지니게 될 우려가 따르기 때문이다. 그럼에도 불구하고 어리석은 자들은 세상의 것들을 소유하고자 하는 욕망으로 인해 저들과 밀접한 관계를 유지하기를 꺼리지 않는다.

악한 자들 곧 배도자뿐 아니라 저와 함께하는 자에게는 결국 재앙이 임하게 된다. 여호와 하나님과 왕으로부터 무서운 심판이 내려지게 되는 것이다. 그 재앙이 속히 임할 것이지만, 그 때가 이르기 전에는 세상에 살아가는 어리석은 자들 가운데 아무도 그에 대한 실상을 올바르게 아는 자가 없다.

또한 우리가 반드시 기억해야 할 바는 여호와 하나님은 공의로우신 분이라는 사실이다. 하나님께 속한 언약의 자손들은 그 거룩한 속성을 삶 가운데 실현할 수 있어야 한다. 따라서 백성을 재판하는 자는 사사로운 친분을 앞세워 판결을 굽게해서는 안 된다. 사람의 낯을 보아 그릇된 재판을 하지 말아야 하는 것이다.

이처럼 모든 재판은 공의를 배경으로 한 객관성이 있어야 하며 좌로나 우로나 치우침이 없어야 한다. 친분이 있는 가까운 관계라 해서 악한 자를 옳다고 판결하는 자는 백성들 가운데서 저주를 받게 된다. 나아가 그 잘못된 처사로 인해 이웃으로부터 미움을 살 수밖에 없다. 그와 달리 악한 자를 향해 적절한 견책을 하는 자들은 참된 기쁨을 얻으며 진정한 복을 누리게 된다.

하나님의 공의에 따라 사리에 맞게 적절한 판결을 내리는 것은 모두를 위한 진정한 신앙의 본보기로 남는다. 그로 말미암아 악한 자들은 자신의 잘못을 반성하며 뉘우칠 기회를 얻게 된다. 또한 그것을 통해 주변의 많은 사람들이 소중한 교훈을 얻을 수 있게 된다.

6. '집을 세우는 자' 의 자세 (잠24:27-34)

하나님의 자녀들은 항상 그리스도 안에서 신실한 삶을 살아가야 한다. 책임성이 결여된 상태에서 모든 것이 원활하게 되기를 바라는 것은 허망한 욕심에 지나지 않는다. 따라서 성숙한 신앙인들은 신실한 삶 가운데 가정을 올바르게 세워갈 수 있어야 한다. 그것은 이웃에 대한 책임과 더불어 진행되어 간다.

우리는 또한 자신과 자기 가정을 위해 이웃과 다른 가정에 피해를 입히는 것은 사악한 행위가 된다는 사실을 항상 기억하고 있어야만 한다. 특히 주변 사람을 쳐서 거짓으로 증언하기 위한 자리에 앉아서는 안 된다. 하나님을 경외하는 자들은 항상 자신의 마음과 입술을 굳건히 지켜야 하는 것이다.

설령 그전에 주변의 어떤 사람이 자기 문제에 대하여 위증을 함으로써 엄청난 손해를 입힌 적이 있다고 할지라도 그에게 저가 취했던 것과 동일한 태도를 취해서는 안 된다. 그렇게 함으로써 저에게 앙갚음을 하겠다는 것은 결코 성숙한 신앙을 소유한 자의 자세가 아니다. 상대방이 지난 날 자기에게 어떻게 행했든지 성도들은 자신의 감정이나 눈앞에 보이는 이득에 연연하여 반응하지 말아야 한다.

솔로몬 왕은 본문에서, 지난 날 게으른 자의 밭과 지혜가 없는 어리석은 자의 포도원을 지나며 본 사실에 관한 언급을 했다(잠24:30). 거기에 있던 온 밭에는 가시덤불이 가득했으며 거친 풀이 땅을 뒤덮고 있었다. 뿐만 아니라 밭 주변을 둘러싸고 있던 돌담이 무너져 폐허가 되어 있었다는 것이다.

솔로몬은 그것을 보고 깊은 생각을 하게 되었으며 소중한 교훈을 얻게 된 사실을 언급했다. 게으름에 빠진 자가 좀더 잠자기를 원하며 빈둥거리기를 좋아하는 사이 빈궁한 환경이 마치 강도처럼 갑자기 이르게 된다는 것이었다. 나아가 그 궁핍은 마치 무장한 적군 병사들이 공격해 오듯이 순식간에 다가오게 된다.

이에 대해서는 오늘날 우리 시대 역시 그와 동일한 관점에서 이해해야 한다. 세상의 평안을 누리기 위해 하나님의 말씀과 성도로서 마땅히 감당해야 할 의무에 무관심하고 게으름에 빠지게 되면, 사람들이 전혀 예기치 못한 위기의 상황이 닥치게 된다. 어리석은 자들에게는 홀연히 밀려드는 그 상황에 대처할 능력이 없다.

이는 예수님의 재림에 연관되는 말씀으로 받아들일 수 있는 내용이다(잠24:33,34). 사도 바울은 데살로니가 교회에 보내는 편지에서 주님의 날이 도적 같이 임하리라는 사실을 말했다. 그리고 고린도 교회를 향해 예수님의 재림이 눈앞에 놓여있으니 잠들지 말고 깨어 있으라는 당부를 하고 있다.

> "주의 날이 밤에 도적 같이 이를 줄을 너희 자신이 자세히 앎이라 저희가 평안하다, 안전하다 할 그 때에 잉태된 여자에게 해산 고통이 이름과 같이 멸망이 홀연히 저희에게 이르리니 결단코 피하지 못하리라"(살전 5:2,3); "보라 내가 너희에게 비밀을 말하노니 우리가 다 잠잘 것이 아니요 마지막 나팔에 순식간에 홀연히 다 변화하리니 나팔 소리가 나매 죽은 자들이 썩지 아니할 것으로 다시 살고 우리도 변화하리라"(고전 15:51,52)

하나님을 모르는 불신자들은 이 예언에 대하여 아무런 관심이 없다. 그들은 성경에 기록된 이 말씀을 멸시하며 비웃기까지 한다. 그런데 문제는 지상교회에 속해 있다는 자들 가운데도 그런 자들이 상당수 존재한다는 사실이다. 어리석은 신학자들과 목사라 일컬어지는 자들 중에도 그런 사고를 하는 자들이 상당수 있다.

따라서 주님의 재림이 임박한 시대에 살아가는 우리 시대의 성도들은 정신을 바짝 차리고 있어야만 한다. 기독교인이라 주장하며 이성과 경험에 익숙한 자들 가운데는 세상의 것들을 쟁취하기 위해 모든 노력을 아끼지 않는 자들이 많기 때문이다. 주님의 재림에 연관된 그와 같은 일이 절대로 발생하지 않을 것처럼 생각하는 종교 지도자들이 기승을 부리고 있는 때 우리는 더욱 깨어있지 않으면 안 된다.

제31장

잠언을 통한 메시아 예언과 언약의 자손
(잠25:1-28)

1. 솔로몬의 잠언과 공적 기관의 정리 (잠25:1)

잠언 25장 본문의 맨 앞부분에는 다시금 '솔로몬의 잠언' 이라는 문구가 사용되고 있다. 이는 앞의 솔로몬의 잠언과 달리 나중에 공적 기관에 의해 별도로 첨가된 것이란 사실을 말해주고 있다. 물론 이후에 수록된 잠언이 앞의 잠언들과 의미상 차이가 나는 것은 아니다. 모든 잠언은 하나님으로부터 계시된 진리의 말씀으로 동일한 권위를 지닌다.

우리가 여기서 눈여겨보아야 할 점은 이 부분의 잠언을 유다 왕 히스기야의 신하들이 편집한 것이라 언급하고 있다는 사실이다. 이는 우리에게 성경이 기록되고 확증된 과정에 관한 한 단면을 보여주고 있다. 우리는 본문의 기록을 통해, 성경 계시가 특별히 선택된 성도들에 의해 일차적으로 이루어지고 그것이 계시적 권위를 지닌 공적인 기관에 의해 확증되는 절차에 연관된 추론을 해보게 된다.

솔로몬은 살아있을 동안 많은 잠언들을 하나님으로부터 계시받았다. 그것들은 솔로몬에 의하여 기록되었다. 그 가운데 일부는 하나님으로부터 계시된 진리 여부를 분별하여 확증하는 계시적 기관인 제사장 회의를 통해 즉시 성경으로서 기능했으며, 일부는 나중 동일한 공적 기관에 의해 정경성 여부를 확증받게 되었다.

히스기야 왕은 솔로몬 왕보다 한참 후대의 왕이었다. 그는 선지자 이사야 시대에 유다를 통치한 왕으로서 그가 다스리던 때 앗수르 제국으로부터 침공을 당했으며, 하늘의 태양이 멈추는 우주적 사건이 일어나기도 했다. 그 시대의 백성들은 여러 면에서 긴장하고 있었으며 하나님께 의지할 수밖에 없는 형편이었다.

그 시기에 하나님께서는 오래 전에 솔로몬을 통해 계시로 주신 잠언의 일부분을 공적으로 정리하여 언약의 백성들로 하여금 지키도록 하셨다. 다윗 왕국이 외세의 위협으로 말미암아 위태로운 상황에 처했을 때 백성들의 신앙을 다그치셨던 것이다. 즉 당시 솔로몬에게 계시하신 잠언 가운데 따로 보관되어 있던 것들을 다시금 정리하여 언약의 백성들이 지키도록 허락하신 것은 역사 가운데 일하시는 하나님의 특별한 은혜에 해당된다.

2. 일을 '숨기는 것' 과 '드러내는 것' (잠25:2,3)

잠언은 본문 가운데서 어떤 일을 숨기는 것과 밝히 드러내는 것에 관한 특별한 기록을 남기고 있다. 일을 숨기는 것도 소중한 일이며 일을 드러내는 것도 중요하다는 것이다. 그런데 일을 숨기는 것은 하나님의 영광이 되고, 일을 드러내는 것은 왕의 영광이 된다는 사실을 언급하고 있다.

그렇다면 무엇을 숨기며 무엇을 밝히 드러낸단 말인가? 또한 그것을 숨기는 것과 밝히 드러내는 것이 모두 소중하다고 언급한 사실은 무엇을 지칭하고 있는 것인가? 잠언은 일을 숨기는 것은 하나님의 영광이 되고 일을 드러내는 것은 왕의 영광이 된다고 말했다. 이는 숨기는 것과 드러내는 것이 공히 소중한데, 그 상반되는 것으로 보이는 일을 통해 받게 되는 영광의 대상이 다르다는 것을 말해주고 있다. 물론 그 영광의 대상은 보통 사람이 아니라 하나님과 '왕' 에게 적용되어야 한다.

우리는 잠언에 기록된 이 말씀을 일반적인 의미가 아니라 특별한 메시아 예언으로 이해해야 한다. 하나님께서는 죄에 빠진 인간들 가운데서 모든 진리를 비밀에 감추어 두고 계셨다. 죄인들이 그에 대한 사실을 자의로 알지 못하도록 하셨던 것이다. 따라서 사탄의 유혹에 의해 범죄한 자들은 영원한 진리에 대한 아무것도 스스로 알아낼 수 없다.

우리는 하나님께서 죄인들이 자기 능력으로 진리를 알지 못하게 함으로써 저들을 심판 아래 가두신 그 일은 하나님께 영광이 된다는 사실을 기억해야 한다. 이는 모든 진리와 구원의 비밀이 오직 여호와 하나님 한 분에게 속해 있음을 알려주기 때문이다. 이로써 하나님의 절대 권능을 드러내 보여주고 계신다.

그와 달리 하나님의 아들이신 메시아가 인간의 몸을 입고 이 세상에 왕으로 오시면 그 모든 것들을 살펴 밝히 드러내시게 된다. 그가 창세전에 선택하신 자기 백성들을 불러들이심으로써 저들의 의와 죄인들의 행악을 그대로 노출시키시게 된다. 그리하여 의인과 죄인을 완전히 구분하게 되는데 그것이 왕이신 메시아의 영광이 되는 것이다.

그러나 그것은 결코 타락한 인간들의 상식으로 접근할 수 있는 영역이 아니다. 그에 관한 모든 일은 오직 메시아인 왕에게 속한 일이다. 따라서 높고 광대한 하늘의 신비와 땅의 깊은 영역을 인간들이 알 수 없듯이 인간들에 대한 심오한 왕의 마음을 감히 헤아리지 못한다. 하나님의 자녀들은 이 놀라운 비밀을 깨달아 여호와 하나님 앞에서 겸손한 삶을 살아가지 않으면 안 된다.

3. 순결한 나라와 겸손한 백성 (잠25:4-7)

여호와 하나님은 본성상 거룩하신 존재이다. 그러므로 하나님께 속한 언약의 자손들은 그에 조화되는 삶을 유지해야만 한다. 이 세상의 모든 것들이 추하고 불결하다 할지라도 하나님의 자녀들은 순결을 유지해야만 한다. 그래야만 거룩한 하나님과 원만한 교제가 가능할 것이기 때문이다.

그리하여 솔로몬은 그에 대한 의미를 가르치고자 비유로 설명하고 있다. 은에 뒤섞여 있는 찌끼를 완전히 제거해야 된다는 것이다. 금속 세공업자가 오물이 제거된 순수한 은을 사용할 때 비로소 질 좋은 그릇을 만들어낼 수 있다. 이는 은그릇을 만드는 기본 재료가 되는 은이 순전하지 않다면 결코 값진 그릇이 나올 수 없다는 사실을 의미한다.

잠언은 이와 연관하여 왕 앞에서 악한 자를 제거하라는 요구를 하고 있다. 그렇게 함으로써 그의 왕위가 의로 말미암아 견고하게 서리라는 것이었다. 이는 왕이 온전한 권세를 소유해야만 그 왕국이 굳건하게 된다는 사실에 연관되어 있다. 따라서 어느 누구도 감히 왕 앞에서 스스로 높은 체하거나 왕을 직접 보좌하는 위대한 자들의 자리에 서려고 해서는 안 된다는 사실을 언급했다.

이 본문은 장차 오시게 될 메시아 예언으로 이해하는 것이 자연스럽다. 이는 인간의 몸을 입으신 하나님께서 왕이 되어 통치하게 될 언약공동체인 지상교회와 연관되어 있다. 하나님께 속한 교회 안에서는 그의 말씀에 도전하는 악한 자들을 제거해야만 한다. 이 말씀 가운데는 하나님께 대항하는 자들이 교회로부터 출교되어야 한다는 사실이 내포되어 있다.

그리고 잠언에서 위대한 사람들의 자리에 서지 말라고 요구한 것은, 윤리적인 의미를 어느 정도 내포하고 있다고 할지라도 특수한 의미를 지니는 것으로 이해해야만 한다. 우선 이 말씀은 자기 스스로 위대한 사람들처럼 높아지려는 것은 어리석은 일이므로 겸손한 자세를 유지해야 한다는 사실을 교훈하고 있다. 오히려 겸손한 자세를 유지할 때 높은 자리로 초대받는 것이 지혜로운 일이며, 스스로 교만한 태도를 보이다가 낮은 자리로 쫓겨나는 것은 지극히 어리석은 행동이 아닐 수 없다.

또한 우리는 이 말씀 가운데 그 이상의 의미가 담겨 있다는 사실을 기억해야 한다. 이는 언약공동체에 속한 성도들로 하여금 하나님의 특별한 사자들인 선지자들이나 사도들의 권위에 함부로 도전하지 말라는 뜻을 내포하고 있기 때문이다. 성경을 기록하고 진리를 선포한 그들은 구속사 가운데 특수한 자리에 놓여 있는 자들이다.

잠언 본문에 기록된 왕을 메시아와 연관지어 이해한다면 위대한 자들을 선지자와 사도들로 받아들이는 것이 자연스럽다(잠25:5,6). 누구든지 하나님의 위대한 사자들인 선지자와 사도들을 멸시하고 이성과 경험에 따른 자신의 사고를 그 위에 둔다면 패망의 자리로 나아가는 것과 같다. 모든 성도들은 이에 대한 분명한 깨달음과 더불어 올바른 자세를 유지하지 않으면 안 된다.

4. '인내'와 '경우에 합당한 말' (잠25:8-12)

하나님의 자녀들은 항상 인내하는 마음을 가져야 한다. 어리석은 자들은 자기가 어떤 피해를 입은 것으로 판단하면 즉각적인 반응을 한다. 그것은 앞뒤좌우를 제대로 살피지 않은 감정적인 대응을 하는 것에 지나지 않는다.

그러므로 성숙한 성도들은 급히 언짢은 상대를 찾아가 다투는 행위를 피한다. 이는 상대방을 법정에 소송하는 문제와 연관되어 있다. 만일 성급하게 상대를 소송한 후 그가 자신의 정당성을 입증하며 변론하게 된다면 도리어 소송을 제기한 쪽에서 당황하게 될 수밖에 없다. 신중하지 않은 태도로 상대방을 궁지로 몰아세우고자 하는 행위는 지극히 조심하지 않으면 안 된다.

만일 이웃과 법정에서 시시비비를 가리게 될 일이 생길 경우에는 자신에 대한 변론만 해야 한다. 자기의 목적을 달성할 목적으로 남의 은밀한 치부를 누설하는 행위를 해서는 안 된다. 만일 그렇게 하면 그 말을 듣는 자가 누설자를 책망하게 되어 그가 도리어 수치를 당하게 된다.

그러므로 하나님의 백성들은 항상 경우에 합당한 말을 골라서 해야 한다. 일상 생활에서 뿐 아니라 법정에서도 마찬가지다. 성숙한 사람의 그와 같은 말은 마치 아름다운 무늬가 아로새겨진 은쟁반에 담긴 금 사과와 같이 좋게 보인다. 또한 슬기로운 자의 책망은 그 말을 청종하는 자의 귀에 금귀고리와 정금 장식과 같은 아름다운 의미를 지니게 된다. 하나님의 자녀로서 인내하는 가운데 합당한 말을 하는 것은 모두에게 유익을 끼치는 매우 중요한 일이다.

또한 이 말씀이 주는 교훈은 신약시대 교회의 권징사역에 밀접하게 연관되어 있다. 이는 앞에 기록된 내용과 더불어(잠25:4) 교회의 순결유지에 대한 중요성을 말해준다. 성도들은 항상 인내하는 자세로 살아가야 하며, 동시에 지상교회 가운데서는 진리를 훼손하고 어지럽히는 자들에 대한 권면과 책망이 따라야 하는 것이다.

5. '충성된 사자'와 '부드러운 언어'(잠25:13-16)

주인은 자신의 뜻을 이루기 위해 일군을 보내 그 일을 원만하게 처리하고자 한다. 만일 불성실한 사자를 보내게 되면 도리어 하고자 하는 일을 망치게 될 수 있다. 하지만 신실한 일군은 자기가 맡은 바 직무를 책임감을 가지고 온전히 수행하게 된다. 따라서 성실한 사람은 자기를 보낸 주인을 위해 최선을 다한다. 이는 마치 무더운 추수 때의 시원한 냉수와 같아서 그 주인의 마음을 시원하게 해준다.

이에 반해 사악한 이기주의자들은 항상 자신의 목적을 달성할 목적으로 부당한 선물을 준비한다. 그것은 순수한 의미에서 전달되는 선물이 아니라 더러운 뇌물에 지나지 않는다. 그럼에도 불구하고 그런 악한 자들은 그렇게 하는 것이 마치 특별한 능력이라도 되는 양 자랑으로 삼기를 좋아한다. 하지만 그와 같이 거짓된 자랑을 일삼으며 거드름을 피우는 자들은 곡식을 위해 비를 내리지 못하는 구름과 바람에 지나지 않는다. 그것은 아무런 의미 없는 허망한 것에 지나지 않는다는 사실을 말해준다.

그러므로 신앙이 성숙한 성도들은 모든 일에 인내하는 자세를 유지해야 한다. 오래 참는 가운데 인내심을 가지고 사람을 설득하는 부드러운 말은 상대방의 마음을 돌려놓게 된다. 따라서 겸허하면서도 부드러운 언사를 사용하는 성숙한 자세는 통치자의 완강한 마음을 되돌려놓기도 한다.

이는 성도들이 지녀야 할 온유한 마음과 연관되어 있다. 이기적인 자들은 자신의 욕망을 채우기 위해 남의 형편을 염두에 두지 않고 과격한 말들을 쏟아내기를 되풀이한다. 그러나 성숙한 성도들은 앞뒤를 살피지 않은 무책임한 말을 함부로 내뱉지 않는다. 부드러운 언사를 사용하는 성도들의 혀는 강한 뼈를 꺾을 수 있을 만큼 강력한 힘을 소유하고 있다.

또한 잠언은 언약의 자손들에게 꿀을 발견하게 된다고 할지라도 적절한 양을 먹으라는 요구를 하고 있다. 입맛에 맞는 음식물이라 해서 지나치게 과식하게 되면 토하게 될까 두렵다는 것이다. 이는 아무리 좋아 보이는 것이라 할지라도 절제하지 않으면 안 된다는 사실을 말해주고 있다. 이처럼 성숙한 신앙인들은 모든 면에서 자기의 취향에 맞는 것을 추구하면서 무작정 그것을 따라가서는 안 된다. 하나님께 속한 백성들은 모든 일에 절제하는 자세로 임하는 것이 중요하다.

6. 이웃을 모함하는 자들의 패망 (잠25:17-20)

잠언은 백성들에게 이웃집에 너무 자주 드나들지 말라는 경고를 하고 있다. 그렇게 하면 그 이웃 사람이 저를 미워할 수 있다는 것이다. 이 말은 이웃의 사생활은 보호되어야 하며 그것을 침해할 정도로 이웃의 집에 들락거려서는 안 된다는 것이다.

이는 물론 현대인의 가정 가운데서 그대로 적용될 수 있는 성질은 아니다. 우리 시대에는 사람들이 대개 단독 주택이나 아파트에 살고 있다. 각각의 집들은 대문이 있어서 평소에는 굳건하게 잠겨 있다. 따라서 집 주인이 대문을 열어주지 않는 한 아무도 그 안으로 들어갈 수 없다.

하지만 과거의 전통적인 마을의 일반 가옥들의 구조는 그렇지 않았다. 그 시골집들은 대문이 없는 것이 일반적이었다. 설령 외부와 경계를 이루는 대문이 있다고 할지라도 사람이 집 안에 있을 경우 굳건하게 잠겨 있는 경우는 거의 없다. 따라서 사람들은 마음만 먹으면 이웃집에 쉽게 드나들 수 있는 구조를 이루고 있었다.

그럴 경우에 이웃하여 살아가는 사람들간에는 사생활이 쉽게 노출될 수 있다. 물론 그 가운데는 정확한 정보를 가지지 않은 채 겉을 보고 짐작하는 경우가 많을 수밖에 없다. 그런 중에 어떤 문제가 발생하면 이웃에 대한 근거 없는 이야기를 내뱉게 될 우려가 따른다.

그와 같은 무책임한 발언이나 행동은 법정에서 거짓 증언이 되어 이웃에게 치명적인 역할을 할 수 있다. 그것들은 마치 방망이나 칼과 화살 같은 위험한 도구가 되어 이웃을 직접 해치게 되는 것이다. 그처럼 진실이 아닌 거짓 증언을 하는 것은 무고한 이웃을 위기에 빠뜨리는 매우 잘못된 태도와 연관되어 있다.

세상에 살아가는 사람들은 신실한 이웃을 두고 저들과 사귀면서 서로 의지하는 것이 중요하다. 그래야만 어려움이나 환난을 당할 때 서로간 도움을 주고받을 수 있다. 그렇지 않고 환난 날에 이기적인 목적으로 만난 진실치 않은 자를 의지하면 더욱 위태로워지게 된다. 그것은 마치 썩은 이나 부러진 다리를 의지하는 것과 같이 불안하기 때문이다.

그러므로 하나님을 경외하는 성도들은 항상 이웃의 사정을 고려하는 마음을 가져야만 한다. 이웃이 어려움을 당할 때 진정으로 위로해주고 이웃에게 기쁜 일이 있을 때 함께 즐거워하는 마음을 가져야 한다. 마음이 상하고 고통을 당하는 자 앞에서 혼자 즐거운 노래를 부르는 것은 마치 살을 에는 듯한 겨울 날씨에 입고 있던 옷을 벗기는 것과 같으며 상처를 입은 부위에 식초나 소금을 뿌리는 것과도 같다. 그것은 이웃을 더욱 어렵고 힘든 상황에 빠뜨리는 악한 행위가 된다.

7. 성숙한 성도의 삶 (잠25:21-28)

(1) 원수에 대한 태도

잠언은 원수가 배고파하거든 저에게 음식을 주어 먹게 하고 목말라하거든 물을 주어 마시게 하라는 말을 하고 있다. 그렇게 하는 것은 마치 핀 숯으로 그의 머리 위에 놓는 것과 같다는 것이다. 이 말은 당시 일반적으로 통용되던 격언으로서, 그전에 괴롭히고 모함했던 상대방으로부터 은혜를 입으면 그 원수된 자가 부끄러움에 빠져 낯이 뜨거워 견딜 수 없게 된다는 의미를 내포하고 있다.

자기에게 해악을 끼친 원수를 도와주어 고통을 덜어주면 그 수혜자는 부끄러움을 느끼지 않을 수 없다. 하지만 그를 도와주는 자는 그렇게 함으로써 도리어 마음의 평안을 느끼게 된다. 자기를 모함한 원수에게 은혜를 베푸는 자들은 우선은 손해를 보는 것 같아도 궁극적으로는 하나님으로부터 훨씬 더 큰 보상을 받게 된다.

(2) '참소하는 혀' 와 '다투는 여인'

다른 사람에 대하여 뒤에서 나쁜 말을 하는 것은 정당한 행위가 아니다. 그와 같은 태도는 마치 북풍이 비를 몰고 휘몰아치는 것과 같을 수 있다. 이처럼 다른 사람을 험담하거나 헐뜯는 자들의 혀는 맹렬한 분노를 일으키게 된다. 어리석은 자들은 그렇게 함으로써 자기의 욕망을 채우고자 하지만 그와 같은 삶의 태도는 결국 패망의 길로 나아가게 된다.

또한 한 집안에서 살아가는 아내와의 관계도 그와 같다. 신실하고 지혜로운 아내를 둔 자는 세상에서 평온한 삶을 살아갈 수 있다. 그에 반해 이웃과 다투기를 좋아하는 여인과 한 집에 사는 것은 매우 고통스런 일이다. 이웃과의 불필요한 분쟁과 문제를 일으키기를 되풀이하는 아내와 함께 큰 집에서 생활하는 것보다는 남 보기에 초라한 움막에서 혼자 살아가는 것이 차라리 낫다. 잠언은 이 말씀을 통해 하나님을 경외하는 성도들은 그와 같은 어리석은 삶에 빠져서는 안 된다는 경고를 하고 있다.

(3) '먼 땅에서 오는 좋은 소식' 과 '성도의 인내'

인간들은 항상 이웃으로부터 좋은 소식을 듣는 가운데 살아가기를 원한다. 하지만 가까이 살고 있는 사람들로부터 불편한 소식을 끊임없이 듣는다는 것은 여간 고통스런 일이 아니다. 그럴 때 먼 곳에서 들려오는 반가운 소식이 있다면 그것은 마치 목마른 사람에게 주어지는 시원한 냉수와 같은 역할을 하게 된다.

이 말은 기대하지 못했던 기쁜 소식을 듣게 된다는 사실에 연관되어 있다. 이는 하나님을 알지 못하는 사악한 죄인들이 하나님의 복된 소식을 듣게 되는 것으로 이해할 수 있다. 인간들은 이 세상에 살아가면서 항상 복잡한 문제 가운데 뒤얽혀 살아가며 일반적인 상황 가운데서는 아무런 소망을 가질 수 없다. 그런 자들에게 생각하지 못했던 복음의 기쁜 소식이 임하는 것은 생명을 약속하는 것과 같다.

따라서 잠언은, 의인이 악인 앞에 굴복하는 것은 우물이 흐려지고 샘이 더러워지는 것과 같다는 사실을 언급하고 있다. 하나님께 속한 성도들은 타락한 세상에 속한 악한 자들 앞에 굴복하지 말아야 한다. 그렇게 하는 것은 마치 물의 근원이 더럽혀지는 것과도 같기 때문이다. 그러므로 하나님의 자녀들은 항상 세상에 대해서는 당당하게 저항해야 하며 영원한 천국의 소망을 바라보며 살아가야 한다.

(4) 성도의 진정한 명예

이 세상에 살아가는 사람들은 항상 자기 취향에 따라 살아가기를 좋아한다. 또한 자기 입맛에 맞는 음식이면 절제할 줄 모르고 먹는다. 그러나 그것은 성숙한 사람들이 취할 자세가 아니다. 따라서 잠언은 아무리 달고 맛있는 꿀이라 할지라도 지나치게 많이 먹는 것이 좋지 않다는 점을 강조하고 있다.

이는 상징적인 내용으로서 세상의 명예를 탐하거나 추구하지 말아야 한다는 메시지를 담고 있다. 신앙이 성숙한 성도들은 잠시 지나가는 이 세상에서 명예를 얻고자 애쓰지 않는다. 그것이 비록 사람들로부터 존경을 받을지 모르지만 결국은 허망한 것에 지나지 않는다는 사실을 잘 알고 있기 때문이다.

그러므로 하나님의 자녀들은 마음속에서 그와 같은 욕망이 솟아난다고 할지라도 자기 마음을 제어하고 다스릴 수 있어야 한다. 그것을 방치하면 오히려 소중한 것들을 잃어버리게 될 우려가 있다. 결국 성벽이 없는 마을처럼 되어 그 성읍이 무너지게 될 것이며, 저가 기대하던 모든 것들이 아무런 의미가 없는 것이 되어 사라져 버리게 되는 것이다. 신실한 성도들이라면 우리의 삶도 그와 같다는 사실을 분명히 깨닫지 않으면 안 된다.

제32장

미련한 자들의 거짓 지혜

(잠26:1-28)

1. 미련한 자의 어리석음 (잠26:1-12)

미련한 사람들은 무엇이든지 자신의 눈에 좋아 보이는 것은 다 소유하려는 욕심을 가지고 있다. 그런 자들은 영예를 가질 만한 아무런 조건을 갖추지 못하고 있음에도 불구하고 그 영예를 소유하기 위해 온갖 노력을 다 기울인다. 하지만 그와 같이 미련한 자들에게 영예가 주어지는 것은 전혀 어울리지 않는다. 그것은 마치 한여름에 눈이 오는 것이나 비가 오지 않는 건기에 비가 쏟아지는 것처럼 전혀 격에 맞지 않는 것이다.

또한 아무런 이유 없이 다른 사람을 향해 내뱉는 저주의 말은 이리저리 날아다니는 참새나 제비처럼 상대방에게 돌아가지 않는다. 그와 같은 악한 자들을 방치하게 되면 모든 것이 혼란스럽게 된다. 날뛰는 말에게는 매서운 채찍이 필요하며 나귀에게는 재갈을 물려야 한다. 이처럼 미련한 자에게는 매서운 매가 필요하다. 미련한 자들은 참된 말을 제대로 알아듣지 못하는 어리석음에 빠져 있기 때문이다.

그리고 잠언은 어리석고 미련한 자의 말에 대하여 아예 대꾸하지 말라는 요구를 했다. 그런 자들에게 대꾸하며 말을 섞다가 보면 그와 똑같은 사람이 될 우려가 따르기 때문이다. 따라서 미련한 자가 어리석은 말을 할 때는 그와 동일한 수준의 말로 반응하라는 권고를 하고 있다. 그렇지 않고 지혜로운 말로 대응하게 되면 그런 사람은 자기가 마치 지혜로운 자인 양 착각하게 될 우려가 따른다는 것이다.

미련한 사람에게 중요한 직무를 맡겨 멀리 보내는 것은 자기 발목을 찍거나 독약을 마시는 것과 같은 위태로운 형국이 된다. 그렇게 하는 것은 스스로 해를 자초하는 것과 마찬가지이기 때문이다. 그런 자들의 머리에는 항상 아무런 의미 없는 허망한 것들로 가득 채워져 있다. 그것은 마치 전혀 힘을 쓸 수 없이 달려있는 다리와 같이 무익하다.

그러므로 미련한 자에게 영예를 주는 것은 마치 물매에 돌을 붙들어 매는 것과 마찬가지다. 돌을 물매에 묶어 둔 상태에서는 그 돌을 날려 보내 표적물을 맞추는 것이 불가능하다. 이처럼 어리석고 미련한 자에게 영예를 제공한다는 것은 아무런 의미가 없을 뿐더러 오히려 저를 해롭게 할 따름이다.

미련한 자의 입에서 나오는 잠언은 마치 술에 만취한 사람의 손에 든 가시나무와도 같다. 즉 그것은 많은 사람들에게 참된 교훈을 주기는커녕 잠언을 악용하기 때문에 도리어 남을 해치는 위험한 역할을 하게 된다. 또한 어떤 물건을 만드는 능숙한 기술자가 그 일을 위해 미련한 자를 고용하는 것은 모험을 하는 것과 같다. 그에 대한 기본적인 지식이 없는 자를 고용한다면 도리어 일에 방해가 되거나 사고를 유발할지 모르기 때문이다.

그리고 미련한 자들은 개가 지저분한 음식을 먹고 나서 스스로 토한 것들을 도로 집어먹는 것과 다를 바 없다. 그런 자들은 미련한 행동을 끊임없이 되풀이 하면서도 그에 대한 아무런 인식을 하지 못한다. 하나님의 복음을 떠나 그와 같은 잘못된 습성에 익숙해지면 참과 거짓에 대한 분별력을 상실하게 된다. 사도 베드로는 그의 두 번째 편지에서 그에 관한 사실을 기록하고 있다.

> "만일 저희가 우리 주 되신 구주 예수 그리스도를 앎으로 세상의 더러움을 피한 후에 다시 그 중에 얽매이고 지면 그 나중 형편이 처음보다 더 심하리니 의의 도를 안 후에 받은 거룩한 명령을 저버리는 것보다 알지 못하는 것이 도리어 저희에게 나으니라 참 속담에 이르기를 개가 그 토하였던 것에 돌아가고 돼지가 씻었다가 더러운 구덩이에 도로 누웠다 하는 말이 저희에게 응하였도다" (벧후2:20-22)

위의 베드로후서 본문에 기록된 '개가 그 토하였던 것에 돌아간다' (벧후2:22)는 말은 '개가 스스로 토한 것을 도로 먹는다' 는 의미를 지니고 있다. 이는 예수 그리스도를 알게 됨으로써 세상의 더러운 것들을 버리고 교회 안으로 들어온 후 다시금 세상의 더러운 것을 탐하여 취하는 자들을 일컫고 있다. 그런 자들은 하나님의 뜻을 멀리하고 배도의 길을 걷는 지극히 어리석은 자들에 지나지 않는다.

그럼에도 불구하고 그들은 거룩한 교회와 타락한 세상에 양 발을 걸치고 있으면서 스스로 지혜로운 자인 양 착각하고 있다. 하지만 그와 같은 배도의 길을 가는 자들에게는 아무런 소망이 있을 수 없다. 그들보다는 하나님을 알지 못하므로 인해 그런 삶을 살아가는 자들이 차라리 더 낫다.

미련한 자들의 특성은 자기의 판단과 행동을 지혜로운 것으로 여긴다는 점이다. 그들은 오직 하나님만 의지하면서 이 세상의 것들에 특별한 값어치를 두지 않는 언약의 백성을 어리석은 자로 간주한다. 우리가 여기서 기억해야 할 바는, 어리석은 자들은 자신을 지혜로운 자로 착각하는 데 반해 진정으로 지혜로운 성도들은 자기를 지혜로운 자로 인식하지 않는다는 사실이다.

2. 게으른 자의 특성 (잠26:13-16)

게으른 삶을 살아가는 인간들은 항상 나름대로 핑계거리를 만들어 두고 있다. 자기가 열심을 내어 일할 수 없는 그럴 만한 충분한 이유가 있다는 것을 내세우기 위해서이다. 그렇게 하다 보면 전혀 타당성이 없는 억지 주장을 내세우며 얼토당토않은 것을 명분으로 삼아 자신의 게으름을 변명하기도 한다.

그런 사람들은 상식을 초월한 엉뚱한 변명을 하기도 한다. 그들은 길거리에 사나운 사자들이 기다리고 있기 때문에 밖으로 나가서 일을 하기 어렵다는 주장을 펼치기도 한다. 부지런한 모든 사람들이 밖에서 열심히 일하는 것을 뻔히 보면서도 그렇게 말하는 것이다. 물론 그들은 그 상황을 파악하지 못해서 그런 말을 한다기보다 억지로 엉터리 핑계를 대며 자기의 입장을 둘러대고 있다.

그러므로 게으른 자들은 아무 노력도 하지 않은 채 침상에서 뒹굴며 허송세월을 보내기를 좋아한다. 그것은 마치 문짝이 돌쩌귀를 따라 도는 것처럼 항상 제자리를 맴도는 것과 같다. 그런 사람들은 음식이 담긴 그릇 안에 손을 집어넣고도 그것을 입으로 들어올리기를 괴로워하는 듯한 태도를 보인다. 몸을 전혀 움직이지 않은 상태에서 자기 입에 먹을 음식이 들어가기를 원하는 것이다.

그럼에도 불구하고 게으름에 빠진 사람들은 자기가 마치 만족스러운 삶을 누리는 지혜로운 자인 양 착각하며 살아간다. 즉 자기의 게으름을 부끄러워할 줄 모르고 그것이 자신이 살아가는 삶의 한 방식일 뿐이라 여기고 있다. 그런 자들은 사리에 맞게 판단하고 반응하는 신앙인들에 비해 자기가 오히려 낫다고 여긴다. 즉 일곱 명의 지혜로운 사람들을 모은다 해도 자기보다 못할 것이라는 어처구니없는 착각을 한다. 그들은 자기의 어리석음에 대한 자각이 전혀 없는 것이다.

오늘날 우리 역시 이에 연관된 의미를 주의 깊게 생각해 보아야 한다. 근면하고 부지런한 사람들은 스스로 자기를 지혜로운 자로 여겨 그것을 자랑으로 삼지 않는다. 만일 자기를 지혜롭다고 여기는 자들이 있다면 자기가 어리석다는 사실을 입증하는 것에 지나지 않는다. 따라서 미련한 자들은 자기를 지혜로운 사람인 양 사람들 앞에 드러내기를 좋아하며, 남들이 그렇게 알아주기를 바라며 살아간다.

사람의 부지런함과 지혜로움에 대해서는 항상 객관성을 지녀야 한다. 그것은 자기 자신이 아니라 주변 사람들이 평가할 문제이다. 진실로 부지런하게 살아가는 사람은 결코 자신이 부지런하다고 내세우지 않는다. 그러나 함께 살아가는 이웃이 저를 성실한 자로 인정한다면 그는 참 부지런한 사람이라 말할 수 있다.

이처럼 어리석고 미련한 자들은 자기가 하나님 앞에 정당한 사람인 양 여긴다. 하지만 그런 생각을 하면 할수록 그는 하나님 앞에 불의한 자에 지나지 않는다는 사실을 스스로 입증하게 될 따름이다. 반대로 하나님 앞에서 미련하고 부정한 자신의 모습을 진실로 깨닫는 자는 그리스도 안에서 신실한 자로 인정받게 된다. 모든 성도들이 이에 대한 올바른 이해를 하는 것은 매우 중요한 일이다.

3. 다툼을 즐겨하는 자 (잠26:17-21)

악하고 어리석은 자들은 자신의 일에 책임성 있는 관심을 기울이기보다 다른 사람들의 일에 간섭하기를 즐겨한다. 그런 자들은 길을 가다가 자기와 아무런 상관이 없는 자들이 다투는 것을 보면 거기에 끼어들어 간섭하기도 한다. 자기 일도 제대로 감당하지 못하는 터에 남의 일을 평가하기를 좋아하는 것이다.

잠언은 그런 자들의 행위는 마치 개의 귀를 손으로 잡아당기는 것처럼 어리석은 짓이라는 사실을 언급하고 있다. 어떤 사람들이 서로간 다툰다면 다른 사람들이 알지 못하는 그럴 만한 문제가 있을 것이 분명하다. 그 진상을 모르는 상태에서 자기의 의를 기준으로 남의 다툼에 끼어드는 것은 지극히 어리석은 행위가 아닐 수 없다.

그리고 자기 이웃을 속이는 자들은 그 사실이 들통나게 되면 농담 삼아 장난으로 그렇게 했을 뿐이라고 핑계대기를 좋아한다. 하지만 그것은 무고한 사람을 향해 횃불을 던지며 화살을 쏘아서 그를 죽이는 것과 같은 사악한 행위이다. 그런 자들은 남을 기만하고 다른 사람에게 해악을 끼치면서도 항상 변명하는 태도를 보인다. 그들은 자기가 주변 사람들에게 얼마나 나쁜 행위를 했는가에 대한 올바른 인식을 하지 못한다.

또한 잠언은 아궁이에 불을 때다가 땔감이 다 떨어지면 불이 꺼지게 되듯이, 등 뒤에서 남의 말을 하며 모함하기를 좋아하는 자들이 사라지면 그 다툼도 그치게 된다는 사실을 언급하고 있다. 그러나 화로의 숯불 위에 계속하여 새로운 숯을 집어넣고 타는 불 위에 나무를 계속 더하게 되면 불이 더욱 맹렬하게 타오른다. 이처럼 이웃과 다투기를 즐겨하는 자들은 불난데 부채질 하듯 더욱 큰 시비를 불러일으키게 된다.

교회의 교사인 목사를 비롯한 모든 직분자들과 성숙한 성도들은 항상 이점을 염두에 두고 있어야만 한다. 교회는 등 뒤에서 남을 모함하며 다른 사람들을 기만하는 자들이 득세하는 것을 방지해야 하며, 다툼을 좋아하는 자들이 끊임없는 시비거리를 만들어내는 것을 허용하지 말아야 한다. 그렇게 함으로써 모든 성도들이 하나님을 경외하며 온전한 신앙을 유지할 수 있도록 도움을 주어야 하는 것이다.

4. 입술의 말과 속마음 (잠26:22-28)

악한 자들은 다른 사람의 등 뒤에서 무책임한 말들을 쏟아내며 서로 수

근대기를 좋아한다. 물론 그런 자들은 이웃에 대하여 칭찬을 하거나 격려가 될 만한 얘기를 하지 않는다. 그들은 주변 사람에 연관된 내용을 제 맘대로 짐작하거나 해석하여 발설하면서 자기는 마치 정당하고 의로운 사람인 양 내세우기를 좋아한다.

그런데 그 왜곡된 말을 듣는 사람의 입장에서는 그것이 마치 맛있는 별식처럼 여겨질 수 있다. 그러다보니 그 내용을 객관성 있게 냉철한 마음으로 파악하지 않은 채 액면 그대로 받아들이는 오류를 범하게 된다. 따라서 잠언은 그런 말은 평상시에 먹지 못하는 특별한 음식과 같아서 뱃속 깊은 곳으로 내려간다는 상징적인 표현을 사용하고 있다.

또한 속으로는 악한 마음을 품고 있으면서 겉으로 드러나는 말만 부드럽고 매끄럽게 하는 자들이 있다. 그것은 마치 질그릇의 표면에 은을 살짝 입힌 것과도 같다. 순진한 사람들의 눈에는 그것이 진짜 은그릇처럼 보이지만 실상은 가짜 은그릇에 지나지 않는다. 이처럼 입술에서 나오는 말은 부드럽게 하면서 실상은 전혀 그렇지 못한 자들은 위태로운 위선자에 지나지 않는다.

위선자들은 입술로는 그럴싸하게 보이는 미사여구(美辭麗句)를 사용하며 아첨하기를 즐겨하지만 그 속마음으로는 남을 기만하기 위한 음흉한 계략을 꾸미고 있다. 따라서 지혜로운 사람은 그런 자들의 말이 아무리 듣기 좋을지라도 그대로 받아들이지 않는다. 이는 그 마음에는 구렁이 같이 역겨운 것들로 가득 차 있기 때문이다. 시편기자는 그런 악한 자들과 구별되는 삶을 살 수 있도록 하나님께 간구하며 노래했다.

> "악인과 행악하는 자와 함께 나를 끌지 마옵소서 저희는 그 이웃에게 화평을 말하나 그 마음에는 악독이 있나이다" (시28:3)

이처럼 악한 자들은 이웃을 기만하며 자기의 욕망을 채우고자 애쓰지만 하나님의 자녀들은 그 상황을 피하지 않으면 안 된다. 하나님을 두려워하지 않는 위선자들은 이웃을 기만하면서도 마음속의 음흉한 감정을 철저히 감추고자 한다. 하지만 여러 사람들 가운데 살아가면서 동일한 행동을 되풀이하는 동안 그 거짓을 끝까지 숨기지 못한다. 결국은 저들의 속마음이 회중 앞에서 그대로 노출될 수밖에 없는 것이다. 그리하여 그런 자는 거짓에 물든 악한 자로 낙인 찍혀 수치를 당하게 된다.

그리고 이기적인 욕망을 성취하기 위해 다른 사람을 모함하며 함정을 파는 자는 자기가 그곳에 빠지게 된다. 시편에는 이웃을 해치기 위한 목적으로 웅덩이와 함정을 만드는 자가 스스로 판 그곳에 빠진 사실을 노래부르고 있다(시7:15). 또한 이웃을 향해 커다란 돌을 굴려 치이게 하려는 자들은 자기가 도리어 그에 치여 치명적인 상처를 입게 된다. 개인적인 욕망을 채우기 위해 이웃을 모함하여 곤경에 빠뜨리는 자들은 자기가 도리어 그 궁지에 몰려 고통을 당하게 되는 것이다.

남을 속이기 위해 거짓말을 되풀이하는 자들은 자기가 해치고자 하는 대상을 찾아나선다. 그리하여 적합하다고 여겨지는 사람을 발견하게 되면 수단과 방법을 가리지 않고 저를 함정에 빠뜨리고자 애쓴다. 그 악한 자들은 순진한 자들을 궁지로 몰아가기 위해 온갖 헛소문을 만들어 퍼뜨리고자 한다. 그런 자들은 이기적인 욕망을 추구하면서 사람들 앞에서 부드러운 말로 아첨하지만 결국은 패망을 당하게 될 따름이다.

제33장

겸손한 성도와 진정한 친구

(잠27:1-27)

1. 겸손한 자세 (잠27:1,2)

지극히 제한된 지적인 존재에 지나지 않는 인간은 자신의 미래를 완벽하게 예측하는 것이 불가능하다. 따라서 잠언은 내일의 일을 자랑하지 말라는 요구를 하고 있다. 설령 오늘 별 탈 없이 만족스럽게 지낸다고 할지라도 내일 무슨 일이 발생하게 될지 아무도 알 수 없기 때문이다.

이 세상에 살아가는 인간들은 경험적인 존재일 수밖에 없다. 따라서 지난 달, 지난 주, 혹은 어제 아무런 일이 발생하지 않았기 때문에 내일도 그와 같은 형태의 세월이 다가와 흘러갈 것이란 막연한 짐작을 하고 있다. 그와 같은 사고는 아무런 보장성이 없지만 불확실한 인간들로 하여금 현실적인 안도감을 가지도록 해준다.

그러나 지혜로운 성도들은 장차 이르게 될 장래가 지나간 어제와 오늘처럼 동일한 상황이 전개될 것이라는 생각을 하지 않는다. 물론 그럴 가능성이 크다고 할지라도 그렇지 않을 수도 있다는 사실을 충분히 인식하고 있기 때문이다. 따라서 성숙한 신앙인들은 항상 그와 같은 긴장감과 더불어 불확실한 세상 가운데서 더욱 신실하고 진지한 삶을 살기 위해 최선의 노력을 기울인다.

그에 반해 어리석고 미련한 인간들은 여러 면에서 심각한 오판을 하게 된다. 그들은 항상 자신의 현실적 판단이 옳다고 여기며 남으로부터 인정받아야 마땅한 듯 착각하고 있다. 하지만 스스로 자기를 자랑하는 것은 지극히 미련한 태도에 지나지 않는다. 그에 반해 지혜로운 자들은 자기를 유능한 자로 내세우는 것이 아니라, 주변의 이웃으로부터 제공되는 칭찬과 더불어 사람들로부터 인정받게 된다.

우리가 기억해야 할 중요한 점은, 지혜로운 자는 스스로 자기를 높이는 것이 아니라 도리어 남을 높여주는 가운데 이웃으로부터 인정받게 된다는 사실이다. 물론 그때도 성숙한 사람은 자신이 그럴 만한 자격을 갖춘 자라는 교만한 생각을 하지 않는다. 여전히 부족하지만 성실하게 살아가게 될 뿐 그 이상의 생각을 할 수 없는 것이다.

2. 미련한 자의 분노와 면전책망 (잠27:3-7)

누구나 일반적으로 알고 있는 것처럼 돌과 모래는 무거운 물질이다. 그런데 잠언은 미련한 자의 분노는 돌과 모래보다 더 무겁다는 사실을 언급하고 있다. 이는 미련한 자의 사고와 심성은 마치 돌과 모래와 같이 무거워서 요지부동(搖之不動)이란 점을 말해주고 있다.

또한 잠언은 어리석은 자의 분노는 잔인하고 그가 화내는 것은 마치 범람하는 물과 같이 맹렬하다는 사실을 비유적으로 말하고 있다. 이웃에 대한 저들의 질투는 그 무엇으로도 감당해 낼 수 없을 만큼 심각하다. 비뚤어진 심성으로 인해 자기의 잘못된 점을 전혀 인정하지 않으려는 그런 자에게는 어떤 말도 먹혀들지 않는 것이다.

잠언은 또한 잘못을 저지르는 자에게 드러내놓고 책망하는 것(open rebuke)이 그것을 숨겨주는 왜곡된 사랑보다 낫다는 사실을 언급하고 있다. 즉 사랑하는 사람의 잘못을 묵인하거나 묻어둔 채 속으로 사랑한다는 생각을 하는 것보다 직접 저의 잘못을 책망하는 것이 훨씬 낫다는 것이다. 그럼에도 불구하고 어리석은 자들은 친구의 잘못을 눈감아주는 것이 사랑인 양 착각하고 있는 것이 보통이다.

물론 이 말은 이웃의 실수나 지나간 과거의 잘못을 들추어내라는 의미가 아니다. 형제의 그런 연약한 부분을 보게 된다면 당연히 덮어주어야 한다. 성숙한 성도로서 다른 사람의 과거의 부끄러움을 덮어주는 아량을 베푸는 것은 지극히 당연한 일이다.

이와 달리 진정한 친구라면 자기 친구의 의도적이고 지속적인 잘못에 대한 책망을 아끼지 말아야 한다. 친구로부터 임하는 통렬한 책망은 진심에서 우러나온 것으로서 신실한 관계로 말미암아 드러나게 된다. 하지만 이웃이 잘못된 길을 걸어가는 것을 알면서도 아무런 문제가 없는 듯이 겉보기에 친근한 태도를 보이는 것은 진실한 우정이라 말할 수 없다. 잠언은 친구의 잘못을 방관하는 자들을 도리어 원수처럼 간주하고 있다(잠27:6, 참조).

그러므로 원수의 잦은 입맞춤은 거짓에서 난 것이라는 점을 언급하고 있다. 이는 물론 의도된 원수 관계를 의미한다기보다 무지로 인해 이어지는 미숙한 인간관계를 말해 준다. 즉 서로 가까운 듯 포옹을 하며 우정을 나누는 듯 자주 교제를 한다고 해도 그것은 진정으로 친구를 위한 것이 되지 못한다는 것이다.

이기적인 자들은 유사한 부류끼리 모여 친근한 모습을 보이며 서로 어울려 등 뒤에서 남을 비방하는 말을 하면서 상호간 왜곡된 분위기를 조성하여 공유하게 된다. 따라서 어리석은 자들은 그 진실하지 못한 환경에 속아 넘어가기 십상이다. 그와 같은 주관적인 생각은 무책임한 이기심에 기인한 것으로서 결국 무고한 이웃을 비난의 대상으로 삼아 저로 하여금 더욱 큰 고통에 이르게 할 따름이다.

잠언은 이와 더불어 배부른 자들은 아무리 단맛을 내는 꿀이라 할지라도 싫어한다는 사실을 언급하고 있다. 이에 반해 굶주린 자들에게는 아무리 쓴 것이라도 입에 달다는 사실을 말하고 있다. 이 말은 과연 무엇을 의미하고 있는가?

이는 자기에게 아무런 잘못이 없다고 여기는 어리석은 자들은 아무리 좋은 충고와 권면이라 할지라도 그것을 거부하고 받아들이지 않는다는 사실에 연관된 것으로 보인다. 그에 반해 자신의 부족한 점을 구체적으로 인정하는 자들은 비록 이웃의 쓴 권고라 할지라도 달게 받아들이게 된다. 이는 자신이 하나님 앞에서 죄인이라는 사실을 알고 있는 성도들이 가져야만 할 가장 기본적인 신앙자세라 할 수 있다.

우리가 여기서 반드시 기억해야 할 바는 과연 어떤 사람이 참된 친구인가 하는 점이다. 남을 비방하는 친구의 말을 감싸고 무조건 받아들이는 자는 저의 진정한 친구가 될 수 없다. 그와 달리 비방하는 대상이 되는 자에 대한 적절한 변호와 더불어 저의 잘못된 판단에 대한 권고를 해주는 자가 참된 친구라 할 수 있다. 따라서 친구의 올바르지 못한 비방을 듣고 고개를 끄떡이며 그에 동조하는 자는 오히려 저를 더욱 어려운 지경으로 빠뜨리게 될 수 있다는 사실을 잊어서는 안 된다.

3. 친구와 형제 (잠27:8-13)

현대인들 가운데는 실제적인 형편상 고향을 상실한 사람들이 많다. 태어나고 자란 고향이 존재하지만 다시 고향으로 돌아갈 일도 돌아갈 수도 없는 형편이 되어버린 것이다. 장소적으로 그 지역을 방문한다고 해도 모든 것이 개발되고 옛 고향 사람들은 사라진 채 아무것도 남아 있지 않은 경우가 많기 때문이다. 이는 현대를 살아가는 사람들이 인생의 근거를 상실한 상태로 살아가게 하는 위태로운 요인이 되고 있다.

그러므로 잠언은 고향을 잃어버린 채 여기저기 떠돌아다니는 사람들은 마치 둥지를 잃고 떠도는 새와도 같다는 사실을 말하고 있다. 둥지 잃은 새는 어디로 되돌아가야 할지 몰라 제 어미를 찾지 못하므로 불안감에 빠질 수밖에 없다. 인간들도 자신의 고향을 잃어버리게 되면 이와 같은 형편에 처한 것과 같다는 것이다.

이처럼 고향을 잃고 떠도는 것 같은 삶을 살아가는 자들은 자신을 붙잡아주는 소중한 근거와 기준을 상실한 것과 유사하다. 그렇게 되면 삶에 대한 분명한 인식이 결여된 채 현실에만 급급하게 되는 것이다. 그런 상황이 벌어지면 마치 객지에서 떠돌아다니며 불안정한 인생을 살아가는 것처럼 되어 버린다. 물론 하나님의 백성들은 어떤 경우라 할지라도 궁극적으로 돌아갈 영원한 본향인 천상을 바라보며 살아간다.

잠언은 또한 기름과 향은 사람의 마음을 즐겁게 한다는 사실을 언급하며 친구의 진실한 권고가 그와 같이 아름답다는 말을 하고 있다. 사람들에게는 마음을 붙여 교제할 만한 좋은 친구를 두는 것이 무엇보다 중요하다. 그런 친구여야만 자신의 잘못에 대하여 진정한 충고와 권면을 해줄 수 있을 것이기 때문이다.

진실한 친구가 아니라면 그의 잘못된 마음 자세를 바꾸도록 애쓰는 진정한 권면을 하지 않는다. 오히려 충고해야 할 그 내용에 대하여 무책임한 자세로 동조함으로써 그 잘못된 상태에 더욱 깊이 빠져들게 한다. 그런 자들은 그 위태로움이 자기에게 직접적인 영향을 끼치지 않는다고 여기기 때문에 감정적인 동정을 하지만 실상은 그것이 그 친구를 위한 진정한 도움이 되지 않는다.

솔로몬 왕은 또한 자기 아들에게 "너의 친구와 네 아비의 친구를 버리지 말라"는 당부를 했다. 이는 자신에게 진정한 조언을 해주는 참 친구를 소중히 여기라는 의미를 내포하고 있다. 세상에 살아가면서 참된 친구가 없이 외롭게 살아가는 사람들은 불행한 자들이다. 그들은 항상 주관적인 판단을 하기 때문에 자기중심적인 사고를 할 수밖에 없다. 그런 태도를 버리지 않으면 한평생 진정한 친구가 될 만한 이웃을 두기 어렵다.

사람이 세상에서 살아가는 동안 견디기 어려운 환난을 당하게 되면 대개 자기의 혈통적 형제에게 모든 것을 털어놓지 않는다. 우선 자기의 생각과 형편을 잘 이해하고 있는 친구를 찾아가 자초지종(自初至終)을 이야기하고 도움을 요청하게 된다. 그가 진정으로 자기의 고통을 덜어줄 수 있는 이웃이기 때문이다. 따라서 잠언은 가까운 친구가 먼 형제보다 훨씬 낫다는 말을 하고 있다.

또한 솔로몬은 자기 아들에게 참된 지혜를 얻어 자기를 기쁘게 하라는 요구를 했다. 그렇게 하면 자기를 비방하는 자에게 그에 대한 해명과 더불어 분명한 답변을 하겠다는 것이다. 어리석은 자들은 백성을 통치하는 왕을 비방하고 있으나 잘못된 감정에 치우쳐 있으므로 일관성이 없다. 그들은 질서와 규율을 무시한 채 감정적인 대응을 하기 때문이다. 하지만 참된 지혜를 소유한 자들은 항상 일관성 있는 사고를 하며 신중한 반응을 하게 된다.

그러므로 슬기로운 자들은 무서운 재앙이 다가오는 것을 보면 그것을 미리 알아차리고 숨어 피신할 수 있다. 그러나 어리석은 자들은 잘못된 판단을 고집하다가 결국은 예기치 못한 해를 당하게 된다. 지혜로운 자들은 올바른 판단력을 가지지만 어리석은 자들은 판단력을 상실한 채 감정에 치우친 결과에 따라 움직이기 때문이다.

그리고 잠언은 본문 가운데서 타인을 위하여 보증이 된 자의 옷을 취하라고 했다. 또 외인들의 보증이 된 자는 그 몸을 볼모잡히라는 언급을 했다. 그렇게 하는 것은 잘못된 행위가 아니라는 것이다. 이는 성경의 교훈을 떠나 자기의 어리석음으로 인해 그런 미련한 행동을 한 자들에게는 그와 같이 대하라는 의미를 지니고 있다. 그렇게 함으로써 다른 모든 사람들이 그에 대한 교훈을 공유하게 된다.

잠언에 기록된 이 모든 말씀은 언약공동체인 지상교회와 밀접하게 연관지어 생각해 볼 수 있어야 한다. 불신으로 가득한 현대 사회에 존재하는 교회 가운데서는 성도들 상호간에 진정으로 신뢰하는 마음을 가지는 것이 매우 중요하다. 육체적인 고향을 상실해 버린 것과 같은 우리 시대에는 교회공동체가 곧 그 고향 역할을 해야 하기 때문이다. 그 안에 살아가는 성도들이 참된 지혜를 가지고 상호 권면하는 가운데 진리를 보존하며 하나님을 진정으로 섬길 수 있게 되는 것이다.

4. 선한 친구 (잠27:14-19)

다른 사람을 축복할 때는 분주하게 떠벌일 것이 아니라 조용하게 해야 한다. 지혜로운 사람은 결코 그렇게 하지 않는다. 만일 이른 아침에 사람들이 집을 나서기도 전에 큰 소리로 그 이웃을 축복한다면 그것은 도리어 저주같이 여겨지게 된다. 축복을 받는 그 당사자도 곤란에 빠질 수 있으며 다른 사람들의 질투의 대상이 될 수도 있기 때문이다.

다른 사람과 다투기를 되풀이하는 여성은 대책 없는 사람으로서 볼썽사나울 수밖에 없다. 그런 자들은 장마철에 지붕에서 끊임없이 비가 새는 것과 같이 문제투성이로 얼룩져 있다. 그것은 일상적인 환경을 무너뜨리는 것과 동일한 형국이어서 모든 것이 그로 인해 더욱 악화될 따름이다. 잠언은 그처럼 어리석은 여성을 제어하는 것은 세찬 바람을 제어하는 것만큼이나 어렵다는 사실을 말하고 있다. 그것은 또한 맨손으로 기름을 움켜잡으려는 것과 같이 허망하고 어리석은 일이기도 하다.

그리고 잠언은, 철이 철을 날카롭게 만든다는 사실을 언급하며, 사람이 사람을 빛나도록 한다는 점을 설명하고 있다. 어리석은 자들은 등 뒤에서 남을 비방하면서 실상은 자기를 스스로 깎아내리는 행동을 하게 된다. 그에 반해 지혜로운 자들은 이웃을 칭찬하여 빛나게 함으로써 저도 그 영예에 참여하게 되는 덕을 누린다. 이것이 하나님을 경외함으로써 참된 지혜를 소유한 성도들의 기본적인 삶의 방식이다.

또한 잠언은 무화과나무를 재배하는 자가 그 과실을 먹게 되고 자기 주인에게 성실한 시종을 드는 자는 영화를 얻게 된다는 사실을 언급하고 있다. 이는 성실한 농부는 거기서 나는 식물을 먹게 되며 주인을 비롯한 주변 이웃과 더불어 신실한 삶을 살아가는 자들은 영예를 누리게 된다는 사실을 말해준다. 이는 곧 자기 일에 성실하지 못한 사람은 굶주리게 되고, 남을 비방하는 데 익숙하여 이웃을 무책임하게 판단하는 자들은 욕을 당하게 되리라는 점을 시사하고 있다.

세상에 살아가는 사람들이 좋은 이웃을 두고 살아가는 것은 무엇보다 소중하다. 주변에 믿고 의지하며 칭찬할 만한 이웃이 많은 사람들은 복된 자들이지만 주변에 진정으로 신뢰할 만한 사람이 없고 비방할 자들이 가득하다는 것은 여간 불행한 일이 아니다. 이는 우리가 교회 가운데서 어떤 삶을 살아야 할 것인가를 명확하게 보여주고 있다. 교회 가운데서 성도들이 서로 신뢰하는 가운데 좋은 이웃으로 살아가는 것은 절대로 필요한 것이다.

그리고 잠언은 사람이 자기 얼굴을 물에 비추면 자기와 동일한 모습이 거기에 비쳐진다는 사실을 언급하고 있다. 이와 같이 사람의 마음은 가까운 친구간에 서로 비추어주는 역할을 한다. 이는 누군가 다른 사람을 칭찬하는 좋은 사람이라면 그 자신도 그런 사람이라는 사실이 주변 이웃에 의해 입증된다. 그와 반대로 다른 사람을 뒤에서 비방하는 자는 자기가 곧 그와 같은 자라는 사실을 드러내게 되는 것이다. 즉 옳든 그르든 사람의 마음은 다른 사람을 대하는 저의 마음을 통해 드러나게 된다.

5. 미련한 자의 불만과 겸손한 자의 만족 (잠27:20-27)

음부와 유명 혹은 죽음과 사망은 그 어떤 것도 만족해하지 못하며 사람의 눈을 통해 확장되는 욕망도 만족을 채워줄 수 없다. 어리석은 자들은 아무리 자신을 만족시키려고 해도 끝이 없으므로 끊임없이 더 깊은 구렁텅이로 빠져 들게 된다. 즉 지혜로운 자들은 그에 대한 심각한 문제를 깨닫고 자제할 줄 알지만 어리석은 자들은 실상에 대한 아무런 개념이 없으므로 욕망의 수렁에서 헤매게 된다.

잠언은 또한 도가니와 풀무로 은과 금을 제련한다는 사실을 언급하면서, 다른 사람을 칭찬함으로써 그를 다듬고 정제하게 된다는 점을 말했다. 미련한 자들의 말과 행동은 다른 사람들에게 어떤 유익도 끼치지 못한다. 하나님의 도우심이 없이는 인간의 미련한 태도를 없애기 어려운 것이다.

그러므로 미련한 사고에 빠져 그에 익숙하게 된 자라면 마치 곡물을 절구통에 넣고 공이로 찧는 것처럼 할지라도 그 미련함이 벗겨지지 않는다. 어리석은 자들의 특성은 절대로 자신의 잘못을 인정하려 하지 않는 특성을 지니고 있기 때문이다. 그러나 지혜로운 자들은 항상 자신의 과오와 잘못을 말씀에 비추어 되돌아보게 된다.

솔로몬은 또한 자기 아들에게 "네 양떼의 형편을 부지런히 살피며 네 소떼에 마음을 두라"는 요구를 했다. 이는 다른 사람을 비방하는 일에 관심을 치중할 것이 아니라 자기에게 맡겨진 일에 성실한 자세로 임하라는 의미를 지니고 있다. 따라서 지혜로운 자들은 항상 자신의 모습을 되돌아보며 자기가 담당한 일을 위해 최선의 노력을 기울인다.

우리가 여기서 기억해야 할 바는, 사람들이 소유한 재물이 영원히 저의 것이 될 수 없다는 사실이다. 인간들이 가지고자 원하는 명예도 그와 마찬가지로 저에게 영원히 남아있지 않는다. 그럼에도 불구하고 어리석은 자들은 잠시 만족하는 목적을 이룩하고 지극히 일시적인 명예를 가지기 위해 이웃을 모함하거나 음해하는 일을 끊임없이 되풀이하게 된다.

우리가 잘 알고 있는 것처럼 무성하게 자라는 풀을 베면 그 위에 또다시 새로운 풀이 돋아나게 된다. 그렇게 되면 농부는 그 풀을 베어 가축을 위한 꼴로 사용하게 된다. 그 풀을 먹고 성장하게 된 양의 털로써 자신이 입는 옷을 만들고 자라난 암소는 저의 재산이 된다. 또한 넉넉하게 공급되는 염소의 젖은 자기 집 식구들과 그 집에서 거하며 노동하는 일군들이 먹을 음식이 된다.

이처럼 사람들의 삶 가운데 발생하는 모든 것들은 지나가게 되고 새로운 삶이 대두되기를 되풀이한다. 서로 신뢰하는 이웃이라면 설령 어떤 과오가 드러난다고 할지라도 저의 형편과 속마음을 보고 너그러운 마음으로 이해하려는 자세를 가지게 된다. 그리하여 서로간 더러운 배도의 죄에 빠지지 않도록 적절한 권면을 하는 가운데 신앙인의 삶을 나누며 함께 살아간다. 그렇게 함으로써 언약에 속한 성도로서 풍요로운 신앙생활을 이어가게 된다.

그렇지만 이웃에 대하여 불신하는 마음이 가득한 자들은 전혀 그렇지 않다. 그런 자들은 주관적이며 이기적인 판단에 따라 주변 사람을 모함하거나 자기와 같이 어리석은 생각을 하는 자들을 찾아가 함께 저를 비방하는 죄를 범하게 된다. 그렇게 되면 저들의 삶은 각박해져 인생을 허비하는 어리석음에 빠질 수밖에 없다.

우리는 언약공동체인 지상교회 가운데서 이에 대한 분명한 깨달음을 가져야만 한다. 이와 같은 잘못된 일은 주로 어른들에게서 발생하지만 어린 아이들에게 그 영향이 직접적으로 미치게 된다. 이는 모든 성도들이 명심해야 할 중요한 문제이다. 따라서 하나님을 진정으로 경외하는 성도들은 신앙인으로서 삶의 원리를 올바르게 체득해야 한다. 모든 성인들은 다음 세대를 염두에 두고 겸손한 신앙생활을 이어가지 않으면 안 되기 때문이다.

제34장

성실한 성도와 어리석은 자들의 '가증한 기도'

(잠28:1-28)

1. 공의를 따르는 의인 (잠28:1-7)

잠언은, 악인은 뒤에서 추격하는 자가 없어도 도망하지만 의인은 마치 사자처럼 담대하게 살아간다는 말을 하고 있다. 여기서 언급된 악인이란 윤리적으로 부도덕한 자나 법적인 범죄자를 우선적으로 일컫지 않는다. 또한 의인이란 선행을 행하는 도덕적으로 본이 되는 자가 아니다. 그보다는 하나님의 뜻을 멀리하는 자가 악인이며 하나님을 진정으로 경외하는 자가 의인이라 할 수 있다.

그러므로 하나님을 알지 못하거나 세상의 논리에 빠져 오만한 자들은 아무도 뒤에서 추격하지 않아도 스스로 쫓기듯 살아간다. 그런 자들은 영원한 생명이 아니라 일시적인 유익을 추구하기 때문에 세상에서의 목적을 달성하기 위해 온갖 노력을 기울인다. 무언가 원하는 것을 어느 정도 소유한 듯이 여기는 자들은 그것을 잃어버리지 않기 위해 긴장하게 되며 새로운 것을 얻으려고 안간힘을 쓰는 자들은 그로 말미암아 조급하게 된다. 이는 안정되지 못한 삶에 대한 전반적인 불안에 기인하고 있다.

그러나 여호와 하나님을 믿고 의지하는 의인들은 타락한 세상에서 담대하게 살아간다. 설령 어떤 위기에 봉착한다고 할지라도 용맹한 사자처럼 담대하게 대응한다. 이 세상에서 얻을 만한 절대적인 가치를 소유한 것이 없으므로 무엇을 잃어버린다고 해도 그것이 자신의 삶에 치명적인 영향을 줄 수 없기 때문이다.

이에 연관해서는 개인뿐 아니라 한 나라에 있어서도 그와 동일한 원리가 적용된다. 나라에 불의와 죄악이 난무하게 되면 권력을 쟁탈하고자 하는 야망을 가진 자들이 여기저기 나타난다. 특히, 왕국을 통치하는 왕에게 임기가 정해져 있지 않지만 권력을 탐하는 자들에 의해 책임 있는 위치에 있어야 할 관료들이 자주 바뀌게 된다.

그에 반해 명철과 참된 지식을 갖춘 슬기로운 자가 왕국을 통치하게 되면 죄악이 줄어든다. 나라 안에서 법치가 이루어지고 정의가 확립될 것이기 때문이다. 그렇게 되면 이기적이고 사악한 관료들이 없어지게 되어 모든 것이 상식적으로 되어 간다. 그리하여 통치자는 질서 가운데 선정을 베풀게 되고 백성들은 성실한 시민정신을 가져 건전한 삶을 지향함으로써 안정된 나라가 세워지게 된다.

나라가 불안해지면 백성들 사이에 기본적인 신뢰관계가 깨어질 수밖에 없다. 그런 상황이 이르게 되면 포악한 힘의 논리만 남게 된다. 권력을 소유한 자들은 가난한 자들을 수탈하게 되며 자기 배를 채우기에 급급하다. 이는 순진한 모든 백성들로 하여금 힘의 논리에 예속되게 한다는 사실에 연관되어 있다. 심지어는 어렵게 살아가는 자들끼리도 부당한 힘을 내세워 서로간 이웃을 괴롭히는 일이 발생하게 된다.

이런 상황이 노골화 되면 가난한 사람들 가운데서도 나름대로 힘을 가진 자들은 자기보다 약한 다른 가난한 자들을 찾아 억압한다. 그런 자들은 자신의 욕망을 추구하며 약자들의 모든 것을 다 빼앗아가고자 한다. 그것은 마치 추수가 끝난 후 밭에 남은 낱알조차 완전히 쓸어가 버리는 폭우와도 같은 역할을 하게 된다.

하나님의 율법을 버린 자들의 특색은 하나님을 멀리하는 악한 자들을 칭찬한다는 것이다. 그에 반해 하나님의 율법을 지키는 자들은 그 악인들을 대적해 맞서 싸운다. 율법을 멀리하는 악인들은 하나님의 공의를 깨닫지 못하지만 여호와 하나님을 갈망하여 찾는 자들은 모든 진리를 깨달아 실천하게 된다.

그러므로 믿음 안에서 신실하게 살아가는 가난한 성도가 부유하면서 구부러진 길을 걷는 자들보다 훨씬 낫다. 어리석은 자들은 겉으로 드러난 형편을 보고 세상에서 부자가 된 자들을 부러워한다. 하지만 그것은 영원한 천상의 나라에 소망을 둔 성도로서 전혀 부러워할 만한 대상이 되지 못한다.

하나님께 속한 지혜로운 자들은 율법을 알고 그에 온전히 순종하고자 하는 마음을 가진다. 이에 반해 미련한 자들은 부자들의 윤택한 삶과 저들이 먹는 음식을 탐하며 자기도 그렇게 되기를 원한다. 하지만 그와 같은 사고를 가진 자들은 자신뿐 아니라 자기 아버지에게 커다란 수치가 된다. 아버지로부터 상속받아야 할 언약을 제대로 상속받지 못하고 부자가 되지도 못한 것이 마치 그 아버지로 말미암은 것처럼 되어버리기 때문이다.

2. 부당한 욕심과 '가증한 기도' (잠28:8-9)

이 세상에 소망을 두고 살아가는 어리석은 인간들은 모든 수단과 방법을 동원해 부자가 되기 위해 애쓴다. 이미 많은 재산을 소유한 부자라고 할지라도 그에 만족하지 못한다. 그런 자들은 더 많은 물질을 소유하려고 하며, 가진 돈을 이웃에게 빌려주고 높은 이자를 받음으로써 재산을 부풀리고자 모든 노력을 기울인다.

가난한 자들에게 높은 이율을 적용해 빌려줌으로써 재산을 늘리는 자들은 자기의 기대와 욕망과는 달리 끝내 그것을 자신을 위해 사용하지 못한다. 그 모든 것들은 결국 포괄적인 관점에서 볼 때 자신이 아니라 의로운 자들을 위한 것이 될 따름이다. 즉 욕심이 많은 자가 재산을 소유하고 있지만 그것은 남을 위해 저축하는 것과 다르지 않은 것이다.

어리석은 사람들은 이 세상에서 자기의 욕망을 채우기 위해 열성을 다해 하나님께 기도하는 경우가 많다. 그런 자들은 하나님께 기도하면서 성경에 근거한 아무런 원칙 없이 자기가 원하는 것들을 주저리주저리 나열하며 채워달라고 조르기를 좋아한다. 그렇게 하는 종교행위가 하나님을 향한 기도라 여기고 있기 때문이다.

그런 자들은 자기가 원하는 바대로 성공하고 부자가 되면 그것이 마치 자기의 능력과 많은 기도 덕분에 그렇게 된 것인 양 자랑하기를 좋아한다. 이는 자기의 욕망을 자랑하는 동시에 자신이 얼마나 신앙이 좋은가 하는 점을 부각시키는 것과 같다. 즉 다른 사람들 앞에서 자기가 넘치는 축복을 받은 사람으로 내세우기를 즐겨하는 것이다.

하지만 그것은 여호와 하나님 앞에서의 참된 삶이 아닐 뿐더러 저의 기도는 참된 기도라 말할 수 없다. 그와 같은 잘못된 기도는 하나님께서 결코 기쁘게 받으시지 않는다. 인간의 이기적인 욕망을 충족하기 위한 기도는 하나님께 영광이 되기는커녕 도리어 가증스런 것이다. 따라서 잠언은 그에 관한 분명한 교훈을 남기고 있다.

> "사람이 귀를 돌이키고 율법을 듣지 아니하면 그의 기도도 가증하니라" (잠28:9)

하나님을 향한 성도들의 참된 기도에는 반드시 거룩한 율법이 기초하고 있어야만 한다. 이는 기도하는 자가 제 마음대로 기도할 것이 아니라 하나님의 뜻에 따라 기도해야 한다는 사실을 의미하고 있다. 율법과 아무런 상관없이 제멋대로 기도하는 것은 그 열성이나 형식과 상관없이 이방인들의 기도와 전혀 다를 바 없다(마6:7,32, 참조).

그러므로 우리는 하나님 앞에서 기록된 말씀을 기초로 한 올바른 기도생활을 할 수 있어야 한다. 우리가 여기서 반드시 기억해야 할 바는 기도가 이 세상에서 윤택한 삶을 제공받기 위한 수단이나 도구가 될 수 없다는 사실이다. 나아가 참된 기도는 자기 뜻에 맞지 않는 것에 대한 하나님을 향한 영적인 항의처럼 되어서도 안 된다.

경건한 하나님의 자녀들은 항상 자신의 삶속에서 참된 기도를 이어가야 한다. 사도 바울은 성도들에게 언제 어디서나 쉬지 말고 기도하라는 요구를 하고 있다. 성도들은 일상적인 삶 가운데 진행되는 개인적인 기도를 하며, 자신뿐 아니라 다른 참된 교회와 성도들을 기억하는 마음을 가져야 한다. 성경에는 전체적으로 기도에 관한 내용과 교훈이 되풀이되고 있다. 그 대표적인 몇몇 구절에서도 그와 같은 의미가 분명히 드러난다.

> "쉬지 말고 기도하라" (살전5:17); "기도를 항상 힘쓰고 기도에 감사함으로 깨어 있으라" (골4:2); "아무 것도 염려하지 말고 오직 모든 일에 기도와 간구로, 너희 구할 것을 감사함으로 하나님께 아뢰라" (빌4:6); "만물의 마지막이 가까왔으니 그러므로 너희는 정신을 차리고 근신하여 기도하라" (벧전4:7); "여호와께서 내 음성과 내 간구를 들으시므로 내가 저를 사랑하는도다 그 귀를 내게 기울이셨으므로 내가 평생에 기도하리로다" (시116:1,2)

하나님을 향한 성도의 기도는 신비로운 사건이며 하나님과의 영적이자 실제적인 교제를 의미하고 있다. 성숙한 성도들이 참된 기도를 하기 위해서는 항상 하나님의 말씀을 귀담아 듣는 가운데 고백적으로 기도해야 한다. 사도 바울이 쉬지 말고 기도하라고 요구한 것은 기도회를 많이 열라는 의미가 아니다. 사도들과 당시의 교회 성도들은 성실하게 기도했지만 현대 기독교인들이 생각하는 바와 같은 형식의 기도회를 많이 열지는 않았다. 그럼에도 불구하고 성숙한 성도들은 교회 가운데서 자연스럽게 기도의 삶을 게을리하지 않았던 것이다.

그렇지만 어리석은 사람들은 '기도'라는 종교적인 도구를 통해 하나님을 이용하려는 부당한 태도를 가지고 있다. 그와 같은 종교 행위는 절대 금물이다. 모든 성도들은 교회 중의 공적인 기도와 거기에 이어지는 사적인 기도 가운데 살아가야 하며 온 성도들은 하나님과의 신령한 대화를 떠나지 말아야 하는 것이다. 어떤 경우에도 하나님의 말씀과 그의 거룩한 눈길을 떠나서는 안 되기 때문이다.

3. 악한 자들의 헛된 지혜 (잠28:10-14)

하나님을 경외하는 성도들은 항상 다른 사람들의 부족함이 아니라 자기 자신의 부족함을 먼저 살핀다. 다른 사람은 틀렸고 자신의 주장만 무조건 옳다는 생각을 버린다. 그러나 신앙이 어린 교인들이나 악한 자들은 그렇지 못하다. 그런 자들은 오히려 순진한 자들을 자기가 만든 논리와 주장 속으로 끌어들이기 위해 모든 감정을 동원한다. 그것은 우매한 자를 자기의 잘못된 사고 속으로 끌어들이는 것과도 같다.

정직하게 살아가는 성도들은 하나님의 뜻에 순종하는 삶을 이어가고자 최선의 노력을 기울인다. 이에 반해 세상에서 익힌 왜곡된 논리에 빠진 익숙한 자들은 경험에 따른 자기의 주장을 포기하지 않으며 스스로도 인식하지 못하는 사이에 순진한 자를 자기 세계로 유인하고자 애쓴다. 그렇게 되면 자기가 파놓은 함정 속으로 스스로 빠져 들어가게 된다.

그러나 성숙한 성도들은 하나님의 말씀이 아닌 다른 사람의 부당한 논리에 쉽게 부화뇌동(附和雷同)하지 않는다. 잠언은 그런 성도들이 진정한 복을 얻게 된다는 사실을 언급하고 있다. 이는 악한 자들의 자기중심적인 주장에 동조하여 따라가게 되면 결국 무서운 징계를 당하게 되리라는 사실에 연관되어 있다.

이 세상에서 많은 재물을 끌어모아 부자가 된 자들은 스스로 성공한 것처럼 착각하는 경우가 많다. 그런 자는 자기를 마치 지혜로운 자인 양 여긴다. 이에 반해 물질의 많고 적음에 상관없이 참 지혜롭고 명철한 자들은 자기가 처한 상황을 올바르게 직시하게 된다. 이처럼 사람의 지혜는 세상에서의 출세와 성공여부에 달려 있지 않다.

그러므로 정직하고 의로운 자들이 인정받아 권세를 가지게 되면 모든 것이 원활하게 진행되어 간다. 하지만 사악한 자들이 일어나 세력을 소유하면 심한 압제로 말미암아 백성들이 저들을 피하거나 숨어버린다. 여기서 성실한 지도자들이 많은 것이 백성들에게 얼마나 중요한가 하는 점을 잘 말해주고 있다.

어리석은 자들은 악행을 저지르면서도 자기의 죄를 감추기 위해 온갖 노력을 다 기울인다. 그들은 다른 사람들에게 자기의 정당성을 보이고자 하며 이기적인 욕망을 이루기 위해 위장된 선전을 하기에 급급하다. 하지만 그런 자들은 결코 자기가 원하는 것처럼 형통한 삶을 살아가지 못한다. 오히려 자기 스스로 만든 그물에 걸려 넘어지게 될 따름이다.

이에 반해 신앙이 성숙한 성도들은 자기 자신의 죄에 대하여 냉철하게 대응할 줄 안다. 그렇게 하여 하나님 앞에서 회개하고 자기 죄를 자복함으로써 모든 악행을 버리게 된다. 그와 같은 자들은 주변의 이웃으로부터 긍휼히 여김을 받는다. 성실한 사람들은 자기의 잘못을 깨달아 알게 되고 그 죄에 대한 두려움을 먼저 인식하게 되기 때문이다.

하나님을 진정으로 경외하는 자세를 소유한 성도들은 참된 복이 있는 자들이다. 그에 반해 스스로 자기가 옳다고 여기며 자기중심적으로 사고

하며 행동하는 자들은 마음이 강퍅해지게 된다. 그런 자들은 항상 눈앞에 보이는 사사로운 유익을 추구하지만 결국 예기치 못한 재앙에 빠져들 수 밖에 없다.

4. 악하고 무지한 관원 (잠28:15-18)

국가의 공직자인 모든 관원들은 개인적인 영달을 위해서가 아니라 백성들을 위해 자신을 내어놓은 헌신적 봉사자들이어야 한다. 그런데 만일 그들이 가난하고 힘없는 백성을 부당하게 압제한다면 마치 부르짖는 사자와 굶주린 곰과 같아서 연약한 자들의 것들을 무자비하게 탈취하는 형국과 같다. 간사한 관원들은 백성들을 위하는 척하지만 실상은 자기의 배만 채우면 되는 듯이 여기며 모든 권력을 남용한다.

이에 대해서는 국가 지도자들뿐 아니라 언약공동체를 위해 세워진 직분자들 역시 마찬가지다. 그들은 오직 하나님을 경외하며 성도들과 더불어 선한 삶을 살아야 한다. 하지만 그들 가운데 이기적인 욕망을 가진 나쁜 지도자들은 하나님의 말씀이 요구하는 바 모든 의미를 왜곡하게 된다.

악한 관원들과 나쁜 교회지도자들은 자기가 어떤 목적으로 누구를 위해 그 자리에 앉게 되었는지 모르는 채 그것이 마치 자기의 야망을 위한 도구인 양 여긴다. 개인적인 욕망을 추구하는 무지한 자들은 자기 욕심을 위해서라면 포악한 행동을 거리낌 없이 자행하게 된다. 그것은 매우 불의한 행위로서 모든 지도자들은 개인적인 탐욕을 추구하는 것이 얼마나 악한 일인지 알아야 한다. 그 악행을 미워하여 버리는 자가 지혜로운 백성이다.

사람의 피를 흘리는 자 곧 다른 사람을 부당하게 고통에 빠뜨리는 자는 자기가 놓은 덫을 향해 달려가는 것과 같은 형국이다. 우리가 알고 있는 사실은 사람들이 세상에 살아가면서 남의 피를 흘려 살인하거나 육체적인 상해를 가한 자가 그리 많지 않다는 점이다. 더구나 기독교인들 가운데는 그런 자들을 거의 찾아볼 수 없다. 따라서 여기서 피를 흘린다는 말 가운데는 이웃을 부당하게 괴롭힌다는 상징적인 의미가 내포되어 있다.

그러므로 누구든지, 자기는 결코 살인하거나 폭력을 행사하지 않았기 때문에 결단코 남의 피를 흘린 적이 없다고 단정적으로 말할 수 없다. 개인이 짧은 생각으로 내뱉은 말 한마디 행동 하나가 다른 사람들의 피를 흘리게 할 수 있기 때문이다. 그런 자들은 이기적인 목적 때문에 악행을 저지르지만 결국 패망의 길을 향해 나아갈 수밖에 없다. 솔로몬은 인간의 힘으로는 악한 자들의 그와 같은 소행을 어떻게 막을 도리가 없다는 사실을 언급하고 있다.

하나님의 말씀에 온전히 순종하며 성실하게 행하는 성도들은 무서운 고통으로부터 구출받게 된다. 하지만 스스로 자기의 정당성을 내세워 악행을 되풀이하는 자들은 자기 논리에 걸려 넘어질 수밖에 없다. 참 지혜로운 자들은 자기 내면에 도사리고 있는 사악함을 보게 되는데 반해 어리석은 자들은 자신의 정당성을 주장하기에 급급하다가 끝내 자기 발에 걸려 넘어지게 되는 것이다.

5. 성실한 자와 방탕한 자 (잠28:19-24)

자기에게 맡겨진 일에 성실한 성도들은 하나님 보시기에 건전한 삶을 살아가기 위해 최선의 노력을 기울인다. 그들은 자기의 토지를 경작하며 맡은 일을 위해 온 힘을 기울이며 타인의 것들을 넘보지 않는다. 그와 더불어 하나님께서 자기에게 허락하신 양식으로 감사하게 먹고 살아가며 그로부터 임하는 삶의 의미를 생각하게 된다.

그러나 자기의 소유물을 건실하게 관리하지 못하고 무책임하게 사용하는 자들은 그렇지 않다. 그들은 세상의 욕정을 채우기 위해 방탕한 삶을 추구하며 일시적인 만족을 꾀하며 인생을 허비한다. 그런 자들의 인생의 결과는 진정한 풍요로움이 아니라 도리어 궁핍한 삶에 직면하게 된다.

그러므로 자기의 일에 성실한 자세로 임하는 성도들은 참된 복을 누리는 가운데 살아간다. 그에 반해 남의 것들이 자기의 손아귀에 들어오기를 바라며 속히 부자가 되고자 하는 자들은 정신적으로 안정된 삶을 누릴 수 없다. 그들은 세상에서 부유하게 살아가기를 원하지만 장차 예기치 못한 형벌에 직면하게 된다.

또한 누구든지 개인적인 인간관계나 사사로운 인정으로 인해 다른 사람의 낯을 봐주는 행위를 하지 말아야 한다. 이는 주관적인 생각으로 인한 굽은 판단과 더불어 부당한 것을 정당한 것인 양 받아들이는 태도에 연관되어 있다. 따라서 어떤 사람이 자기가 상처를 입은 피해자인 양 등 뒤에서 누군가를 비방하며 동정을 유발할 때 정확한 판단 없이 그 말을 인정하거나 액면 그대로 받아들여서는 안 된다. 그것은 객관성이 결여되어 이웃의 관계를 허무는 위험천만한 일이 될 수 있기 때문이다.

잠언은 그와 더불어 한 조각의 떡을 위하여 범법하는 것도 그와 마찬가지란 사실을 언급하고 있다. 이는 대수롭지 않은 떡 한 조각을 얻어먹기 위해 잘못된 뒷말을 듣고 동정하는 듯한 태도를 보이는 것을 포함한다. 즉 일시적인 분위기를 맞추기 위해 어설픈 동정심을 보이며 고자질하듯 불평하는 자의 말에 참여하는 것이 문제가 된다.

세상에 존재하는 것들을 바라보고 탐하면서 이기적인 욕망에 가득한 자들은 세상의 재물을 얻기에만 급급하다. 그러면서도 곧 이르게 될 자신의 빈궁한 상태에 대해서는 아무런 예견을 하지 못한다. 그런 자들은 현실주의의 늪에 빠져 눈앞에 놓인 현재적 만족과 즐거움을 추구하기에 급급할 따름이다.

성숙한 신앙인들은 잘못된 사고와 행동을 하는 자들에 대하여 정당한 책망을 할 수 있어야 한다. 그러나 어리석은 자들은 남의 등 뒤에서 험담하는 자의 이야기를 듣고 그에 동정심을 보인다. 그것은 순간적인 분위기로 말미암아 저에게 아첨하는 것과 다르지 않다. 그래서 잠언은 주관적인 판단으로 악을 행하는 자를 경책하는 자가 입술로 상대방에게 아첨하는 자보다 훨씬 낫다는 말을 하고 있다. 우선은 냉철하게 보일지 모르지만 정당한 책망을 하는 자들이 나중에 사람들로부터 진정한 인정을 받게 된다.

우리가 여기서 극히 주의해야 할 점은, 교회공동체 안에서 다른 사람으로부터 받은 상처를 남에게 함부로 이야기하지 말아야 한다는 사실이다. 그 말을 듣게 되는 사람은 상처를 입었다고 주장하는 사람에게 감정적인 동정심을 가지게 되며, 상처를 입혔다고 간주된 사람에 대해 부당한 오해를 할 수밖에 없다. 그렇게 되면 주관적인 동정심을 유발하게 되고 동시에 또 다른 한 사람을 부당한 눈으로 바라보게 할 우려가 따른다.

우리는 모든 인간들이 서로간 상처를 입히고 입는 경우를 끊임없이 되풀이하고 있다는 사실을 기억해야 한다. 자신이 상처를 받기도 하지만 자기가 남에게 더 큰 상처를 주고 있다는 사실을 잊어서는 안 된다. 대개의 경우는 자기가 남으로부터 받은 상처보다 남이 자기로 인해 받은 상처가 훨씬 더 클 것이기 때문이다.

그럼에도 불구하고 어리석거나 연약한 자들은 자기가 남에게 입힌 상처는 염두에 두지 않은 채 자기가 받은 상처에만 예민한 신경을 쓰게 된다. 모든 인간은 근본적으로 자기 입장에서 사태를 파악하고자 하며 자기편에서 말할 수밖에 없는 존재이기 때문이다. 따라서 성도들이 어떤 문제에 직면하게 될 때 반드시 기억해야 할 중요한 점은 항상 교회공동체를 염두에 두어야 하며 먼 장래에 살아갈 교회의 자녀들을 위한 마음을 가지고 있어야 한다는 사실이다. 전체 교회와 상속되어 갈 미래의 교회를 염두에 두지 않는 자기중심적인 판단과 행동은 문제의 소지가 클 수밖에 없다.

그러므로 잠언은 언약의 백성들에게 이기적인 생각을 완전히 버리라는 요구를 하고 있다. 자신의 소유와 영역이 아닌 것을 자기의 것으로 착각하지 말라는 것이다. 잠언에서는 이를 부모의 재산과 연관지어 설명하고 있다.

부모의 재물을 제 맘대로 자기의 것이라 판단하고 행동하는 것은 부모의 소유를 도적질하는 것과 마찬가지다. 그럼에도 불구하고 그것을 죄가 아니라고 여기는 자는 멸망케 하는 자들과도 같다. 자기의 소유가 아닌 것을 자기의 재물이라 여기면서도 왜곡된 정당성을 찾는 것은 지극히 어리석은 행동에 지나지 않는다. 이는 욕망이 가득한 자들의 매우 유치한 이기심의 결과라 말하지 않을 수 없기 때문이다.

6. 여호와 하나님을 의지하는 의인 (잠28:25-28)

마음에 탐욕이 가득한 자들은 다른 사람의 이기적인 탐욕과 맞부딪칠 수밖에 없다. 하나님의 자녀들은 세상의 욕망을 포기함으로써 그 문제를 피해야 한다. 그것을 위해 성도들에게는 하나님으로부터 계시된 말씀에 따른 거룩한 법질서가 존재한다. 따라서 여호와 하나님을 온전히 의지하는 성도들은 천상의 소망과 더불어 진정으로 풍족한 삶을 누리게 된다.

그에 반해 미련한 인간들은 자신의 부패와 무능을 전혀 인식하지 못한다. 그들은 자신의 판단을 무조건 옳은 것으로 신뢰한다. 우리가 반드시 기억해야 할 바는 성숙한 성도는 하나님의 말씀에 순종하며 개인적인 판단에 의존하지 않는 지혜로운 자세를 유지해야 한다는 사실이다. 그것이 저에게 올바른 판단력과 더불어 진정한 구원을 제공할 것이기 때문이다.

그리고 우리가 소유해야 할 가장 기본적인 개념은, 인간은 누구나 자기 자신이 믿을 만한 인격자가 되지 못한다는 점을 깨달아야 한다는 사실이다. 스스로 자기가 신뢰할 만하다고 여기면 그것으로부터 모든 것들을 해석하려는 심각한 오류에 빠지게 된다. 이는 다른 사람의 생각과 판단이 자기의 주장보다 더 객관적이며 정확할 것이라는 사고의 여유가 있어야 한다는 점을 말해준다.

따라서 다른 사람들을 빗대어 자기 생각이 무조건 옳다고 여기는 것은 지극히 미련한 판단에 지나지 않는다는 사실을 염두에 두어야 한다. 그럼에도 불구하고 어리석은 자들은 끊임없이 자기와 생각이 통할 것 같은 자들을 찾아내어 가까이 하기를 좋아한다. 그렇게 함으로써 옳지 못한 자기의 주장이 옳은 것으로 만들어가기에 힘을 쏟아 붓게 된다.

잠언은 또한 모든 성도들은 항상 어려움에 처한 이웃을 기억하지 않으면 안 된다는 사실을 언급하고 있다. 가난하고 힘든 사람에게 긍휼을 베풀면서 저들과 함께 살아가는 방법을 찾아야 하며, 저들로 하여금 지나친 궁핍에 빠지지 않도록 애써야 한다. 어려운 형편에 놓인 자들을 못 본체하여 외면하는 자에게는 무서운 저주가 임하게 된다.

하나님을 멸시하는 악한 자들이 득세하게 되면 사람들이 그런 자를 피하여 숨게 된다. 여기서 악한 자들이 득세한다는 말은 하나님을 떠나 인간들의 사조를 유포하고 공유하는 상황을 의미한다. 그런 자들이 편만하게 되면 그 사회가 어지러워질 수밖에 없다. 반대로 그런 악한 자들이 패망하면 도리어 의인들이 많아져 바른 분위기가 형성된다. 이는 악인의 멸망과 소멸이 곧 정의로운 사회를 가지고 온다는 사실을 말해주고 있다.

제35장

언약의 백성과 견고한 나라

(잠29:1-27)

1. 책망을 거부하는 자의 어리석음 (잠29:1,2)

이 세상에 살아가는 인간들 가운데 완벽한 자는 없다. 중요한 점은 자신의 연약함을 깨닫고 그 사실을 실제적으로 인정하는 것이다. 따라서 지혜로운 성도는 건전한 주변 사람들의 진심어린 책망을 귀담아 듣는다. 성숙한 성도란 아무런 잘못이 없는 사람이라기보다 자신의 부족함을 알고 그것을 고치려 하는 자세를 가진 자들이다.

이에 반해 어리석고 미련한 자들은 다른 사람의 책망을 들으려 하지 않는다. 그런 자들은 대개 자신이 가장 옳다는 착각을 하고 있다. 더욱이 잦은 책망을 받으면서도 자기의 고집을 꺾지 않으려는 목이 곧은 자들은 패망을 눈앞에 두고 살아가는 것과 마찬가지다. 그와 같은 태도를 버리지 않는다면 무서운 재앙을 결코 피하지 못한다.

진실로 의로운 자들은 이웃의 건전한 권면과 책망을 기꺼이 받아들여 반성하는 자세를 가진다. 자신의 과오를 알고 진정으로 뉘우치기 때문이다. 사회 가운데 그런 사람들이 많아지게 되면 모두가 여유로운 마음으로 살아갈 수 있게 된다. 따라서 건전한 사회를 이루어가기 위해서는 사랑의 마음으로 서로의 잘못을 견책하는 가운데 균형잡힌 자세를 유지해야 한다.

그렇지만 타락한 세상은 대개 그렇지 못하다. 많은 사람들이 자기의 욕망을 추구하기에 급급할 뿐 하나님과 그의 뜻에 순종하며 살아가기를 거부한다. 만일 그런 사람들이 지도자가 되어 권세를 소유하게 되면 백성들의 입에서 탄식소리가 나올 수밖에 없다.

국가를 비롯한 일반사회뿐 아니라 하나님의 몸된 교회에도 그와 같은 양상이 나타난다. 공동체 가운데서는 서로간 권면하며 신실하게 책망하는 가운데 삶을 공유해야만 한다. 하나님을 진정으로 경외하는 성도들이 교회의 직분자가 되어 교회를 섬기게 되면 모든 성도들이 하나님 안에서 즐겁고 감사한 삶을 누리게 되지만, 배도에 빠진 자들이 직분을 맡게 되면 교회는 그 본질적인 성격을 상실하게 되어 성도들이 탄식할 수밖에 없게 된다.

2. 언약의 상속과 보존 (잠29:3-7)

언약의 백성들은 항상 하나님으로부터 제공된 참된 지혜를 삶의 중심에 두고 살아가야 한다. 그 지혜를 사모하는 자는 그것이 자신에게 유익이 될 뿐 아니라 자기 아버지의 마음을 즐겁게 해주게 된다. 그것은 가정을 통해 하나님의 언약이 상속되어 간다는 사실을 입증하고 있기 때문이다.

그러나 배도에 빠진 자들은 참된 지혜를 버리고 세상의 약삭빠른 꾀를 지혜로 여기며 그것을 받아들이기를 좋아한다. 그들은 이 세상에서 쾌락을 누리며 만족스럽게 살아가는 것을 최고인 양 착각하고 있다. 그들은 장차 허락될 영원한 삶이 아니라 일시적인 현실의 욕망에 눈이 멀어 있는 것이다.

그와 같은 삶에 익숙한 자들은 모든 재물이 인간의 욕망을 채우기 위해 필요한 도구가 되는 것으로 여긴다. 이는 돈을 많이 벌고 싶은 것도 결국은 자기의 인생을 즐기기 위한 수단으로 인식되는 것과 연관되어 있다. 그들은 그 돈으로 더러운 창기들과 사귀며 쾌락을 누리는 가운데 흡족스러워 한다. 그런 자들은 하나님의 말씀을 버림으로써 언약을 상속받는 것을 거부하게 된다.

또한 그 모든 의미는 언약을 소유한 민족공동체 가운데 드러나고 적용되어야 한다. 그것을 위해서는 통치자인 왕과 그의 지시를 받는 관료들이 공의로 다스림으로써 나라를 안전하고 견고케 해야 한다. 그러나 부패한 왕국에서는 참된 정의가 사라지고 온갖 부정과 비리로 얼룩지게 된다.

그런 악한 지도자들은 백성들로부터 부당한 뇌물을 받기 좋아할 뿐 아니라 이권에 연관된 자들에게 억지로 뇌물을 내도록 강요한다. 그것은 권력으로써 백성들의 소유물을 탈취하는 것과 같다. 그와 같이 악한 사람들이 나라를 다스리게 되면 그 나라는 결국 패망에 이를 수밖에 없게 된다.

안전하고 견고한 나라에서는 성실한 백성들이 평온한 환경을 누리며 살아간다. 그에 반해 악을 행하며 조장하는 나라에서는 위정자들의 학정으로 인해 백성들이 억압받아 심한 고통을 당하게 된다. 그와 같은 안타까운 상황에 처하면 백성들이 서로 반목질시하며 상호 불신하는 분위기를 연출할 수밖에 없다.

악이 득세하게 되면 권력을 가진 강한 자들이 순박한 백성들을 기만하여 부당한 방법으로 저들의 소유물을 가로채고자 한다. 그런 분위기를 알아채는 약삭빠른 사람들은 자기보다 강한 자에게 아첨하기를 좋아한다. 그와 같은 사고를 하는 자들은 권력에 아첨하는 자신의 처신이 최고의 생존전략이라 여기게 된다.

그렇지만 남에게 아첨하기를 좋아하는 사람은 지극히 어리석은 자로서 자기의 발 앞에 덫이나 그물을 치는 것과 같다. 즉 그것은 스스로 자기 앞에 올무를 놓는 미련한 행위에 지나지 않는다. 자기에게 돌아올 눈앞의 일시적인 부당한 유익을 얻기 위해 잔꾀를 부리다가 엄청나게 큰 낭패를 당하게 되는 것이다.

이처럼 나라가 부패하면 하나님을 경외하지 않는 악한 자들이 이기적인 목적을 추구하며 범죄하는 경우가 많아진다. 그런 자들에게는 스스로 저지른 부당한 행위가 자신에게 올무가 되지만 현실에 눈이 멀어 그에 대한 인식을 전혀 하지 못한다. 하나님을 멸시하는 어리석고 미련한 자들은 그 실상에 관한 올바른 지식을 소유할 수 없기 때문이다.

그에 반해 하나님을 온전히 섬기고자 하는 성도들은 이웃을 이용하여 자신의 이익이나 부귀영화를 추구하려고 하지 않는다. 타락한 세상의 논리로 볼 때는 융통성이 없어 보이는 그런 삶이 답답하고 미련하게 여겨질 수 있다. 하지만 좌로나 우로 치우치지 않는 성숙한 성도들의 그런 삶이 온전한 신앙자세이다. 하나님을 경외하는 의인들의 삶은 항상 영원한 소망을 소유함으로써 그것으로 즐거운 노래를 부르며 기쁨을 누리는 기초로 삼는다.

잠언은 또한 의인이라면 가난한 이웃의 사정을 살펴 알게 된다는 사실을 언급하고 있다. 그와 달리 하나님을 모르는 악한 자는 가난한 이웃의 어려움에 대해 아무런 관심을 기울이지 않으므로 그 실상을 알지 못한다. 그들은 오직 자기의 삶을 윤택케 하는 일에만 관심을 집중할 뿐 아니라 가난한 사람들의 얼마 되지 않는 것마저 자기의 소유로 만들기 위해 온갖 술수를 다 부린다.

그렇지만 성숙한 하나님의 자녀들은 이땅이 아니라 영원한 천국에 소망을 두고 이웃과 더불어 살아간다. 그들은 가정에서 언약을 소중히 여겨 그것이 지속적으로 상속되어 가도록 애쓰며 언약공동체 가운데서도 그렇게 되도록 최선의 노력을 기울인다. 그것을 통해 가정과 나라는 하나님의 언약을 지키며 보존해 가게 되는 것이다.

3. 슬기로운 성도의 선한 역할 (잠29:8-11)

잠언은 여호와 하나님을 멸시하는 오만한 자들이 주관적인 판단에 따라 공동체의 평화로운 분위기를 해치고 한 성읍을 요란하게 만든다는 사실을 언급하고 있다. 주변 이웃을 염두에 두지 않은 채 개인적인 욕망을 근간으로 하여 각기 자기주장을 펼치다보면 혼란이 발생할 수밖에 없다. 그것은 전체 사회에 심각한 불안요소를 일으키게 된다.

그에 반해 슬기로운 자들은 개인적인 욕심을 추구하지 않는다. 그들은 항상 주변의 다른 이웃을 기억하며 언약공동체를 기억하는 가운데 신실하게 말하고 행동한다. 그렇게 함으로써 화평을 도모하며 건실한 사회를 이끌어 가는 것이다.

타락한 인간들이 살아가는 사회에는 예기치 못한 다양한 문제들이 발생하기 마련이다. 하나님을 믿는 언약공동체 가운데서도 항상 그와 같은 불안한 요소는 존재하고 있다. 그런 중에 지혜로운 성도들과 미련한 자들은 서로간의 근본적인 가치관이 다르기 때문에 상호 부딪치게 된다.

지혜로운 자와 미련한 자가 서로 다투게 되면 어떤 일이 발생하게 될까? 당연히 지혜로운 자는 하나님을 멸시하는 미련한 자를 강하게 책망할 수밖에 없다. 경우에 따라서는 말귀를 알아듣지 못하는 자들을 위해 구슬리기도 하지만 그 어리석은 자들은 끝내 지혜의 말씀을 받아들이지 않는다. 미련한 자들은 제멋대로 판단하며 무모한 행동을 하는데 반해 지혜로운 자는 공동체를 세우기 위해 참고 인내하게 된다. 하지만 세상의 잘못된 가치관에 저항하는 의인들은 항상 상당한 어려움을 당하게 된다.

그리하여 악한 자들은 결국 그 본성을 사람들 앞에 드러내게 된다. 정당하지 못하여 남의 피 흘리기를 좋아하는 자가 도리어 온전한 자를 미워하며 기고만장(氣高萬丈)한 모습을 보인다. 그런 태도를 가진 사악한 자들은 자기의 욕망을 이루기 위해 심지어 정직한 사람의 생명을 노리기까지 한다. 이는 개인적인 목적을 달성하기 위해서는 수단과 방법을 가리지 않는 자들의 사악한 본성을 그대로 보여주고 있다.

따라서 하나님을 경외하지 않는 어리석은 자들은 자기의 잘못에도 불구하고 도리어 큰소리를 치며 스스로 분노한다. 이는 자기의 악행을 인정하지 않고 세상적인 논리로 모든 것을 해석하려는 자세를 가진 것에 연관되어 있다. 그에 반해 지혜로운 자는 자신의 분노를 억제하게 된다. 그들은 자기를 대적하는 자가 악하기는 하나 개인에 대한 안타까움과 언약공동체에 대한 전반적인 형편을 염두에 두고 살아가기 때문이다.

우리가 여기서 기억해야 할 바는 주관적인 입장에서 분노를 터뜨려 다른 사람들 앞에서 자기의 주장을 내세우게 되면 그 문제가 확대 재생산된다는 사실이다. 그런 자들은 주변의 동의를 구하기 위해 과장된 방법을 동원해 무고한 이웃을 더 크게 비방할 것이다. 그렇게 되면 하나님의 말씀을 외면하는 잘못된 자가 여러 사람들을 찾아다니며 자기가 얼마나 정당한지에 대한 점을 부각시키려 애쓰게 된다.

4. 견고한 나라의 근본 (잠29:12-16)

국가를 이끌며 정치하는 통치권자와 고위 공직자들이 정의롭지 못하여 사람들을 이용해 거짓을 요구하거나 사악한 자들의 술수에 귀를 솔깃해 하는 것은 위험천만한 일이다. 국가 지도자들이 개인의 정략적 욕망을 추구하며 잘못된 것들을 받아들이게 되면 그 아래서 일하는 모든 하위직 관료들도 그 악한 자리에 머물 수밖에 없을 것이기 때문이다. '윗물이 맑아야 아랫물이 맑다' 고 하는 우리 속담처럼 고위층이 부패하면 나라 전체가 부패하게 되는 것이다.

그러나 고위 공직에 있는 자들이 성실하게 법질서를 잘 지킨다면 하위직 공직자들뿐 아니라 전체 백성들이 평화로운 삶을 살아가게 된다. 그것은 서로간 신뢰하는 마음을 가지도록 하며 이웃 사이에 신뢰하는 관계를 유지하도록 해 준다. 따라서 나라에 속한 백성들에게 있어서 신실한 지도자를 두는 것은 매우 중요한 일이다.

이에 대해서는 과거뿐 아니라 우리 시대의 교회와 국가 역시 마찬가지다. 국가의 정치가들이 성실하고 정의로우면 그 나라의 백성들이 안전한 삶을 누리게 되지만 그렇지 않을 경우 국가는 불신이 가득한 위기에 직면하게 된다. 또한 지상에 존재하는 교회공동체 역시 그와 동일하다. 목사, 장로, 집사 등 교회의 직분자들이 하나님을 경외하는 신실한 성도들이라면 교회는 온전한 신앙을 유지하게 된다. 그렇지 않을 경우 교회와 그에 속한 성도들은 심각한 혼란을 겪을 수밖에 없게 된다.

그렇지만 타락한 인간들이 살아가는 이 세상에는 항상 다양한 문제들이 생겨날 수밖에 없다. 부자와 가난한 자들이 한 곳에서 뒤섞여 살아가는 가운데는 정직하지 못한 자와 포학한 자들이 터를 잡고 있다. 하나님께서는 선악간 모든 사람들에게 빛을 통해 앞을 바라볼 수 있는 눈을 주셨다. 이는 언약의 왕국 가운데 존재하는 백성들은 계시된 말씀에 근거한 올바른 시각을 가져야 한다는 사실을 말해주고 있다.

국가를 다스리는 왕은 항상 가난한 자들이 부당하게 박해를 받거나 착취를 당하지 않도록 살펴 감독해야 할 책임과 의무를 지닌다. 혹 그 가운데 문제가 발생하면 성실하게 판결해야 한다. 그렇게 할 때 그 나라가 견고하게 세워져 갈 수 있게 된다. 이에 대해서는 우리 시대의 교회공동체 역시 마찬가지이기 때문에 모든 성도들은 그에 대해 여간 깊은 주의를 기울이지 않으면 안 된다.

그러므로 잘못한 사람들에게는 때로 채찍과 꾸지람을 통한 교육이 필요하다. 그렇게 함으로써 저들이 참된 지혜를 소유할 수 있게 된다. 저들의 악행에도 불구하고 가만히 내버려두게 되면 저로 하여금 패망의 길을 가도록 방치하는 것과 같다. 그런 자들은 가정과 교회를 통해 상속받아야 할 언약을 멸시함으로써 그 부모를 욕되게 할 수밖에 없다.

어느 사회나 공동체든지 악한 자들이 많아지면 그와 더불어 죄악도 넘쳐나게 된다. 그 결과 개인이나 가정, 그리고 국가도 패망을 향해 나아가게 된다. 이에 대해서는 언약공동체인 우리 시대 교회도 그와 동일한 결과를 가져온다. 만일 교회 가운데서 행악하는 자들을 책망하지 않고 방치하게 되면 교회의 순결한 모습을 상실하게 된다. 그렇게 되면 장차 궁극적인 상황에서 하나님을 경외하는 의인들이 악한 자들의 패망을 보게 된다. 이는 물론 여호와 하나님의 편에 선 의인들의 최종적인 승리를 말해주고 있다.

5. 엄한 징계와 참된 사랑 (잠29:17-23)

잠언은 언약의 백성들을 향해 자기 자식을 징계하라는 요구를 하고 있다. 자식의 바람직하지 못한 사고나 행동을 방치하는 것은 결코 참된 사랑이 아니다. 잘못된 생각이나 그릇된 행동을 올바르게 고치지 않게 되면 자녀뿐 아니라 잘못된 삶을 지켜보는 부모에게도 커다란 고통이 될 수밖에 없다.

그러므로 자식을 징계하여 올바른 길로 인도해야만 그 부모의 마음이 평안하게 된다. 또한 그것이 마음속에 진정한 기쁨을 제공한다. 하나님을 경외하는 지혜로운 부모는 이에 대한 의미를 알고 있기 때문에 자식의 잘못을 징계하는 일을 결코 게을리하지 않는다.

또한 언약의 왕국 가운데 하나님으로부터 계시된 말씀이 제자리에 위치해 있지 않으면 백성들이 방자해져 무질서한 사회가 된다. 이에 대해서는 언약의 공동체인 지상교회에도 동일한 상황이 전개된다. 하나님의 말씀이 삶의 중심에서 벗어나 있게 되면 어리석은 자들이 저마다 자기 판단에 따른 무모한 행동을 할 것이기 때문에 질서가 허물어져 교회가 혼란스러워질 수밖에 없다.

그렇지만 하나님의 율법을 온전히 지키는 성도들은 참된 복을 소유하게 된다. 이는 개인적인 삶에 근거한 것이기도 하지만 나라와 언약공동체에 연관된 의미를 지니고 있다. 즉 하나님을 경외하는 자들이 모인 공동체 가운데서는 온전한 신앙인의 삶이 드러남으로써 세대를 이어 언약이 상속되어 가기 때문이다.

잠언은 또한 자기 집에서 일하는 종은 단순한 말만으로 바로잡아 가르칠 수 없다는 사실을 언급하고 있다. 이는 경우에 따라서는 적절한 제재와 엄한 징계가 동반되어야 함을 의미한다. 같은 집 안에서 일을 하는 주종관계에서 냉정한 지도 없이 말로만 하게 되면 나중에는 주인의 말을 멸시하여 그것을 청종하지 않을 우려가 따르게 될지 모른다는 것이다.

모든 인간은 제분수를 알고 그것을 지키며 살아가야 한다. 세상에서 발생하는 일반적인 인간관계에 있어서도 그렇다. 종을 어렸을 때부터 인격적으로 곱게 양육하면 나중에는 그가 마치 자식인 양 거만한 행세를 하게 된다. 종은 자기의 신분에 대한 올바른 이해를 하는 가운데 맡겨진 일을 성실하게 감당할 때 그 주인으로부터 진정으로 인정받을 수 있다. 그에 지나쳐 오만하게 행동하면 결국 그 자리에서 쫓겨날 수밖에 없게 된다.

이 말씀은 사람이 인격적으로 잘 대해줄 때 그 마음을 겸손하게 받아야 한다는 사실을 말해주고 있다. 어리석은 사람들은 자기에게 심하게 대하는 자에게는 깍듯이 대하면서 인격적으로 잘 예우해주는 사람에게는 막대하려는 속성을 지니고 있다. 그것은 결단코 있어서는 안 될 일이다. 따라서 성숙한 성도들은 자기의 분수와 위치를 알고 모든 사람과의 관계에서 겸손한 삶을 유지할 수 있어야만 한다.

또한 사람은 기본적으로 자기 입술에서 나오는 언어사용에 조급해서는 안 된다. 즉 충분한 확인과 더불어 올바른 판단이 서지 않은 상태에서 성급하게 말하는 것은 사사로운 감정에 휩싸이거나 책임질 수 없는 무책임한 말을 내뱉는 것에 지나지 않을 수 있기 때문이다. 그렇게 하는 것은 지극히 어리석은 행위라 할 수 있다. 그러므로 잠언은 조급하게 자기주장을 펼치는 사람들보다는 차라리 미련한 자들에게 희망을 둘 수 있음을 언급하고 있다.

이기적인 인간들은 자기가 원하는 바가 이루어지지 않으면 쉽게 분노한다. 그런 자들은 사람들 사이에서 갈등을 유발하며 다투기를 되풀이하면서 죄의 자리에 빠져들게 된다. 자기중심적인 삶에 익숙한 자들은 개인적인 유익을 추구하기 위해 온갖 갈등과 다툼을 일으키지만 그 결국은 자신이 손해를 보게 될 따름이다.

그러므로 지혜로운 사람들은 항상 이웃을 위해 살아가기를 좋아하며 겸손한 삶의 자세를 유지하게 된다. 이에 반해 어리석은 자들은 이기적이고 교만한 태도를 쉽게 버리지 못한다. 그런 사람들은 자기가 바라는 바와는 달리 주변 이웃에 의해 멸시를 받을 수밖에 없다. 그렇지만 이웃을 기억하는 가운데 겸손한 삶을 살아가는 사람들은 이웃으로부터 진정한 인정을 받아 존경받게 된다.

6. 하나님을 의지하는 신앙인의 삶 (잠29:24-27)

신실하고 성숙한 성도들은 자기의 소유를 주변의 가난한 이웃과 적절하게 공유하기를 좋아하며 그에 조화되는 삶을 살아간다. 그에 반해 악한 사람들은 항상 다른 사람의 소유를 자기의 것으로 만들기 위해 온갖 약은 술수를 다 쓴다. 그런 자들은 실상 남의 것을 탐내는 도둑의 심보를 가진 것과 같다.

그러므로 잠언은 도둑과 짝하는 자는 자기의 영혼을 미워하는 자라는 사실을 언급하고 있다. 세상적인 관점에서 볼 때는 남의 재물을 자기의 것으로 만드는 교묘한 능력을 소유한 사람들이 유능하고 매력적으로 보일 수 있다. 따라서 어리석은 자들은 악한 자들과 짝하며 저들과 밀착하여 살아가기를 좋아하게 된다.

하지만 그와 같은 삶은 자기를 위하는 것이 아니라 도리어 자기를 크게 해치는 것이 된다. 그런 자는 법정에 서서 선서를 한다고 해도 사실 그대로 말하지 못하며, 누군가 자기를 심하게 비난하며 저주하는 소리를 듣는다고 해도 아무런 반박을 하지 못한다. 설령 남의 것을 직접 착취하지 않았을지라도 그것을 주도한 자와 함께 있었으므로 그와 공모한 것이 되기 때문이다.

이 세상에 살아가면서 주변 사람의 눈을 두려워하는 자들은 올무에 걸리게 된다. 그들은 일관성 있게 모든 것을 사실대로 말하고 행동하는 것이 아니라 이해관계가 성립되는 대상에 따라 달리 반응하게 되기 때문이다. 일시적인 자기변명은 영구할 수 없으며 결국 자기의 잘못된 판단이 올무가 되어 스스로 그에 걸려 넘어지게 된다.

지혜로운 성도들은 이 세상이 아니라 오직 여호와 하나님을 의지하며 살아간다. 그런 자들은 우선 보기에 즉각적인 성과를 도출해내지 못하기 때문에 무능한 자로 비쳐질 수 있다. 하지만 그런 자들이 진정으로 안정된 삶을 살아가는 자들이다.

어리석은 많은 사람들은 자기의 어려운 문제를 해결하기 위해 통치자나 법적인 권세를 가진 자의 환심을 사려고 애쓴다. 그렇게 하는 것이 자기에게 유익한 판결이 내려질 것으로 생각하기 때문이다. 하지만 사람들이 판단하고 행하는 모든 일에 대한 작정은 여호와 하나님의 원대한 경륜에 연관되어 있다.

따라서 성도들에게 무슨 일이 발생하게 될 때 사람들로부터 인정받으려

해서는 안 된다. 그런 마음을 먹게 되면 자기주장만 펼치면서 주변 사람들의 반응에 민감하여 눈치를 살피게 된다. 그것은 결코 올바른 신앙인의 자세라 말할 수 없다. 우리에게 있어서 가장 중요한 것은 하나님을 진정으로 경외함으로써 그로부터 인정받는 삶이 가장 소중하다는 사실을 깨닫는 것이다.

그러므로 의인과 악인의 근본적인 가치관은 서로 달라 확연히 구별된다. 악한 자들은 불의한 사안을 두고 저들끼리 모의하여 마치 타당성이 있는 듯이 떠벌리지만 의인들에 의해 인정받지 못하며 미움을 받는다. 이와 달리 신실한 성도들은 하나님의 뜻을 벗어난 저들의 잘못을 인정하지 않으므로 인해 저들로부터 심한 미움을 받게 된다.

제36장

아굴(Agur)의 잠언과 메시아 예언
(잠30:1-33)

1. 아굴을 통해 계시된 잠언 (잠30:1)

성경의 잠언은 솔로몬이 하나님으로부터 계시 받아 기록한 내용들이 거의 대부분이다. 그러나 마지막 두 장은 솔로몬이 아닌 다른 성도들이 기록했다. 그 가운데 제30장은 야게(Jakeh)의 아들 아굴(Agur)이 기록한 것으로서 그가 나중 이디엘(Ithiel)과 우갈(Ucal)에게 전한 것이다.

성경에는 아굴의 개인적인 신상에 관한 자세한 기록이 나타나지 않는다. 하지만 누구나 짐작할 수 있는 점은 그가 이스라엘 민족 가운데 지혜자로서 교사의 지위를 가졌을 것이라는 사실이다. 하나님께서는 그를 통해 언약의 백성들이 실제적인 삶 가운데 받아들여 적용해야 할 잠언을 계시하셨다.

그리고 그를 통해 주어진 잠언은 나중 영원한 진리를 분별하는 기능을 담당한 제사장 회의에서 확증했을 것이 분명하다.[5] 적어도 막연하게 그것

---

5) 이광호, 『개혁조직신학』 (서울: 칼빈아카데미<CNB 519>, 2012), pp.58-62 참조.

을 하나님의 진리인 성경에 포함시키지는 않았을 것이기 때문이다. 그의 잠언은 솔로몬의 잠언보다 전혀 열등하지 않으며 동등한 권위를 지니고 있다.

우리가 여기서 알 수 있는 점은 하나님께서는 반드시 유명한 인물을 통해 잠언을 계시하신 것이 아니라 이름이 널리 알려지지 않은 성도들을 통해서도 잠언을 계시하신다는 사실이다. 만일 모든 잠언을 솔로몬이 기록했다면 신앙이 어린 자들은 그것을 특정 개인의 말로 받아들일 우려가 생겨날지 모른다. 그러나 하나님께서는 솔로몬 이외 다른 성도들을 계시적 잠언을 전달하는 선한 도구로 사용하심으로써 모든 잠언이 하나님으로 말미암은 예언의 말씀이란 사실을 분명히 보여주셨다.

2. 무지한 인간과 완벽한 하나님의 말씀 (잠30:2-6)

아굴은 신앙이 성숙한 매우 겸손한 성도였던 것이 틀림없다. 따라서 그는 잠언의 맨 앞부분에서 자신을 비천하고 지혜롭지 못한 자라는 점을 언급하고 있다. 자기는 다른 지혜로운 사람들에 비하면 마치 짐승과 같은 정도에 지나지 않기 때문에 많은 성도들이 소유한 총명함이 없음을 고백했던 것이다. 그리고 그는 하나님의 지혜를 온전히 배우지 못했으며 거룩하신 하나님을 아는 지식이 부족하다고 말했다.

오히려 우리는 여기서 그의 순전한 고백을 통해 그가 참 지혜로운 성도라는 사실을 알게 된다. 그는 진실로 지혜로운 자로서 여호와 하나님 앞에서는 미물(微物)에 지나지 않는 인간 본래 모습을 묘사하고 있다. 이 고백 가운데는 지극히 겸손한 그의 자세가 그대로 나타나고 있다. 이는 인간을 벌레와 구더기, 그리고 지렁이 같은 존재에 지나지 않는다고 묘사한 성경의 기록들을 떠올리게 한다.

"하물며 벌레인 사람, 구더기인 인생이랴" (욥25:6); "지렁이 같은 너 야곱아, 너희 이스라엘 사람들아 두려워 말라 나 여호와가 말하노니 내가 너를 도울 것이라 네 구속자는 이스라엘의 거룩한 자니라" (사41:14)

이 세상에 살아가는 인간들이 아무리 잘난 체 해도 하나님의 도우심이 없는 상태에서는 벌레와 같은 존재에 지나지 않는다. 죄에 빠진 인간들에게는 하나님 앞에서 자랑할 만한 것이 아무것도 존재하지 않는 것이다. 하나님께서 참된 지혜와 지식을 허락하시지 않으면 인간은 더러운 벌레와 구더기와 지렁이 같은 존재일 따름이다. 인간 스스로는 하나님의 영광과 영원한 진리에 대하여 아무 것도 알 수 없는 죄인이기 때문이다.

그러므로 아굴은 본문에서, '거룩한 자' (the Holy One)를 언급하며 자기는 '하늘에 올라갔다가 내려온 자' 가 누구인지 모른다고 말했다. 그리고 '땅의 한계를 정한 자' 가 누구인지 모른다고 했다. 이는 창조주 하나님과 메시아 예언으로 이해할 수 있다. 이 말씀은 성부와 성자 하나님에 직접 연관되는 의미를 지니고 있는 것으로 보아야 한다.

또한 아굴은 그와 더불어 바람을 오목한 손 안에 담고 물을 옷에 싼 자의 이름이 무엇인지 '그 아들의 이름' 이 무엇인지 알고 있는 자가 없다는 사실을 언급했다. 이는 범죄한 인간의 눈으로 보기에는 불가사의한 일을 행한 하나님과 메시아에 연관된 의미로 이해되어야 한다. 그 내용 가운데는 하늘에 올라갔다가 내려온 자가 있다는 점과 전능자와 그의 아들에 관한 사실을 언급하고 있기 때문이다.

이 말씀은 신비한 방법으로 우주만물을 창조하신 성부 하나님의 사역에 연관된 내용으로서 장차 인간의 몸을 입고 이땅에 강림하실 성자 하나님에 관한 직접적인 예언이다. 나중 하나님의 아들이 인간의 몸을 입고 이 세상에 오심으로써 그 모든 것이 성취되었다. 요한복음에는 예수님께서 직접 자신을 하늘에서 내려와 하나님의 뜻을 이루는 존재로 설명하신 내용이 그대로 기록되어 있다.

> "하늘에서 내려온 자 곧 인자 외에는 하늘에 올라간 자가 없느니라"(요 3:13); "내가 하늘로서 내려온 것은 내 뜻을 행하려 함이 아니요 나를 보내신 이의 뜻을 행하려 함이니라"(요6:38,39)

천상의 나라에서 이 세상에 내려오신 분은 오직 하나님의 아들이신 메시아 한 분밖에 없다. 그것은 결코 인간의 지혜로 접근하거나 알 수 있는 사실이 아니다. 하나님의 은혜와 도우심이 없이는 아무도 그 비밀을 알 수 없다. 오직 하나님께 속한 성도들은 계시된 말씀과 성령의 인도하심에 따라 그 모든 것을 깨달아 알게 되는 것이다.

잠언은 또한 하나님의 말씀은 다 순전하며, 하나님은 자기를 의지하는 자를 보호해 주시는 방패가 된다는 사실을 언급하고 있다. 이는 하나님으로부터 계시된 말씀은 절대 진리로서 완벽하다는 점을 강조하며, 오직 하나님의 말씀에 모든 구원이 달려 있음을 밝히고 있다. 하나님께서 친히 거룩한 성도들을 위한 방패가 된다는 것은 그에 연관되는 것이다.

그리고 아굴은 하나님의 말씀에 아무 것도 덧붙이지 말라는 경고를 했다. 이는 계시된 진리위에 더하거나 빼지 말라는 명령으로 받아들여져야 한다. 만일 누구든지 그와 같은 일을 행하는 자가 있다면 그는 거짓을 퍼뜨리며 참된 진리를 어지럽히는 자가 된다. 하나님은 그런 자들을 결코 죄없다고 하시지 않고 반드시 엄히 책망하신다. 이에 대해서는 요한계시록에서도 동일한 교훈을 말해주고 있다.

> "내가 이 책의 예언의 말씀을 듣는 각인에게 증거하노니 만일 누구든지 이것들 외에 더하면 하나님이 이 책에 기록된 재앙들을 그에게 더하실 터이요 만일 누구든지 이 책의 예언의 말씀에서 제하여 버리면 하나님이 이 책에 기록된 생명나무와 및 거룩한 성에 참예함을 제하여 버리시리

라" (계22:18,19)

사도 요한은 하나님으로부터 계시된 말씀에 무엇이라도 더하면 재앙을 받게 된다는 사실을 언급하고 있다. 그리고 그 말씀 중에서 인간의 판단에 따라 함부로 제거하여 버린다면 생명나무와 거룩한 성에 참여하지 못한다는 사실을 분명히 밝히고 있다. 요한계시록에 기록된 이 말씀은 잠언에 기록된 내용과 조화되는 내용이다.

우리가 여기서 기억해야 할 바는, 이에 관한 잠언의 기록은 계시록의 관련 기록과 함께 전체 성경에 연관된 것으로 이해해야 한다는 사실이다. 즉 그것은 잠언과 계시록뿐만 아니라 모든 성경에 적용되어야 할 교훈이다. 따라서 하나님의 자녀들은 신구약 성경 66권에 기록된 내용을 일점일획도 더하거나 빼지 말아야 한다(마5:18, 참조).

3. 자신의 생애를 위한 아굴의 간구 (잠30:7-9)

아굴은 자신이 원하는 두 가지 일을 하나님께 간절히 구했다. 죽기 전에 그것을 꼭 이루어주시기를 간구했던 것이다. 그 가운데 첫째는 허탄함과 거짓말을 자기에게서 멀어지도록 해달라는 것이었다. 그리고 둘째는 세상에 살아가는 동안 지나치게 가난하거나 부하지 않게 해달라는 것이었다.

그가 허탄함과 거짓말을 멀리하기를 간절히 원했던 것은 하나님의 도우심이 없이는 스스로 그 악으로부터 떠날 수 없다는 사실을 내포하고 있다. 그리고 그의 주변에는 허탄한 일과 거짓말들이 난무하고 있었음을 반증해 주고 있다. 많은 사람들이 그와 같은 완악한 분위기에 익숙해 있었으며, 사악한 자들은 참된 성도들을 유인하여 그 부정한 세계 안으로 끌어들이려 하고 있었다.

아굴은 하나님을 진정으로 경외하는 성도로서 그런 것들이 온당치 않다는 사실을 잘 알고 있었던 것이 분명하다. 하지만 자신의 결심과 의지만으로는 그것을 견뎌내기가 쉽지 않았을 것이다. 따라서 하나님께 긍휼을 빌며 허탄한 일과 거짓말로부터 멀리할 수 있도록 자기를 도와달라는 간구를 했다.

그리고 그가 타락한 세상에 살아가는 동안 가난하지도 부하지도 않게 살아갈 수 있을 정도의 필요한 양식을 주시도록 간구한 것은 하나님 안에서 경건한 삶을 살아가고자 하는 마음 때문이었다. 혹 너무 부자가 되어 배가 부르면 하나님 없이도 만족스럽게 살아갈 수 있을 것처럼 생각할까 두렵다는 것이다. 즉 그렇게 되면 세상의 것으로 인해 여호와 하나님을 부인하고 외면하게 될지도 모른다는 것이었다.

한편 너무 가난하게 되면 남의 것을 탐내 도둑질하고자 하는 마음이 생길지 모르기 때문에 그렇게 되기를 원치 않았다. 먹을 양식이 없을 정도가 되면 남의 것을 부러워하거나 탐하지 않을 수 없게 된다. 그렇게 되면 하나님의 이름을 욕되게 할까 두렵기 때문에 지나치게 가난한 삶에 처하지 않도록 간구했던 것이다.

4. 가정과 집안의 질서와 그것을 파괴하는 무리에 대한 위험 (잠30:10-13)

고용주에게 고용된 하인이나 종은 절대로 그 주인의 일을 훼방해서는 안 된다. 만일 그런 일이 발생하면 그가 주인으로부터 저주를 받게 될 것이며, 그 죄에 대한 책임을 져야만 한다. 누구든지 자기 주인을 위해 최선을 다해 일하는 것은 지극히 당연한 일이다.

또한 종으로 살아가는 사람에 대하여 그 주인에게 부당한 비방을 하거나 고자질을 하는 행위는 정당한 일이 아니다. 종이 나중 그 사실을 알게 되면 자기를 부당하게 비난한 자를 저주할 것이며, 그 당사자는 그에 상응하는 대가를 치러야만 한다. 종을 주인 앞에서 부당하게 험담함으로써 깎아 내리려 하는 일은 결코 있어서는 안 된다.

사악한 자들 가운데는 자기 부모를 저주하는 자들이 종종 있다. 자신의 욕망을 추구하는 데 부모가 방해된다고 판단하게 되면 그런 일이 발생하기 쉽다. 여기서는 그 자식들이 부모로부터 전해지는 하나님의 언약을 거부하는 것에 밀접하게 연관되어 있다. 부모가 자식에게 하나님의 언약을 전수하며 율법에 따라 살아가도록 요구하면 악한 자들은 그것을 싫어하여 제 맘대로 행동하고자 하는 것이다.

어리석은 인간들 가운데는 하나님을 떠난 상태에서도 자기가 마치 정결한 자인 양 오해하는 경우가 있다. 그들은 다른 사람들처럼 윤리적으로 부정한 행위를 저지르지 않았기 때문에 스스로 깨끗하다고 여기는 것이다. 그러나 하나님의 뜻을 벗어난 상태에서 행동하는 자들은 그것 자체로서 불결하다. 그런 자들은 불결하면서도 스스로 정결한 것으로 착각하기 때문에 결코 자신의 더러운 것을 씻으려는 마음을 가지지 않는다.

그와 같이 어리석은 인간들은 교만하기 짝이 없다. 그들은 자기가 마치 남보다 우월하여 최상의 삶을 살아가는 듯 자랑하며 오만한 태도를 보이게 된다. 그런 자들은 눈이 높고 교만하여 다른 사람들의 권면을 귀담아 들으려 하지 않는다. 그들은 안하무인(眼下無人)격으로 활동하며 인간적인 욕망의 영역을 넓혀 가고자 애쓸 뿐 하나님의 언약과 그의 진정한 뜻에는 관심을 두지 않기 때문이다.

5. 거머리 같은 욕망에 가득한 자들에게 임하는 저주 (잠30:14-17)

죄에 빠진 인간들의 욕망은 끝이 없다. 많이 가지면 가질수록 더 많이 가지고 싶어 하는 것이 인간의 본성이다. 이기적인 욕망에 사로잡힌 사악한 자들은 다른 사람의 고통에는 별 신경을 쓰지 않는다. 그런 자들은 도리어 힘이 없는 가난한 자와 궁핍한 자를 골라 공격하며 집어삼키려고 한다.

잠언은 그런 사람들의 이빨은 날이 선 긴 칼과 같으며, 저들의 턱은 마치 군인들이 사용하는 전투용 검이나 날카로운 작두 같다는 표현을 하고 있다. 그 악한 자들은 가난하고 불쌍한 사람들의 것을 착취함으로써 자기의 유익만 챙길 따름이다. 문제는 비리가 가득한 사회에서는 그런 자들이 한둘이 아니라 무리지어 있다는 사실이다. 결국 악한 자들이 정보를 공유하며 연합하여 조직화된 범죄를 야기하게 된다.

또한 잠언에는 욕망에 꽉 찬 것들에 관한 비유가 기록되어 있다. 흡혈귀 같은 말거머리에게 두 딸이 있다면 저들에게 아무리 많은 음식을 준다고 해도 배불러 할 줄 모른다. 잠언은 그와 같이 만족을 모르는 것이 서넛 있다고 말한다. 그것은 수많은 사람들을 영원한 멸망으로 끌어가는 음부(陰府)와 아기를 잉태하지 못하기 때문에 항상 잉태하고자 하는 태, 그리고 아무리 많은 물이라 할지라도 그것을 채워둘 수 없는 사막과 같이 메마른 땅과 모든 것을 태우기만 하는 화염에 휩싸인 불이다.

사악한 인간들의 욕망은 바로 그런 것들과 같다. 그들은 아무리 많은 것을 소유한다고 할지라도 결코 그로 말미암아 만족하지 못한다. 더 많은 것을 소유하고자 하는 자신의 욕망을 제어할 수 없기 때문이다. 이처럼 하나님을 알지 못해 그로 말미암아 허락된 참된 것에 만족하지 못하는 인간들은 세상의 것들의 풍족함에도 불구하고 저주의 길로 나아가는 것과 같은 어리석은 삶을 버리지 못한다.

그런 인간들은 부모로부터 상속받아야 할 하나님의 언약을 버리고 자기 욕망대로 살아가기를 좋아한다. 그것은 결국 부모를 조롱하고 멸시하는 행위로서 하나님으로부터 주어지는 말씀에 순종하기를 싫어하며 강하게 거부하도록 한다. 그런 자들의 눈은 산골짜기에서 설쳐대는 까마귀로부터 쪼임을 당하게 될 것이며 독수리 새끼들의 먹잇감이 되는 처지에 놓일 수밖에 없다. 즉 하나님을 떠난 인간의 욕망은 결국 무서운 저주 아래 놓이게 될 따름이다.

6. 흔적이 없는 실체와 세상을 어지럽히는 비상식적인 경우 (잠30:18-23)

잠언 기록자는 세상에는 매우 기이하지만 도저히 이해가 되지 않는 것이 서너 개 있다는 사실을 말하고 있다. 그것은 우선 공중에 날아다니는 독수리의 자취와, 바위 위로 기어 다니는 뱀의 흔적, 그리고 바다로 지나다니는 배의 자취가 그렇다고 한다. 공중에 새가 수없이 날아다니고 뱀들이 바위 사이를 돌아다니며 바다 위로 수없이 많은 배가 다니지만 그 흔적은 전혀 남지 않는다는 것이다.

그리고 남자가 여자와 잠자리를 같이 한다고 해도 그 자취가 남지 않는다. 나아가 음란한 여자가 외간 남자와 더러운 간음을 행한다고 해도 그 흔적이 전혀 남지 않는다는 것이다. 그런 악한 음녀들은 나쁜 짓을 하고도 시치미를 떼고 자기는 아무것도 잘못한 것이 없다고 주장하게 된다.

또한 잠언은 세상을 혼란케 하며 세상 사람들이 이해할 수 없는 것이 서너 개 있다는 말을 하고 있다. 그것은 종으로 지내던 자가 나중 나라를 통치하는 왕이 되는 것과 어리석고 미련한 자가 배부르게 살아가는 것, 그리고 꺼림칙하여 사랑을 받을 수 없는 문란한 여자가 시집을 잘 가는 것과 계집종이 여주인의 자리를 꿰차는 것 등이다.

타락한 세상에는 이와 같은 불가사의한 일들이 종종 발생하고 있다. 이는 결코 상식적이지 않지만 인간들 가운데서 끊임없이 일어나고 있는 것이다. 이런 일들은 타락한 세상이 항상 불안정한 요소들을 지니고 있음을 말해주고 있다. 그 안에서 살아가는 성도들은 전체를 보는 가운데 올바른 해석을 하며 적용해 가야 하는 것이다.

7. 인간들보다 훌륭한 미물과 당당한 동물을 통한 교훈 (잠30:24-31)

하나님을 배반한 사악한 인간들은 더러운 벌레만도 못한 경우가 많다. 잠언은, 땅 위에는 보잘 것 없으나 지혜로운 것 넷이 있다는 사실을 밝히고 있다. 그것은 힘이 없지만 추운 겨울이 오기 전에 먹을 식량을 미리 확보하는 개미와, 연약하면서도 바위틈에 잠자리를 만드는 사반 곧 작은 바위너구리, 그리고 전체를 이끄는 지도자가 없는 상태에서 필요한 곳으로 떼를 지어 움직이는 메뚜기와 사람의 손에 잡힐 것 같음에도 불구하고 아무런 장애물이 없는 듯이 왕궁을 드나드는 도마뱀이 곧 그것들이다.

또한 잠언에는 굳건한 모습으로 잘 걸으며 위풍당당하게 다니는 것 서넛이 있다는 사실이 기록되어 있다. 그것들 가운데 하나는 짐승들 중에서 가장 힘이 센 사자이다. 사자는 어떤 사나운 짐승 앞에서도 물러서지 않는다. 그리고 용맹한 모습을 잃지 않는 사냥개와 절대로 뒤로 물러서지 않는 수 염소도 그렇다. 이처럼 어떤 강력한 왕국이 공격한다고 할지라도 용감하게 맞서 싸우는 왕이 곧 당당한 자세를 유지하고 있다.

하나님을 알지 못하는 인간들은 이 세상을 불안하게 살아간다. 그러나 하나님을 진정으로 경외하며 그에게 속한 성도들은 항상 당당한 삶을 살아가게 된다. 세상에서 아무리 큰 권력을 가진 자가 부당한 방법으로 위협한다고 해도 하나님을 믿고 의지하는 자들은 그에 전혀 주눅들지 않는다. 그들은 하나님의 진리 가운데 살아가면서 자기의 생명까지 내어놓을 준비가 되어 있기 때문이다.

8. 어리석음 가운데 지켜야 할 참된 지혜 (잠30:32,33)

어리석고 미련한 인간들은 자기의 잘못에 대한 가장 기본적인 인식조차 없다. 그들은 항상 자기가 옳은 사람인 양 착각하며 살아간다. 그에 반해 하나님을 경외하는 지혜로운 자들은 항상 자신의 잘못을 돌아보며 그에 대한 것을 뉘우치며 회개하게 된다.

잠언은 언약의 자손들에게 참 지혜로운 자가 되도록 권면하고 있다. 만일 그전에 미련하여 스스로 높은 체하였거나 악을 도모한 일이 있었다면 그것을 깨달아 그로부터 돌이키라는 것이다. 이는 그에 대하여 달리 이유를 대려고 하지 말고 손으로 입을 막은 채 아무런 변명도 하지 말라는 요구이다. 욥기에는 그에 관한 실제적 고백이 나타난다.

> "나는 미천하오니 무엇이라 주께 대답하리이까 손으로 내 입을 가릴 뿐이로소이다 내가 한두번 말하였사온즉 다시는 더하지도 아니하겠고 대답지도 아니하겠나이다" (욥40:4,5)

자기의 잘못을 인정하고 진심으로 뉘우치는 것이 진정한 지혜이다. 죄에 빠진 인간들은 하나님 앞에서 어떤 변명도 할 수 없는 존재이다. 욥은 하나님 앞에서 자기는 미천하기 때문에 아무런 변명도 하지 않겠노라는 고백을 하고 있다. 손으로 입을 가리고 가만히 있을 따름이라는 것이다. 아직 실상에 대한 깨달음이 없어 잘 몰랐을 때는 자기가 한두 번 변명하기도 했으나 이제는 더 이상 그렇게 하지 않겠다는 것이었다.

또한 잠언은 동물의 젖을 저으면 굳어져 버터가 되고 코를 비틀면 코피가 나는 것처럼 분노를 격동하여 일으키면 다툼과 분쟁이 일어나게 된다는 사실을 언급하고 있다. 이는 다툼의 원인이 생기면 그에 따른 좋지 않은 결과가 나타날 수밖에 없음을 말해주고 있다. 그러므로 성숙한 하나님의 자녀들은 교만에 빠져 악을 행하는 일을 버리고 오직 겸손한 신앙 자세로 인생을 살아가야 한다는 점을 강조하고 있는 것이다.

제37장

르무엘의 어머니가 왕인 아들에게 전한 잠언 - 그리스도와 교회에 관련된 말씀

(잠31:1-31)

1. 르무엘 왕의 어머니가 아들에게 전한 교훈 (잠31:1)

성경 잠언의 맨 마지막 장인 제31장은 르무엘(Lemuel) 왕의 어머니가 받은 특별한 계시의 말씀이다. 언약을 소중히 여기는 그 어머니는 하나님의 계시를 받아 왕의 지위에 오르게 될 자기 아들에게 전달하고 교훈했다. 그것은 물론 르무엘 개인에게만 적용되어야 할 것이 아니라 모든 언약의 백성들 가운데 적용되어야 할 소중한 말씀이다.

성경에는 르무엘(Lemuel)이라는 이름을 가진 왕에 관한 구체적인 기록이 나타나지 않는다. 우리는 그 인물에 대해서 직접 아는 바가 거의 없다고 해도 과언이 아니다. 나아가 극단적으로는 그가 이스라엘 민족의 왕이었는지 아니면 이방 족속의 왕이었는지 알지 못한다고 말하는 자들이 있을지도 모른다. 이스라엘 민족의 왕들 중에 그런 이름을 가진 인물이 존재하지 않기 때문이다.

하지만 그런 주장은 전혀 타당성이 없다. 그는 이스라엘 민족의 왕들 가운데 한 사람이었지만 다른 이름으로 소개되었을 가능성이 짙다. 예를 들어, 이스라엘의 '웃시야 왕'은 '아사랴 왕'과 동일 인물이며(왕하15:1-7; 대하26장, 참조), '시드기야 왕'과 '맛다니야 왕'은 같은 인물이다(왕하24:17-25:7; 대하36:11-21, 참조). 동일한 왕이 다른 이름으로 일컬어졌던 것이다. 이처럼 르무엘 왕도 다른 이름을 가진 어느 왕과 동일 인물이었을 것으로 보인다.

우리가 여기서 특별히 기억해야 할 점은 이 잠언의 말씀이 단순한 윤리적인 교훈을 목적으로 삼지 않는다는 사실이다. 이 잠언은 전체적으로 메시아이신 예수 그리스도와 그의 몸된 교회에 연관된 관계를 설명하고 있는 것으로 이해해야 한다. 물론 직접적으로 그리스도와 교회를 언급하지는 않았다. 그렇지만 전체 구속사적 내용을 염두에 둘 때 그렇게 받아들이는 것이 자연스럽다. 이는 구약성경 '아가서'에 그리스도와 그의 몸된 교회에 관한 직접적인 묘사가 없을지라도 그것을 그렇게 보는 것과 마찬가지다.

르무엘 왕의 어머니가 전한 이 잠언의 말씀은 후일 제사장 회의에서 하나님으로부터 계시된 절대 진리라는 사실을 확증했을 것이 분명하다. 또한 우리가 눈여겨 보아야 할 점은 잠언의 맨 마지막에 수록된 이 잠언은 경건한 한 여인에 의해 기록되었다는 사실이다. 이는 언약의 왕국을 통치하는 왕위에 오르게 될 아들에게 중요한 교훈을 전하는 현숙한 어머니를 보여주고 있다. 이는 우리로 하여금 예수님의 어머니 마리아를 떠올리게 한다.

2. 매우 특별한 아들을 위한 권면 (잠31:2-7)

르무엘의 어머니는 성경 본문 가운데서 그가 '서원대로 얻은 아들'(the

son of my vows)이라는 사실을 밝혔다. 이는 그가 일반적인 보통 아들이 아니라 매우 특별하게 얻은 아들이라는 사실을 말해주고 있다. 또한 서원으로 인해 얻은 아들이란 말 가운데는 나실인(Nazirites)과 연관되어 있음을 시사해 주는 것으로 이해할 수 있다. 나실인은 맡겨진 봉사와 임무를 감당하기 위한 목적으로 구별된 사람으로서 율례에 따라 금욕을 서원하여 하나님께 특별히 바쳐진 자를 의미한다.

그러므로 나실인이 되면 자기 마음대로 인생을 살아갈 수 없으며 율법에 따른 삶을 살아가야 한다. 그들은 술을 절제할 뿐 아니라 일반 사람들의 사고와 행동으로부터 분리되어야 하며 삭도(削刀)를 몸에 대서는 안 된다(민6:1-21). 또한 나실인은 거룩하게 구별된 자이기 때문에 죽은 시체를 만지지 말아야 했다(민6:6-8). 르무엘이 나실인이었다면 특별히 구별된 자로서 장차 임하게 될 메시아 예언과 관련지어 생각해 볼 수 있어야 한다.

르무엘의 어머니는 서원으로 얻은 자기 아들에게 무엇을 교훈해야 할지 자문하는 가운데 몇 번이나 되풀이해 심사숙고하며 말을 이어가고 있다(잠31:2). 이는 어머니로서 자기 아들을 위한 교훈이지만 그것이 예사롭지 않다는 사실을 말해준다. 그 어머니는 먼저 아들에게 여자들에게 힘을 소모하는 어리석음을 범치 말라는 요구를 했다. 많은 여자들에게 불필요한 관심을 가지는 자들은 스스로 멸망의 길을 따라 걸어가는 것과도 같다. 여자를 가까이 하는 것은 왕을 패망으로 이끌 수 있으며 많은 왕들이 그것 때문에 망하기도 했다.

또한 르무엘의 어머니는 자기 아들에게 포도주를 마시는 것은 왕에게 어울리지 않는다는 사실을 언급하고 있다. 그리고 왕은 독주를 입에 대지 말아야 한다고 강조했다. 술을 가까이 하다가 보면 결국 하나님의 율법을 가볍게 여기거나 멀리하게 된다는 것이다. 그렇게 되면 가난하고 고통스럽게 살아가는 백성을 위하여 공평해야 할 판결이 공의를 벗어나 그르치게 될 우려가 따른다.

이 말은, 언약의 나라를 다스리는 왕으로서 포도주나 독주의 힘을 빌어 정당하지 않은 일을 도모하려고 해서는 안 되며, 다른 사람들과의 특별한 관계를 형성하거나 유지할 목적으로 저들과 한자리에서 취하도록 술을 마셔서는 안 된다는 점을 의미하고 있다. 그리고 홀로 만취하고 싶어 과음함으로써 어처구니없는 실수를 저질러서도 안 된다. 독한 술이 사람의 사고를 무디게 만들어 만용을 부리게 할 뿐 아니라 올바른 판단을 내리지 못하게 한다는 것이다.

독주는 죽음에 처하게 된 자를 위하여 약으로 사용될 수 있으며, 포도주는 마음에 심한 근심이 있는 자가 잠시 그것을 잊어버리기 위한 방편으로 이용할 수 있다. 그런 힘든 형편에 처한 자들은 술을 통해 그 고통을 잊어버릴 수 있게 되는 것이다. 신약성경에서도 그와 동일한 교훈을 주고 있다. 사도 바울은 사랑하는 제자 디모데에게 편지하면서 위장 문제와 잦은 질병으로 인한 고통을 덜기 위해 포도주를 조금씩 마시라는 말을 했다.

> "이제부터는 물만 마시지 말고 네 비위와 자주 나는 병을 인하여 포도주를 조금씩 쓰라" (딤전5:23)

우리가 여기서 기억해야 할 바는, 취하기 위해 술을 과음하는 것과 일상적인 목적을 달성하기 위한 방편으로 다른 사람과 더불어 독주를 마셔서는 안 된다는 사실이다. 하지만 성경은 건전한 방법으로 자신을 절제하며 가벼운 음료로 마시는 것을 죄라고 말하지 않는다. 예수님께서는 가나 혼인잔치에서 물로 포도주를 만드는 첫 번째 기적을 행하심으로써 포도주를 마시는 것 자체를 죄악으로 보지 않으셨다(요2:1-11). 따라서 예수님께서도 이땅에 계실 때 포도주를 적절하게 마신 것을 알 수 있다.

> "인자는 와서 먹고 마시매 말하기를 보라 먹기를 탐하고 포도주를 즐기는

사람이요 세리와 죄인의 친구로다 하니" (마11:19; 눅7:34)

우리는 예수님뿐 아니라 그의 제자들이 포도주를 적당하게 마신 사실을 기억한다. 물론 그들은 취하기 위해 술을 마신 것이 아니라 음료수로서 적절하게 사용했다. 하지만 하나님께 대적하는 유대인들은 그것을 시비의 재료로 삼기에 급급했다.

이는 오늘날 우리에게 매우 중요한 일반적인 교훈이 된다. 술 자체가 죄는 아니지만 성숙한 성도로서 올바르게 잘 사용할 필요가 있다. 우리는, 그에 지나쳐 분별력 없이 과음하는 것은 죄가 될 수 있다는 사실을 분명히 기억해야만 한다.

3. 통치자인 왕으로서 행해야 할 공의의 재판 (잠31:8,9)

나라를 다스리는 왕의 지위는 매우 중요하다. 통치자가 어떤 건전한 신념을 가지고 있느냐에 따라 나라 전체의 흥망성쇠(興亡盛衰)가 걸려 있게 된다. 왕이 법령에 근거하여 정당한 권력을 행사한다면 나라의 질서가 유지되지만 그렇지 않을 경우 나라가 어지러워져 백성들이 혼란을 겪을 수밖에 없다.

그러므로 르무엘의 어머니는 왕의 지위에 앉게 될 아들을 향해 벙어리처럼 말 못하는 자와 고통속에 살아가는 외로운 자의 억울함을 풀어주기 위해 잠잠하지 말고 입을 열라는 요구를 하고 있다. 이기적인 목적에 사로잡힌 악한 자들은 힘없는 자들의 편에서 저들을 위하여 변호하는 것이 아니라 기득권자들의 편에 서기를 좋아한다. 그렇게 함으로써 기득권층으로부터 오는 눈앞의 이득을 취하고자 하기 때문이다.

그러나 르무엘의 어머니는 왕위에 오르게 될 아들에게 하나님을 떠난 이기주의자들의 악행을 따르지 말고 공의로 재판하도록 요구했다. 궁핍하고 어려운 자와 힘들게 살아가는 사람들의 편에서 저들의 원통함을 풀어 주는 것이 그의 임무라는 것이었다. 왕이 율법에 근거한 올바른 태도를 유지하게 될 때 나라 안에 억울하게 고통당하는 사람이 없게 되는 것이다.

이 모든 말씀은 신음하는 언약의 백성들을 위해 장차 오시게 될 메시아 사역에 연관된 교훈으로 받아들일 수 있다. 인간의 몸을 입고 이땅에 오신 예수님께서는 가난하고 억울한 자들의 편에서 말씀하시면서 공의로운 심판을 행하셨다. 따라서 잠언의 이 교훈은 메시아 예언과 연관지어 이해할 수 있다.

4. '현숙한 여인' 의 중요성을 언급함 (잠31:10-29)

(1) 현숙한 여인의 상징적인 의미

잠언 31장에 언급된 '현숙한 여인' 은 일반적인 의미를 넘어 상징적인 뜻을 내포하고 있다. 이는 전체적으로 보아 장차 오실 예수 그리스도를 왕이자 신랑으로 둔 신부인 지상교회와 밀접하게 연관되는 것으로 이해하는 것이 바람직하다. 즉 단순히 현숙한 여인을 높이고자 하는 것 이상의 의미를 지니고 있는 것이다.

물론 르무엘의 어머니는 왕이 될 자기 아들이 앞으로 맞이하게 될 아내에 관한 직접적인 교훈을 주고 있다. 이 말씀은 또한 일반적인 주의 백성들이 받아들여 가정 가운데 누려야 할 내용이다. 하지만 보다 중요한 것은 그 배경에는 장차 신랑으로 이땅에 오시게 될 예수 그리스도와 그의 신부인 교회에 연관된 예표적 의미를 지니고 있다는 사실이다.

(2) 아내로서 현숙한 여인(잠31:10-12)

하나님을 경외하는 참된 신앙을 가진 여인은 항상 현숙한 자세를 유지한다. 남자가 현숙한 여인을 아내로 얻는 것은 이 세상의 어떤 귀중품들을 소유한 것보다 값진 의미를 지닌다. 세상에서 아무리 좋은 것을 많이 소유하게 된다고 할지라도 부덕한 아내를 얻는다면 한평생 고통 가운데 살아갈 수밖에 없다.

물론 신앙이 성숙한 성도라면 그런 힘든 상황이 닥친다고 할지라도 오직 여호와 하나님을 의지하며 영원한 천국을 바라보며 살아가야 한다. 어떤 경우에도 하나님으로 말미암은 참된 소망이 끊어지지 않을 것이기 때문이다. 따라서 성도들에게는 부덕한 아내로 인해 세상에서 좌절하는 일이 있어서는 결코 안 된다.

우리가 여기서 반드시 기억해야 할 바는, 만일 현숙하지 못한 아내를 맞았다고 할지라도 참된 성도들은 그 가운데서 더 큰 의미를 발견할 수 있어야 한다는 사실이다. 그런 힘든 환경으로 인해 세상에서의 모든 기대를 저버리고 하나님 한 분만을 의지할 수 있다면 그것 또한 하나님의 은혜에 해당된다는 사실을 깨달아야 한다. 나아가 그런 어려운 환경을 목격하는 사람들이 교훈을 얻고 존경하는 마음을 가진다면 그것이 좋은 신앙의 표본이 될 수도 있다. 우리는 선지자 호세아와 그의 부정한 아내를 잘 기억하고 있다.

현숙한 여인의 남편이 자기 아내를 온전히 신뢰한다면 어떤 경우라 할지라도 부족함이 없는 안정된 마음으로 살아갈 수 있다. 설령 물질적으로 심한 어려움을 겪을지라도 그 힘든 환경을 거뜬히 이겨내게 된다. 외부적으로 견디기 쉽지 않은 형편에 봉착할 경우에도 가정 안에서의 평온한 삶이 저를 굳건히 잡아 줄 것이기 때문이다.

이와 같이 하나님을 진정으로 경외하는 현숙한 아내라면 한평생 지혜롭게 행하며 남편을 위해 최선을 다하는 삶을 살아간다. 그런 자들은 성경이 규정하고 있는 바 돕는 배필로서 자기의 위치를 명확히 깨닫고 있기 때문이다. 창세기에는 처음부터 그 원리에 관련된 분명한 기록이 나타난다.

> "여호와 하나님이 가라사대 사람의 독처하는 것이 좋지 못하니 내가 그를 위하여 돕는 배필을 지으리라 하시니라 ... 여호와 하나님이 아담에게서 취하신 그 갈빗대로 여자를 만드시고 그를 아담에게로 이끌어 오시니 아담이 가로되 이는 내 뼈 중의 뼈요 살 중의 살이라 이것을 남자에게서 취하였은즉 여자라 칭하리라 하니라" (창2:18-23)

한 남편의 아내가 된 여인들은 이에 대한 기본적인 이해를 하지 않으면 안 된다. 아내의 근본적인 사명은 남편을 돕는 배필의 역할에 있기 때문이다. 따라서 하나님께서 처음부터 의도하신 그 삶을 겸손한 자세로 살아갈 수 있어야만 한다.

그점을 올바르게 깨닫고 신실한 삶을 살아가는 여성이라면 현숙한 아내라 말할 수 있다. 그와 같은 여성은 평생토록 하나님께서 친히 짝지어주신 남편을 위해 최선을 다해 선을 행하게 되며 결코 악한 행동을 하지 않는다. 즉 하나님의 말씀을 좇아 자기에게 주어진 사명을 성실히 감당하는 자세를 유지하게 되며 세상의 악한 논리에 따라 자기 욕망대로 살아가는 삶의 태도를 버리게 된다.

(3) 부지런한 여인(잠31:13-19)

현숙한 여인은 게으르거나 나태하지 않고 항상 성실하고 부지런한 삶을 살아간다. 그는 양털과 삼으로 옷감을 짜는 일이 자신에게 맡겨졌다면 최선을 다해 그 맡은 일을 감당한다. 그런 여인은 또한 부지런히 활동하며 무역하는 상선과 같아서 먼 곳으로부터 먹을 양식을 구해오기도 한다. 가족의 온전한 삶을 위해 최선의 노력을 기울이는 것이다.

그와 같은 현숙한 여인은 항상 새벽 일찍 일어나 집안사람들에게 먹을 음식을 나눠주며 여종들에게 그날 해야 할 일들을 정하여 맡기는 일을 한다. 또한 일상생활 가운데서는 품질의 좋고 나쁨을 면밀히 살펴보아 좋은 상황을 유지하는 가운데 필요한 농지(農地)를 구하기도 하며 자기 손으로 일하여 얻은 수익으로 과수원에 포도나무를 심기도 한다.

허리를 동여맨 채 최선의 노력을 기울이는 그 여인의 모습은 힘이 있으며, 두 팔을 움직여 근면한 자세로 열심히 일하는 모습이 아름다움을 더한다. 그런 여인은 지혜로워서 다른 지역 사람들을 대상으로 교역함으로써 커다란 이익을 얻게 되는 줄 알고 등불을 켜 둔 채 밤새워 일하기도 한다. 그리고 한 손으로는 부지런히 물레질을 하고 다른 손으로는 실을 타며 베를 짠다. 그 여인은 자기 가족을 위해 모든 노력을 기울이는 가운데 최선을 다해 살아가게 되는 것이다.

(4) 긍휼을 베푸는 여인(잠31:20,21)

현숙한 여인은 절대로 자기중심적이거나 이기적인 삶을 살아가려고 하지 않는다. 그런 여인들은 항상 타인을 염두에 두고 저들과 더불어 살아가는 삶에 익숙하다. 그리하여 자신의 것으로 어렵고 힘들게 생활하는 이웃을 위해 도움을 주고자 한다. 또한 가난하고 궁핍한 자들에게 식량을 나누어 주기를 즐겨한다.

그것은 현숙한 여인이 지닌 억지스럽지 않은 자연스런 성품에서 비롯된다. 그런 여인과 더불어 살아가는 식구들은 따스한 홍색 옷을 입고 살아간다. 이는 왕족을 비롯한 매우 부자들이 입는 의상으로서 저들의 높은 신분을 보여주고 있다. 따라서 눈이 오거나 매우 추운 날씨라 할지라도 크게 걱정할 일이 없다.

한편 현숙하지 못하여 게으른 여인의 집에서는 조금만 날이 추워도 염려거리가 가득하다. 이는 불신자들의 삶의 양상을 상징적으로 말해주고 있다. 이처럼 세상에서 발생할 수 있는 모든 일들은 어떤 여인과 더불어 살아가고 있는가에 따라 전혀 다른 양상을 띠게 된다. 우리는 여기서 현숙한 여인의 집에 거하는 것이 얼마나 중요한가 하는 점을 교훈해 주는 잠언의 말씀을 귀담아 들어야만 한다.

(5) 정숙하고 품위 있는 여인(잠31:22-26)

현숙한 여인은 여호와 하나님을 진정으로 경외하는 자로서 정숙하고 품위를 갖춘 모습을 유지하게 된다. 그런 여인은 아무데나 앉지 않으며 앉을 자리를 구분할 줄 안다. 그런 자들은 특별한 자리에서 앉을 만한 아름다운 방석을 자기를 위하여 준비하며 세마포와 자색으로 된 옷을 입는다.

여기서 언급된 세마포와 자색 옷은 왕후의 의상에 연관된 것으로 이해할 수 있다. 그와 같은 색상의 옷은 아무나 입을 수 없다. 현숙한 여인은 열심히 일할 때는 노동에 적합한 옷을 입을지라도 때에 따라서는 권위 있는 의상을 통해 자신의 고귀한 신분과 품위를 지킬 줄 아는 것이다.

그와 같은 정숙한 아내는 다른 사람들 앞에서 자기 남편의 권위를 높여주는 역할을 한다. 즉 남편과 아내는 서로간 배우자의 품위를 높여주는 관계에 놓여 있게 되는 것이다. 그러므로 정숙한 아내를 둔 남편은 여러 장로들과 더불어 성문 앞 재판정에 앉아 자신의 권위를 드러냄으로써 사람들의 인정과 더불어 존경을 받게 된다.

또한 그 정숙한 여인은 성의를 다해 좋은 베로써 옷과 띠를 만들어 다른 사람들에게 팔기도 하며 상인들에게 맡기기도 한다. 그런 여인은 하나님으로 말미암는 능력과 존귀로 몸을 감싸고 장래에 진정한 소망을 둔 채 불필요한 걱정을 하지 않는다. 또한 정숙하고 품위를 갖춘 여인은 다른 사람들에게 참된 지혜에 관한 교훈을 전하기를 좋아하며 신실한 가르침을 베풀며 살아간다.

(6) 존경받는 여인(잠31:27-29)

현숙한 여인은 주변 사람들로부터 진정한 존경을 받는다. 그것은 존경받고자 하는 의도에 기초한 것이 아니라 자연스럽게 이루어지게 된다. 그런 여인은 자기 집안의 일들을 잘 보살피는 가운데 살아가기 때문에 노력하지 않고 게을리 얻은 양식을 먹으려 하지 않는다. 최선의 노력을 기울여 노동하여 얻은 양식으로 생명을 유지하며 살아가기를 원하는 것이다.

그 자녀들은 자기 어머니에 대하여 항상 고마운 마음을 가지게 되며 그 남편도 아내에 대한 칭찬을 아끼지 않는다. 세상에 아무리 훌륭하고 덕행을 갖춘 여자들이 존재한다고 할지라도 자기 아내를 가장 소중히 여기게 되는 것이다. 여성에게 있어서는 세상의 그 어떤 보화보다 자신의 남편으로부터 칭찬을 듣고 인정받는 것이 세상에서 소유할 수 있는 최고의 가치가 아닐 수 없다.

5. 오직 여호와를 경외하는 여인 (잠31:30-31)

어리석은 인간들은 외모를 보고 다른 사람을 판단하고 취하기를 좋아한다. 이는 그 본질이나 내면을 무시하고 겉으로 드러나는 것으로 사람을 평가하는 것을 포함하고 있다. 그러나 하나님께서는 사람을 외모로 취하지 말라는 요구를 하고 있다. 신 · 구약성경 전체에는 그에 관한 기록이 되풀이하여 나타나는데(신1:17; 롬2:11; 엡6:9; 벧전1:17, 참조), 야고보서에도 뚜렷한 기록이 남아 있다.

> "내 형제들아 영광의 주 곧 우리 주 예수 그리스도를 믿는 믿음을 너희가 받았으니 사람을 외모로 취하지 말라 ... 만일 너희가 외모로 사람을 취하면 죄를 짓는 것이니 율법이 너희를 범죄자로 정하리라" (약2:1,9)

이는 물론 각 사람들에게 나타나는 외적인 모든 조건들과 더불어 그 외모를 포함하고 있다. 따라서 겉모양을 중시하고 사람을 평가하는 것은 어리석기 그지없는 행위이다. 나아가 그것은 하나님의 뜻을 멸시하는 죄악이 된다. 중요한 것은 성도들의 삶 가운데 존재하는 예수 그리스도를 믿는 믿음이다. 그 믿음이 없는 상태에서는 참된 아름다움이 존재하지 않는다.

그러므로 르무엘 왕의 어머니는 아들에게 겉보기에 고운 것도 거짓된 것이며 아름다운 것도 헛되다는 사실을 언급했다. 이는 특히 여성의 외모를 보고 평가하는 행동을 조심하도록 당부하는 의미를 지니고 있다. 그런 태도는 분별력을 상실하게 하며 그와 같은 증상이 왕에게 심하게 나타나면 나라의 위기를 초래하게 된다.

그에 반해 여호와 하나님을 진정으로 경외하는 여인은 언약을 소유한 주변 사람들로부터 칭찬을 받게 된다. 이처럼 성숙한 사람으로서 여성의 외모가 아니라 속마음을 보는 것은 매우 중요하다. 왕의 어머니는 자기 아들이 이기적이거나 자기중심적이지 않은 현숙한 여인을 아내로 맞기를 원했던 것이다.

잠언은 겉보기에 아름다워 보이는 것과 상관없이, 그런 신실한 여인의 손에 풍부한 결실들이 들려지게 되리라는 사실을 말하고 있다. 또한 그가 행한 모든 일로 말미암아 칭찬을 받게 되며 많은 사람들이 출입하는 성문 앞에서 영예를 얻게 된다. 따라서 그와 같은 아내를 얻는 것이 인생을 살아가면서 가장 복되고 의미 있는 일이 아닐 수 없다. 특히 왕이 그런 아내를 얻게 되면 백성들의 삶이 안정되며 나라에 큰 유익을 도모하게 된다.

우리가 이 잠언을 통해 얻게 되는 소중한 교훈은 단순히 한 남편의 아내로서 현숙한 여인에 그치는 것이 아니라 예수 그리스도를 신랑으로 둔 신부로서 순결한 교회에 연관되어 있다는 사실이다. 지상교회는 겉보기에 화려하고 그럴듯하게 보이는 것을 자랑으로 삼지 않는다. 하나님의 말씀에 온전히 순종함으로써 잠언에서 언급한 현숙한 여인처럼 겸손한 자세를 유지하는 것이 가장 중요하다. 그렇게 할 때 하나님으로부터 인정받아 아름다운 열매를 맺을 수 있게 되는 것이다.

〈에필로그〉

필자는 한국개혁장로회(KRPC) 실로암교회 당회의 결의에 따라 2016년 약 10개월에 걸쳐 매 주일 공 예배 시간에 잠언을 설교했다. 잠언을 올바르게 해석한다는 것은 여간 어려운 일이 아니다. 성경의 잠언에는 신앙윤리적인 내용이 많이 포함되어 있지만 단순히 윤리적 관점에서만 이해되어서는 곤란하며 하나님의 구속사적 관점에서 이해되어야 한다. 잠언에는 장차 오실 메시아에 관한 예언과 하나님의 나라에 연관된 거대한 흐름이 존재하기 때문이다. 이 책을 통해 잠언의 교훈에 올바른 접근을 시도하는 교회와 성도들이 많아지기를 바란다.

성구색인

〈신 약〉

〈구 약〉